Martin Endres, Axel Pichler und Claus Zittel (Hrsg.)
Text/Kritik: Nietzsche und Adorno

Textologie

Herausgegeben von Martin Endres,
Axel Pichler und Claus Zittel

Wissenschaftlicher Beirat: Alexander Becker, Christian Benne, Lutz Danneberg,
Petra Gehring, Thomas Leinkauf, Enrico Müller, Dirk Oschmann, Alois Pichler,
Anita Traninger, Martin Saar, Ruth Sonderegger

Band 2

Text/Kritik:
Nietzsche und Adorno

Herausgegeben von Martin Endres,
Axel Pichler und Claus Zittel

DE GRUYTER

ISBN 978-3-11-066442-3
e-ISBN (PDF) 978-3-11-030405-3
e-ISBN (EPUB) 978-3-11-038115-3

Library of Congress Cataloging-in-Publication Data
A CIP catalog record for this book has been applied for at the Library of Congress.

Bibliografische Information der Deutschen Nationalbibliothek
Die Deutsche Nationalbibliothek verzeichnet diese Publikation in der Deutschen National-bibliografie; detaillierte bibliografische Daten sind im Internet über http://dnb.dnb.de abrufbar.

© 2019 Walter de Gruyter GmbH, Berlin/Boston
Dieser Band ist text- und seitenidentisch mit der 2017 erschienenen gebundenen Ausgabe.
Druck und Bindung: CPI books GmbH, Leck
♾ Gedruckt auf säurefreiem Papier
Printed in Germany

www.degruyter.com

Inhalt

Vorwort —— VII

Verzeichnis der Siglen —— IX

Beat Röllin und René Stockmar
Nietzsche lesen mit KGW IX. Zum Beispiel Arbeitsheft W II 1, Seite 1 —— 1

Jakob Dellinger
»all seine Konstruktionen sind aporetische Begriffe«. Eine Adornosche Perspektive auf Nietzsches ›Perspektivismus‹ —— 39

Andrea Sakoparnig
Was und wozu ist Adornos *Ästhetische Theorie*? Von der Schwierigkeit, den Anspruch der *Ästhetischen Theorie* zu verstehen —— 97

Martin Endres
Revisionen. Wiederaufnahme und Fortschreibung einer Lektüre von Adornos *Ästhetischer Theorie* —— 155

Vanessa Vidal Mayor
Dichtung und dialektische Bilder in den Kierkegaard-Büchern Adornos —— 207

Axel Pichler
»›eine antimetaphysische aber artistische‹ Philosophie«. Adornos Inanspruchnahme Nietzsches und anderer Quellen in einer Einfügung zur *Ästhetischen Theorie* —— 231

Felix Christen
Zu Begriff und Verfahren des Kommentars bei Nietzsche und Adorno —— 273

Vorwort

Die Adorno-Forschung hat ihr anfänglich eher sporadisches Interesse am Einfluss Nietzsches auf die Ausbildung zentraler kritischer Denkfiguren bei den Hauptvertretern der Kritischen Theorie in den letzten Jahren merklich verstärkt. Zum einen wird nun die Bedeutung von Nietzsches Kultur-, Metaphysik, Vernunft und Subjektkritik anerkannt, zum anderen auch die ästhetischen Formen seines Denkens als Stimulans namentlich für Adornos philosophische Schreibweisen gesehen (vgl. Lehr 2000). So hat Nietzsche in der Ahnengalerie der ersten Generation der Kritischen Theorie seinen Platz neben Kant, Hegel, Marx und Freud erhalten.[1] Im Anschluss daran kam es neben der Aufarbeitung der komplexen Rezeptionsgeschichte auch verstärkt zu stark systematisierenden Vergleichen zwischen den Denkstilen der beiden Philosophen. Insbesondere die Nietzsche-Forschung hat jedoch jüngst durch die Arbeit an der *Kritischen Gesamtausgabe* von Nietzsches Schriften eine neue Grundlage für den Vergleich der beiden Denker geschaffen. Durch diese Edition – vor allem durch die Faksimiles und diplomatischen Transkriptionen der IX. Abteilung der *Kritischen Gesamtausgabe*, die Nietzsches nachgelassene Schriften von 1885 bis 1889 zum Gegenstand haben – wurde der Vergleich zwischen den beiden Philosophen auf ein neues Fundament gestellt.

An diesem Punkt möchte der zweite Band der Buchreihe *Textologie* ansetzen. Ziel ist es, die Ergebnisse der Nietzsche-Forschung, die zunehmend die Bedeutung der Textgenese seiner Schriften reflektiert und deren ästhetische Verfasstheit als ein zentrales Charakteristikum seines Denkens begreift, mit der Philosophie Adornos zu konfrontieren. Jenseits von Einflussfragen sind es die vornehmlich textuellen Verfahrensweisen der beiden Philosophen, an dem sich dieser Vergleich orientiert. Hier verbinden sich grundsätzliche Fragen nach der Valenz von Entstehungsbedingungen und der materialen Faktur ihrer Texte mit dem philosophischen Ansatz: Sowohl Nietzsche als auch Adorno nehmen eine kritische Position gegenüber den Zwängen des Identitätsdenkens ein. Nietzsches Spätphilosophie versucht zudem, die durch die vorherrschende Grammatik bedingten Denkzwänge sichtbar zu machen. Adornos Sprachkritik schuldet ihr die Wendung gegen das identifizierende Denken gerade im Bereich des Ästhetischen. Wie für Nietzsche Kunst und Leben der diskursiven Erkenntnis

---

[1] So widmen sowohl das Adorno-Handbuch als auch der jüngst erschienene Band zur *Dialektik der Aufklärung* aus der Reihe *Klassiker Auslegen* dem Verhältnis von Nietzsche und Adorno einen eigenen Beitrag (vgl. Navigante 2011 und Saar 2017).

sich entziehen, so insistiert Adorno auf dem vom begrifflichen Denken uneinholbaren Rätselcharakter der Kunst.

Anlass zu diesem Band geben überdies Transkriptionen von überlieferten Typoskriptblättern zur *Ästhetischer Theorie*, die im Rahmen eines laufenden Editionsprojekts entstanden sind (vgl. Endres/Pichler/Zittel 2013).[2] Diese Transkriptionen machen es möglich, nicht nur die Parallelen und Unterschiede der Schreib-Denk-Prozesse Nietzsches und Adornos zu untersuchen, sondern auch deren Konsequenzen für das Philosophieverständnis der beiden aufzuzeigen.

Im Sinne der *Textologie* nimmt sich der Band *Text/Kritik: Nietzsche und Adorno* damit der zunehmend marginalisierten Frage nach der Bedeutung der Textualität der Philosophie an (vgl. Endres/Pichler/Zittel 2017). Die Beiträge formulieren zugleich Vorschläge für eine Revision und Neubestimmung philosophischer Lektürepraxis; sie sprechen sich für eine dezidiert philologische und am einzelnen Text ausgerichtete Lektüre aus, die der individuellen Sprachgebung und der spezifischen Materialität der Schriften Aufmerksamkeit schenkt.

Wir danken sehr herzlich Germaine Keogh, Leonard Pinke und Lars Amann für ihre Hilfe bei der Herstellung des Bandes.

Martin Endres, Axel Pichler und Claus Zittel

Literaturverzeichnis

Endres, Martin/Pichler, Axel/Zittel, Claus (2013): »›Noch offen‹. Prolegomena zu einer Textkritischen Edition der *Ästhetischen Theorie* Adornos«. In: *editio* 27, S. 173–204.

Endres, Martin/Pichler, Axel/Zittel, Claus (2017): *Textologie. Theorie und Praxis interdisziplinärer Textforschung*. Berlin, Boston: De Gruyter.

Lehr, Andreas (2000): *Kleine Formen. Adornos Kombinationen: Konstellation/Konfiguration, Montage und Essay*. Diss. Freiburg im Breisgau.

Navigante, Adrián (2011): »Antidialektik und Nichtidentität«. In: Richard Klein/Johann Kreuzer/Stefan Müller-Doohm (Hrsg.): *Adorno Handbuch. Leben – Werk – Wirkung*. Stuttgart: Metzler, S. 345–354.

Saar, Martin (2017): »Verkehrte Aufklärung. Die Spur Nietzsches«. In: Gunnar Hindrichs (Hrsg.): *Klassiker Auslegen – Max Horkheimer/Theodor W. Adorno: Dialektik der Aufklärung*. Berlin, Boston: De Gruyter, S. 151–164.

---

[2] Zudem werden im Rahmen des vom BmBF geförderten CRETA-Projekts erste Versuche unternommen, das ›Textmaterial‹ der Typoskripte Adornos mithilfe von Methoden der *Digital Humanities* zu analysieren: https://www.creta.uni-stuttgart.de/forschungsschwerpunkte/#Fachgruppe_Aesthetische_Theorie.

Verzeichnis der Siglen

Friedrich Nietzsche

A. Werkausgaben

KGW *Werke. Kritische Gesamtausgabe.* Begründet von Giorgio Colli und Mazzino Montinari, weitergeführt von Wolfgang Müller-Lauter und Karl Pestalozzi, ab Abt. IX/4 von Volker Gerhardt, Norbert Miller, Wolfgang Müller-Lauter und Karl Pestalozzi. Berlin, New York: De Gruyter 1967ff.

KGB *Briefwechsel. Kritische Gesamtausgabe.* Begründet von Giorgio Colli und Mazzino Montinari, weitergeführt von Norbert Miller und Annemarie Pieper. Berlin, New York: De Gruyter 1975ff.

KSA *Werke. Kritische Studienausgabe.* 15 Bände. Hrsg. von Giorgio Colli und Mazzino Montinari. 2. durchges. Aufl. München, Berlin, New York: dtv/ De Gruyter 1999.

SA *Werke in drei Bänden.* Hrsg. von Karl Schlechta. München: Carl Hanser 1954ff.

BAW *Werke und Briefe. Historisch-kritische Gesamtausgabe Werke.* Hrsg. von der Stiftung Nietzsche-Archiv. 5 Bde. München: C. H. Beck 1933–1940.

TA *Nietzsche's Werke* (Taschen-Ausgabe). Hrsg. vom Elisabeth Förster-Nietzsche. 10 Bde. Leipzig: Alfred Kröner 1906.

GA *Nietzsche's Werke* (Großoktav-Ausgabe). Hrsg. vom Nietzsche-Archiv. 19 Bde., Registerbd. Leipzig: C. G. Naumann, (ab 1910:) Alfred Kröner 1899–1913.

GAK *Nietzsche's Werke* (Großoktav-Ausgabe Koegel). Hrsg. von Fritz Koegel. 12 Bde. Leipzig: C. G. Naumann 1895–97.

B. Siglen einzelner Werke

AC	Der Antichrist
BA	Über die Zukunft unserer Bildungsanstalten
CV	Fünf Vorreden zu fünf ungeschriebenen Büchern
DD	Dionysos-Dithyramben
DS	David Strauss, der Bekenner und der Schriftsteller (Unzeitgemäße Betrachtungen 1)
DW	Die dionysische Weltanschauung
EH	Ecce homo
FW	Die fröhliche Wissenschaft
GD	Götzen-Dämmerung
GM	Zur Genealogie der Moral
GMD	Das griechische Musikdrama
GT	Die Geburt der Tragödie
HL	Vom Nutzen und Nachteil der Historie für das Leben (Unzeitgemäße Betrachtungen 2)
IM	Idyllen aus Messina
JGB	Jenseits von Gut und Böse
M	Morgenröthe
MA	Menschliches, Allzumenschliches (I und II)
MD	Mahnruf an die Deutschen
NL	Nachgelassene Fragmente
NW	Nietzsche contra Wagner
PHG	Die Philosophie im tragischen Zeitalter der Griechen
SE	Schopenhauer als Erzieher (Unzeitgemäße Betrachtungen 3)
SGT	Sokrates und die griechische Tragödie
ST	Sokrates und die Tragödie
UB	Unzeitgemäße Betrachtungen
VM	Vermischte Meinungen und Sprüche
WA	Der Fall Wagner
WB	Richard Wagner in Bayreuth (Unzeitgemäße Betrachtungen 4)
WL	Über Wahrheit und Lüge im aussermoralischen Sinne
WS	Der Wanderer und sein Schatten
Za	Also sprach Zarathustra

C. Verzeichnis der verwendeten Hefte und Notizbücher aus der KGW IX

N VII 1, N VII 2, N VII 3	KGW IX/1–3 Hrsg. von Marie-Luise Haase und Michael Kohlenbach. Bearb. von Marie-Luise Haase, Michael Kohlenbach und Johannes Neininger. Berlin, New York: De Gruyter 2001.
W I 3, W I 4, W I 6, W I 7	KGW IX/4. Hrsg. von Marie-Luise Haase und Martin Stingelin. Bearb. von Nicolas Füzesi, Marie-Luise Haase, Thomas Riebe, Beat Röllin, René Stockmar, Jochen Strobl, Franziska Trenkle. Unter Mitarbeit von Falko Heimer. Berlin, New York: De Gruyter 2004.
W I 8	KGW IX/5. Hrsg. von Marie-Luise Haase und Martin Stingelin. Bearb. von Marie-Luise Haase, Thomas Riebe, Beat Röllin, René Stockmar, Jochen Strobl, FranziskaTrenkle. Unter Mitarbeit v. Falko Heimer. Berlin, New York: De Gruyter 2005.
W II 1	KGW IX/6. Hrsg. von Marie-Luise Haase und Martin Stingelin. Bearb. von Marie-Luise Haase, Bettina Reimers, Thomas Riebe, Beat Röllin, René Stockmar, Franziska Trenkle. Unter Mitarbeit von Falko Heimer. Berlin, New York: De Gruyter 2006.
W II 3	KGW IX/7. Hrsg. von Marie-Luise Haase und Martin Stingelin. Bearb. von Marie-Luise Haase, Thomas Riebe, Beat Röllin, René Stockmar, Franziska Trenkle, Daniel Weißbrodt. Unter Mitarb. von Karoline Weber. Berlin, New York: De Gruyter 2009.
W II 7	KGW IX/9. Hrsg. von Marie-Luise Haase und Martin Stingelin. Bearb. von Marie-Luise Haase, Thomas Riebe, Beat Röllin, René Stockmar, Daniel Weißbrodt. Unter Mitarb. von Ilona Hadasch und Constantin Rupf. Berlin, New York: De Gruyter 2012.
W II 10	KGW IX/10. Hrsg. von Marie-Luise Haase und Hubert Thüring. Bearb. von Marie-Luise Haase, Michael Kohlenbach, Thomas Riebe, Beat Röllin, René Stockmar, Daniel Weißbrodt. Berlin, Boston: De Gruyter 2015.

Theodor W. Adorno

A. Werkausgabe

GS   *Gesammelte Schriften in 20 Bänden*. Hrsg. von Rolf Tiedemann unter Mitwirkung von Gretel Adorno, Susan Buck-Morss und Klaus Schultz. 20 Bde. Frankfurt am Main: Suhrkamp 1981.

B. Siglen einzelner Bände der GS

PhF   Philosophische Frühschriften [= GS 1]
K   Kierkegaard [= GS 2]
DA   Dialektik der Aufklärung [= GS 3]
MM   Minima Moralia [= GS 4]
ME   Zur Metakritik der Erkenntnistheorie [= GS 5]
ND   Negative Dialektik [= GS 6]
ÄT   Ästhetische Theorie [= GS 7]
SoS1   Soziologische Schriften 1 [= GS 8]
SoS2   Soziologische Schriften 2 [= GS 9]
KG   Kulturkritik und Gesellschaft [= GS 10]
NzL   Noten zur Literatur [= GS 11]
PhM   Philosophie der neuen Musik [= GS 12]
DmM   Die musikalischen Monographien [= GS 13]
D   Dissonanzen [= GS 14]
KF   Kompositionen für den Film [= GS 15]
MS1–3   Musikalische Schriften 1–3 [= GS 16]
M4   Musikalische Schriften 4 [= GS 17]
M5   Musikalische Schriften 5 [= GS 18]
M6   Musikalische Schriften 6 [= GS 19]
VS   Vermischte Schriften [= GS 20]

C. Nachgelassene Schriften

NL IV/3   *Ästhetik* (1958/59). Hrsg. von Eberhard Ortland. Frankfurt am Main: Suhrkamp 2009.
NL IV/10   *Probleme der Moralphilosophie* (1963). Hrsg. von Thomas Schröder. Frankfurt am Main: Suhrkamp 1963.

Beat Röllin und René Stockmar
Nietzsche lesen mit KGW IX

Zum Beispiel Arbeitsheft W II 1, Seite 1

1. Friedrich Nietzsches Aufforderung, ihn so zu lesen, wie die Philologie »g u t lesen [lehrt], das heisst langsam, tief, rück- und vorsichtig, mit Hintergedanken, mit offen gelassenen Thüren, mit zarten Fingern und Augen lesen ...« (M Vorrede 5, KSA 3, S. 17), stellt eine große Herausforderung dar für alle, die sich mit ihm beschäftigen. Es ist eigentlich selbstverständlich: Nietzsche gut zu lesen, muss zuerst und zunächst einmal heißen, gut zu lesen, was Nietzsche zu lesen gab oder zu lesen geben wollte, so, wie er es zu lesen gab oder zu lesen geben wollte – seine Bücher, die druckfertig hinterlassenen Schriften, kurz das autorisierte Werk. Was er gewiss nicht zu lesen geben wollte, sind seine nachgelassenen Aufzeichnungen: philosophische Notizen, Exzerpte, Pläne, Dispositionen, Verzeichnisse, Entwürfe und Reinschriften, daneben auch Briefkonzepte und Gelegenheitsnotizen (Adressen, Besorgungslisten, Berechnungen usw.), überliefert in Notizbüchern und Arbeitsheften sowie auf losen Blättern (herausgetrennte Heftseiten, Folioblätter, Briefpapier usw.). Aber gerade der Nachlass zog von Anfang an großes Interesse auf sich.[1] Insbesondere Nietzsches Schwester Elisabeth Förster-Nietzsche, die Leiterin des Nietzsche-Archivs, das mit der Großoktav-Ausgabe von *Nietzsche's Werke* (GA) die erste Werkausgabe herausgab, wollte darin jenes vermeintlich unvollendet hinterlassene Hauptwerk ausfindig machen können, das Nietzsche selbst, ein erstes Mal auf der Umschlagrückseite von JGB (1886), als »[i]n Vorbereitung« befindlich angekündigt hatte: »D e r W i l l e z u r M a c h t. Versuch einer Umwerthung aller Werthe. In vier Büchern.« (vgl. KGW VI/2, S. 256a) Das editorische Interesse galt folglich vor allem Nietzsches *spätem* Nachlass, den nachgelassenen Aufzeichnungen ab Frühjahr 1885 (Beendigung von Za IV) bis Anfang Januar 1889 (Zusammenbruch in Turin).[2]

---

1 So sah sich der Verleger C. G. Naumann schon im ersten Verlagsprospekt (1893), das eine Gesamtausgabe von Nietzsches Werken ankündigte, zu folgendem Hinweis veranlasst: »Wann der *Litterarische Nachlass Friedrich Nietzsche's* erscheinen kann, ist vor der Hand unmöglich, zu bestimmen. Die Beantwortung aller in diesem Betreff an mich gelangenden Anfragen muss ich höflich ablehnen.« (C. G. Naumann: Verlagsprospekt »Gesammt-Ausgabe der Werke Friedrich Nietzsche's«, vgl. Hoffmann 1991, S. 747, Abb. 5ab)
2 Die Pläne und Aufzeichnungen zu *Der Wille zur Macht* reichten aber nach der Legende der Schwester bis ins Jahr 1883 zurück; vgl. Förster-Nietzsche 1904, S. 679ff.

Nietzsches später Nachlass umfasst vier Notizhefte (N VII 1–4), sechzehn Arbeitshefte (W I 3–8, W II 1–10), vereinzelte Aufzeichnungen in diversen früheren Heften und rund dreihundert in Mappen (Mp XIV–XVIII) gesammelte lose Blätter.³ Aus diesem späten Nachlass veröffentlichte das Nietzsche-Archiv in der Großoktav-Ausgabe eine größere Auswahl von Aufzeichnungen in oft fragwürdiger Textkonstitution. In GA XIII–XIV (1903/04) erschien thematisch-sachlich geordnet *Unveröffentlichtes aus der Umwerthungszeit*, in GA XV–XVI (1911) die Nachlass-Kompilation *Der Wille zur Macht: Versuch einer Umwerthung aller Werthe*, die in angeblich werkrekonstruierender Anordnung Nietzsches vermeintliches philosophisches Hauptwerk doch noch zum Vorschein bringen wollte. Die erste Ausgabe von *Der Wille zur Macht* (WM¹) wurde bereits 1901 in GA XV$^{(1901)}$ herausgegeben. Die kanonisch gewordene zweite, »völlig neu gestaltete und vermehrte« Ausgabe (WM²) erschien 1906 zunächst in der Taschen-Ausgabe von *Nietzsche's Werke* (TA 9–10) und wurde dann 1911, mit textkritischen Anmerkungen versehen, auch in die Großoktav-Ausgabe als GA XV$^{(1911)}$–XVI aufgenommen. Die grundlegende Kritik an dieser offenkundigen Werkfälschung, die von Anfang an als solche erkannt werden konnte und auch kritisiert wurde (vgl. Lamm 1906, Horneffer 1907), aber trotzdem über lange Zeit hinweg die Nachlassrezeption bestimmte, findet sich bei Schlechta 1956 und Montinari 1982 (vgl. auch KSA 14, S. 383–400). Doch auch noch in der Schlechta-Ausgabe (SA, 1954–56) erfolgte die vom Ansatz her chronologische Edition »Aus dem Nachlass der Achtzigerjahre« auf der philologisch völlig unzuverlässigen Textgrundlage von WM².

Eine von Grund auf neue und kritische Textedition boten erst die von Giorgio Colli und Mazzino Montinari in streng chronologischer Anordnung herausgegebenen »Nachgelassenen Fragmente« vom Nachlass 1885–1889, die in KGW VII/3 (1974) und KGW VIII/1–3 (1970–74), dann in KSA 11–13 (1980, ²1988) erschienen sind. Von den ergänzenden philologischen Apparatbänden, die das Verhältnis der edierten Texte zum Manuskriptbefund klären und alle nicht als »Fragmente« in die Textbände aufgenommenen Nachlassaufzeichnungen nachträglich verzeichnen sollten, konnte Montinari jedoch nur den Nachbericht zur VII. Abteilung, KGW VII/4, 1–2 (1984/86), selber realisieren; der Nachweis sämtlicher »Varianten« zu den »Nachgelassenen Fragmenten« ab Herbst 1885 in einem Nachbericht zur VIII. Abteilung und die Mitteilung aller sogenannten »Vorstufen« zu den späten Werken in einem Nachbericht zu JGB bis NW blieben ausstehend.

Anstelle des ursprünglich geplanten Nachberichts zur Nachlassedition in der VIII. Abteilung erscheint seit 2001 in der neu eingerichteten IX. Abteilung (KGW

---

3 Nietzsches Nachlass wird im Weimarer Goethe- und Schiller-Archiv, Bestand 71, aufbewahrt. Die Manuskripte werden mit den Mette-Signaturen bezeichnet (vgl. Mette 1933).

IX) eine Manuskriptedition des Nachlasses ab Frühjahr 1885. Über die Gründe, die zu dieser Neuedition geführt haben, berichten Groddeck 1991b, Kohlenbach/ Groddeck 1995 und Röllin/Stockmar 2007. Mit KGW IX wird somit Nietzsches später Nachlass ein drittes Mal philologisch erschlossen, und erstmals integral, manuskriptgetreu und nach einem topologischen Editionsprinzip dokumentiert.

Die editionsgeschichtliche Bedeutung von KGW IX liegt in der Auflösung der von Editorenhand aus Nietzsches Nachlass kreierten Phantom-Texte, die seit dem Erscheinen von *Der Wille zur Macht* in den Ausgaben herumgeistern und das Bild Nietzsches wesentlich geprägt haben. Zwar haben Colli und Montinari die von Nietzsches Schwester zum »philosophisch-theoretischen Hauptwerk[]« (TA 9, S. XXII) verklärte Nachlass-Kompilation mit der Veröffentlichung der »Nachgelassenen Fragmente« in KGW VII und VIII editorisch als Werkfälschung entlarvt. Doch auch die einem chronologisch-textgenetischen Mischprinzip folgende Edition der »Nachgelassenen Fragmente« beförderte noch die Wahrnehmung des Nachlasses als eines separaten Bestandes zusätzlicher, problemlos zitier- und interpretierbarer Nietzsche-Texte, die sich vom autorisierten Werk nur graduell zu unterscheiden schienen. Denn aus der erneuten Konstituierung geglätteter Lesetexte (»Fragmente«), die nur durch die Ausgliederung aller »Varianten« in einen nachträglich zu erstellenden philologischen Apparat zustande kommen konnten, resultierte in allzu vielen Fällen ein falsch-eindeutiger Text, der so nirgends in den überlieferten Aufzeichnungen steht. Und die systematische Aussortierung von Aufzeichnungen (»Vorstufen«), die eine bestimmte Textnähe zu Nietzsches Werktexten aufweisen und deren Mitteilung deshalb einem Nachbericht zu den späten Werken vorbehalten war, hatte die Zerstörung der ursprünglichen Kontexte der Niederschriften zur Folge (vgl. Groddeck 1991b).

Im Bestreben, Montinaris ursprünglichen Anspruch zu erfüllen, dass »der handschriftliche Nachlaß Nietzsches in seiner authentischen Gestalt bekannt werden [soll]« (Montinari 1982, S. 118), eröffnet KGW IX mit der Faksimilierung und der differenzierten Transkription der Manuskripte einen neuen, unverstellten Zugang zu den nachgelassenen Aufzeichnungen und ihrem typischen Notatcharakter. Die Manuskriptedition erschließt den späten Nachlass in seiner Gesamtheit gemäß der topologischen Anordnung der Aufzeichnungen, ohne nach typologischen Kriterien Textmaterial (Vorstufen, Varianten, Briefentwürfe, Gelegenheitsnotizen) auszusondern. Durch die Wiedergabe aller Korrekturvorgänge, Streichungen, Überarbeitungen usw. gewahrt sie Einblick in Nietzsches Schreibwerkstatt und veranschaulicht den Schreibprozess und die Textgenese.

Die diplomatische Umschrift von KGW IX unterscheidet als »differenzierte Transkription« vermittels typographischer Auszeichnungen Nietzsches verschiedene Schreibschriften, Schreibmittel und Schreibvorgänge (vgl. Haase/

Kohlenbach 2001, S. XVII).[4] Das die Transkription enthaltende, grau hinterlegte Transkriptionsfeld entspricht in seinen Maßen 1:1 dem Manuskript. Die Schriftverteilung auf einer Seite der Transkription folgt – im Rahmen der typographischen Darstellbarkeit – der Schriftverteilung im Manuskript. In der Marginalspalte und dem Fußnotenapparat finden sich editorische Anmerkungen zu Manuskriptbefund und Transkription. In einem Nachbericht zu KGW IX sind weitere Informationen mitgeteilt.[5]

Sinn und Zweck des editorischen Ensembles von integraler Wiedergabe der Manuskripte nach topologischem Prinzip, differenzierter Transkription, Faksimilierung und Nachbericht ist eine möglichst vollständige, genaue und detaillierte Dokumentation des späten Nachlasses in textkritischer Absicht. Die Textgrundlage der bisherigen Texteditionen in GA und KGW wird offengelegt, das Material für einen neuen, textkritischen Umgang mit dem Nachlass zur Verfügung gestellt.

Am Beispiel der Seite 1 aus dem Arbeitsheft W II 1 lassen sich die Möglichkeiten und die Grenzen der Nachlassdokumentation exemplarisch ausloten.

---

[4] Unterschieden werden: (I.) Deutsche und lateinische Schreibschrift sowie Nietzsches Hand und Diktatniederschriften von fremder Hand. (II.) Bleistift (Grau, fett), Buntstifte (Rot/Blau, fett) und schwarze (Schwarz), braune (Rot) oder violette (Blau) Tinte; eine weitere Druckfarbe (Grün) kennzeichnet bei einem differenzierbaren letzten Korrekturvorgang mit einer bereits verwendeten Tintenfarbe die »Tinte der letzten Korrektur«. (III.) Erste Niederschriften (Normal), Einfügungen oder Zusätze (Petit) und an diesen vorgenommene Änderungen oder Zusätze (Petitpetit).

[5] Der Nachbericht umfasst die Beschreibung der Manuskripte, Querverweise zu den Abschreibprozessen, einen Stellenkommentar, Berichtigungen zu KGW, Konkordanzen und einen Namenindex. Er ist den Bänden in jeweils aktualisierter Version auf CD-ROM beigegeben und soll zum Abschluss von KGW IX in definitiver Fassung in Buchform erscheinen.

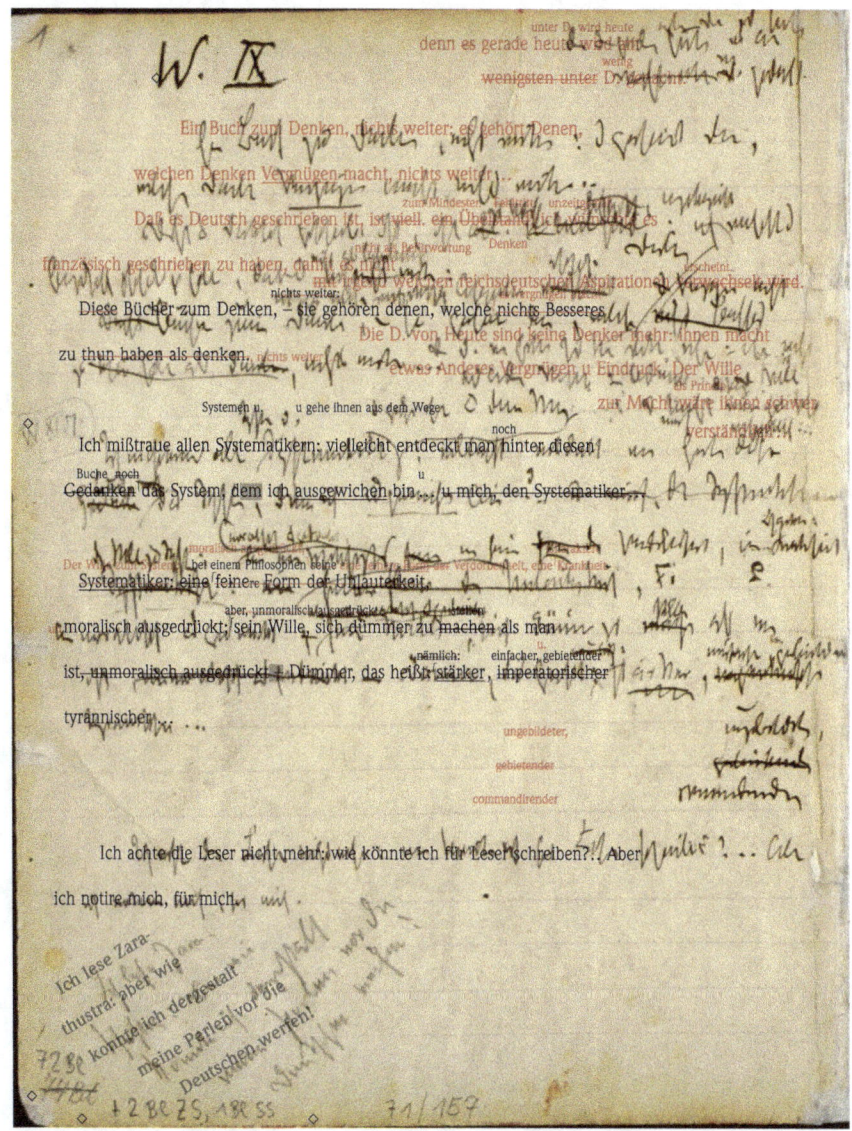

Abb. 1: W II 1, S. 1, Faksimile und Transkription KGW IX/6 (Quelle: Klassik Stiftung Weimar)

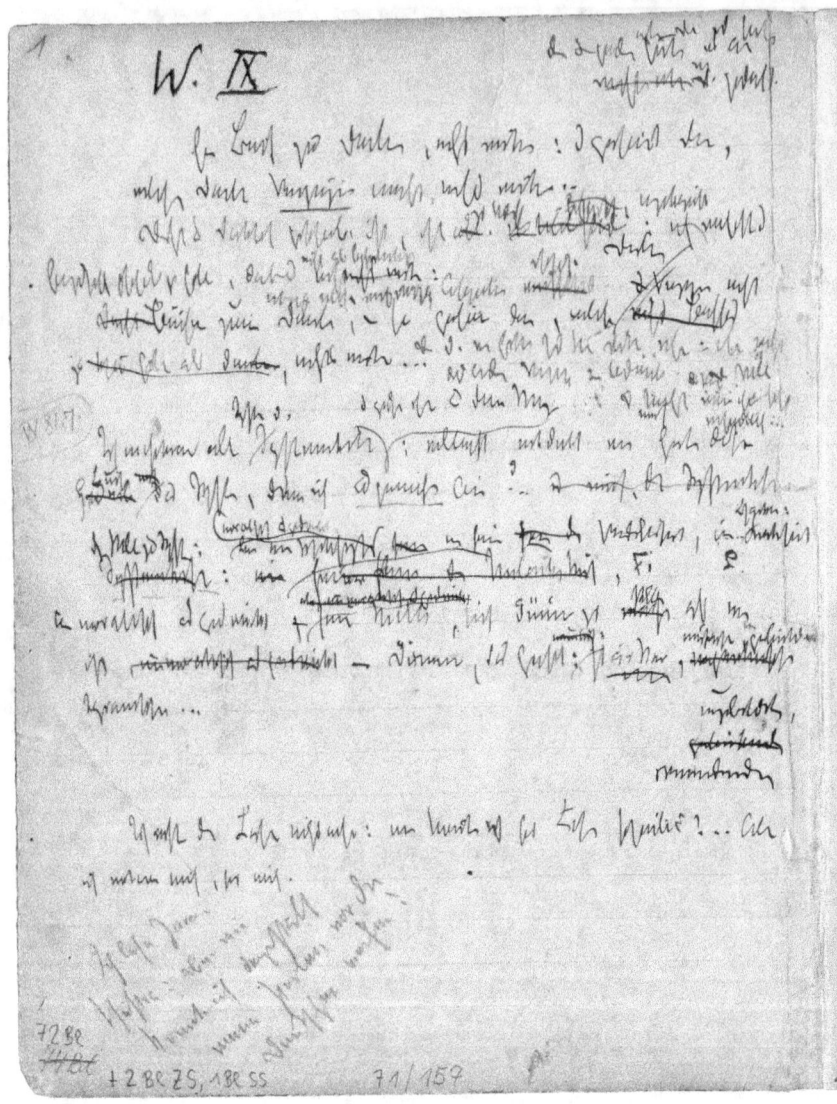

Abb. 2a: Faksimile W II 1, S. 1 (Quelle: Klassik Stiftung Weimar)

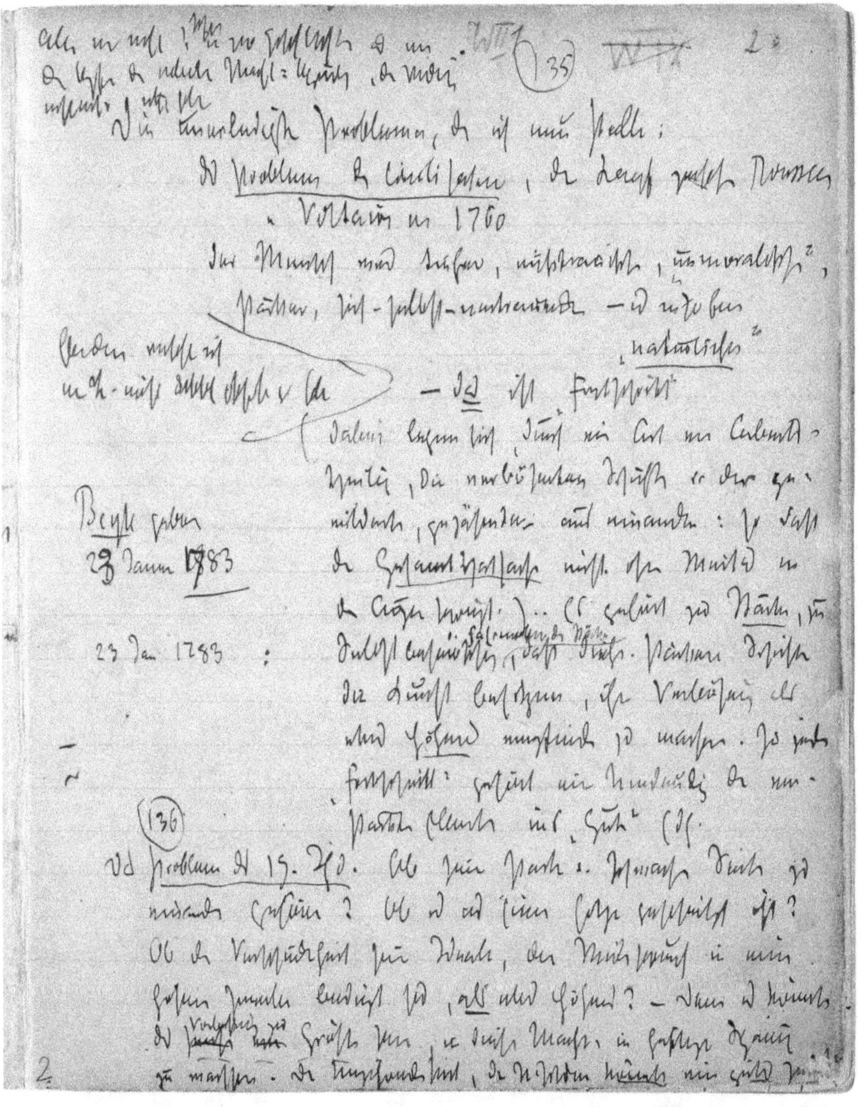

Abb. 2b: Faksimile W II 1, S. 2 (Quelle: Klassik Stiftung Weimar)

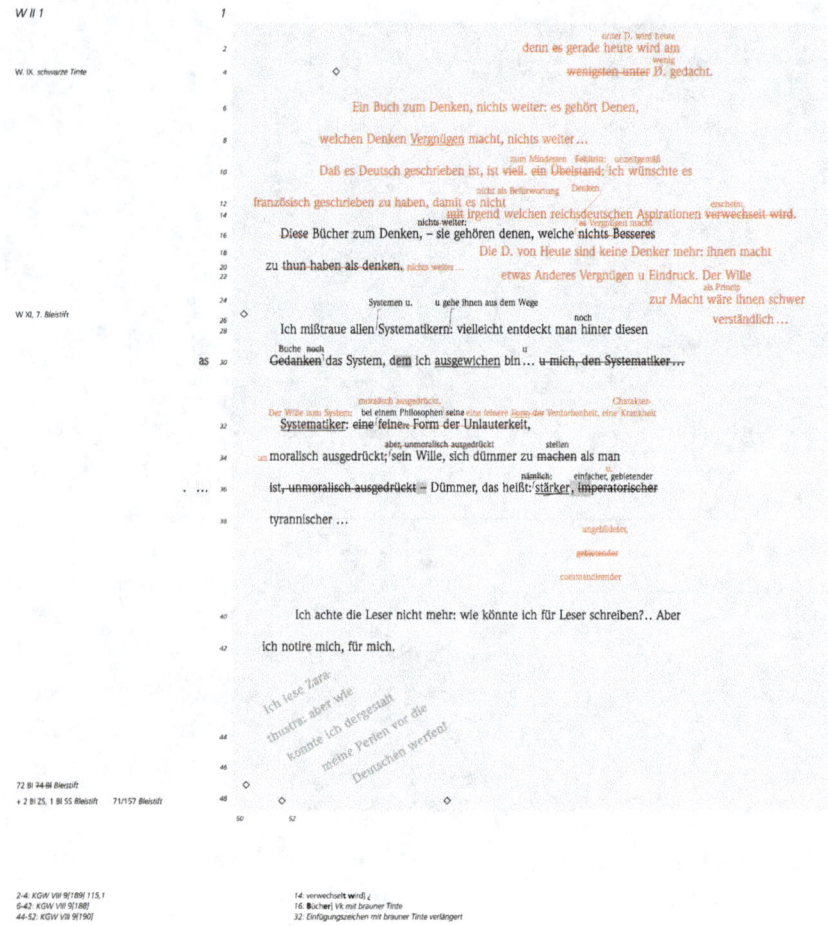

Abb. 3a: KGW IX/6, W II 1, S. 1

2   W II 1

schon
Aber wer weiß! in zwei Geschlechtern wird man ◊   *2*   W II 1 *Bleistift*
das Opfer der nationalen Macht-Vergeudung, die Verdummung (135) ◊   *4*   W-IX *Rotstift, mit Bleistift gestrichen*
nicht mehr nöthig haben   *6*

    Die unerledigten Probleme, die ich neu stelle: *8*

        das Problem der Civilisation, der Kampf, zwischen Rousseau   *10*

            u Voltaire um 1760   *12*

       der Mensch wird tiefer, mißtrauischer, „unmoralischer",   *14*

       stärker, sich-selbst-vertrauender – u insofern   *16*

Ebendarum wünschte ich   „natürlicher"   *18*
meinen Z. nicht deutsch geschrieben zu haben
        – das ist „Fortschritt"   *20*

      (dabei legen sich, durch eine Art von Arbeits-   *22*

      theilung, die verböserten Schichten u. die ge-   *24*

Beyle geboren   milderten, gezähmten aus einander: so daß   *26*

2a Januar 1783   die Gesammtthatsache nicht ohne Welteres in   *28*   7 8

      die Augen springt.).. Es gehört zur Stärke, zur   *30*
                 u. Fascination der Stärke
23 Jan 1783   Selbstbeherrschung, daß diese stärkeren Schichten   *32*

      die Kunst besitzen, ihre Verböserung als   *34*

      etwas Höheres empfinden zu machen. Zu jedem   *36*

      „Fortschritt" gehört eine Umdeutung der ver-   *38*

(136)   stärkten Elemente ins „Gute" (dh.   *40*

Das Problem des 19. Jhd.   Ob seine starke u. schwache Seite zu   *42*

einander gehören? Ob es aus Einem Holze geschnitzt ist?   *44*

Ob die Verschiedenheit seiner Ideale, deren Widerspruch in einem   *46*

höheren Zwecke bedingt sind, als etwas Höheres? – Denn es könnte   *48*
        Vorbestimmung zur
das Zeichen von Größe sein, in diesem Maaße, in heftiger Spannung   *50*
                            sein
zu wachsen. Die Unzufriedenheit, der Nihilism könnte ein gutes Zeichen   *52*

2-6: KGW VIII 9[189] 115,2-4
8-40: KGW VIII 9[185]
18-19: KGW VIII 9[188] 114,17-18
26-32: KGW VIII 9[187]
42-51: KGW VIII 9[186]

Abb. 3b: KGW IX/6, W II 1, S. 2

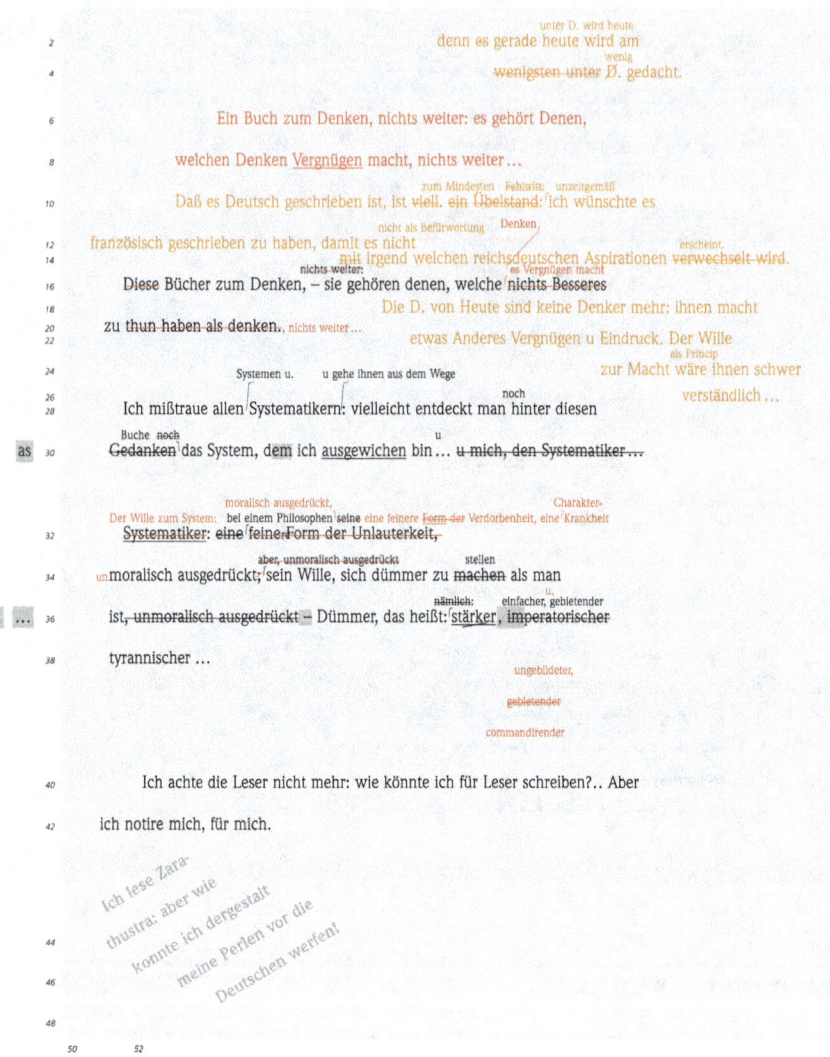

Abb. 4a: Transkriptionsfeld W II 1, S. 1 mit zusätzlicher oranger Druckfarbe (vgl. dazu S. 13f.)

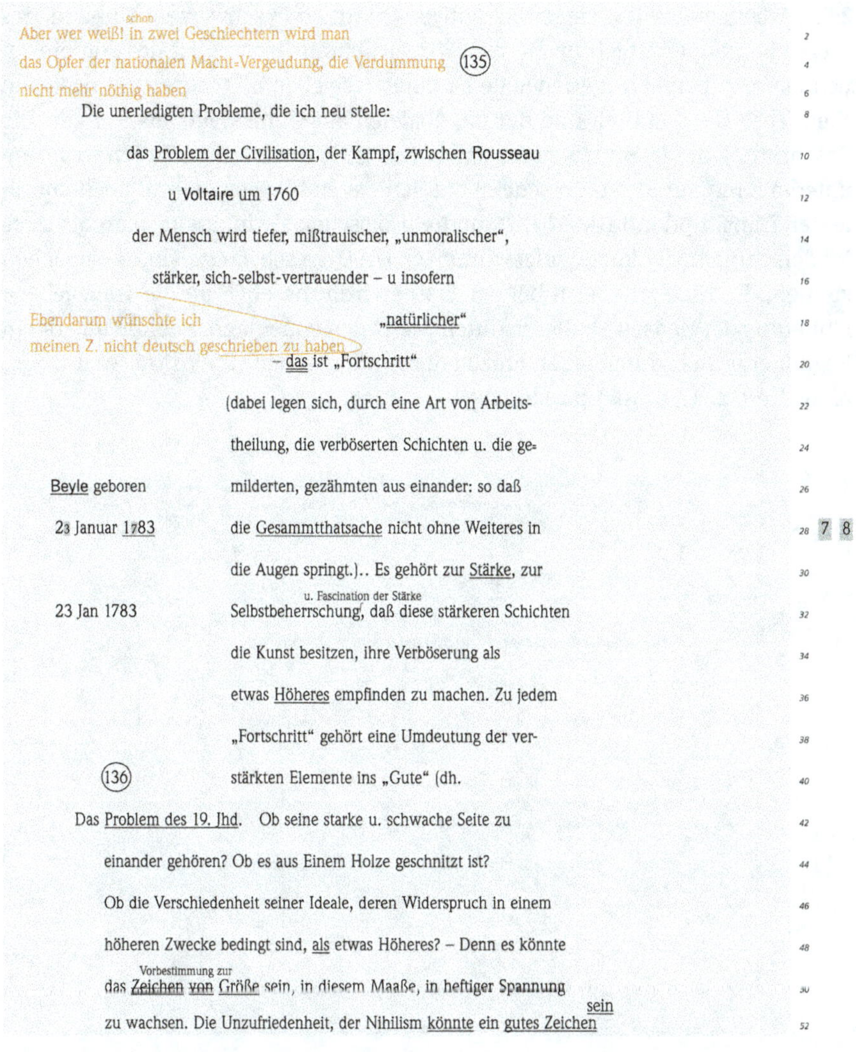

                    schon
Aber wer weiß! in zwei Geschlechtern wird man
das Opfer der nationalen Macht=Vergeudung, die Verdummung (135)
nicht mehr nöthig haben
  Die unerledigten Probleme, die ich neu stelle:

   das Problem der Civilisation, der Kampf, zwischen Rousseau

    u Voltaire um 1760

    der Mensch wird tiefer, mißtrauischer, „unmoralischer",

    stärker, sich-selbst-vertrauender – u insofern

Ebendarum wünschte ich   „natürlicher"
meinen Z. nicht deutsch geschrieben zu haben
     – das ist „Fortschritt"

    (dabei legen sich, durch eine Art von Arbeits-

    theilung, die verböserten Schichten u. die ge=

 Beyle geboren milderten, gezähmten aus einander: so daß

 2͵3 Januar 1͵783 die Gesammtthatsache nicht ohne Weiteres in

    die Augen springt.).. Es gehört zur Stärke, zur
       u. Fascination der Stärke
 23 Jan 1783 Selbstbeherrschung, daß diese stärkeren Schichten

    die Kunst besitzen, ihre Verböserung als

    etwas Höheres empfinden zu machen. Zu jedem

    „Fortschritt" gehört eine Umdeutung der ver-

 (136) stärkten Elemente ins „Gute" (dh.

Das Problem des 19. Jhd. Ob seine starke u. schwache Seite zu

einander gehören? Ob es aus Einem Holze geschnitzt ist?

Ob die Verschiedenheit seiner Ideale, deren Widerspruch in einem

höheren Zwecke bedingt sind, als etwas Höheres? – Denn es könnte
   Vorbestimmung zur
das Zeichen von Größe sein, in diesem Maaße, in heftiger Spannung
          sein
zu wachsen. Die Unzufriedenheit, der Nihilism könnte ein gutes Zeichen

Abb. 4b: Transkriptionsfeld W II 1, S. 2 mit zusätzlicher oranger Druckfarbe (vgl. dazu S. 13f.)

2. Im Arbeitsheft W II 1, einem 142-seitigen Quartheft in schwarzem Einband, das Nietzsche hauptsächlich im Herbst 1887 in Gebrauch hatte, ist der vordere Innendeckel mit einer liniierten Seite kaschiert, die ebenfalls Aufzeichnungen von Nietzsches Hand enthält und darum, obgleich eine linke Seite, als S. 1 gilt. Die Beschriftung dieser Seite in einer schwarzen und zwei braunen Tinten sowie am unteren Rand mit Bleistift erscheint auf den ersten Blick chaotisch, doch mithilfe der Transkription in KGW IX/6 und ein bisschen Geduld wird man als erste Niederschriften vier kurze Aufzeichnungen (A–D) in schwarzer Tinte ausmachen können, die Nietzsche, sich bei der Erstbeschriftung noch an die vorgegebene Liniierung der Heftseite haltend, durch Leerzeilen voneinander abhob und deren Beginn er jeweils durch einen Einzug der Anfangszeilen (KGW IX/6, W II 1, S. 1, Z. 16, Z. 28, Z. 32, Z. 40)[6] markierte:

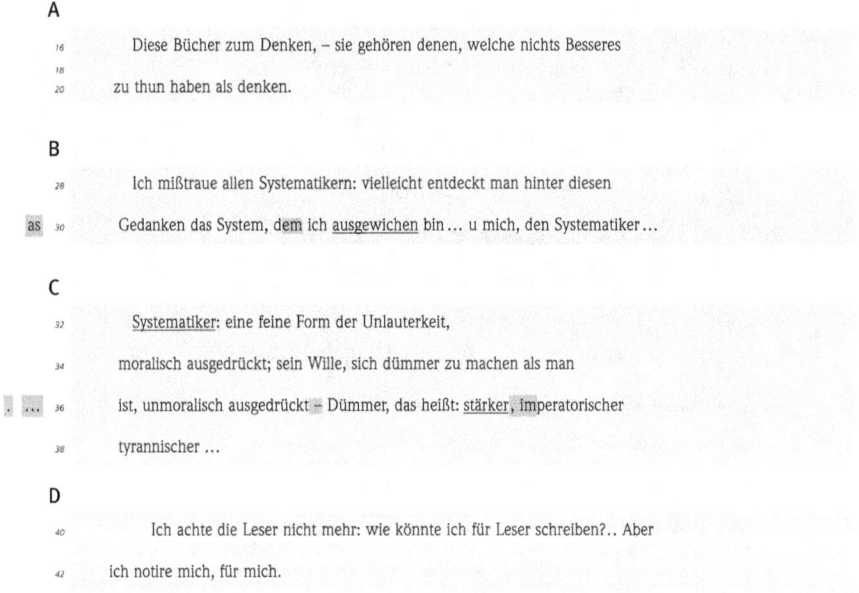

Eine fünfte Aufzeichnung (E), die allem Anschein nach zu einem späteren Zeitpunkt hinzugefügt wurde, stellt die Bleistiftnotiz dar, die Nietzsche schräg am unteren Rand notierte:

---

6 Hier und im Folgenden beziehen sich die Zeilenangaben immer auf die Zeilenzählung der Transkription in KGW IX. Die Zeilenzählung in KGW IX richtet sich nach Nietzsches Beschriftung der wiedergegebenen Manuskriptseiten, ohne Rücksicht auf die (oft) vorgegebene Seitenliniierung. Die Zeilenzählung gibt in der Regel keinen Aufschluss über die Chronologie der Aufzeichnungen auf einer Seite; sie dient allein als Orientierungshilfe und Referenz.

E

Im Weiteren ist die Seite beschriftet mit Nietzsches Überarbeitungen von A, B und C sowie einer Neufassung von A im oberen Viertel der Seite und einer (wiederum überarbeiteten) Fortsetzung dazu. Die ersten Überarbeitungen zu A, B und C trug er mit schwarzer Tinte ein, weitere Überarbeitungen zu A und C mit dunkelbrauner Tinte. Für die Neufassung von A benutzte er ebenfalls die dunkelbraune Tinte, für die Fortsetzung hingegen eine andere, hellere braune Tinte.[7] In eben dieser Tinte wich Nietzsche zudem, weil offenbar auf S. 1 der Platz für die Fortsetzung von A nicht mehr ausreichte, auf die gegenüberliegende Seite, S. 2, aus.

Überarbeitung von A, B und C in schwarzer Tinte

                             nichts weiter:
Diese Bücher zum Denken, – sie gehören denen, welche nichts Besseres
zu thun haben als denken.

                 Systemen u.   u gehe ihnen aus dem Wege
                                       noch
Ich mißtraue allen Systematikern: vielleicht entdeckt man hinter diesen
      Buche noch   u
as Gedanken das System, dem ich ausgewichen bin … u mich, den Systematiker …

                 bei einem Philosophen seine
Systematiker: eine feine Form der Unlauterkeit,
                 aber, unmoralisch ausgedrückt   stellen
moralisch ausgedrückt; sein Wille, sich dümmer zu machen als man
                                     nämlich: einfacher, gebietender
ist, unmoralisch ausgedrückt – Dümmer, das heißt: stärker, imperatorischer
tyrannischer …

---

7 Die hellere braune Tinte wird im Folgenden kurz als hellbraune Tinte bezeichnet und ist im Gegensatz zu KGW IX/6 in einer zusätzlichen, orangen Druckfarbe wiedergegeben.

Überarbeitung von A und C in dunkelbrauner Tinte

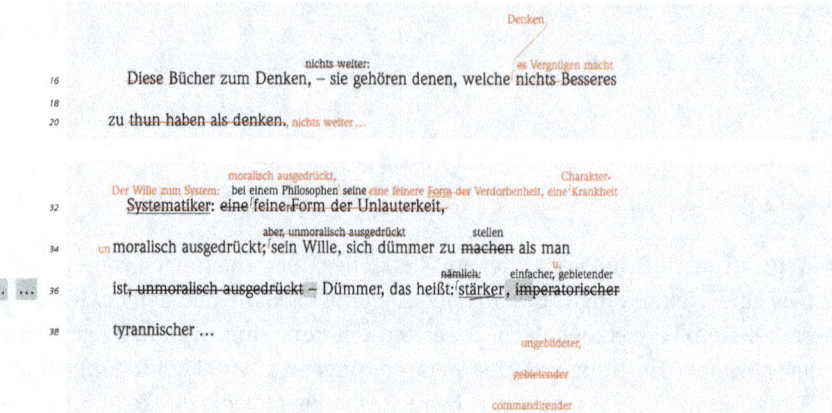

Neufassung von A in dunkelbrauner Tinte

Ein Buch zum Denken, nichts weiter: es gehört Denen,

welchen Denken Vergnügen macht, nichts weiter …

Fortsetzung von A in hellbrauner Tinte

unter D. wird heute
denn es gerade heute wird am
wenig
wenigsten unter D. gedacht.

zum Mindesten Februrist unzeitgemäß
Daß es Deutsch geschrieben ist, ist viell. ein Übelstand; ich wünschte es
nicht als Befürwortung
französisch geschrieben zu haben, damit es nicht
erscheint,
mit irgend welchen reichsdeutschen Aspirationen verwechselt wird.

Die D. von Heute sind keine Denker mehr: ihnen macht
etwas Anderes Vergnügen u Eindruck. Der Wille
als Princip
zur Macht wäre ihnen schwer
verständlich …

schon
Aber wer weiß! in zwei Geschlechtern wird man
das Opfer der nationalen Macht-Vergeudung, die Verdummung
nicht mehr nöthig haben

Ebendarum wünschte ich
meinen Z. nicht deutsch geschrieben zu haben

Drei der fünf Aufzeichnungen, A, C und D, wurden in GA XIV (1904), S. 353, S. 360, S. 420, veröffentlicht. In KGW VIII/2 (1970) sind alle fünf Aufzeichnungen A bis E als »Nachgelassene Fragmente«, NL 1887, 9[188–190], erschienen. In KGW IX/6 (2006) liegen die Aufzeichnungen nunmehr in differenzierter Transkription und als Faksimile vor.

Für die folgenden textkritischen Anmerkungen dient Abb. 4 als Referenz. Das Bild beschränkt sich auf das Transkriptionsfeld samt Zeilenzählung und Außenboxen, die beiden braunen Tinten sind hier differenziert und in roter (dunkelbraune Tinte) bzw. oranger (hellbraune Tinte) Druckfarbe wiedergegeben.

3. Die Aufzeichnungen von W II 1, S. 1 scheinen in den größeren Kontext einer Vorrede zu gehören. Dieser Ansicht waren auch die früheren Herausgeber: Sie veröffentlichten die entsprechenden Aufzeichnungen als »Vorreden-Material« (GA XIV, S. VI) bzw. kommentierten zu 9[188]: »Notizen zu einer Vorrede« (KSA 14, S. 743). In A und B finden sich Referenzen auf ein nicht näher benanntes Buch oder Bücher: In der ersten Version von A geht es um »Diese Bücher zum Denken« (Z. 16), in der späteren Neufassung und Fortsetzung um »Ein Buch zum Denken« (Z. 6), das auf »Deutsch geschrieben« sei (Z. 10); in B um das vermiedene System »hinter diesen Gedanken«, respektive, nach einer Überarbeitung, »hinter diese[m] Buche« (Z. 28–30). Die Aufzeichnung C nimmt zwar keinen direkten Bezug auf ein Werk, steht aber inhaltlich in unmittelbarem Zusammenhang mit B, so dass die nähere Bestimmung des »Systematiker« in C auszuführen scheint, was gemäß B »hinter diesen Gedanken«, »hinter diese[m] Buche« noch zu entdecken sein könnte. Die Schreib-Szene in D ist allgemein als Rückzug des Schreibers ins Private seiner Notizen zu lesen, man kann sie jedoch auch in die Nähe der hinlänglich bekannten paradoxen Werkpraxis Nietzsches rücken, derzufolge seine Veröffentlichungen nicht einfach dem zeitgenössischen Lesepublikum zugedacht, sondern für »Alle und Keinen« (so der Untertitel von Za) oder für die »Wenigsten« (»Der Rest ist bloss die Menschheit«, AC Vorwort, KSA 6, S. 167f.) bestimmt sein sollten. So gelesen antizipierte das *Mihi scribere* in D ein posthumes Verständnis durch eine zukünftige Leserschaft und stellte eine poetologische Reflexion dar, die im Kontext der übrigen Aufzeichnungen auf dieser Seite ebenfalls auf eine Vorrede hin entworfen sein könnte (vgl. dazu aber weiter unten Abschnitt 5). Auch die Aufzeichnung E liest sich, wie D, zunächst wie eine persönliche Notiz Nietzsches, in der er sein Schreiben und die mangelnde Wertschätzung und ausgebliebene Rezeption mit einer gehörigen Portion Sarkasmus reflektiert. Doch auch diese Aufzeichnung fügt sich in das Arrangement von potentiellen Vorrede-Entwürfen. Nietzsche verwendete die Abwandlung des geflügelten Bibel-Wortes »Perlen vor die Säue werfen« im Weiteren mehrmals im Hinblick auf Vorrede-Entwürfe. Zum Beispiel im Arbeitsheft W II 3:

> ich habe den D. das tiefste Buch gegeben, das sie besitzen[,] meinen Zarathustra, – ich gebe ihnen heute das unabhängigste. Wie? sagt mir mein schlechtes Gewissen, wie ~~durftest du~~ willst du Perlen vor die Deutschen werfen!... (KGW IX/7, W II 3, S. 9)[8]

Die Aufzeichnungen von W II 1, S. 1 stehen als Vorrede-Entwürfe, oder vielleicht genauer als potentielle Vorrede-Teilentwürfe, als vorfabrizierte Textbausteine für einen noch zu realisierenden Vorrede-Entwurf (zu einem noch zu realisierenden Werk), offenbar in Bezug zu Nietzsches »Wille zur Macht«- oder »Umwerthungs«-Projekt. Nietzsche hatte sich nach der Veröffentlichung von GM, das im November 1887 erschienen war, wieder dem geplanten größeren Hauptwerk in vier Büchern, das er in GM erneut angekündigt hatte, zugewandt (vgl. Montinari 1982, KSA 14, S. 383–400). Einen Hinweis darauf gibt die explizite Nennung des titelgebenden Hauptkonzepts in der Fortsetzung: »Der Wille zur Macht als Princip« (Z. 22–24), und ebenso weist der Plural von »Diese Bücher zum Denken« (Z. 16) auf das in vier Büchern geplante »Der Wille zur Macht« hin.

4. Die Fragmentgruppe 9 in KGW VIII bzw. KSA 12, die die »nachgelassenen Fragmente« aus dem Arbeitsheft W II 1 beinhaltet und die Aufzeichnungen A bis E unter 9[188–190] wiedergibt, ist auf »Herbst 1887« datiert. Ergänzt wird diese allgemeine Datierung durch Kommentare in KSA 14. Bezüglich der Datierung von 9[188] (das die Aufzeichnungen S. 1, Z. 6–42, und S. 2, Z. 18–19, umfasst) ist zusätzlich mitgeteilt: »zum Teil im Sommer 1888 überarbeitet« (KSA 14, S. 743). Zu 9[189], das die am oberen Seitenrand von W II 1, S. 1 und S. 2 hinzugefügten hellbraunen Aufzeichnungen wiedergibt, findet sich jedoch kein Kommentar, obwohl es sich dabei, was der Schriftduktus, die Positionierung am oberen Seitenrand und vor allem die späte hellbraune Tinte augenscheinlich machen, ebenfalls um spätere Aufzeichnungen vom Sommer 1888 handeln muss. Irreführend bzw. falsch ist auch der KSA-Kommentar zu 9[187], das Nietzsches Notiz des Geburtsdatums von Beyle (Stendhal) auf S. 2, Z. 26–32, wiedergibt. Die Notiz soll laut Kommentar im »Sommer 1888 eingefügt« worden sein (KSA 14, S. 742). Doch diese Datierung ist falsch, wie in der Handschrift gut erkennbar ist. Nachdem Nietzsche die Zahlen von Stendhals Geburtsdatum auf S. 2, Z. 28, versehentlich falsch hingeschrieben hatte (27 statt 23 und 1883 statt 1783), musste er sich korrigieren, hatte dabei aber zuviel Tinte aufgetragen, so dass die Korrektur, nachdem er das Heft zugeklappt hatte, auf der gegenüberliegenden Seite, S. 1, Z. 32, zwei deutliche Tintenabdrücke hinterließ.

---

[8] Die weiteren Stellen: Mp XVI, Bl. 56r (NL 1888, 18[5]); Mp XVI, Bl. 66r (NL 1888, 19[1]); Mp XVI, Bl. 68r (NL 1888, 19[7]).

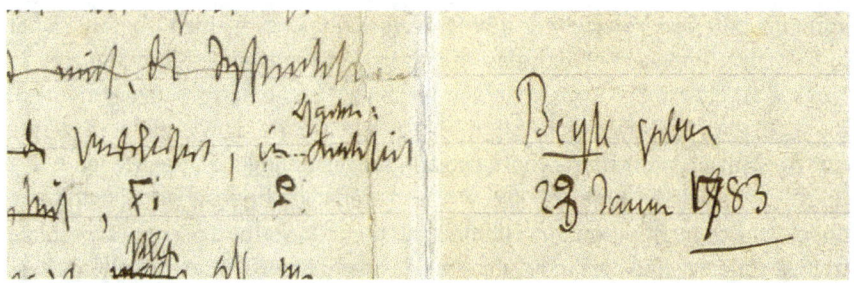

Abb. 5: Tintenabdrücke, Faksimile W II 1, S. 1–2 (Ausschnitt)

Diese Tintenabdrücke beeinflussten die Beschriftung von S. 1, wo Nietzsche an der entsprechenden Stelle, Z. 32, die Beschreibung der Zeile weit vor dem Zeilenende abbrach und durch einen vorzeitigen Zeilenwechsel den Tintenabdrücken auswich. Dieser durch die Tintenabdrücke motivierte Zeilenumbruch in Aufzeichnung C belegt, dass die gegenüberliegende Notiz (Stendhals Geburtsdatum) auf S. 2 schon *vor* der ersten Niederschrift von C dastand. Ein weiterer Beleg für eine frühere Datierung ist die schwarze (genauer: schwarzbraune) Tinte, die Nietzsche hier verwendete. Es handelt sich um dieselbe Tinte, die auch für die übrigen Aufzeichnungen in schwarzer Tinte auf den S. 1 und 2 zur Anwendung kam, während die späteren Überarbeitungen und Zusätze vom Sommer 1888 alle in braunen Tinten erfolgten. Vermutlich notierte sich Nietzsche auf dieser Doppelseite Stendhals Geburtsdatum als Erstes. Dafür spricht auch der verhältnismäßig große Einzug des mittleren Textblocks von S. 2, Z. 22–40: Nietzsche schrieb großzügig um die bereits vorhandene Notiz in Z. 26–32 herum.

5. Entscheidend für die Datierung der ersten Niederschriften von W II 1, S. 1 ist die Tatsache, dass diese Aufzeichnungen von Nietzsche *nicht* rubriziert worden sind. Anfang 1888, vermutlich Mitte Februar, legte Nietzsche nämlich im Arbeitsheft W II 4 ein Register mit 372 Nummern an, zu denen er jeweils ein oder zwei Stichworte notierte, die den Inhalt jener Aufzeichnungen anzeigten, die er zuvor in den Arbeitsheften W II 1, W II 2 und W II 3 mit Nummern von 1–372 rubriziert hatte (vgl. Montinari 1982, S. 106ff., KSA 14, S. 391ff., und Röllin 2012, S. 58f.).[9] Auf diese Aufzeichnungen in W II 1–3 muss sich Nietzsches briefliche Aussage von Mitte Februar 1888 bezogen haben, dass »die erste Niederschrift meines ›Versuchs einer Umwerthung‹ fertig« sei (Bf. an Heinrich Köselitz, 13.02.1888, KGB III/5, Bf. 991). Es ist anzunehmen, dass er deren Rubrizierung wenig später

---

[9] Um eben solche Rubrizierungen handelt es sich auch bei den Nummern »135« und »136« in W II 1, S. 2, Z. 4 und Z. 40.

vornahm. Mit dem Verzeichnis in W II 4 verschaffte er sich einen Überblick über das »Umwerthungs«-Material, das er sich in den vergangenen drei Monaten in Nizza erarbeitet hatte. Abgesehen von wenigen Ausnahmen – Aufzeichnungen, die er bereits weiterverwendet und abgestrichen hatte, sowie einige Exzerpte und Sentenzen – rubrizierte Nietzsche alle Aufzeichnungen in den Heften W II 1 und W II 2 sowie im Heft W II 3, soweit es bereits beschrieben war. Es ging ihm offensichtlich nicht darum, im Hinblick auf die »Umwerthung« eine Auswahl zu treffen, sondern eine Bestandsaufnahme des vorhandenen Materials zu machen. Dementsprechend ist der einzig plausible Grund, wieso Nietzsche die Vorrede-Entwürfe auf dem Innendeckel des Heftes W II 1 nicht auch mit einer Nummer versah und sie im W II 4-Register als potentielles Textmaterial für die »Umwerthung« verzeichnete, dass die Aufzeichnungen auf S. 1 zum Zeitpunkt der Rubrizierung noch gar nicht dastanden. Sehr wahrscheinlich hatte er die Vorrede-Entwürfe in W II 1, S. 1 im Laufe der Rubrizierung oder im Anschluss daran verfasst. Die ersten Niederschriften von A bis D sind folglich nicht auf Herbst 1887, sondern auf Mitte oder Ende Februar 1888 zu datieren.

Vor dem Hintergrund dieser Datierung ist das »Ich notire mich, für mich« von D vielleicht doch passender als Selbstreflexion des Schreibers denn als Vorrede-Entwurf zu verstehen. Möglicherweise handelt es sich um eine Art Vorstufe zu jener Briefstelle, zu der sich Nietzsche veranlasst sah, um seine Mitteilung über die Fertigstellung der »ersten Niederschrift« der »Umwerthung«, die sein Freund Köselitz erwartungsvoll als Ankündigung eines demnächst in Druck gehenden Werkes missverstanden hatte (vgl. Bf. Heinrich Köselitz an Nietzsche, 17.02.1888, KGB III/6, Bf. 519), zu relativieren: »diese Niederschrift war für mich; [...] der Gedanke an ›Publicität‹ ist eigentlich ausgeschlossen« (Bf. an Heinrich Köselitz, 26.02.1888, KGB III/5, Bf. 1000). So verstanden wird auch der Umstand signifikant, dass die Aufzeichnung durch zwei Leerzeilen deutlich von den vorangehenden Aufzeichnungen abgesetzt ist und dass sie im Gegensatz zu den übrigen Aufzeichnungen dieser Seite, die Nietzsche in anderen Heften wieder aufnahm und weiterverwertete, keine weitere Verwendung gefunden hat.

Die Überarbeitungen an A bis C, die Nietzsche in derselben schwarzen Tinte vornahm, chronologisch näher zu bestimmen, ist aufgrund fehlender Indizien nicht möglich. Die schwarze Tinte hatte Nietzsche offenbar während seines gesamten Nizzaer Winteraufenthalts 1887/88, von Ende Oktober 1887 bis Anfang April 1888, in Gebrauch. Nietzsche könnte, rein hypothetisch, die einzige schwarze Überarbeitung von A, den Zusatz »nichts weiter:« in Z. 15, gleich im Anschluss an die erste Niederschrift von A hinzugefügt haben, bevor er die Seite für die weiteren Aufzeichnungen benutzte. Er könnte aber auch zuerst A, B, C und D, vielleicht auch E, niedergeschrieben haben und erst zu einem späteren Zeitpunkt A, B und C einer Überarbeitung mit schwarzer Tinte unterzogen und dabei die

Überarbeitung von A in Z. 15 vielleicht als letzte eingetragen haben. Die Überarbeitungen in schwarzer Tinte können deshalb nur ungefähr, auf den Zeitraum zwischen vermutlich Mitte/Ende Februar 1888 (erste Niederschrift von A, B und C) und Anfang April 1888 (Ende des Winteraufenthalts in Nizza) datiert werden.[10]

6. Die am unteren Rand schräg eingefügte Bleistiftaufzeichnung E ist offensichtlich später als D entstanden. Nietzsche musste schon beim dritten Wort in der ersten Zeile eine Worttrennung vornehmen (»Zara-/thustra«), wenn er nicht über die letzte Zeile von D (Z. 42) hinwegschreiben wollte. Die weiteren chronologischen Verhältnisse zwischen E und den übrigen Aufzeichnungen – ob E vor oder nach den schwarzen oder braunen Überarbeitungen zu A, B und C, vor oder nach der Neufassung von A entstanden ist – lassen sich nicht mit Sicherheit bestimmen. Aufzeichnungen mit Bleistift bereiten bei der Ermittlung der Chronologie der Aufzeichnungen und ihrer Datierung oft Probleme, da dieses Schreibmittel aufgrund seiner materialen Spuren keinen chronologisch differenzierbaren Informationsgehalt besitzt, so dass man auf das Vorhandensein anderer Indizien angewiesen ist. Im Falle der Aufzeichnung E gibt der graphische Befund zumindest einen möglichen Hinweis dafür, die Aufzeichnung relativ früh zu datieren. Denn im Gegensatz zu vielen bloß flüchtig hingekritzelten Bleistiftnotizen schrieb Nietzsche hier sorgfältig und nahezu buchstabengetreu, annähernd in Schönschrift. Diesen für eine Bleistiftnotiz außergewöhnlichen Schreibduktus kann man sich beim spätesten Nietzsche kaum mehr vorstellen, weshalb eine frühere Datierung auf Ende Februar oder März 1888 plausibler erscheint. Freilich ist es ein heikles Unterfangen, die Datierung einer Aufzeichnung allein auf das Erscheinungsbild der Handschrift zu stützen. Nietzsches Handschrift hat sich zwar über die Jahre hinweg stetig verändert, so dass Aufzeichnungen aus verschiedenen Schaffensphasen, auch wenn sie in einem Manuskript unmittelbar nebeneinander auftreten, leicht auseinandergehalten werden können. Darauf hat schon der erste Herausgeber des Nietzsche-Archivs, Fritz Koegel, aufmerksam gemacht:

---

10 Auch die Erschließung der Abschreibverhältnisse hilft hier nicht weiter, sie geben in diesem Falle nur einen Terminus ante quem von Anfang April, als Nietzsche Nizza verließ. Nietzsche hat die in schwarzer Tinte überarbeitete Aufzeichnung B und die erste Zeile von C nach W II 3, S. 7 übertragen (und von dort weiter, bis die endgültige Fassung schließlich Eingang gefunden hat in GD Sprüche und Pfeile 26; vgl. KGW IX/CD-ROM, Nachbericht, Querverweise). Diese Übertragung von W II 1 nach W II 3 dürfte erst gegen Ende von Nietzsches Nizzaer Winteraufenthalt zustande gekommen sein, denn die entsprechende Aufzeichnung in W II 3, S. 7 unten stellt in diesem von hinten nach vorn beschriebenen Heft eine relativ späte Niederschrift dar und muss auf März oder Anfang April 1888 datiert werden.

> Ein nie versagender Wegweiser ist endlich Nietzsche's *Handschrift*, die mit merkwürdiger Gleichmässigkeit und Gesetzmässigkeit sich sein ganzes Leben hindurch und zwar so schnell umwandelt, dass es möglich ist, undatirte Niederschriften, allein nach den Schriftzügen, auf ein Jahr genau zu bestimmen [...]. Es verschlägt so gut wie nichts, dass Nietzsche zu verschiedenen Zeiten verschiedene Entwürfe untereinander in dieselben Hefte schreibt: mit Hülfe der Handschrift lässt sich das Nichtzusammengehörige leicht von einander sondern, sogar wenn es sich um Niederschriften *eines* Werks handelt, die nur einige Monate auseinander liegen. (GAK IX, S. XXIII)

Doch der Schein kann auch trügen, und es lassen sich kaum objektive Kriterien finden, die, wie Koegel meinte, die chronologische Unterscheidbarkeit von zeitlich so nahe aufeinanderfolgenden Aufzeichnungen hinreichend begründen könnten. Im Einzelfall ist oft auch nicht zu entscheiden, inwieweit das Erscheinungsbild dem Schreibduktus (sorgfältig, fahrig) oder dem Zustand des Schreibgeräts (spitz, stumpf) geschuldet ist und inwieweit darin die spezifische Handschrift einer bestimmten Schaffensphase zum Ausdruck kommt.

7. In dunkelbrauner Tinte sind ein Teil der Überarbeitungen zu A und C sowie die Neufassung von A geschrieben. Konkrete Anhaltspunkte zur Datierung der Aufzeichnungen in dunkelbrauner Tinte fehlen; sie sind später als die Aufzeichnungen in schwarzer Tinte vom Winter 1887/88 und früher als die Aufzeichnungen in hellbrauner Tinte vom (Spät-)Sommer 1888 entstanden, folglich auf Frühjahr oder Sommer 1888 zu datieren.[11]

Nietzsche begann seine Änderungen an A in den Zeilen 16 und 20, indem er den Zusatz in schwarzer Tinte »nichts weiter« in dunkelbrauner Tinte strich und ans Satzende stellte. Er ersetzte die vielleicht etwas zu bohèmehaft und abschätzig klingende Spezifizierung der Adressaten »denen, welche nichts Besseres zu thun haben als denken«[12] in zwei Anläufen durch eine affirmative und ansprechendere: »denen, welche[n] es{Denken} Vergnügen macht« (Z. 11 und Z. 15–16). Offenbar war Nietzsche nun aber die ganze Aufzeichnung A nach der Überarbeitung nicht mehr deutlich genug abzulesen oder er befand dieselbe als so wichtig, dass er sie darüber, Z. 6–8, ins Reine geschrieben haben wollte. Im Zuge dieser Neufassung verdoppelte er das »nichts weiter«, hob das »Vergnügen« mit einer Unterstreichung hervor und wechselte vom Plural zum Singular: »Ein Buch zum Denken« statt »Bücher zum Denken«.

---

11 Vielleicht werden sich im Laufe der vollständigen Edition der späten Aufzeichnungen in den Mappen noch deutlichere Hinweise ergeben.
12 Zum Kontext der ersten Version vgl. auch Bf. an Reinhart von Seydlitz, 12.02.1888, KGB III/5, Bf. 989: »Es wimmelt [in Nizza; BR/RS] auch dies Mal von Nichtsthuern, Grecs und anderen Philosophen, es wimmelt von ›Meinesgleichen‹«.

Abgesehen von einer inhaltlichen Verschärfung ist bei den Überarbeitungen in dunkelbrauner Tinte zu C bemerkenswert, dass Nietzsche Änderungen an einem Satz vornahm, den er zum Zeitpunkt dieser Überarbeitungen bereits in ein anderes Heft, W II 3, S. 7, übertragen hatte. Auch wenn man zunächst annehmen möchte, dass Nietzsche die Ersetzung von »<u>Systematiker</u>« durch »Der Wille zum System« zuerst im Arbeitsheft W II 1, S. 1, Z. 31/32, vollzog und den neuen Ausdruck erst infolge des Abschreibprozesses nach W II 3 kopierte, lässt der Manuskriptbefund, konkret Nietzsches Verwendung der späteren dunkelbraunen Tinte für die Überarbeitung in W II 1, keinen Zweifel daran, dass er den Ausdruck ein erstes Mal in der Abschrift in W II 3, S. 7 verwendete und in W II 1, S. 1 erst nachträglich hinzufügte.[13]

8. Die späteren Aufzeichnungen in hellbrauner Tinte stellen eine Fortsetzung zu jenem Vorrede-Entwurf (bzw. Teilentwurf) dar, dessen erste Niederschrift, Z. 11–20, überholt und nicht mehr von Belang war und der jetzt seine aktuelle Version in der Neufassung von A, Z. 6–8, hatte. Die Fortsetzung schließt auf Z. 10 mit demselben Einzug wie zuvor in Z. 8 direkt an die dunkelbraune Neufassung an. Solange er dort noch Platz zum Schreiben fand, fügte Nietzsche die Fortsetzung zwischen den bereits vorhandenen, schwarzen und dunkelbraunen Aufzeichnungen (Z. 10–26) ein, fuhr dann am oberen Seitenrand (Z. 2–4) weiter und wich zuletzt auf die gegenüberliegende Seite (S. 2, Z. 2–6, 18–19) aus.

Aufzeichnungen in hellbrauner Tinte, die sich verschiedentlich in den Arbeitsheften W II 1 und W II 2, vorwiegend in Form von Überarbeitungen und Zusätzen, finden, sind aufgrund der späten Handschrift und der Abschreibverhältnisse auf Sommer 1888 zu datieren. Die hellbraune Fortsetzung von A liefert darüber hinaus inhaltlich drei Indizien, die auf Ende August/Anfang September 1888 als Entstehungszeit schließen lassen.

(I.) In Z. 22–24 wird, wie bereits erwähnt, »Der Wille zur Macht als Princip« explizit genannt, und es ist naheliegend, dass diese Nennung in einer Vorrede zu einem Buch hätte erscheinen sollen, dem dieses Prinzip den Titel gegeben hätte, eben »Der Wille zur Macht«. Nietzsche beschäftigte sich mit einem unter diesem Titel geplanten Hauptwerk ein letztes Mal im August 1888. Der letzte Titelentwurf und Werkplan dazu stammt, wie er eigenhändig vermerkte, vom »letzten Sonntag

---

[13] Die Abschrift ist zwar in den Querverweisen festgehalten (vgl. KGW IX/CD-ROM, Nachbericht), aber aufschlussreiche Details wie diese lassen sich im funktional gehaltenen Rahmen der Querverweise zu den Abschreibprozessen unmöglich ausweisen. Die diversen Abschreibprozesse, sowohl wortgetreue Kopien als auch radikale Umschriften oder umfangreiche Ausarbeitungen, erschließen sich den BenutzerInnen von KGW IX erst im Nachvollzug durch eine aufmerksam kollationierende Lektüre der querverwiesenen Stellen.

des Monat August 1888«, das heißt vom 26. August 1888 (Mp XVII, Bl. 124v und Bl. 118r, bzw. NL 1888, 18[17], KSA 13, S. 537f.), und kurze Zeit später gab Nietzsche den Plan zu »Der Wille zur Macht« endgültig auf. Aus dem bereits vorhandenen Textmaterial stellte er stattdessen einen »Auszug meiner Philosophie« (KGW IX/7, W II 3, S. 129) zusammen und nahm im Anschluss daran, ebenfalls von bereits vorhandenem Textmaterial ausgehend, die »Umwerthung aller Werthe« als neu und anders konzipiertes Hauptwerk in Angriff. Das Resultat dieser werkpragmatischen Wende waren dann bekanntlich GD und AC (vgl. Montinari 1982, KSA 14, S. 383–400).

(II.) Die Formulierung in Z. 18, »Die D. von Heute sind keine Denker mehr«, wie auch die Variationen davon in Z. 2–4, »denn gerade heute wird am wenigsten unter D. gedacht« und, nach der Überarbeitung, »denn gerade unter D. wird heute wenig gedacht«, stehen aufgrund der fast gleichlautenden Formulierung offensichtlich in engem Zusammenhang mit einem Entwurf im Arbeitsheft W II 7, S. 10–11: »Sie waren einst das Volk der Denker: die D. von heute ~~denken überhaupt nicht mehr.~~{haben Besseres zu thun als zu denken.}« (KGW IX/9, W II 7, S. 10). Und die Überarbeitung in W II 7 »haben Besseres zu thun als zu denken.« stellt zudem eine Reminiszenz an W II 1, S. 1 dar, nämlich an die erste, längst überholte und gestrichene Version von A, »sie gehören denen, welche nichts Besseres zu thun haben als denken« (Z. 16 und 20). Auch der graphische Befund, Schriftbild und Tinte, lässt darauf schließen, dass die spätesten Aufzeichnungen in W II 1, S. 1 zeitlich in nächster Nähe zu den Aufzeichnungen in W II 7, S. 10–11 entstanden sind. Der Entwurf im Arbeitsheft W II 7 kann aufgrund der weiteren Abschreibverhältnisse auf Ende August/Anfang September 1888 datiert werden. Denn er stellt eine unmittelbare Vorstufe zu einer Reinschrift auf zwei Folioblättern (Mp XVI, Bl. 66r und Bl. 67r, bzw. NL 1888, 19[1], KSA 13, S. 539–542) dar, deren überarbeitete Version ihrerseits die unmittelbare Vorstufe zu einer zweiten Reinschrift auf einem weiteren Folioblatt war, und eben diese zweite Reinschrift versah Nietzsche, wie er es bei Vorreden zu tun pflegte, am Textende mit einem Datum: »Sils-Maria, Oberengadin, Anfang September 1888.« (Mp XVI, Bl. 68r, bzw. NL 1888, 19[7], KSA 13, S. 545)[14] Daraus resultiert für die Fortsetzung von A als Terminus ante quem Anfang September 1888.

---

14 Diese Reinschriften hatte Nietzsche zunächst als Vorrede zum geplanten »Der Wille zur Macht« vorgesehen, dann zu einer Vorrede zum »Müßiggang eines Psychologen« bzw. GD umgearbeitet und schließlich zum Teil verwendet für GD Was den Deutschen abgeht (vgl. den Kommentar zu 19[1] in KSA 14, S. 769). Aus diesem Grund ist ebendort ein Satz zu lesen, dessen erste Formulierungen sich in W II 7, S. 10–11 und W II 1, S. 1 finden: »Die Deutschen – man hiess sie einst das Volk der Denker: denken sie heute überhaupt noch?« (GD Deutschen 1, KSA 6, S. 103).

(III.) Ein weiteres Indiz für die Datierung der Fortsetzung von A auf Ende August/Anfang September 1888 könnte Nietzsches Bedauern sein, das »Buch zum Denken« (Z. 6), zu dem er nun schon einmal eine Vorrede entwarf, auf Deutsch geschrieben zu haben: »Daß es Deutsch geschrieben ist, ist viell.{zum Mindesten} ein Übelstand{Fehltritt:}{unzeitgemäß}: ich wünschte es französisch geschrieben zu haben« (Z. 10–12). In einem Brief von Mitte September findet sich der Gedanke dann noch weitergesponnen, jedoch auf WA bezogen: »Ich bekenne, daß die Schrift [...] nicht deutsch, sondern französisch hätte geschrieben werden müssen. Bis zu einem gewissen Grade ist sie französisch geschrieben« (Bf. an Jacob Burckhardt, 13.09.1888, KGB III/5, Bf. 1108).[15] Solche Bekenntnisse waren durchaus im Sinne seines Verehrers Heinrich Hengster aus Wien, der Nietzsche in einem Brief die Frage gestellt hatte, ob es nicht einer Publikation seiner Bücher auf Französisch bedürfe, damit er sein wahres Publikum erreiche:

> Aber unter germanischem Himmel werden Sie nicht reifen; sollten Sie die edlen Gewächse die Sie gepflanzt haben, nicht rechtzeitig (es scheint mir hohe Zeit!) einem beßeren, würdigeren, einem dankbaren Boden anvertrauen? [...] Wie anders müßten Werke wie »Menschliches, Allzumenschliches«, »Morgenröthe«, »Jenseits von Gut und Böse« (fürwahr der stärkste Zug der je gezogen worden ist!) zu den verwöhnten unzufriednen französischen Lesern sprechen, in denen noch der gute Geist der Ahnen lebt. [...] eine Übertragung ins französische käme auch den Russen zu Statten[.] (Bf. Heinrich Hengster an Nietzsche, 27.08.1888, KGB III/6, Bf. 571)

Eben dieser Verehrerbrief aus Wien, der Nietzsche am 29. oder 30. August 1888 in Sils-Maria erreicht haben wird, könnte Nietzsche zur Bemerkung veranlasst haben, lieber auf Französisch als auf Deutsch geschrieben zu haben.

9. In welcher Reihenfolge genau die Aufzeichnungen in hellbrauner Tinte zu Papier gebracht wurden und wie genau sie zusammenzufügen sind, lässt sich kaum abschließend ermitteln. Zwar scheint die im vorangegangenen Abschnitt angedeutete Chronologie der Aufzeichnung (Z. 10–26, dann Z. 2–4, dann S. 2, Z. 2–6, dann S. 2, Z. 18–19) durchaus plausibel, doch es sind auch andere Abfolgen denkbar. Anstatt zuerst den noch vorhandenen Platz von Z. 10 bis zu Z. 26 zwischen der Neufassung von A und der Aufzeichnung B zu benutzen und damit in direktem Anschluss die Aufzeichnung von oben nach unten fortzusetzen, könnte Nietzsche zum Beispiel zuerst nur bis Z. 14 (»... verwechselt wird.«) weitergeschrieben haben, dann zunächst am oberen Seitenrand Z. 2–4 als Zusatz

---

15 Ähnlich äußerte sich Nietzsche am selben Tag auch gegenüber Georg Brandes: »Im Grunde ist diese Schrift [WA] beinahe französisch geschrieben, – es möchte leichter sein, sie ins Französische zu übersetzen als ins Deutsche...« (Bf. an Georg Brandes, 13.09.1888, KGB III/5, Bf. 1107).

oder Einschub zu Z. 10 hinzugefügt haben und vielleicht daraufhin auch noch die Fortsetzungen auf der gegenüberliegenden Seite, S. 2, Z. 2–6, 18–19, aufgeschrieben haben, bevor er vielleicht als Letztes, wiederum auf der linken Seite, Z. 18–26 niederschrieb. Oder er könnte zwar zuerst den freien Raum von Z. 10–26 benutzt haben, dann aber auf gleicher Höhe auf der gegenüberliegenden Seite, S. 2, Z. 18–19, fortgefahren sein und erst danach die Zusätze am oberen Rand der beiden Seiten eingetragen haben.

Mit den verschiedenen Möglichkeiten des Schriftverlaufs gehen verschiedene Möglichkeiten der Textkonstitution einher. Die Aufzeichnungen in hellbrauner Tinte zur Fortsetzung von A nehmen sich wie ein Ensemble von Textbausteinen aus, die es offenbar nur richtig zusammenzufügen gilt, um den Text zum Vorschein zu bringen, den Nietzsche immer schon vor Augen hatte. Eine Textfassung, die in sprachlicher als auch inhaltlicher Hinsicht zu überzeugen wüßte, will sich allerdings nicht rekonstruieren lassen. Probleme bereiten vor allem das Nebeneinander zweier fast gleicher Aussagen in Z. 2–4 (»unter D. wird heute wenig gedacht«) und Z. 18 (»Die D. von Heute sind keine Denker mehr«) sowie das Nebeneinander von einem neuen Buch (»Ein Buch«, »es«), das offenbar »Der Wille zur Macht« zum Inhalt (und Titel) hat, auf S. 1 und dem »Z.« auf S. 2, also dem längst erschienenen Za.

Der Text in GA XIV gibt von A nur die Neufassung und Fortsetzung wieder, von oben nach unten, als eine Folge von Einzelsätzen, die durch Absätze unterteilt sind. Die Zusätze der Fortsetzung am linken und rechten oberen Seitenrand, S. 1, Z. 2–4 und S. 2, Z. 2–6, hingegen werden zusammenhängend gelesen. Die Bemerkung über den »Zarathustra« ist in Klammern gesetzt und wie ein Postskriptum behandelt:

»Der Wille zur Macht.«
Ein Buch zum Denken, nichts weiter: es gehört Denen, welchen Denken Vergnügen macht, nichts weiter ...
Dass es deutsch geschrieben ist, ist zum Mindesten unzeitgemäss: ich wünschte es französisch geschrieben zu haben, damit es nicht als Bestärkung irgend welcher reichsdeutschen Aspirationen erscheint.
Die Deutschen von heute sind keine Denker mehr: ihnen macht etwas Anderes Vergnügen und Eindruck.
Der Wille zur Macht als Princip wäre ihnen schon verständlich.
Unter Deutschen wird heute gerade am wenigsten gedacht. Aber wer weiss! Schon in zwei Geschlechtern wird man das Opfer der nationalen Machtvergeudung, die Verdummung, nicht mehr nöthig haben.

(Ehedem wünschte ich meinen Zarathustra nicht deutsch geschrieben zu haben.) (GA XIV, § 304, S. 420)[16]

In den »Nachgelassenen Fragmenten« von KGW VIII/2 bzw. KSA 12 erscheint die Aufzeichnung in ganz anderer Textgestalt. Der Umstand, dass Nietzsche die überarbeitete Version von A nicht abstrich, veranlasste die Herausgeber, von A sowohl die Neufassung als auch die überarbeitete erste Niederschrift in 9[188] zu edieren. Von der Fortsetzung sind Z. 10–14 der Neufassung zugeordnet, Z. 18–26 und S. 2, Z. 18–19 hingegen der überarbeiteten ersten Niederschrift. Diese Aufteilung von A in zwei verschiedene Textfassungen – zum einen »Ein Buch zum Denken [...]«, zum andern »Bücher zum Denken [...]« – wird satztechnisch noch durch eine zusätzliche Leerzeile, die im Manuskript keine Entsprechung hat, verstärkt. Gerade umgekehrt verhält es sich übrigens bei der Wiedergabe von B und C, die, ebenfalls zum Textbestand von 9[188] gehörend, einen durchgängigen Text in zwei Absätzen bilden und entgegen dem Manuskriptbefund ohne unterbrechende Leerzeile gedruckt sind. Auch wenn für die Textkonstitution von A der gute Wille leitend gewesen sein mag, im Gegensatz zu GA XIV keinen Text, sofern er von Nietzsche nicht gestrichen worden ist, zu unterschlagen, kann das editorische Resultat philologisch nicht überzeugen. Im Gegenteil, die Textdarstellung in KGW/KSA erweckt den Anschein, dass Nietzsche zuerst Z. 6–14, »Ein Buch zum Denken [...]«, und später in einem zweiten Anlauf Z. 16–26 sowie S. 2, Z. 18–19, »Bücher zum Denken [...]«, als zwei verschiedene Entwürfe nacheinander niedergeschrieben hätte:

> Ein Buch zum Denken, nichts weiter: es gehört Denen, welchen Denken Vergnügen macht, nichts weiter ...
> Daß es deutsch geschrieben ist, ist zum Mindesten unzeitgemäß: ich wünschte es französisch geschrieben zu haben, damit es nicht als Befürwortung irgend welcher reichsdeutschen Aspirationen erscheint.

> Bücher zum Denken, – sie gehören denen, welchen Denken Vergnügen macht, nichts weiter ... Die Deutschen von Heute sind keine Denker mehr: ihnen macht etwas Anderes Vergnügen und Bedenk<en>. Der Wille zur Macht als Princip wäre ihnen sch<we>r verständlich ... Ebendarum wünschte ich meinen Z<arathustra> nicht deutsch geschrieben zu haben (NL 1887, 9[188], KSA 12, S. 450)

Die Zusätze am oberen Seitenrand, S. 1, Z. 2–4 und S. 2, Z. 2–6, stellen in KGW/KSA, trotz des offensichtlichen Zusammenhangs mit A, ein separates »Fragment« dar, 9[189]:

---

[16] Auf die philologischen Mängel gehen wir hier nicht näher ein.

gerade unter Deutschen wird heute wenig gedacht. Aber wer weiß! schon in zwei Geschlechtern wird man das Opfer der nationalen Macht-Vergeudung, die Verdummung nicht mehr nöthig haben. (NL 1887, 9[189], KSA 12, S. 451)

Ausschlaggebend für die Textwiedergabe der Aufzeichnungen von W II 1, S. 1 in KGW/KSA war anscheinend der Manuskriptbefund in topologischer Hinsicht: 9[188] umfasst alle Aufzeichnungen, die sich, von oben nach unten, mehr oder weniger an die Heftliniierung von W II 1 halten; 9[189] und 9[190] geben wieder, was darüber und darunter geschrieben ist. Trotzdem erscheint die Unterteilung der entsprechenden Aufzeichnungen in *drei* »Fragmente« und in *diese* drei »Fragmente« mehr der Editorenwillkür entsprungen als dem Manuskriptbefund geschuldet.

Wenn man sich bemüht, eine Textfassung letzter Hand zu rekonstruieren, wie das Montinari in vielen Fällen mit bewundernswertem Geschick getan hat, und die Aufzeichnung A in ihrer finalen Version nach allen Überarbeitungen und Umstellungen so wiederzugeben versucht, wie sie für Nietzsche zuletzt dagestanden haben muss, dann kann man durchaus zu einem anderen Resultat gelangen als GA XIV oder KGW/KSA. Für eine Textfassung letzter Hand wäre unseres Erachtens der Zusatz am oberen Seitenrand, Z. 2–4 (»denn ... gedacht«), als Fortsetzung der Überarbeitung in Z. 9 (»zum Mindesten unzeitgemäß«) zu lesen; der Zusatz von S. 2, Z. 18–19 (»Ebendarum ... haben«) wäre, wie in KGW/KSA, als Fortsetzung von S. 1, Z. 18–26 (»Die ... verständlich ...«) zu lesen, und daran anzuschließen wäre der obere Zusatz von S. 2, Z. 2–6 (»Aber ... haben«):

> Ein Buch zum Denken, nichts weiter: es gehört Denen, welchen Denken Vergnügen macht, nichts weiter ...
> Daß es Deutsch geschrieben ist, ist zum Mindesten unzeitgemäß[,] denn gerade unter D. wird heute wenig gedacht. [I]ch wünschte es französisch geschrieben zu haben, damit es nicht als Befürwortung irgend welche[r] reichsdeutschen Aspirationen erscheint. Die D. von Heute sind keine Denker mehr: ihnen macht etwas Anderes Vergnügen u Eindruck. Der Wille zur Macht als Princip wäre ihnen schwer verständlich... Ebendarum wünschte ich meinen Z. nicht deutsch geschrieben zu haben[.] Aber wer weiß! schon in zwei Geschlechtern wird man das Opfer der nationalen Macht-Vergeudung, die Verdummung nicht mehr nöthig haben[.] (KGW IX/6, W II 1, S. 1–2; Lesart BR/RS)

Doch auch diese Lesart ist nicht einwandfrei. An mehreren Stellen muss mit eckigen Klammern eingegriffen werden. Und die Irritation über eine gewisse inhaltliche Redundanz (»unter D. wird heute wenig gedacht«, »Die D. von Heute sind keine Denker mehr«) und über den Rückbezug auf »meinen Z.« bleibt bestehen. Sind auch in diesem dritten Ansatz die Textbausteine noch falsch zusammengefügt?

Der Fehler liegt vielmehr darin, einen fertigen Text zu suchen, wo sich nur provisorische Aufzeichnungen finden. Denn es ist keineswegs ausgemacht, dass für Nietzsche in W II 1, S. 1 am Schluss eine finale Version von A dastand. Es ist vielmehr anzunehmen, dass er sich bei seinen letzten Eintragungen auf dieser Seite gar nicht erst darum bemühte, eine kohärente und konsistente Textfassung festzuhalten, weil er zu diesem Zeitpunkt wahrscheinlich schon wusste, dass er anschließend das Ganze, das er im Sinn haben mochte, an anderer Stelle (erneut provisorisch) ins Reine schreiben würde. Die »letzte Hand« kann einen Entwurf ebenso gut aus der Fassung wie in eine endgültige Fassung bringen.

10. Die Differenzierung verschiedener Tintenfarben ist ein effektives editorisches Instrument, um chronologische Sachverhalte, die in den Manuskripten offenkundig sind und für die Erschließung einzelner Aufzeichnungen wie ganzer Hefte hohe Relevanz haben, in der Transkription evident zu machen. Nietzsche wechselte, vermutlich bedingt durch sein Nomadenleben, relativ häufig die Tinten und er griff über größere Zeiträume hinweg immer wieder auf bereits benutzte Hefte zurück, entweder um vorhandene Aufzeichnungen zu überarbeiten und zu ergänzen oder um weitere Aufzeichnungen hinzuzufügen, wo noch Platz war. Die chronologische Heterogenität der Aufzeichnungen wie auch ihre Anschaulichkeit aufgrund der differenten Tinten sind wesentliche Charakteristika der Manuskripte und müssen in der Nachlassdokumentation so weit wie möglich berücksichtigt werden. Jedoch gibt es eine ganze Reihe von komplexen und schwer deutbaren Befunden, die sich bei einer Beschränkung auf nur wenige Farbwerte im Druck – in der Regel entweder Schwarz für schwarze oder Rot für braune Tinte – unmöglich adäquat darstellen lassen und in der differenzierten Transkription in einer falschen, den tatsächlichen Befund verfälschenden Eindeutigkeit erscheinen.[17] Folglich muss hier immer das Faksimile zum Vergleich herangezogen werden. Doch hinsichtlich der Tintenfarben geben die Faksimiles leider nur bedingt Aufschluss über den Manuskriptbefund; oft vermögen sie von den Tintenfarben, wie sie im Original erscheinen, kein authentisches Bild zu vermitteln, so dass in gewissen Fällen im Faksimile als braune Tinte erscheint, was im Originalmanuskript tatsächlich schwarze Tinte ist.[18] Die einzige verlässliche Quelle für die Tin-

---

[17] Unproblematisch ist die Wiedergabe der violetten Tinte, da es sich im späten Nachlass, mit zwei Ausnahmen (Mp XVII, Bl. 59r und Bl. 94v bzw. NL 1886/87, 7[2] und 7[49], 7[50], 7[52]), immer um die gleiche violette Tinte handelt, die Nietzsche ausschließlich im Sommer 1885 in Gebrauch hatte; vgl. Röllin 2012, S. 24–28.
[18] Das Farbbild der Faksimiles ist durch die jeweilige Aufnahmetechnik bestimmt und abhängig vom Wiedergabegerät, was zu teilweise sehr unterschiedlichen Farbwerten führt. Dabei können selbst qualitativ hochwertige Faksimiles in den Farbwerten stark vom Original abweichen.

tenfarben sind deshalb die Manuskripte selbst im Goethe- und Schiller-Archiv in Weimar. Doch auch der Befund im Originalmanuskript ist oft alles andere als eindeutig. Das liegt erstens daran, dass die überlieferten Aufzeichnungen mit den zu Nietzsches Zeiten üblichen Eisengallustinten als Schreibmittel ein relativ breites Farbspektrum zwischen Schwarz und Braun aufweisen, die Farbwerte sich aber oft im schwer fassbaren Bereich eines Braunschwarz oder Schwarzbraun bewegen. Zweitens ist manchen Tinten eine starke Farbinkonsistenz eigen, so dass sie hier schwarz, dort braun erscheinen können. Drittens hängen die Farbwerte von der materialen Beschaffenheit der Manuskripte und dem Überlieferungszustand ab. Maßgeblich für die Tintenfarbendifferenzierung in KGW IX ist selbstredend der heutige Befund; doch zu berücksichtigen ist dabei immer auch, dass Nietzsche das, was uns heute auf vergilbtem Papier als braune Tinte erscheint, seinerzeit durchaus noch Schwarz auf Weiß niedergeschrieben haben konnte. Und viertens hat die Beleuchtung bei der Autopsie des Originals (wie auch bei der Faksimilierung) einen entscheidenden Einfluss auf das Erscheinungsbild der Farben.

Da in KGW IX mit Rücksicht auf die typographische Darstellbarkeit für die Eisengallustinten nur zwei Tintenfarben – entweder Schwarz oder Braun – unterschieden werden,[19] in vielen Heften aber drei oder noch mehr verschiedene schwarze und braune Tinten auftreten, kann die Differenzierung der Tinten durch schwarze und rote Druckfarbe keine einzelnen Tinten identifizieren, sondern nur deren Unterscheidbarkeit anzeigen (vgl. Editorische Vorbemerkung, KGW IX/1, S. XVII). So bleibt das Problem, für offensichtlich verschiedene Tinten derselben Farbe (z. B. Dunkelbraun und Hellbraun oder Schwarz und Anthrazit) nur *eine* Druckfarbe zur Verfügung zu haben oder bei sehr ähnlichen Tinten nicht in jedem Einzelfall eindeutig entscheiden zu können, ob es sich nun um die eine oder die andere Tinte handelt.[20]

---

[19] Eine feinere Differenzierung der Farben wäre im Druck nicht mehr unterscheidbar und eine differenzierende Farbgebung nach kontrastierenderen Farbwerten hätte eine Buntheit zur Folge, die für eine dokumentierende Buchpublikation nicht mehr zu verantworten wäre.
[20] Ein besonderer Fall ist die Wiedergabe derselben Tinte in verschiedenen Druckfarben. So gibt die differenzierte Transkription des Arbeitsheftes W I 6 (KGW IX/4) Nietzsches Aufzeichnungen in schwarzer Tinte mit roter (nicht schwarzer) Druckfarbe wieder, um sie von den Diktatniederschriften Louise Röder-Wiederholds, die mit einer schwarzen Tinte angefertigt wurden und folglich durch schwarze Druckfarbe dargestellt sind, abzuheben. Und im Notizheft N VII 2 (KGW IX/2) sind auf den S. 172–132 (das Heft ist vor allem von hinten nach vorn beschrieben) die späteren Überarbeitungen und Zusätze in dunkelbrauner Tinte zu den Aufzeichnungen in hellbrauner Tinte zwecks Unterscheidbarkeit durch schwarze (nicht rote) Druckfarbe dargestellt; die weiteren Aufzeichnungen in dunkelbrauner Tinte auf S. 129–51 und S. 7–37 sind dann mit roter Druckfarbe wiedergegeben. Vgl. auch Röllin 2012, S. 41f. und S. 55.

Im Fall von W II 1, S. 1 sind im Original auf derselben Seite deutlich zwei verschiedene braune Tinten zu unterscheiden: die dunkelbraune und die hellere braune Tinte.[21] Auch auf dem Faksimile lässt sich bei angemessener Bildqualität und Bildwiedergabe mit etwas geübtem Auge der Unterschied zwischen den verschiedenen braunen Tinten zumindest stellenweise erkennen. Mit ungeübtem Auge dürfte man sich hingegen schnell vom Durcheinander der verschiedenen schwarzbräunlichen Tinten verwirren lassen. Zumal im besonderen Fall von W II 1, S. 1 erschwerend hinzukommt, dass, offenbar infolge von Restaurierungsarbeiten, die am Heftdeckel vorgenommen werden mussten, die hellbraune Tinte fast durchweg einen grauen Farbton angenommen hat. Für das Phänomen einer früheren dunkelbraunen Tinte (Frühjahr oder Sommer 1888) und einer späteren hellbraunen Tinte (Sommer 1888) gibt es in den beiden Arbeitsheften W II 1 und W II 2 jedoch weitere Belegstellen. Beide Hefte weisen zahlreiche späte Überarbeitungen in brauner Tinte auf. Allerdings lässt sich die braune Tinte insbesondere dort, wo es sich nur um vereinzelte Überarbeitungen handelt, nicht immer eindeutig der dunkelbraunen oder der hellbraunen Tinte zuordnen.[22] In W II 1 findet sich darüber hinaus noch eine deutlich unterscheidbare rötlich-braune Tinte, mit der Aufzeichnungen vom Dezember 1888 eingetragen sind (vgl. KGW IX/6, W II 1, S. 76, S. 122, S. 124, S. 142). All diese verschiedenen braunen Tinten mussten aber in der differenzierten Transkription von KGW IX unterschiedslos als braune Tinte in roter Druckfarbe wiedergegeben werden.

11. In den Manuskripten gibt es immer wieder topologische Befunde, die mit den standardisierten Schrifttypen und Schriftgrößen in der typographischen Umsetzung von KGW IX nicht mehr adäquat dargestellt werden können. Während Nietzsche die Größe und Laufweite seiner Schrift den Platzverhältnissen (und den eigenen Stimmungen und Bedürfnissen) problemlos anpassen konnte und einfach enger und kleiner schrieb, wo der Platz knapp wurde, muss sich die Umsetzung

---

21 Vergleicht man ferner die ersten Niederschriften in schwarzer Tinte auf S. 1 und S. 2 miteinander, meint man, auch zwei verschiedene schwarze Tinten erkennen zu können, Schwarz auf S. 1, Schwarzbraun auf S. 2. Es handelt sich dabei aber um die gleiche Tinte. Die abweichenden Farbwerte des Schreibmittels sind in diesem Fall allein durch den Schriftträger bedingt, S. 1 ist der kaschierte vordere Innendeckel, S. 2 die erste Seite des Heftblocks. Dasselbe Phänomen ist auch am Ende des Heftes zu beobachten, wo die seitenübergreifenden Aufzeichnungen zu einem Briefentwurf an Georg Brandes auf S. 141 schwarzbraun, auf der gegenüberliegenden S. 142, dem kaschierten hinteren Innendeckel, schwarz erscheinen.
22 Schließlich bestünde auch noch die Möglichkeit, dass es sich um eine weitere braune Tinte handelt. In der differenzierten Transkription der Arbeitshefte W II 1 und W II 2 (KGW IX/6) wurde aufgrund der stellenweise unsicheren Zuordnung der Versuch aufgegeben, mit grüner Druckfarbe eine »Tinte der letzten Korrektur« zu unterscheiden.

im Druck an die vorgegebene Laufweite der gewählten Schriften halten. Dass Nietzsche in Z. 12 bei der Niederschrift der Fortsetzung von A ausweichen musste und auf der Zeile darunter weiterfuhr, ist nur auf dem Faksimile zu erkennen. In der Transkription erscheint stattdessen ein kurioser Zeilenumbruch von Z. 12 zu Z. 14, dessen unmittelbarer Zusammenhang mit dem »nichts weiter:« in Z. 15 sich den LeserInnen, die das Faksimile nicht konsultieren, nicht erschließen wird. Ebenso wenig ist anhand der Transkription zu erahnen, dass für eine Fortsetzung von A der noch übriggebliebene Raum bereits eingeschränkt war durch Z. 11 und 15, »Denken« und »es Vergnügen macht«. Denn Z. 14 endet nach Befund nicht, wie es in der Transkription den Anschein hat, kurz vor dem rechten Seitenrand, sondern eben vor der bereits dastehenden Überarbeitung »es{Denken} Vergnügen macht«. Die direkte Gegenüberstellung macht die zwangsläufige Inkongruenz von Manuskriptbefund und Transkription deutlich:

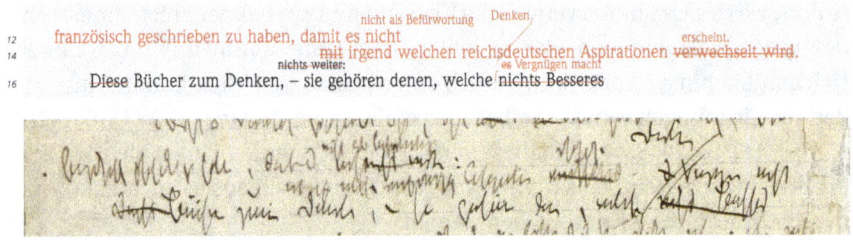

Abb. 6: Transkription KGW IX/6, W II 1, S. 1, Z. 11–16 und Faksimile W II 1, S. 1 (Ausschnitt)

Es ist selbstverständlich, dass die Entscheidungen für bestimmte typographische Wiedergaben sich als falsch oder zumindest fehlerhaft erweisen können. Zumal sich im Laufe der Arbeit und angesichts der sich immer wieder neu und anders stellenden Probleme auch die Handhabung des editorischen Instrumentariums verändern und verfeinern kann. Die Lösung des Darstellungsproblems in Z. 11–16 sähe inzwischen wohl anders aus. Vielleicht aus mangelndem Problembewusstsein oder Unachtsamkeit, vielleicht auch in zu unkritischer Anlehnung an die in diesem Fall irreführende Textkonstitution von KGW/KSA ist in KGW IX/6 der Zusatz »nichts weiter:« in Z. 15 inhaltlich richtig, aber gegen den Befund nach unten zu Z. 16 verschoben worden, womit genügend Platz blieb für die Fortsetzung in Z. 12–14. Eine rückblickend betrachtet angemessenere Lösung, die den Manuskriptbefund besser zur Darstellung brächte, wäre es, »nichts weiter:« nach Befund höher, dem Zeilenabstand der Heftliniierung von W II 1 gemäß zu setzen, so dass der Zusatz neu auf Z. 12 zu stehen käme; die beiden Zeilen der späteren Fortsetzung, Z. 12–14, »französisch geschrieben ... verwechselt wird.«, müssten dann den früheren Überarbeitungen in einem Textpfad nach oben ausweichen:

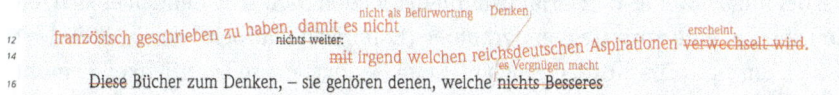

Abb. 7: W II 1, S. 1, Z. 11–16, nachträglich modifizierte Transkription (BR/RS)

Doch auch der Griff in die typographische Trickkiste hilft nur bedingt. Die beiden Textpfade würden jetzt zwar die Chronologie der Aufzeichnungen anschaulich machen, aber sie hätten im Manuskript keine Entsprechung. Der eigentliche Makel, der der Darstellung dieser Stelle in KGW IX/6 anhaftet, wäre also trotzdem nicht behoben, denn auch mit dieser nachträglich modifizierten Transkription wären die topologischen Verhältnisse der Aufzeichnungen im Manuskript nicht befundgetreu darzustellen.

12. Schwerwiegender als unzureichende, irreführende oder gar falsche Darstellungen des Manuskriptbefunds können Fehlentzifferungen sein. Angesichts der Schwierigkeit der späten Handschrift Nietzsches und der Textmasse des zu bearbeitenden Materials sind indessen fehlerhafte oder schlichtweg falsche Entzifferungen unvermeidlich. Marie-Luise Haase hat pointiert festgehalten:

> Hat man erst einmal die[] Eigenarten seines Schreibens kennen und deuten gelernt, handelt es sich, generell gesprochen, zu 50 % um einfaches Lesen, zu 30 % um schwierige Fälle, zu 10 % um Entziffern; die restlichen 10 % liegen jenseits von ›Lesen und Entziffern‹, im Bereich des Erahnens und Erratens, wobei sich der Zeitaufwand umgekehrt proportional dazu verhält. Der letzte Grad nimmt bei den späten Heften erheblich zu, so daß sich die Prozentanteile deutlich in Richtung des zuletzt genannten Bereichs verschieben. (Haase 2007, S. 42)

Die sachbedingte Fallibilität der Entzifferung betrifft besonders die Aufzeichnungen des letzten Nietzsche, genauer Entwürfe und Notizen, die er im Sommer und Herbst 1888 offenbar immer hastiger niederschrieb. Dass auch der letzte Nietzsche sehr wohl gut lesbar schreiben konnte, wenn er nur wollte, bezeugen die Druckmanuskripte aus jener Zeit. Auf die unterschiedliche Lesbarkeit von Nietzsches Aufzeichnungen hat bereits Wolfram Groddeck einleitend zu seiner textgenetischen Edition der »Dionysos-Dithyramben« hingewiesen:

> Die Reinschriften von Nietzsches Hand sind problemlos zu entziffern; anders verhält es sich mit den Notizen und Entwürfen. Hier ist der Versuch, einzelne Buchstaben zu identifizieren, in der Regel aussichtslos, da die Buchstabenverschleifung häufig ins Wortkürzel übergeht und ein analytisches Verfahren der Entzifferung ohne Resultat bleibt: das isolierte Wort in der Handschrift ist oft ›an sich‹ unlesbar. (Groddeck 1991a, S. XV)

Bei der nur schwer lesbaren Handschrift des letzten Nietzsche handelt es sich tendenziell um eine »private Stenographie« (Editorische Vorbemerkung, KGW IX/1, S. XV), um eine ›Eilschrift‹, die sich nicht im Geringsten um Leserlichkeit bemüht. Die für ein Wortbild markanten Buchstaben, Großbuchstaben und Kleinbuchstaben mit Ober- und Unterlängen, sind als Graphe in der Regel noch mehr oder weniger ausgeführt, die übrigen Buchstaben und Buchstabenfolgen, die nur das Mittelband ausfüllen, sowie Wortendungen sind dagegen oft nicht mehr ausdifferenziert oder überhaupt nicht realisiert. Zusätzlich ist für Nietzsches späteste Handschrift eine enorme Variabilität charakteristisch. Ganz abgesehen von der im Vergleich mit der lateinischen Schreibschrift geringeren Unterscheidbarkeit der Schriftzeichen in der deutschen Schreibschrift und der dadurch bedingten leichteren Verwechselbarkeit einer ganzen Reihe von Buchstaben und Buchstabenfolgen können in Nietzsches spätester Handschrift voneinander gar nicht mehr zu unterscheidende Graphe und Grapheme verschiedene Buchstaben und Wörter repräsentieren; umgekehrt kann derselbe Buchstabe, dasselbe Wort durch stark variierende Graphe und Grapheme konkretisiert sein. Um nur einige beliebige Beispiele zu nennen: Ein »d« mit einem auslaufenden Abstrich als Endung kann beim letzten Nietzsche »der/die/das/deren/denn/da …« heißen, ein kurzes Graphem, das aus Abstrich, Aufstrich, Abstrich und einem nach oben fahrenden, sich zurückneigenden Bogen besteht, kann

Abb. 8: Beispiele von November/Dezember 1888 (aus Z II 1 und W II 10)

heißen, aber auch »eines« oder »wird«; das Graphem »Wort« kann aussehen wie »Moral«, »Weg« wie »Sieg«. Die wenigen Beispiele dürften genügen, um deutlich zu machen, dass Nietzsche zu entziffern mehr bedeutet, als ablesen zu können, was dasteht. Was dasteht, lässt sich zum Teil nur kontextuell erschließen: syntaktisch, inhaltlich oder im Vergleich mit alternativen Varianten und textgenetisch früheren oder späteren Versionen (vgl. auch Groddeck 1991a, S. XV). Die Bandbreite möglicher Fehler ist dementsprechend groß: Sie reicht von vereinzelten grammatikalischen Fehlern, falschem Numerus, Kasus, Genus, Tempus, bis zu inhaltlichen Fehlern und völlig falsch gelesenen Sätzen.[23]

---

[23] So hat beispielsweise KGB einen Satz im Briefentwurf an Jean Bourdeau von Mitte Dezember 1888, den sich Nietzsche im Arbeitsheft W II 10 notierte, wie folgt gelesen: »Ich weiß nur dies: in dem Augenblick, wo man mor(a)l(is)ch vor einem meiner Bücher steht, wird man sie verderben.«

13. Die Aufzeichnungen der ersten Seite vom Arbeitsheft W II 1 rechnete Peter Gast (Heinrich Köselitz) in einem Brief an einen ehemaligen Kollegen vom Nietzsche-Archiv, Ernst Holzer, »zu den schwierigsten Aufgaben der Nietzsche-Entzifferung« (Peter Gast an Ernst Holzer, 26.01.1910, zit. nach KSA 14, S. 743).[24] Im Zusammenhang mit diesen Entzifferungsschwierigkeiten teilte Gast ihm eine aufschlussreiche Beobachtung mit. Elisabeth Förster-Nietzsche hatte im 1904 erschienenen zweiten Teil ihrer Nietzsche-Biographie zwei Seiten lang aus einem angeblichen Brief Nietzsches zitiert, den dieser ihr Anfang Oktober 1888 aus Turin nach Paraguay geschickt habe.[25] Gast hatte darin einen Satz entdeckt, den er bereits kannte – aus dem Vorrede-Entwurf in Nietzsches Arbeitsheft W II 1, S. 1, Z. 22–26:

> Unser neuer Kaiser aber gefällt mir immer mehr: sein Neuestes ist, daß er sehr scharf Front gemacht hat gegen die Antisemiterei und die Kreuzzeitung ... Der Wille zur Macht als Princip wäre ihm schon verständlich! (Förster-Nietzsche 1904, S. 890)

Da sich Gast offenbar nicht vorstellen konnte, dass der von der Schwester veröffentlichte Brief als Ganzes eine Fälschung war, wähnte er nur diesen einen Satz interpoliert und erkannte darin Förster-Nietzsches berechnende Absicht, ihren Bruder als großen Verehrer des deutschen Kaisers darzustellen. Dabei fußte die Fälschung der Schwester auf einer Fehlentzifferung, wie Gast im Brief an Holzer betreffs des »Wahrheitssinn[s] der Frau Förster« erläuterte:

> Die Niederschrift dieser Skizze (auf dem inneren Wachstuch-Umschlag des Heftes W IX [= W II 1] stehend) gehört zu den schwierigsten Aufgaben der Nietzsche-Entzifferung. Vor

---

(Bf. [Entwurf] an Jean Bourdeau, etwa 17.12.1888, KGB III/5, Bf. 1196) KGW IX liest nunmehr richtig: »Ich weiß nur dies: in dem Augenblick, wo man erräth was in meinen Büchern steht, wird man sie verbieten.« (KGW IX/11, W II 10, S. 159) Hat man erst einmal erraten, was tatsächlich dasteht, bestehen – in diesem Fall wenigstens – keine Zweifel mehr an der Richtigkeit der neuen Lesart, denn der graphische Befund stützt die Lesungen der entscheidenden Stellen (»erräth«, nicht »mor(a)l(is)ch«; »was«, nicht »vor«; »verbieten«, nicht »verderben«); aber es ist allein der Kontext, der dann »in meinen Büchern« anstatt »einem meiner Bücher« lesen lässt.

24 Ohne jeden Zweifel birgt W II 1, S. 1 größte Schwierigkeiten für die Entzifferung, doch in den letzten Heften finden sich Aufzeichnungen zuhauf, zahlreiche Vorstufen zu EH zum Beispiel, die hinsichtlich ihrer Lesbarkeit einen ähnlichen, mithin höheren Schwierigkeitsgrad aufweisen; allein, sie handeln nicht vom »Willen zur Macht« und gerieten deshalb nicht in den Fokus des Nietzsche-Archivs.

25 Das Datum des angeblichen Briefes, Anfang Oktober 1888, musste Förster-Nietzsche für die Ausgabe der »Gesammelten Briefe« nachträglich noch auf Ende Oktober 1888 zurechtfälschen, denn in dem Brief soll Nietzsche seine Schwester auch noch über die Arbeiten an EH unterrichtet haben, die er bekanntlich erst Mitte Oktober aufgenommen hatte; vgl. Förster-Nietzsche 1909, S. 799.

mir hatten sich schon die Horneffers daran versucht; ihr Entzifferungstext wies aber mehr Lacunen als Worte auf. Nur gerade diesen Satz hatten sie vollständig hingeschrieben. Solche Vorarbeit wird dem, der sich als Zweiter darüberher macht, oft mehr zum Hemm-, als zum Förderniss. Genug: mir, als dem Zu-Ende-Entzifferer des Stücks, entging damals, dass die Horneffer'sche Entzifferung »*Der Wille zur Macht als Princip wäre ihnen* (den Deutschen) *schon verständlich*« im Zusammenhang der Vorwort-Skizze keinesfalls richtig sein kann. Und wie ich im April vorigen Jahres das Heft W IX wieder in die Hand bekomme, bestätigt sich mein Verdacht, dass es ja fraglos ›*schwer verständlich*‹ statt ›*schon verständlich*‹ heissen müsse! – Ist der Witz nun nicht sehr gut, dass wenn Frau Förster exact sein wollte, sie jetzt drucken lassen müsste »*der Wille zur Macht als Princip wäre ihm* (dem Kaiser) *schwer verständlich*«?! (Peter Gast an Ernst Holzer, 26.01.1910, zit. nach KSA 14, S. 743)

Aber in Bezug auf seine eigene Wahrheitsfindung ließ Gast etwas Entscheidendes unerwähnt: Gewissheit über die richtige Lesart, »schwer« statt »schon«, konnte er bei der Überprüfung im Archiv nur insofern erlangen, als er sich dort dessen vergewisserte, dass im Manuskript *nicht* buchstäblich »schon« dasteht und somit sehr wohl »schwer« gelesen werden kann.

Abb. 9: Faksimile W II 1, S. 1 (Ausschnitt): »schwer«

Denn was auf »sch-« noch folgt, lässt sich nicht mehr buchstäblich zuordnen, also auch nicht eindeutig als »-on« oder »-wer« entziffern. Wie dies an Zeilenenden häufiger vorkommt, blieb das Wortende unausgeführt; zu erkennen ist lediglich der Ansatz zu einem weiteren Graph. Auch die Wiedergabe in KGW/KSA, »sch‹we›r« (NL 1887, 9[188], KSA 12, S. 450), ist nur ein editorischer Notbehelf, der eine – in diesem Fall defizitäre – Buchstäblichkeit der Handschrift suggeriert, welche im Manuskript gerade nicht gegeben ist. Und selbst wenn am Wortende ein »r« zweifelsfrei zu erkennen wäre, müsste man noch in Erwägung ziehen, dass vielleicht auch »sehr« dastehen könnte, weil sich »sch-« auch als »seh-« lesen ließe. Das entscheidende Argument für die Lesart »schwer« statt »schon« ist in diesem Fall nicht der Manuskriptbefund, sondern der Kontext: Denn »schon« kann, wie Gast im zitierten Brief zurecht eingewendet hat, »im Zusammenhang der Vorwort-Skizze keinesfalls richtig sein«, »schwer« aber schon.

14. Über dieser Zeile mit dem kniffligen »schwer« findet sich eine weitere Stelle, die bei der Entzifferung große Schwierigkeiten bereitet. Die Deutschen seien keine Denker mehr, beklagt Nietzsche in seinem Vorrede-Entwurf zu einem Buch für jene, welchen Denken Vergnügen mache; den Deutschen mache »etwas Anderes Vergnügen« (Z. 22) – und wie weiter? Die Herausgeber des Nietzsche-Archivs, namentlich Gast, lasen, den Deutschen mache »etwas Anderes Vergnügen und Eindruck« (GA XIV, S. 420). Montinari vermochte diese Lesart nicht zu überzeugen, er dürfte sich daran gestört haben, dass sich »Eindruck« nicht richtig in den Kontext fügt und der Anfangsbuchstabe des fraglichen Graphems weit eher nach »B« als »E« aussieht, weil nicht einmal ansatzweise eine Unterlänge zu erkennen ist, ein großes »E« in der deutschen Schreibschrift eine solche aber aufweisen müsste. Also verwarf er die Lesart von GA XIV und las stattdessen »Vergnügen und Bedenk<en>« (NL 1887, 9[188], KSA 12, S. 450). Diese Lesart wiederum konnte der erneuten Prüfung in KGW IX nicht standhalten. Die Graphenfolge für das vermeintliche »-en-« zwischen »Bed-« und »-k<en>« ist – auch im Vergleich mit dem Graphem »Denker« gleich darüber (Z. 18) und im Vergleich mit den übrigen Aufzeichnungen der Fortsetzung – viel zu lang, wohingegen zum vermeintlichen »-en« am Schluss nicht der geringste Ansatz auszumachen ist, weshalb Montinari in diesem Fall die Endung mit spitzen Klammern als von ihm hinzugefügt markiert hat. Auch inhaltlich stellt die doch etwas seltsam anmutende Kombination der beiden Begriffe ›Vergnügen‹ und ›Bedenken‹ nicht wirklich eine Verbesserung der vorangegangenen Lesart dar. Da sich überdies im Arbeitsheft W II 2, S. 127, ein weiteres Graphem für »Eindruck« finden lässt, das demjenigen von W II 1, S. 1 sehr ähnlich ist, und dessen »E« am Anfang auch keine Unterlänge zu besitzen scheint, ist in KGW IX jetzt mit GA XIV und gegen KGW/KSA wieder »Vergnügen u Eindruck« (KGW IX/6, W II 1, S. 1) zu lesen. Das muss indessen noch nicht die letzte Wahrheit sein. In der Zwischenzeit vermuten wir, dass die Stelle besser anders zu lesen wäre: Was bisher für ein »u<nd>« gehalten wurde, könnte ein Doppelpunkt sein – die vielen kleinen Tintenverschmutzungen an der Stelle machen die Entzifferung nicht einfacher –, und das Wort, das darauf folgt, ein Name mit »B«: Bismarck.[26] Zu lesen wäre also: »Die D. von Heute sind keine Denker mehr: ihnen macht etwas Anderes Vergnügen: Bismarck.«

Abb. 10: Faksimile W II 1, S. 1 (Ausschnitt): »Vergnügen: Bismarck«

---

26 Der Name Bismarck taucht in der Folge auch in W II 7, S. 11 und Mp XVI, Bl. 66r auf, die mit W II 1, S. 1, wie wir in Abschnitt 8 ausgeführt haben, in engem Zusammenhang stehen: »›Giebt es deutsche Philosophen? giebt es deutsche Dichter? giebt es gute deutsche Bücher?‹ – fragt man mich im Ausland. Ich erröthe, ich antworte, mit Tapferkeit, immer nur: Bismarck ...« (KGW IX/9, W II 7, S. 11)

Zuletzt ist auch nicht sicher, ob Nietzsche in der Fortsetzung auf S. 2, Z. 18–19, wirklich wünschte, »meinen Z.« nicht deutsch geschrieben zu haben. Im Manuskript findet sich an der Stelle, an der KGW IX – in Übereinstimmung mit GA XIV (»Z a r a t h u s t r a«) und KGW/KSA (»Z<arathustra>«) – ein »Z.« wiedergibt, ein mysteriöses Graphem. Mit großer Sicherheit handelt es sich dabei um eine Abkürzung, bestehend aus einem Großbuchstaben und einem Punkt. Ansonsten mag es an irgend etwas (eine Rune?)[27] erinnern, doch es sieht keinem »Z.« von Nietzsches Hand ähnlich. Also kommen Zweifel auf: Nietzsche mochte gewiss bedauern, wie in der Aufzeichnung E zu lesen ist, mit Za seine Perlen vor die Deutschen geworfen zu haben, aber sollte er deswegen auch bedauern, Za auf Deutsch verfasst zu haben? Doch so sehr man auch vom Zweifel angetrieben nach einer anderen, besseren Lesart sucht, es lässt sich in dem sonderbaren Graphem auch kein anderer Großbuchstabe wiedererkennen. Also ist in KGW IX die bisherige Lesart beibehalten worden: »Z.« (in lateinischer Schreibschrift), faute de mieux.

Abb. 11: Faksimile W II 1, S. 2 (Ausschnitt): »Z.«

15. Sollte es möglich sein, Nietzsches Nachlass gut zu lesen, so zeichnet sich dieses Lesen vielleicht dadurch aus, dass es versucht, »langsam, tief, rück- und vorsichtig, mit Hintergedanken, mit offen gelassenen Thüren, mit zarten Fingern und Augen [zu] lesen ...« (M Vorrede 5, KSA 3, S. 17). Vor allem aber wird die Nachlasslektüre immer ein textkritisches Bewusstsein davon zur Voraussetzung haben müssen, was der Nachlass ist und was er nicht ist.

Die nachgelassenen Aufzeichnungen sind durchweg keine autorisierten und in aller Regel keine fertigen Texte. Gewiss, es finden sich vereinzelt Aufzeichnungen, die textuell einem Aphorismus oder einer Sentenz aus Nietzsches Werk in nichts nachstehen.[28] Doch dabei handelt es sich um Ausnahmen. Die große Mehrheit der nachgelassenen Aufzeichnungen sind Entwürfe und Notizen, die der Schreiber zu seinen eigenen Zwecken niederschrieb und so niemandem jemals zu lesen geben wollte.

---

[27] »Der soll die Runen des letzten Nietzsche entziffern!!« (Bf. Heinrich Köselitz an Franz Overbeck, 07.10.1897, Overbeck/Köselitz 1998, S. 440; Köselitz sprach von Rudolf Steiner.)
[28] So finden sich zum Beispiel auch Aufzeichnungen im Nachlass, die Nietzsche eigens für ein Druckmanuskript angefertigt hatte, von deren Publikation er zuletzt aber doch absah.

Unsere textkritischen Anmerkungen zu W II 1, S. 1 sollten zur Genüge vorgeführt haben, dass man beim Eintauchen in die Nachlassaufzeichnungen sich nicht allein an der Transkription festhalten kann. Es ist unabdingbar, Transkription *und* Faksimile *und* Nachbericht als komplementäre Formen der Nachlassdokumentation zu begreifen und zu benutzen, um von den kleinen zu den großen Aporien vorzustoßen, die der Fluss von Handschrift, Text und Edition immer wieder bereithalten wird.

Das sind zugegebenermaßen hohe Ansprüche an die BenutzerInnen von KGW IX, aber sich diesen zu stellen sollte bereit sein, wer sich philosophisch ernst- und philologisch gewissenhaft mit dem Nachlass auseinandersetzen will. Schließlich winkt als Belohnung ein intimer Einblick in die Denk- und Schreibwerkstatt Friedrich Nietzsches.

Literaturverzeichnis

Förster-Nietzsche, Elisabeth (1904): *Das Leben Friedrich Nietzsche's*. Bd. 2.2. Leipzig: C. G. Naumann.

Förster-Nietzsche, Elisabeth (1909): *Friedrich Nietzsches Gesammelte Briefe*. Bde. 5.1–2: *Friedrich Nietzsches Briefe an Mutter und Schwester*. Leipzig: Insel.

Groddeck, Wolfram (1991a): *Friedrich Nietzsche – »Dionysos-Dithyramben«*. Bd. 1: *Textgenetische Edition der Vorstufen und Reinschriften*. Berlin, New York: De Gruyter.

Groddeck, Wolfram (1991b): »›Vorstufe‹ und ›Fragment‹. Zur Problematik einer traditionellen textkritischen Unterscheidung in der Nietzsche-Philologie«. In: Martin Stern (Hrsg.): *Textkonstitution bei mündlicher und bei schriftlicher Überlieferung*. Tübingen: Max Niemeyer, S. 165–175.

Haase, Marie-Luise (2007): »Exkursion in das Reich der Tinten-Fische und Feder-Füchse. Ein Werkstattbericht zur Edition von KGW IX«. In: *Nietzsche-Studien* 36, S. 41–47.

Haase, Marie-Luise/Kohlenbach, Michael (2001): »Editorische Vorbemerkung – Hinweise zur Benutzung«. In: KGW IX/1, S. XV–XXI.

Hoffmann, David Marc (1991): *Zur Geschichte des Nietzsche-Archivs. Elisabeth Förster-Nietzsche, Fritz Koegel, Rudolf Steiner, Gustav Naumann, Josef Hofmiller. Chronik, Studien und Dokumente*. Berlin, New York: De Gruyter.

Horneffer, Ernst (1907): *Nietzsches letztes Schaffen. Eine kritische Studie*. Jena: Eugen Diederichs.

Kohlenbach, Michael/Groddeck, Wolfram (1995): »Zwischenüberlegungen zur Edition von Nietzsches Nachlaß«. In: *Text. Kritische Beiträge* 1, S. 21–39.

Lamm, Albert (1906): »Friedrich Nietzsche und seine nachgelassenen ›Lehren‹«. In: *Süddeutsche Monatshefte* 3/2, S. 255–278.

Mette, Hans Joachim (1933): »Sachlicher Vorbericht zur Gesamtausgabe der Werke Friedrich Nietzsches«. In: BAW I, S. XXXI–CXXVI.

Montinari, Mazzino (1982): »Nietzsches Nachlaß von 1885 bis 1888 oder Textkritik und Wille zur Macht« [1975]. In: M. Montinari: *Nietzsche lesen*. Berlin, New York: De Gruyter, S. 92–119.

Overbeck, Franz/Köselitz, Heinrich [Peter Gast] (1998): *Briefwechsel*. Hrsg. und komm. von David Marc Hoffmann, Niklaus Peter und Theo Salfinger. Berlin, New York: De Gruyter.

Röllin, Beat (2012): *Nietzsches Werkpläne vom Sommer 1885: eine Nachlass-Lektüre. Philologisch-chronologische Erschließung der Manuskripte*. München: Wilhelm Fink.

Röllin, Beat/Stockmar, René (2007): »›Aber ich notire mich, für mich.‹ – Die IX. Abteilung der Kritischen Gesamtausgabe von Nietzsches Werken«. In: *Nietzsche-Studien* 36, S. 22–40.

Schlechta, Karl (1956): »Philologischer Nachbericht«. In: SA III, S. 1383–1432.

Jakob Dellinger
»all seine Konstruktionen sind aporetische Begriffe«

Eine Adornosche Perspektive auf Nietzsches ›Perspektivismus‹[1]

Adornos Wertschätzung für Nietzsche ist offenkundig. Berühmt geworden ist etwa die Formulierung, Nietzsche habe »wie wenige seit Hegel die Dialektik der Aufklärung erkannt« (DA, GS 3, S. 61). Die anschließende Erklärung, dass er »ihr zwiespältiges Verhältnis zur Herrschaft« begriffen habe, weist in jene Richtung, in die bis heute die meisten Rekonstruktionen von Nietzsches Bedeutung für Adornos Denken gehen: Nietzsche, so die gängige Interpretation, habe mittels seiner genealogischen Untersuchungen erstmals die Verflechtungen von Aufklärung und Machtinteressen, von Rationalität und Herrschaftsstrukturen, von Befreiung und Unterwerfung kritisiert und damit den Weg bereitet für Adornos und Horkheimers Analysen der Dialektik der Aufklärung.

Andere Äußerungen Adornos über Nietzsche sind ungleich schwieriger zu interpretieren. Beispielsweise heißt es in einem aus dem Jahr 1949 stammenden Brief Adornos an Horkheimer:

> Zu Nietzsche möchte ich nur noch sagen, daß mir mindestens so wichtig wie die Hypostasierung der Antithese die Verdopplung des Daseins bei ihm erscheint. Er möchte ausbrechen um jeden Preis und kann sich doch als Aufklärer den Ausbruch nicht zugestehen: so wird ihm die Wiederholung der Existenz im Begriff zu einer Art von Ersatztranszendenz, und all seine Konstruktionen sind aporetische Begriffe, der gedanklichen Form nach gar nicht so verschieden von Kierkegaard und Heidegger. (Adorno/Horkheimer 2005, S. 278f.)

Wie lässt sich diese Äußerung verstehen? Sind mit »Dasein« bzw. »Existenz« und »Antithese« die dialektischen Figuren der Position und Negation angesprochen? Verweist deren »Hypostasierung« bzw. »Verdopplung« somit auf Nietzsches sowohl im Falle scheinbar thetisch-positiver Positionierungen als auch im Falle antithetisch-negativer Kritik so oft exponiert hyperbolische Äußerungen?

---

[1] Der vorliegende Beitrag geht auf einen Vortrag zurück, der im Oktober 2013 im Rahmen des Workshops *Nietzsche und die Aufklärung – in Deutschland und in China* an der FU Berlin gehalten wurde. Die Originalfassung sowie eine chinesische Übersetzung sollen in Kürze in einem entsprechenden Tagungsband erscheinen und waren Teil meiner kumulativen Dissertation zum Thema Selbstbezüglichkeit bei Nietzsche (Dellinger 2015b). Die hier erscheinende Fassung bildet zugleich ein Kapitel einer in Vorbereitung befindlichen monographischen Publikation.

Was soll es mit der »Ersatztranszendenz« der »Wiederholung der Existenz im Begriff« auf sich haben, die offenbar eine Folge davon sein soll, dass sich Nietzsche »als Aufklärer« den ersehnten »Ausbruch« letztlich »nicht zugestehen« kann? Denkt Adorno hier an Nietzsches sein gesamtes philosophisches Schaffen durchziehende Rebellion gegen traditionelle philosophische Begrifflichkeiten und Verfahrensweisen, seinen Bruch mit gängigen Schreib- und Argumentationsformen, der als solcher jedoch seinerseits von einer philosophischen Sprachskepsis motiviert ist und dahingehend zwar einerseits »ausbrechen« möchte, andererseits aber keinen einfachen »Ausbruch« in den Irrationalismus darstellt? Die rätselhaft anmutende Rede von einer »Wiederholung der Existenz im Begriff« und deren »Ersatztranszendenz« ließe sich demnach interpretieren als Verweis auf Nietzsches Methode des Operierens mit »starken Gegen-Begriffe[n]«[2] und ›Gegen-Lehren‹, mit offensiv als scheinbare Transzendenzen gesetzten Positionierungen, die sich bei näherer Betrachtung jedoch als »aporetische Begriffe«, als ›Anti-Lehren‹ erweisen.[3]

Was die zitierte Briefstelle jedenfalls deutlich macht, ist dass das in der *Dialektik der Aufklärung* betonte ›zwiespältige‹ Verhältnis Nietzsches zur Aufklärung nicht nur, wie der eingangs skizzierte Fokus vieler Interpreten suggeriert, inhaltliche Aspekte seines Denkens wie das Motiv der Verknüpfung von aufklärerischer Vernunft und normativen Herrschaftsinteressen betrifft, sondern auch und vielleicht vor allem Nietzsches philosophische Methoden und Begriffe: Die

---

[2] So die Formulierung aus einem berühmten Nachlassnotat aus dem Jahr 1888, wo es mit Bezug auf »das Wort Immoralist« und die »Formel ›Jenseits von Gut und Böse‹« heißt: »Ich habe diese starken Gegen-Begriffe nöthig, die L e u c h t k r a f t dieser Gegen-Begriffe« (NL 1888, 23[3], KSA 13, S. 603). Auf die Bedeutung dieser Formulierung hat insbesondere Josef Simon aufmerksam gemacht (vgl. z.B. Simon 1981, S. 211 sowie zur Bedeutung dieses Motivs für Simons Nietzsche-Bild Stegmaier 2010, S. 6f.). Bei Motiven wie dem ›Willen zur Macht‹ handle es sich »nicht mehr um ›Lehren‹, sondern um starke Gegen-Begriffe‹, die sich absoluten Ansprüchen destruktiv-kritisch entgegenstellen. [...] Die Lehren Nietzsches sind insgesamt Gegen-Lehren. Sie stehen nicht ›über‹ anderen Lehren, sondern stellen sich gerade gegen deren Anspruch auf ›Übersicht‹.« (Simon 2000, S. 199) Nach Simon lässt sich diese Perspektive auch unmittelbar für die Frage von Nietzsches Verhältnis zur Dialektik der Aufklärung fruchtbar machen: Bereits Nietzsche entwickle »einen *dialektischen* Begriff der Aufklärung«, insofern er die »Gefahr« sieht, die in der »Absolutsetzung einer Sicht liegt, und [...] bewusst in ›starken Gegenbegriffen‹ gegen die ›Grundbegriffe‹ [spricht], die den Geist der Zeit besetzt halten« (Simon 2004, S. 122).

[3] Werner Stegmaier spricht im Anschluss an Simon von »Anti-Lehren«: Nietzsche biete »gewaltige Lehren, aber auf eine Weise, die sehen läßt, daß es sich nicht um Lehren im gewöhnlichen Sinn handeln kann, [er] überläßt es jedoch den Lesern, dies sehen zu wollen« (Stegmaier 2000, S. 205). Für weitere Überlegungen zum Motiv der ›Gegen-Lehre‹ für Nietzsches kritischen Diskurs siehe auch Dellinger 2013c.

Formulierung, dass »all seine Konstruktionen [...] aporetische Begriffe« sind, weist auf eine tiefer gehende Verwandtschaft zwischen Nietzsches Denken und der *Dialektik der Aufklärung* hin, die die Art und Weise seines Philosophierens bzw. seiner philosophischen Schriftstellerei als solche betrifft. Meine These lautet, dass Nietzsche nicht nur im inhaltlichen Sinne als Wegbereiter von Horkheimers und Adornos Projekt verstanden werden sollte, sondern in einem vielleicht entscheidenderen, methodischen Sinne durch seine Denk- und Schreibformen den Grundgedanken der potentiellen Dialektik jeglicher Aufklärungsinteressen reflektiert.

Diese These soll im Folgenden anhand einer Lektüre des zwölften Abschnitts der dritten Abhandlung von *Zur Genealogie der Moral* erprobt werden. Der ›Perspektivismus‹[4], der nach gängiger Lesart in diesem berühmten Abschnitt proklamiert wird, wird sich dabei, mit Adornos Worten, als eine jener »Konstruktionen« erweisen, die zwar zunächst »Ersatztranszendenz« zu versprechen scheinen, sich bei näherer Betrachtung jedoch als »aporetische Begriffe« entpuppen und in diesem Sinne die Dialektik ihres eigenen Aufklärungsanspruchs mit reflektieren: GM III 12 operiert wesentlich selbstbezüglich, insofern Perspektiven zugleich Gegenstand und Methode des Textes sind. Als »Aufklä-

---

4 Zur grundsätzlichen Problematik der Rede von ›Nietzsches Perspektivismus‹ vgl. Dellinger 2012c, Dellinger 2015b, S. 127–146 und 398–407 sowie Dellinger 2017, für einen Überblick zur Forschungssituation vgl. Dellinger 2009 sowie Dellinger 2013a. Die inflationäre Verwendung des Begriffs ›Perspektivismus‹ in der Forschung steht in einem krassen Missverhältnis zu Nietzsches eigenem Sprachgebrauch: Im Rahmen der KSA ist der Ausdruck nur sechs Mal belegt (davon nur ein einziges Mal im veröffentlichten Werk), wobei darüber hinaus strittig ist, ob Nietzsche ihn dem heutigen Sprachgebrauch entsprechend als Bezeichnung für einen philosophischen Standpunkt bzw. eine philosophische Lehre oder aber – ähnlich wie viele auf ›-ismus‹ endende Ausdrücke aus dem Bereich der Medizin (z. B. ›Anabolismus‹, ›Astigmatismus‹ etc.) ausschließlich als Phänomenbezeichnung für den Problemkomplex der Perspektivität (so Small 2001, S. 48 und Dellinger 2012c, S. 138f.) verwendet. Von einer durchgängigen oder auch nur oftmaligen Verwendung des Ausdrucks zur Etikettierung eines von ihm vertretenen Standpunktes kann jedenfalls keine Rede sein. Von ›Nietzsches Perspektivismus‹ zu sprechen, erscheint daher insoweit irreführend, als damit die Verfügbarkeit eines verbindlichen und womöglich von Nietzsche selbst autorisierten Terminus zur begrifflichen Festlegung seines Denkens suggeriert wird. Dies gilt auch und gerade für GM III 12 als Text, der zwar fraglos ein Schlüsseldokument seines Perspektivitätsdenkens darstellt, in dem der Begriff ›Perspektivismus‹ jedoch ebenfalls nicht fällt. Die wie selbstverständlich an den Text herangetragene Annahme, es gehe hier um ›Nietzsches Perspektivismus‹, stellt insofern eine problematische Präsumption dar, als sie dazu verleitet, den Text von vornherein als Ausdruck eines von ihm unabhängigen oder ablösbaren theoretischen Gehalts zu begreifen und subtile intratextuelle Zusammenhänge zugunsten einer Rekonstruktion eines vermeintlichen Lehrstandpunktes zu vernachlässigen.

rung der Aufklärung«[5] klärt er zugleich über sich selbst auf und entzieht sich damit auch jenen plumpen Inkonsistenzvorwürfen, die vielfach mit der gängigen Lesart des ›Pespektivismus‹ einhergehen.[6] Die berühmten Ausführungen über die Perspektivität des Erkennens aus GM III 12 sollen dafür zunächst auf das Textgeschehen von GM bezogen, d. h. nicht als erkenntnistheoretische These, sondern als poeseologische[7] Reflexion interpretiert werden.

1 GM III 12: Eine erste Annäherung[8]

Die dritte Abhandlung von GM geht der Frage nach der Bedeutung von ›asketischen Idealen‹ für unterschiedliche typologische Gestalten wie Künstler, Philosophen oder Priester nach.[9] Nachdem zuvor insbesondere die paradigmatisch von Richard Wagner verkörperte typologische Figur des Künstlers sowie jene des Philosophen behandelt wurden, wendet sich der 11., dem 12. unmittelbar vorausgehende Abschnitt der Figur des Priesters zu. Mit dieser inhaltlichen

---

5 Zur Rekonstruktion von Nietzsches Stellung zur Aufklärung als eminent selbstbezügliche ›Aufklärung der Aufklärung‹ mit Bezug auf Luhmann vgl. Stegmaier 2004.
6 Die Problematik einer etwaigen ›Selbstwidersprüchlichkeit‹ des vermeintlichen ›Perspektivismus‹ hat in den vergangenen Jahrzehnten insbesondere die angloamerikanische Forschung eingehend beschäftigt, vgl. z. B. Reginster 2001 aber auch Habermas 1985, S. 104–129 oder Gerhardt 1989. Nietzsche, so der Vorwurf, mache sich mit der vermeintlich autoritativen Proklamation einer Theorie namens ›Perspektivismus‹ eines performativen Selbstwiderspruchs schuldig, insofern er nicht umhinkäme, damit transperspektivisches Wissen zu beanspruchen. Er betreibe eine Aufklärung, die sich der Problematik ihres eigenen Autoritätsanspruchs nicht bewusst wäre.
7 Zur Verwendung von ›Poeseologie‹ bzw. ›poeseologisch‹ als Ausdrücke für den deskriptiven Nachvollzug textueller Verfahrensweisen siehe Pichler 2014, S. 39–52.
8 Wie so viele zentrale Texte Nietzsches wird auch GM III 12 zwar ständig zitiert aber nur relativ selten eingehend *gelesen*. Die Sekundärliteratur ist daher kaum noch sinnvoll zu überblicken und kann im Folgenden nur partiell einbezogen werden. Die Möglichkeit, die berühmten Passagen über die Perspektivität des Erkennens auf den Text von GM zu beziehen, wurde bereits gelegentlich angedeutet (vgl. Zittel 2000b, Conway 2001, S. 117, Janaway 2007, S. 201 und 209–211, Guay 2011, S. 37f.). Eingehend geprüft oder am Text demonstriert wurde dieser Deutungsansatz jedoch, soweit ich sehe, bisher nicht. Neben den genannten Beiträgen verdanken die folgenden Ausführungen Bräutigams Skizze von »Nietzsches Perspektivismus als schriftstellerisches Verfahren« (Bräutigam 1977) sowie Zittels Wendung gegen den »Versuch einer transzendentalphilosophischen Reobjektivierung« (Zittel 2000a, S. 99) wichtige Anregungen.
9 Einen guten Überblick bieten Stegmaier 1994, S. 169–208 und Conway 2008, S. 100–153. Zu Nietzsches Verfahren der Typisierung vgl. Pichler 2014, S. 115f.

Wendung geht auch ein markanter Stilwechsel einher:[10] Waren die vorhergehenden Abschnitte noch weitenteils von einem gelassen dahinplätschernden, kolloquialen und teils jovialen Ton geprägt, setzt nun ein nachdrückliches Pathos ein.[11] Die durch den pathetischeren Stil vermittelte Ernsthaftigkeit wird dann auch explizit unterstrichen – »jetzt erst wird es ›Ernst‹« (GM III 11, KSA 5, S. 361) – und dementsprechend drastisch wird der asketische Priester als »l e - b e n s f e i n d l i c h e Species« und »Typus des Selbstwiderspruchs« (GM III 11, KSA 5, S. 363) geschildert. An eben diese Schilderung aus GM III 11 knüpft der Beginn des 12. Abschnitts an:

> Gesetzt, dass ein solcher leibhafter Wille zur Contradiction und Widernatur dazu gebracht wird, zu p h i l o s o p h i r e n: woran wird er seine innerlichste Willkür auslassen? An dem,

---

10 Auf die Bedeutsamkeit unterschiedlicher Stile wird der Leser im 8. Abschnitt ausdrücklich hingewiesen: »Man höre doch nur auf den Klang, den ein Geist hat, wenn er redet: jeder Geist hat seinen Klang, liebt seinen Klang. Das dort zum Beispiel muss wohl ein Agitator sein, will sagen ein Hohlkopf, Hohltopf: was auch nur in ihn hineingeht, jeglich Ding kommt dumpf und dick aus ihm zurück, beschwert mit dem Echo der grossen Leere. Jener dort spricht selten anders als heiser: hat er sich vielleicht heiser g e d a c h t? Das wäre möglich – man frage die Physiologen –, aber wer in W o r t e n denkt, denkt als Redner und nicht als Denker (es verräth, dass er im Grunde nicht Sachen, nicht sachlich denkt, sondern nur in Hinsicht auf Sachen, dass er eigentlich s i c h und seine Zuhörer denkt). Dieser Dritte da redet aufdringlich, er tritt zu nahe uns an den Leib, sein Athem haucht uns an, – unwillkürlich schliessen wir den Mund, obwohl es ein Buch ist, durch das er zu uns spricht: der Klang seines Stils sagt den Grund davon, – dass er keine Zeit hat, dass er schlecht an sich selber glaubt, dass er heute oder niemals mehr zu Worte kommt. Ein Geist aber, der seiner selbst gewiss ist, redet leise; er sucht die Verborgenheit, er lässt auf sich warten.« (GM III 8, KSA 5, S. 353f.) Geht man davon aus, dass man GM als ein solches sich »in W o r t e n« vollziehendes, ›rhetorisches‹ Denken verstehen kann, liegt darin nicht nur ein wichtiges Indiz für die semantische Valenz der Stilwechsel in GM (gerade das Changieren zwischen dem »leise[n]« Denken, das »auf sich warten [lässt]«, »heiser[er]« Angestrengtheit und aufdringlicher ›Leiblichkeit‹ lässt sich vielfach belegen), sondern zugleich auch ein erster Indikator dafür, das Perspektivitätsmotiv aus GM III 12 als poeseologische Reflexion zu interpretieren: Dem Wechsel von Perspektiven entspräche somit ein Wechsel von Stilmitteln, das sich »in W o r t e n« vollziehende Denken wäre wesentlich perspektivisch, weil es sich nicht sachlich-neutral, sondern »in Hinsicht auf Sachen« vollzieht – die Parallele der Dichotomien sachlich/hinsichtlich (GM III 8) und an sich/perspektivisch (GM III 12) ist offenkundig. Wohlgemerkt denkt der Denker GM III 8 zufolge jedoch nicht nur den ›Gegenstand‹ in Hinsichten, sondern auch »s i c h und seine Zuhörer«. Auch wer ›er‹ in der jeweiligen Perspektive ist und ›wen‹ er adressiert, ist somit durch das Perspektivengeschehen mitbestimmt. ›Er‹ ist somit jedenfalls nicht mehr einfach der empirische Autor Friedrich Nietzsche, der ›Zuhörer‹ entsprechend Nietzsches Kalkülen der Leserselektion nicht mehr einfach der reale Leser.

11 Eine Ausnahme bildet die zweite Hälfte des 9. Abschnitts, wo ebenfalls bereits ein markant pathetischer Ton angeschlagen wird.

was am allersichersten als wahr, als real empfunden wird: er wird den Irrthum gerade dort suchen, wo der eigentliche Lebens-Instinkt die Wahrheit am unbedingtesten ansetzt. (GM III 12, KSA 5, S. 363f.)

Die Rede von einem »solche[n] leibhafte[n] Wille[n] zur Contradiction und Widernatur« bezieht sich augenscheinlich auf die Schilderung des asketischen Priesters im vorhergehenden Abschnitt. Dementsprechend werden im Folgenden zunächst die »Asketen der Vedânta-Philosophie« und anschließend Kant als »Beispiel« solchen asketischen Philosophierens und Gegensatz zum »eigentliche[n] Lebens-Instinkt« angeführt. Erstere haben etwa »Leiblichkeit«, »Schmerz« und »Vielheit« sowie »den ganzen Begriffs-Gegensatz ›Subjekt‹ und ›Objekt‹« als »Irrthümer« begriffen und einen »Triumph« darin empfunden, »[s]einem Ich den Glauben [zu] versagen« (GM III 12, KSA 5, S. 364).[12] Die »Vergewaltigung und Grausamkeit an der Vernunft« bzw. »asketische Selbstverachtung, Selbstverhöhnung der Vernunft« komme in der zuletzt noch Kants Konzept des Intelligiblen prägenden Ansicht auf den Gipfel, dass es zwar »ein Reich der Wahrheit und des Seins [giebt], aber gerade die Vernunft davon ausgeschlossen [ist]« (GM III 11, KSA 5, S. 364). Gerade weil der Sprecher hier einmal mehr keinen Hehl aus seiner ablehnenden Haltung gegenüber der von den Vedanta-Philosophen und Kant exemplarisch verkörperten »Widernatur« des asketischen Ideals macht, birgt diese Auflistung asketischer Denkmuster einige Überraschungen: Immerhin hatte sich der Sprecher selbst noch kurz zuvor emphatisch mit einem ›Wir‹ identifiziert, das sich selbst vergewaltigt: »Wir vergewaltigen uns jetzt selbst, es ist kein Zweifel, wir Nussknacker der Seele, wir Fragenden und Fragwürdigen« (GM III 9, KSA 5, S. 358). Auch die Problematisierung des Glaubens an das eigene Ich und nicht zuletzt die Infragestellung des Begriffsgegensatzes von Subjekt und Objekt sind Denkmuster, die wiederholt von den von Nietzsche eingesetzten Sprecherfiguren für sich in Anspruch genommen und vielfach als Grundmotive nietzscheschen Philosophierens identifiziert werden. Gerade im weiteren Verlauf von GM III 12 wird das Subjekt-Objekt-Schema zwar nicht in Bausch und Bogen, aber doch wenigstens in seiner traditionellen Fassung zurückgewiesen werden. Bereits hier deutet

---

12 In dieser Schilderung der »Vedânta-Philosophie« kann man die ersten der zahlreichen Anspielungen auf Schopenhauer registrieren, die GM III 12 durchziehen (vgl. Janaway 1998, S. 27–36 sowie Janaway 2007, S. 199–201). Tatsächlich zitiert Schopenhauer am Ende des §34 seines Hauptwerks, auf den in GM III 12 mehrfach angespielt wird, »was der Upanischad des Veda ausspricht« (WWV I, §34, S. 235) als Vorwegnahme seiner Vorstellung der Aufhebung des Subjekt-Objekt-Gegensatzes und der individuellen Leiblichkeit in der anschauenden Erkenntnis der ›Ideen‹.

sich also – wenngleich erst sehr subtil, denn die genannten Parallelen sind zugegebenermaßen nicht zwingend[13] – an, dass die Fronten womöglich weniger klar sein könnten, als es zunächst erscheinen mag.

Nach der Klammerbemerkung zu Kant beginnt schließlich der berühmte Exkurs zur Perspektivität des Erkennens, der auch deutlich als Exkurs gekennzeichnet wird – ein langer Gedankenstrich fungiert als Abgrenzung zum Vorhergehenden und der Beginn des nachfolgenden 13. Abschnitts suggeriert mit den Worten »Aber kehren wir zurück« (GM III 13, KSA 5, S. 365) eine Wiederaufnahme des ursprünglichen Narrativs.[14] Bereits der erste Satz des Exkurses ist für die Frage nach dessen Status und Funktion von ganz entscheidender Bedeutung:

> Seien wir zuletzt, gerade als Erkennende, nicht undankbar gegen solche resolute Umkehrungen der gewohnten Perspektiven und Werthungen. (GM III 12, KSA 5, S. 364)

Die Rede von »solche[n] resolute[n] Umkehrungen« scheint sich zunächst auf die beschriebenen Denkmuster der Vedanta-Philosophie und Kants zu beziehen.[15] Demgemäß lässt sich erstens festhalten, dass es sich bei den »Perspektiven und Werthungen«, um die es hier geht, um *philosophische* Perspektiven handelt – um unterschiedliche Sichtweisen auf Probleme wie den kognitiven Status von »Leiblichkeit«, »Schmerz«, »Vielheit«, »Ich« oder den »Begriffs-Gegensatz ›Subjekt‹ und ›Objekt‹«, um die Frage, wo »die Wahrheit am unbedingtesten« anzusetzen sei. Dieser zugegebenermaßen triviale Befund ist wichtig, weil unter ›Nietzsches Perspektivismus‹ gerade auch unter Berufung auf GM III 12 vielfach eine traditionelle Erkenntnislehre neukantianischer Provenienz verstanden wird, d. h. eine Theorie der Wahrnehmung empirischer, raumzeitlicher Gegenstände.[16] ›Perspektiven‹ entsprächen demgemäß den (sei es kantianisch-transzendental oder neukantianisch-physiologisch gedachten) die Wahr-

---

13 Beispielsweise kann argumentiert werden, dass sich die Kritik an der Aufgabe des »Begriffs-Gegensatz[es] ›Subjekt‹ und ›Objekt‹« hier nur auf quasi-mystische Alleinheitskonzeptionen bezieht, jene an der Aufgabe des Glaubens an das Ich ausschließlich auf asketische Entselbstungsmoral und jene an der Selbstvergewaltigung ausschließlich auf die hier geschilderte Selbstdiskreditierung der Vernunft. Zumal Verbindungslinien zwischen dem Sprecher und Motivstrukturen des asketischen Ideals an anderen Punkten jedoch unleugbar sind, spricht vieles dafür, bereits hier subtile Andeutungen zu registrieren.
14 Vgl. Conway 2008, S. 116.
15 Gegen Ende des vorliegenden Beitrags wird noch eine weitere Deutungsoption vorgeschlagen, die jedoch ebenfalls für die im Folgenden gezogenen Konsequenzen spricht.
16 Beispielhaft für solche erkenntnistheoretische Theoretisierungen von GM III 12 im Umfeld der an Clark 1990 anschließenden ›neukantianischen‹ Nietzschedeutung ist Leiter 1994.

nehmung solcher Gegenstände prägenden rezeptiven Strukturen des Subjekts. Davon ist in GM III 12 jedoch keine Rede: Die »Perspektiven und Werthungen«, im Hinblick auf die der Exkurs über die Perspektivität des Erkennens beginnt, sind Sichtweisen auf abstrakte philosophische Probleme, nicht aber raumzeitliche Objekte.[17] Dass »Perspektiven« hier so unmittelbar mit »Werthungen« assoziiert werden, verdeutlicht zugleich, dass sie auch im Bezug auf derart abstrakte Themenfelder nicht theoretisch neutrale Sichtweisen darstellen, sondern stets mit bestimmten Interessenskonstellationen und einer dementsprechend normativen Praxis einhergehen.

Zweitens folgt aus dem Bezug der Rede von »solche[n] resolute[n] Umkehrungen« auf die geschilderten Philosopheme der Vedanta-Philosophie und Kants als Beispiele asketischen Denkens, dass sich die Forderung nach mehr Dankbarkeit gegenüber der Umkehrung von Perspektiven exemplarisch auf die »Widernatur« (GM III 12, KSA 5, S. 363) des asketischen Ideals bezieht. Damit, dass die Forderung nicht einfach nur allgemein erhoben, sondern gerade anhand dieses Beispiels eingeführt wird, beginnt nun deutlicher die zuvor erst subtil angedeutete Verwischung der Frontlinien: Immerhin wird damit suggeriert, dass der Sprecher, der das asketische Ideal zuvor noch als »Widernatur« diffamiert hat, sich ihm gegenüber selbst zu einer gewissen Dankbarkeit verpflichtet sieht.

Drittens ist darauf hinzuweisen, dass sich die Forderung nach mehr Dankbarkeit gegenüber der Umkehrung von Perspektiven an ein »[W]ir« und zwar näherhin »gerade als Erkennende« richtet. Damit ist einerseits über die Verwendung der ersten Person Plural der Sprecher mit eingeschlossen, vor allem aber auch eine explizite Adressierung an eine typologische Gestalt vorgenommen, deren Wichtigkeit für das Projekt von GM kaum überschätzt werden kann.[18] Bereits der erste Abschnitt der Vorrede beginnt mit einer solchen, wiede-

---

17 Dafür, dass es in GM III 12 primär um die Perspektivität *philosophischen* Denkens und Erkennens geht, spricht auch, dass das Motiv der Eliminierung des Willens am Schluss des Abschnittes im Druckmanuskript (Achivnummer GSA 71/27.2 bzw. Mette-Signatur D 20) noch mit den Worten »es hieße – nicht denken!« (GSA 71/27.2, Blatt 26 bzw. D 20, Blatt 62) kommentiert wurde (vgl. KSA 14, S. 381).

18 Vgl. Conway 2001. Conways Aufsatz liefert nicht nur wichtige Hinweise zur Erforschung des Figurenrepertoires von GM, sondern zählt auch zu den wenigen Forschungsbeiträgen, die auf die zentrale Bedeutung der Selbstbezüglichkeitsstrukturen in GM hinweisen: »[T]he self-referential applications of his [Nietzsche's] analysis are in fact the natural, expected results of the genealogical approach he employs. If properly executed, that is, a genealogy of morals must generate the kinds of self-referential entanglements that are often thought to vitiate the argument of GM.« (Conway 2008, S. 117) Problematisch ist jedoch Conways unhinterfragte,

rum in erster Person Plural gesetzten Adressierung – »Wir sind uns unbekannt, wir Erkennenden, wir selbst uns selbst« (GM Vorrede 1, S. 247) – und schließt mit der Feststellung: »Wir bleiben uns eben nothwendig fremd, wir verstehn uns nicht, wir m ü s s e n uns verwechseln, für uns heisst der Satz in alle Ewigkeit ›Jeder ist sich selbst der Fernste‹, — für uns sind wir keine ›Erkennenden‹...« (GM Vorrede 1, S. 247f.).[19] Nach einem weiteren Auftreten der Formel »wir Erkennenden« im dritten Abschnitt der Vorrede (vgl. GM Vorrede 3, S. 250) tritt die Figur für den weiteren Verlauf von GM in den Hintergrund, bis sie schließlich im 12. und 24. Abschnitt der dritten Abhandlung nochmals in den Mittelpunkt des Textgeschehens rückt, sodass ein rahmender Bogen zwischen dem Eröffnungsmotiv der Vorrede und dem großen Finale des Werks entsteht: Während die ›Erkennenden‹ sich selbst zunächst fremd und unbekannt sind, werden sie in GM III 24 von dem sich abermals (wenn auch nicht mehr ungebrochen) mit dieser Gestalt identifizierenden Sprecher über ihre Bindung an das asketische Ideal aufgeklärt, werden also der Formulierung der Vorrede entsprechend auch ›für sich selbst‹ Erkennende. Noch ohne näher auf die inhaltlichen

---

durchgängige Assoziation des Sprecher-Ichs mit ›Nietzsche‹, durch die Vielfalt und Facettenreichtum der Sprecherrollen in GM (vgl. dazu Guay 2011) gar nicht erst in den Blick geraten. Diese problematische Autorzentrierung zeigt sich auch in Conways ausdrücklicher Konzentration auf ›unbewusste‹ oder ›nicht intendierte‹ Selbstbezüglichkeiten: »I am interested primarily in those displays of performativity that lie at least partially beyond the sphere of Nietzsche's rhetorical mastery [...], that is, in those displays of performativity that outstrip Nietzsche's intentions and aims, those displays to which he may have been blind.« (Conway 2001, S. 118f.) Dass sich Conway einerseits auf solche ›unbewusste‹ Rückbindungen an Perspektiven konzentriert, andererseits aber ebenfalls das perspektivische Objektivitätskonzept aus GM III 12 auf ›Nietzsches‹ Verfahrensweise bezieht, ist insofern verwunderlich, als es in GM III 12 ausdrücklich um das *willentliche* Aus- und Einhängen von Perspektiven geht. So sieht Conway dann auch die in GM III 12 geforderte Multiplikation der Affektperspektiven bereits darin umgesetzt, dass Nietzsche »the (immanent) measure of his age« (Conway 2001, S. 117) einzunehmen suche. Das greift nicht nur hinsichtlich der Betonung der Bedeutung der Verschiedenheit von Perspektiven zu kurz, sondern scheint entgegen Conways ausdrücklichem Fokus wiederum einen Aspekt von Willentlichkeit zu implizieren. Vor allem aber werden damit, dass sowohl das perspektivische Objektivitätsverständnis als auch die eingenommene Perspektive des asketischen Zeitalters ungebrochen mit ›Nietzsche‹ identifiziert werden, die unterschiedlichen, literarisch komplexen Rollenfunktionen unterschlagen, die in GM mit diesen beiden Topoi verwoben werden. Damit bleibt das spekulative Potential des Bezugs von GM III 12 auf das Textgeschehen von GM weitgehend ungenutzt und die Möglichkeit der Perspektivierung des perspektivischen Objektivitätsverständnisses verdeckt.
19 Vgl. zu dieser Passage auch Gemes 2006, der das ›Wir‹ jedoch weniger auf die intratextuelle Figur der Erkennenden als auf ›uns‹ qua mutmaßliche Adressaten der Diagnosen von GM bezieht.

Implikationen dieser Konstellation einzugehen, kann unterstrichen werden, dass die das Sprecher-Ich einschließende Adressierung an die ›Erkennenden‹ in GM III 12 es naheliegender erscheinen lassen sollte, den Exkurs zunächst hinsichtlich seiner intratextuellen Funktion zu analysieren, anstatt darin eine ungebrochene Proklamation von Nietzsches Lehrmeinung in Sachen Erkenntnistheorie zu sehen, die sich bloß zufällig unglücklicherweise im Rahmen eines so komplexen Narrativs wie GM wiederfindet, wie als ob sie problemlos aus dieser textuellen Verstrickung herausgelöst und in Abhandlungs- bzw. logische Schlussform überführt werden könnte.[20]

Viertens muss betont werden, dass es sich bei der Forderung nach mehr Dankbarkeit gegenüber der Umkehrung von Perspektiven tatsächlich um eine Aufforderung, um einen Imperativ handelt. Auch dies mag zunächst trivial anmuten, ist jedoch im Kontext der für Nietzsches Denken charakteristischen Verzahnung von Erkenntnis- und Moralkritik von entscheidender Bedeutung: So wird im in GM III 24 ausführlich zitierten Aphorismus FW 344 das als »Wille zur Wahrheit« gefasste Erkenntnisstreben der »Wissenschaft«[21] auf die Maxime »[I]ch will nicht täuschen, auch mich selbst nicht« zurückgeführt. Mit diesem Täuschungsverbot seien wir »auf dem Boden der Moral«, d. h. das dort geschilderte, ebenfalls über die Formel »wir Erkennenden« mit dem Sprecher-Ich assoziierte Erkenntnisstreben ruht auf dem Fundament des moralischen Imperativs, nicht zu täuschen. »[D]ie Frage: warum Wissenschaft?« führe dergestalt »zurück auf das moralische Problem: wozu überhaupt Moral« (FW 344, KSA 3, S. 576). Nach GM III 24 ist dieses in FW 344 beschriebene wissenschaftliche Erkenntnisstreben, der sich jegliche Täuschungen versagende »Wille zur Wahrheit [...] der Glaube an das asketische Ideal selbst« (GM III

---

[20] Janaway ist einer der wenigen GM-Kommentatoren, die offen aussprechen, dass wenig darauf hindeutet, dass es Nietzsche mit diesem Textabschnitt um einen ernsthaften Beitrag zum Forschungsfeld der Erkenntnistheorie gegangen sein könnte: »[T]he whole section does not, in all honesty, read as if its first purpose is to make some authoritative contribution to epistemology.« (Janaway 2007, S. 211) Dies hält Janaway freilich nicht davon ab, den Textabschnitt mit Verweis auf inhaltlich analoge Äußerungen Nietzsches im Wesentlichen als eine erkenntnistheoretische These zu interpretieren. Vgl. dazu auch Gemes, der im Anschluss an Janaway ein dezidiert »anti-epistemological reading« (Gemes 2009, S. 106) fordert. Gemes eigene Deutung von GM III 12 als ›therapeutisches‹ Projekt stellt zwar treffend die praktisch-normative Wirkungsabsicht des Textabschnitts heraus, erschließt jedoch nicht sein poeseologisches Reflexionspotential. Berry 2011, S. 112–132 wendet sich zwar gegen die Vorstellung, dass Nietzsche in GM III 12 eine erkenntnistheoretische Konzeption präsentiere, und unterstreicht zu Recht die skeptische Tendenz des Perspektivitätsmotivs, geht jedoch weder auf die praktisch-normative noch auf die poeseologische Dimension des Abschnitts ein.

[21] Zur Problematik dieses Wissenschaftsbegriffs vgl. Dellinger 2012b, S. 153–156.

24, KSA 5, S. 400). Gegen die mit dem asketischen Ideal assoziierte, phasenweise sogar identifizierte oder als sein »K e r n« (GM III 27, KSA 5, S. 409) beschriebene Wahrheits- und Objektivitätskonzeption wird also eingewandt, dass sie auf einer imperativischen Moral des Nicht-Täuschens fußt. Dass das alternative Verständnis von Objektivität in GM III 12 in imperativischer Form proklamiert wird, sollte uns folglich durchaus hellhörig werden lassen: Der Verdacht liegt nahe, dass wir auch mit der in GM III 12 beschriebenen Objektivitätskonzeption ›auf dem Boden der Moral‹ sind – bloß womöglich einer anderen, entgegengesetzten Moral. Dieser Verdacht lässt sich durch Einbezug eines Passus aus MA I Vorrede 6 erhärten, der wie GM III 12 zu den zentralen Belegstellen zum Problemkomplex des Perspektivischen im veröffentlichten Werk zählt:[22] Die dortige Forderung, »Du solltest das Perspektivische in jeder Werthschätzung begreifen lernen« (MA I Vorrede 6, KSA 2, S. 20) ist Teil einer Reihe von sieben »Du solltest«-Lektionen, anhand derer die zuvor als Erfindung entlarvte typologische Figur des ›freien Geistes‹[23] ihre traumatische Erfahrung der ›großen Loslösung‹ interpretiert. Der imperativische Charakter dieser Lektionen wird am Ende des Textsegments ausdrücklich durch einen die Rede des ›freien Geistes‹ unterbrechenden Erzählerkommentar problematisiert,[24] wobei das ›Sollen‹ der Einsicht in den perspektivischen Charakter jeglicher Wertschätzungen bzw. des Perspektivischen als Grundbedingung des Lebens letztlich als instrumentell für die Etablierung einer ›Rangordnung‹ erscheint, die ihrerseits als perspektivische Wertschätzung exponiert wird.[25] Wie in GM III 12 sind also auch in MA I Vorrede 6 die programmatisch klingenden Ausführungen über das Perspektivische in einen komplexen intratextuellen Zusammenhang eingebettet und auf den Entwicklungsgang der als Erfindung ausgewiesenen, auch in GM III 24 wieder auftretenden Gestalt der ›freien Geister‹ bezogen, der wohl nicht zufällig Parallelen zu jener Entwicklung aufweist, welche die Figur der ›Erkennenden‹ in GM durchmacht. Vor allem aber wird der imperativische Charakter der Aufforderung zur Einsicht in das Perspektivische deutlich als solcher markiert und damit die Problematik hervorgehoben, die darin liegt, einem solchen Imperativ zu ›gehorchen‹ – das »Perspektivische in jeder Werthschätzung« könnte auch noch

---

[22] Vgl. zu MA I Vorrede Pichler 2012 sowie Dellinger 2015a.
[23] »So habe ich denn einstmals, als ich es nöthig hatte, mir auch die ›freien Geister‹ e r f u n - d e n, denen dieses schwermüthig-muthige Buch mit dem Titel ›Menschliches, Allzumenschliches‹ gewidmet ist: dergleichen ›freie Geister‹ giebt es nicht, gab es nicht, – aber ich hatte sie damals, wie gesagt, zur Gesellschaft nöthig« (MA I Vorrede 2, KSA 2, S. 15).
[24] »›Du solltest‹ – genug, der freie Geist w e i s s nunmehr, welchem ›du sollst‹ er gehorcht hat, und auch, was er jetzt k a n n, was er jetzt erst d a r f...« (MA I Vorrede 6, KSA 2, S. 20f.)
[25] Vgl. dazu im Detail Dellinger 2015a.

die in der »Du solltest«-Lektion transportierte Aufforderung zur Wertschätzung des Perspektivischen betreffen. Der geforderten Einsicht in die grundlegende Bedeutung des Perspektivischen könnte dahingehend eine Art züchtende, formierende Funktion zukommen, mittels derer der seinerseits perspektivisch interessierte Sprecher den Entwicklungsgang der Figuren der ›Erkennenden‹ und des ›freien Geistes‹ vorantreibt.

Die genannten Punkte gilt es für den weiteren Verlauf des Textabschnitts und insbesondere für das im Anschluss proklamierte alternative, perspektivische Objektivitätsverständnis im Hinterkopf zu behalten:

> [D]ergestalt einmal anders sehn, anders-sehn-w o l l e n ist keine kleine Zucht und Vorbereitung des Intellekts zu seiner einstmaligen »Objektivität«, — letztere nicht als »interesselose Anschauung« verstanden (als welche ein Unbegriff und Widersinn ist), sondern als das Vermögen, sein Für und Wider i n d e r G e w a l t z u h a b e n und aus- und einzuhängen: so dass man sich gerade die V e r s c h i e d e n h e i t der Perspektiven und der Affekt-Interpretationen für die Erkenntniss nutzbar zu machen weiss. (GM III 12, KSA 5, S. 364f.)

In der Rede von einer »Zucht und Vorbereitung des Intellekts zu seiner einstmaligen ›Objektivität‹« ist der den Abschnitt durchziehende aufklärerische Gestus der Begrifflichkeit nach vielleicht am deutlichsten greifbar. Die Anführungszeichen markieren dabei die Abkehr vom traditionellen, über das Motiv der »interesselose[n] Anschauung« deutlich an das asketische Ideal angebundene Verständnis von Objektivität auch auf typographischer Ebene.[26] Mit dem Begriff der

---

[26] Das Motiv der ›interesselosen Anschauung‹ wird bereits im 6. Abschnitt im Rahmen der Diskussion von Kants und Schopenhauers Ästhetik mit dem asketischen Ideal in Verbindung gebracht. Auch hier liegt also wiederum eine Anspielung auf Schopenhauer vor, der die »Erkenntniß der Idee« als von allen Interessen losgelöste kontemplative Anschauung beschreibt, bei der man »die gewöhnliche Betrachtungsart der Dinge fahren läßt« und »die ganze Macht seines Geistes der Anschauung hingiebt, sich ganz in diese versenkt und das ganze Bewußtseyn ausfüllen läßt durch die ruhige Kontemplation des gerade gegenwärtigen natürlichen Gegenstandes« (WWV I, §34, S. 231). Der 6. Abschnitt zeigt jedoch auch, dass Nietzsche in GM III 12 nicht einfach nur Schopenhauers Konzeption der Ideenerkenntnis im Auge hat: »Kant gedachte der Kunst eine Ehre zu erweisen, als er unter den Prädikaten des Schönen diejenigen bevorzugte und in den Vordergrund stellte, welche die Ehre der Erkenntniss ausmachen: Unpersönlichkeit und Allgemeingültigkeit. Ob dies nicht in der Hauptsache ein Fehlgriff war, ist hier nicht am Orte zu verhandeln« (GM III 6, KSA 5, S. 346). Dass dies »hier nicht am Orte zu verhandeln« sei, könnte man einerseits als Anspielung auf die Diskussion jenes »Fehlgriff[s]« im 12. Abschnitt verstehen. Andererseits ist keineswegs eindeutig, ob sich der »Fehlgriff« hier nicht ausschließlich auf die zu jener Erkenntniskonzeption analoge Fassung der Kunst bezieht und der Sprecher hier nicht noch das Verständnis von Erkenntnis als »Unpersönlichkeit und Allgemeingültigkeit« teilt. Jedenfalls kann der Passus als Hinweis darauf dienen, dass es in GM

»Zucht« ist das zuletzt skizzierte, imperativisch-formierende Moment jetzt explizit benannt und zugleich der vorbereitende Aspekt des geforderten ›anders Sehens‹ unterstrichen – die nunmehr anders zu verstehende ›Objektivität‹ ist eine »einstmalig[e]«, möglicherweise utopische, die sich jedenfalls mit dem »einmal« vorgenommenen Perspektivenwechsel noch nicht eingestellt haben dürfte. Bemerkenswert sind außerdem die Sperrungen: Mit der Hervorhebung von »Verschiedenheit« scheint angezeigt, dass es nicht einfach nur um die Multiplikation von Standpunkten geht, sondern um das Kontrastieren unterschiedlicher, ja womöglich entgegengesetzter Standpunkte. Das wird sich mit Bezug auf das Textgeschehen ebenso fruchtbar machen lassen wie die Hervorhebung des voluntativen Aspektes durch die Sperrung von »wollen« und »in der Gewalt zu haben«:[27] Unterschiedliche Perspektiven sowie deren Affekt- und Interessenskonstellationen werden demgemäß offenbar nicht etwa um ihrer selbst willen eingesetzt, sondern im Rahmen eines strategischen Kalküls »für die Erkenntniss nutzbar« gemacht.[28]

In der Schlusspartie des Textabschnitts sticht die Aufnahme traditionellen erkenntnistheoretischen Fachvokabulars hervor, was wohl stark dazu beigetragen haben dürfte, dass GM III 12 so oft als paradigmatische Ausformulierung von Nietzsches Meinung in Sachen Erkenntnistheorie verstanden wurde und wird. Auch der Schlussabschnitt beginnt indes mit einer imperativischen Adres-

---

III 12 weniger um Schopenhauers Konzeption der Ideenschau als solche geht als darum, diese als Kontrastfolie zur Problematisierung des traditionellen Verständnisses von Erkenntnis als ›unpersönlich‹ und ›allgemeingültig‹ zu mobilisieren (vgl. Janaway 2007 S. 196).

27 Im Bemühen um die Rekonstruktion eines vermeintlichen systematischen Kerngehalts von ›Nietzsches Perspektivismus‹ wird immer wieder betont, dass Perspektiven für Nietzsche psychophysische Dispositionen darstellen, die nicht willentlich überschritten werden können. Dies erscheint im Bezug auf einige Belegstellen (z. B. FW 374) partiell plausibel, nicht aber im Hinblick auf den eben zitierten Passus aus GM III 12, der eindeutig die Möglichkeit willentlicher, strategischer Perspektivenwechsel impliziert. Nietzsches Verwendung des Vokabulars des Perspektivischen ist schlichtweg zu vielfältig, als dass sie sinnvoll von einem uniformen theoretischen Kern her verständlich gemacht werden könnte (vgl. Dellinger 2017).

28 Dieses Kalkül muss wohlgemerkt keineswegs mit einem traditionellen Konzept von Autorintention assoziiert werden. Der vorliegende Beitrag beschränkt sich auf den Nachweis, dass nicht nur einzelne Perspektiven in GM in Verbindung mit bestimmten Interessenskonstellationen inszeniert werden, sondern sich auch im Ein- und Aushängen dieser Perspektiven intratextuell definierbare Interessensstrukturen dokumentieren. Dieser deskriptive Anspruch des Nachvollzugs intratextueller Zusammenhänge ist zunächst vollkommen unabhängig von der hier nicht zu diskutierenden Frage, ob man jene Interessenstrukturen auf eine Autorintention projizieren möchte oder nicht.

sierung an eine für das Textgeschehen von GM III zentrale typologische Figurengruppe – die Philosophen:

> Hüten wir uns nämlich, meine Herrn Philosophen, von nun an besser vor der gefährlichen alten Begriffs-Fabelei, welche ein »reines, willenloses, schmerzloses, zeitloses Subjekt der Erkenntniss«[29] angesetzt hat, hüten wir uns vor den Fangarmen solcher contradiktorischen Begriffe wie »reine Vernunft«, »absolute Geistigkeit«, »Erkenntniss an sich«: – hier

---

[29] Nach einer Reihe von Anspielungen liegt hier nun ein wörtliches Schopenhauer-Zitat vor (vgl. Janaway 1998, S. 27): »Der, wie gesagt, mögliche, aber nur als Ausnahme zu betrachtende Uebergang von der gemeinen Erkenntniß einzelner Dinge zur Erkenntniß der Idee geschieht plötzlich, indem die Erkenntniß sich vom Dienste des Willens losreißt, eben dadurch das Subjekt aufhört ein bloß individuelles zu seyn und jetzt reines, willenloses Subjekt der Erkenntniß ist, welches nicht mehr, dem Satze vom Grunde gemäß, den Relationen nachgeht; sondern in fester Kontemplation des dargebotenen Objekts, außer seinem Zusammenhange mit irgend andern, ruht und darin aufgeht.« Nach Schopenhauer ist »der in dieser Anschauung Begriffene nicht mehr Individuum: denn das Individuum hat sich eben in solche Anschauung verloren: sondern er ist r e i n e s, willenloses, schmerzloses, zeitloses S u b j e k t d e r E r k e n n t n i ß.« (WWV I, §34, S. 232, vgl. auch die mehrfachen, allerdings nicht wortwörtlichen Entsprechungen in §38, S. 252–256 sowie WWV II, Kap. 30, S. 435–445, »Vom reinen Subjekt des Erkennens«) So offenkundig §34 und 38 von Schopenhauers Hauptwerk als Subtext von GM III 12 fungieren, so wichtig ist es auch, diesen quellenkritischen Befund nicht – wie es in der Nietzscheforschung bisweilen geschieht – fälschlich zu einem übergeordneten und vermeintlich ›objektiven‹ Interpretationsmaßstab zu positivieren: GM III 12 bedient sich zwar zur Charakterisierung des traditionellen Verständnisses von ›Erkenntnis‹ als ›unpersönlich und allgemeingültig‹ (GM III 6) schopenhauerscher Motive und Begrifflichkeiten, löst diese dabei jedoch weitestgehend von ihrem ursprünglichen Kontext ab. GM III 12 als spezifische Kritik an Schopenhauers Konzeption der Ideenerkenntnis zu interpretieren, griffe daher zu kurz. Nicht nur war sich Schopenhauer selbst bewusst, dass das im §34 Gesagte bereits auf zeitgenössische Leser nahezu lächerlich wirken musste – er betont, dass er »sehr wohl weiß, daß es den von Thomas Paine herrührenden Ausspruch, *du sublime au ridicule il n'y a qu'un pas*, bestätigt« und erst »durch das Folgende nach und nach deutlicher und weniger befremdend« (WWV I, §34, S. 232) werde. Vor allem aber beziehen sich seine Ausführungen ausschließlich auf die dem Genie vorbehaltene (vgl. WWV II, Kap. 31, S. 445–450) »Erkenntniß der Idee« – hinsichtlich der »Erkenntniß einzelner Dinge« geht auch Schopenhauer von einer wesentlichen Prägung durch den Willen aus. Für die »gewöhnliche Betrachtungsart der Dinge« gilt auch für ihn, dass »deren letztes Ziel immer die Relation zum eigenen Willen ist« (WWV I, §34, S. 231) und diese »Erkenntnißweise« sei auch »zur Wissenschaft [...], die allein taugliche« (WWV I, §38, S. 252, vgl. WWV II, Kap. 29, S. 431). Dennoch beschränkt sich GM III 12 nicht einfach auf die Zurückweisung der Möglichkeit willenloser Ideenerkenntnis im Sinne Schopenhauers. Vielmehr wird auf seine übersteigerte Schilderung derselben zurückgegriffen, um die abendländische Wissenschaftstradition als vom ›asketischen Ideal‹ befangen zu erweisen. Wie so oft führt Nietzsche hier also keine lineare argumentative Auseinandersetzung, sondern greift selektiv Motive eines Quelltextes auf, um sie im Rahmen anderer Kontexte und Sinnzusammenhänge zu instrumentalisieren.

wird immer ein Auge zu denken verlangt, das gar nicht gedacht werden kann, ein Auge, das durchaus keine Richtung haben soll, bei dem die aktiven und interpretirenden Kräfte unterbunden sein sollen, fehlen sollen, durch die doch Sehen erst ein Etwas-Sehen wird,[30] hier wird also immer ein Widersinn und Unbegriff von Auge verlangt. Es giebt n u r ein perspektivisches Sehen, n u r ein perspektivisches »Erkennen«; und j e m e h r Affekte wir über eine Sache zu Worte kommen lassen, j e m e h r Augen, verschiedne Augen[31] wir uns für dieselbe Sache einzusetzen wissen, um so vollständiger wird unser »Begriff« dieser Sache, unsre »Objektivität« sein. Den Willen aber überhaupt eliminiren,[32] die Affekte sammt und sonders aushängen, gesetzt, dass wir dies vermöchten: wie? hiesse das nicht den Intellekt c a s t r i r e n? ... (GM III 12, KSA 5, S. 365)

Auch hier identifiziert sich das Sprecher-Ich mit einem ›Wir‹ – anders als bei der Assoziation mit den ›Erkennenden‹ ist an dieser Stelle jedoch nicht ganz eindeutig, ob es sich selbst ebenfalls als ›Philosoph‹ versteht. Zumal sich der Sprecher zuvor zweimal ausdrücklich unter die Philosophen gerechnet hat,[33] liegt die Annahme jedoch nahe. Jedenfalls spielt die Figur der Philosophen wie jene der Erkennenden in GM und insbesondere GM III eine zentrale Rolle – die Frage nach der Bedeutung des asketischen Ideals für Philosophen ist eine der Leitfragen der dritten Abhandlung und wird insbesondere in den Abschnitten 5 bis 10 intensiv diskutiert. Auch hier spricht also viel dafür, dem über die imperativische Adressierung hergestellten intratextuellen Bezug nachzugehen, anstatt den Passus als eine ungebrochene Artikulation von ›Nietzsches Erkenntnistheorie‹ zu verstehen. Ebenso wie sich der Figurentyp der Erkennenden in GM III 24 als Protagonist des asketischen Ideals erweist, wird wiederholt auf die kons-

---

30 Auch in dieser Formulierung kann man ein Gegenbild zu Schopenhauers Beschreibung der Ideenerkenntnis mit den Worten »als ob der Gegenstand allein da wäre, ohne Jemanden, der ihn wahrnimmt« (WWV I, §34, S. 232) sehen.
31 Sowohl die Schilderung der ›widersinnigen‹ Konzeption von ›Auge‹ als auch das Motiv, mehr verschiedene, individuelle ›Augen‹ einzusetzen, lassen sich als Anspielungen auf Schopenhauers Begriff des singulären ›Weltauges‹ lesen: »[W]ir sind nicht mehr das Individuum, es ist vergessen, sondern nur noch reines Subjekt der Erkenntniß: wir sind nur noch da als das e i n e Weltauge, was aus allen erkennenden Wesen blickt, im Menschen allein aber völlig frei vom Dienste des Willens werden kann, wodurch aller Unterschied der Individualität so gänzlich verschwindet, daß es alsdann einerlei ist, ob das schauende Auge einem mächtigen König, oder einem gepeinigten Bettler angehört« (WWV I, §38, S. 254, vgl. WWV II, Kap. 30, S. 440).
32 Die Formulierung, den Willen zu ›eliminieren‹, hat ebenfalls ihre Entsprechung bei Schopenhauer, der die Ideenerkenntnis als »Elimination alles Wollens« (WWV II, Kap. 30, S. 435) beschreibt. Es handle sich um einen »Zustand der reinen Objektivität der Anschauung [...], welcher von selbst den Willen aus dem Bewußtseyn eliminirt« (WWV II, Kap. 30, S. 436).
33 »Was geht das u n s an, uns Philosophen!« (GM Vorrede 2, KSA 5, S. 249), »[W]ir Philosophen brauchen zu allererst vor Einem Ruhe: vor allem ›Heute‹« (GM III 8, KSA 5, S. 353).

titutive Bedeutung des asketischen Ideals für Philosophen verwiesen.³⁴ Demgemäß wird im 10. Abschnitt auch eine enge Verwandtschaft zwischen dem Typus des Philosophen und jenem des asketischen Priesters attestiert.³⁵ Dabei wird

---

34 So z. B. im 7. Abschnitt: »[E]s besteht [...] eine eigentliche Philosophen-Voreingenommenheit und -Herzlichkeit in Bezug auf das ganze asketische Ideal, darüber und dagegen soll man sich nichts vormachen. Beides gehört, wie gesagt, zum Typus; fehlt Beides an einem Philosophen, so ist er — dessen sei man sicher — immer nur ein ›sogenannter‹.« (GM III 7, KSA 5, S. 350) Ähnlich deutlich ist die Assoziation im 9. Abschnitt: »Ein gewisser Ascetismus, wir sahen es, eine harte und heitere Entsagsamkeit besten Willens gehört zu den günstigen Bedingungen höchster Geistigkeit, insgleichen auch zu deren natürlichsten Folgen: so wird es von vornherein nicht Wunder nehmen, wenn das asketische Ideal gerade von den Philosophen nie ohne einige Voreingenommenheit behandelt worden ist. Bei einer ernsthaften historischen Nachrechnung erweist sich sogar das Band zwischen asketischem Ideal und Philosophie als noch viel enger und strenger. Man könnte sagen, dass erst am G ä n g e l b a n d e dieses Ideals die Philosophie überhaupt gelernt habe, ihre ersten Schritte und Schrittchen auf Erden zu machen [...].« (GM III 9, KSA 5, S. 356) Auch im Umfeld der schon zitierten Selbstidentifikation des Sprechers als Philosoph im zweiten Abschnitt der Vorrede lassen sich bereits Spuren einer asketischen Haltung diagnostizieren: »[M]it der Nothwendigkeit, mit der ein Baum seine Früchte trägt, wachsen aus uns unsre Gedanken, unsre Werthe, unsre Ja's und Nein's und Wenn's und Ob's — verwandt und bezüglich allesamt unter einander und Zeugnisse Eines Willens, Einer Gesundheit, Eines Erdreichs, Einer Sonne.« (GM Vorrede 2, KSA 5, S. 248f.) Die »Ja's und Nein's« erinnern an das ›Für und Wider‹ aus GM III 12, wobei die Betonung der Nothwendigkeit und Einheit jener Werthaltungen nicht nur als asketisch qualifiziert werden kann, sondern offenkundig auch der Forderung nach fluidem Aus- und Einhängen multipler ›Für und Wider‹ zuwiderläuft. Die überstrapazierte Anapher könnte demgemäß als Signal gelesen werden, das den hellhörigen Leser stutzig werden lassen und von der Einnahme einer allzu unkritischen Haltung gegenüber der Sprecherstimme abhalten kann.
35 »[D]as a s k e t i s c h e I d e a l hat lange Zeit dem Philosophen als Erscheinungsform, als Existenz-Voraussetzung gedient, — er musste es d a r s t e l l e n, um Philosoph sein zu können, er musste an dasselbe g l a u b e n, um es darstellen zu können. Die eigenthümlich weltverneinende, lebensfeindliche, sinnenungläubige, entsinnlichte Abseits-Haltung der Philosophen, welche bis auf die neueste Zeit festgehalten worden ist und damit beinahe als P h i l o s o p h e n - A t t i t ü d e a n s i c h Geltung gewonnen hat, — sie ist vor Allem eine Folge des Nothstandes von Bedingungen, unter denen Philosophie überhaupt entstand und bestand: insofern nämlich die längste Zeit Philosophie auf Erden gar n i c h t m ö g l i c h gewesen wäre ohne eine asketische Hülle und Einkleidung, ohne ein asketisches Selbst-Missverständniss. Anschaulich und augenscheinlich ausgedrückt: d e r a s k e t i s c h e P r i e s t e r hat bis auf die neueste Zeit die widrige und düstere Raupenform abgegeben, unter der allein die Philosophie leben durfte und herumschlich... Hat sich das wirklich v e r ä n d e r t? Ist das bunte und gefährliche Flügelthier, jener ›Geist‹, den diese Raupe in sich barg, wirklich, Dank einer sonnigeren, wärmeren, aufgehellteren Welt, zuletzt doch noch entkuttet und in's Licht hinausgelassen worden? Ist heute schon genug Stolz, Wagniss, Tapferkeit, Selbstgewissheit, Wille des Geistes, Wille zur Verantwortlichkeit, F r e i h e i t d e s W i l l e n s vorhanden, dass wirklich nunmehr auf Erden ›der Philosoph‹ — m ö g l i c h ist?...« (GM III 10, KSA 5, S. 360f.)

zwar die Option einer von der Gestalt des asketischen Priesters emanzipierten Form des Philosophen in Frageform und merklich utopischem Ton in den Raum gestellt, in GM III 24 tritt jedoch neuerlich das Naheverhältnis zum asketischen Ideal in den Vordergrund.[36] So erweisen sich die »letzten Idealisten, die es heute unter Philosophen und Gelehrten giebt« (GM III 24, KSA 5, S. 398) als eigentliche Speerspitze des asketischen Ideals, der Sprecher konzediert eine intime Vertrautheit mit der asketischen »Philosophen-Enthaltsamkeit« (GM III 24, KSA 5, S. 399) und es wird ausdrücklich betont, dass »das asketische Ideal über alle Philosophie bisher H e r r war« (GM III 24, KSA 5, S. 401). Ungeachtet der Frage nach der Möglichkeit eines nicht-asketischen Philosophentypus kann also mit Bezug auf GM III 12 festgehalten werden, dass sich der Sprecher nicht zufällig an die »Erkennenden« und »Philosophen« richtet – die beiden typologischen Gestalten erweisen sich in GM III 24 als dahingehend verwandt, dass sie beide zunächst unbewusste Protagonisten des asketischen Ideals darstellen und die Bewusstmachung dieses Sachverhalts ihr Selbstverständnis massiv erschüttern muss:[37] »Man sehe sich auf diese Frage die ältesten und die jüngsten Philosophien an: in ihnen allen fehlt ein Bewusstsein darüber, inwiefern der Wille zur Wahrheit selbst erst einer Rechtfertigung bedarf, hier ist eine Lücke in jeder Philosophie.«. Weil aufgrund der Herrschaft des asketischen Ideals »Wahrheit gar nicht Problem sein d u r f t e«, war jene »Lücke« bislang verdeckt – damit,

---

36 Dabei gilt es zu betonen, dass die Bedeutung der Ausdrücke ›Philosoph‹ und ›Philosophie‹ in GM keineswegs univok ist. Wenn beispielsweise am Ende der ersten Abhandlung die Rede von »der Zukunfts-Aufgabe des Philosophen« ist, »dass der Philosoph das P r o b l e m v o m W e r t h e zu lösen hat, dass er die R a n g o r d n u n g d e r W e r t h e zu bestimmen hat. —« (GM I 17 Anmerkung, KSA 5, S. 289), dürfte damit eher der (möglicherweise utopische) Typus des nicht-asketischen Philosophen denn der Philosoph als dessen Selbstaufhebung vorantreibender Protagonist des asketischen Ideals angesprochen sein. Auch innerhalb von GM III 24 lässt sich eine Mehrdeutigkeit des Ausdrucks beobachten: Während einerseits die »Philosophen und Gelehrten« sowie die »Philosophen-Enthaltsamkeit« (GM II 24, KSA 5, S. 398f.) mit dem Begriff der Wissenschaft und dem asketischen Ideal assoziiert werden, erscheint »Philosophie« wenig später nicht mehr als alle Fundamente und Sicherheiten zersetzende Auflösungsbewegung, sondern vielmehr als die Wissenschaft und deren Auflösungsvollzüge fundierender »Glaube«: »Es giebt, streng geurtheilt, gar keine ›voraussetzungslose‹ Wissenschaft, der Gedanke einer solchen ist unausdenkbar, paralogisch: eine Philosophie, ein ›Glaube‹ muss immer erst da sein, damit aus ihm die Wissenschaft eine Richtung, einen Sinn, eine Grenze, eine Methode, ein R e c h t auf Dasein gewinnt. (Wer es umgekehrt versteht, wer zum Beispiel sich anschickt, die Philosophie ›auf streng wissenschaftliche Grundlage‹ zu stellen, der hat dazu erst nöthig, nicht nur die Philosophie, sondern auch die Wahrheit selber a u f d e n K o p f z u s t e l l e n: die ärgste Anstands-Verletzung, die es in Hinsicht auf zwei so ehrwürdige Frauenzimmer geben kann!)« (GM III 24, KSA 5, S. 400).
37 Zur Unbewusstheit der Philosophen vgl. van Tongeren 2012, S. 83.

dass sich der »Wille zur Wahrheit sich selbst als Problem zum Bewusstsein« (GM III 27, KSA 5, S. 410) kommt, scheint sie offenbar werden zu müssen.[38]

Neben der Bedeutung der Adressierung an »meine Herrn Philosophen« ist mit Bezug auf den Schlussabschnitt von GM III 12 noch auf den Selbstbezug hinzuweisen, der über den Begriff der Erkenntnis entsteht. Dass »Erkennen« unter Anführungszeichen gesetzt wird, lässt sich nicht nur als erkenntnisskeptische Spitze lesen, sondern auch als typographische Markierung des Rückbezugs auf die Figurengruppe der »Erkennenden«: Wenn es kein »reines, willenloses, schmerzloses, zeitloses Subjekt der Erkenntnis«, keine »Erkenntniss an sich«, sondern vielmehr »nur ein perspektivisches ›Erkennen‹« (GM III 12, KSA 5, S. 365) geben soll, scheint dies unweigerlich auch das zu Beginn des Exkurses »gerade als Erkennende« aktivierte »[W]ir« zu betreffen. Insofern dieses ›Wir‹ das Sprecher-Ich mit einschließt, drängt sich die Frage auf, ob nicht womöglich auch es selbst als ›Erkennender‹ ein entsprechend ›unreines‹, zeitliches und willensgeleitetes »Subjekt der Erkenntnis« darstellt und die von ihm vorgetragenen Erkenntnisse perspektivisch, interessiert und affektiv motiviert sein könnten. Auch der Sprecher könnte »als Erkennende[r]« in diesem Sinne bestrebt sein, »sein Für und Wider in der Gewalt zu haben und aus- und einzuhängen« und sich »die Verschiedenheit der Perspektiven und der Affekt-Interpretationen für die Erkenntniss nutzbar zu machen« (GM III 12, KSA 5, S. 364f.). Dafür, dass im Rahmen der dritten Abhandlung tatsächlich in eben diesem Sinne »Perspektiven und Werthungen« umgekehrt sowie gezielt aus- und eingehängt werden, sollen im Folgenden einige Indizien präsentiert werden.

2 Perspektivenverschiebungen im Umfeld von GM III 12

Ein wichtiges Beispiel für eine solche Umkehrung von Perspektiven findet sich im unmittelbaren Umfeld von GM III 12, nämlich im 11. und dem 13. Abschnitt.[39]

---

38 Die pointierte, die Wichtigkeit dieses Aspektes unterstreichende Formulierung »Hier ist eine Lücke in jeder Philosophie« wurde ebenso wie die Klammerbemerkung zu einer etwaigen Rechtfertigung der »Wissenschaft« – »(womit noch nicht einmal gesagt sein soll, dass es eine solche für sie giebt)« – erst nachträglich ins Druckmanuskript eingefügt (vgl. D20, Bl. 92).
39 Vgl. Conway 2008, S. 117. Conway registriert zwar, dass es sich hier um eine Perspektivenverschiebung handelt und diese mit dem in GM II 12 eingeführten alternativen Verständnis von Leben als ›Wille zur Macht‹ in Verbindung steht, suggeriert jedoch, dass es sich bei der physio-

Während der asketische Priester im 11. Abschnitt als »lebensfeindliche Species« und »Typus des Selbstwiderspruchs« (GM III 11, KSA 5, S. 363) geschildert wird, als paradoxe Stellung des Lebens gegen das Leben, wird diese Beschreibung im 13. Abschnitt mit Nachdruck korrigiert:

> Ein solcher Selbstwiderspruch, wie er sich im Asketen darzustellen scheint, »Leben g e ‑ g e n Leben« ist — so viel liegt zunächst auf der Hand — physiologisch und nicht mehr psychologisch nachgerechnet, einfach Unsinn. Er kann nur s c h e i n b a r sein; er muss eine Art vorläufigen Ausdrucks, eine Auslegung, Formel, Zurechtmachung, ein psychologisches Missverständniss von Etwas sein, dessen eigentliche Natur lange nicht verstanden, lange nicht a n   s i c h bezeichnet werden konnte, — ein blosses Wort, eingeklemmt in eine alte L ü c k e der menschlichen Erkenntniss. Und dass ich kurz den Thatbestand dagegen stelle: d a s   a s k e t i s c h e   I d e a l   e n t s p r i n g t   d e m   S c h u t z -   u n d   H e i l - I n s t i n k t e   e i n e s   d e g e n e r i r e n d e n   L e b e n s, welches sich mit allen Mitteln zu halten sucht und um sein Dasein kämpft; es deutet auf eine partielle physiologische Hemmung und Ermüdung hin, gegen welche die tiefsten, intakt gebliebenen Instinkte des Lebens unausgesetzt mit neuen Mitteln und Erfindungen ankämpfen. Das asketische Ideal ist ein solches Mittel: es steht also gerade umgekehrt als es die Verehrer dieses Ideals meinen, — das Leben ringt in ihm und durch dasselbe mit dem Tode und g e g e n den Tod, das asketische Ideal ist ein Kunstgriff in der E r h a l t u n g des Lebens. (GM III 13, KSA 5, S. 365)

Die Art und Weise, wie hier die zuvor im 11. Abschnitt mit durchaus vehementem Pathos vorgetragene Beschreibung des asketischen Priesters als »Selbstwi-

---

logischen Perspektive um die »most rigorously scientific perspective available to him [Nietzsche]« und einen »sophisticated vantage point« handle. Dies ist m.E. nicht nur aufgrund der Suggestion eines epistemischen Primats irreführend, sondern vor allem, weil die ›physiologische‹ Deutung des Lebens als ›Wille zur Macht‹ in GM II 12 ausdrücklich als normativ motivierte ›Gegen-Lehre‹ (vgl. Dellinger 2013c, S. 79–92) eingeführt und auch in der dritten Abhandlung wiederholt als ›Interpretation‹ markiert wird – d. h. eben nicht als streng wissenschaftliche Perspektive, sondern als »Vergewaltigen, Zurechtschieben, Abkürzen, Weglassen, Ausstopfen, Ausdichten, Umfälschen und was sonst zum W e s e n alles Interpretirens gehört« (GM III 24, KSA 5, S. 400). Auch Brusotti suggeriert ein solches epistemisches Primat der physiologischen Perspektive, wenn er erklärt, dass Nietzsche »zwischen oberflächlicher psychologischer und tiefergehender physiologischer Betrachtungsweise [unterscheidet]« (Brusotti 2001, S. 118). Freilich erhebt der Sprecher in GM III 13 tatsächlich den Anspruch, eine überlegene Perspektive zu vertreten (bzw. ein unwissenschaftliches Missverständnis zu korrigieren) – doch wie es im Folgenden herauszuarbeiten gilt, könnte es sich bei diesem Anspruch um eine bloß temporär eingehängte Perspektive handeln. Es gehört zu den Charakteristika von Nietzsches ›Gegen-Lehren‹, dass ihr normativ-strategischer Charakter nur teilweise sichtbar gemacht wird und sie anderorts unter dem Deckmantel insbesondere ›physiologischer‹ Wissenschaftlichkeit auftreten. Als einer der wenigen Kommentatoren warnt Stegmaier 1994, S. 188 vor einer Verabsolutierung der hier eingehängten physiologischen Perspektive.

derspruch« nicht einfach nur konterkariert, sondern offen als »Unsinn« zurückgewiesen wird, ist bezeichnend. Die Indizierung des damit vollzogenen Perspektivenwechsels, dass nunmehr »physiologisch und nicht mehr psychologisch nachgerechnet« werde, wird uns noch zu beschäftigen haben. Zunächst ist jedoch auf die Begrifflichkeit hinzuweisen, mit der das zuvor begangene »psychologisch[e] Missverständnis« zurückgewiesen wird: Die Erklärung, dass es sich dabei um eine »Auslegung«, eine »Zurechtmachung« – zwei Ausdrücke aus dem unmittelbaren Wortfeld von Nietzsches Begriff der Interpretation[40] – von etwas handeln soll, »dessen *eigentliche* [Hervorhebung J.D.] Natur lange nicht verstanden, lange nicht a n s i c h bezeichnet werden konnte« muss im Anschluss an GM III 12 frappieren. Immerhin wurde dort die Möglichkeit einer ›Erkenntnis an sich‹, eines interpretationsfreien Verständnisses einer Sache noch emphatisch verabschiedet. Der Vorwurf, dass es sich bei der im 11. Abschnitt gegebenen psychologischen Erklärung um eine »Auslegung« und »Zurechtmachung« statt um eine Bezeichnung der »eigentliche[n] Natur [...] a n s i c h« handelt, wirkt vor dem Hintergrund des im 12. Abschnitt proklamierten Objektivitätsverständnisses absurd, demzufolge es ja gerade keine interpretationsfreie ›Erkenntnis an sich‹ geben soll. Dafür, dieser Spannung nachzugehen, spricht auch, dass die Begrifflichkeit des 13. Abschnitts bis ins Detail an jene des 12. anschließt: So wird etwa mit dem Vorwurf, dass die Erklärung des 11. Abschnitts »ein blosses Wort, eingeklemmt in eine alte L ü c k e der menschlichen Erkenntnis« sei, mit »Erkenntnis« direkt der Schlüsselbegriff des 12. Abschnitts

---

40 Deutlich werden die Parallelen zwischen ›Auslegung‹ und ›Interpretation‹ etwa in GM III 16, wenn es zunächst heißt, »dass ›Sündhaftigkeit‹ am Menschen kein Thatbestand ist, vielmehr nur die Interpretation eines Thatbestandes« und kurz darauf: »der ›seelische Schmerz‹ selbst gilt mir überhaupt nicht als Thatbestand, sondern nur als eine Auslegung (Causal-Auslegung) von bisher nicht exakt zu formulirenden Thatbeständen« (GM III 16, KSA 5, S. 376). Auch in folgendem Passus aus dem nächsten Abschnitt werden die Begriffe ›Auslegung‹ und ›Interpretation‹ parallelisiert: »Die Auslegung, welche derartigen Zuständen von den mit ihnen Behafteten gegeben wird, ist immer so schwärmerisch-falsch wie möglich gewesen, dies versteht sich von selbst: nur überhöre man den Ton überzeugtester Dankbarkeit nicht, der eben schon im W i l l e n zu einer solchen Interpretations-Art zum Erklingen kommt.« (GM III 17, KSA 5, S. 380) Nicht zuletzt werden ›interpretieren‹ und ›auslegen‹ in GM III 27 parallel verwendet: »[D]ie Geschichte interpretiren zu Ehren einer göttlichen Vernunft, als beständiges Zeugniss einer sittlichen Weltordnung und sittlicher Schlussabsichten; die eigenen Erlebnisse auslegen, wie sie fromme Menschen lange genug ausgelegt haben« (GM III 27, KSA 5, S. 410). Das semantische Nahverhältnis von ›Zurechtmachung‹ und ›Interpretation‹ zeigt sich etwa, wenn es in GM II 12 heißt, dass »alles Überwältigen und Herrwerden ein Neu-Interpretiren, ein Zurechtmachen ist« oder von »immer neuen Interpretationen und Zurechtmachungen« (GM II 12, KSA 5, S. 314) die Rede ist. Vgl. zu Nietzsches Interpretationsbegriff grundlegend Benne 2005.

zitiert. Auch die Formulierung, dass der Sprecher »den Thatbestand dagegen stelle« greift nicht nur über den Begriff des ›Tatbestands‹ neuerlich den Topos der Interpretation auf,[41] sondern macht mit dem Gestus des Dagegenstellens das Kontrastieren bzw. Umkehren von Perspektiven förmlich als solches greifbar. Überdeutlich wird die Perspektivenumkehrung schließlich mit der Erklärung markiert, dass es »gerade umgekehrt« stehe.

Festhalten lässt sich also erstens, dass im 13. Abschnitt hinsichtlich der Beurteilung der Figur des asketischen Priesters eine Perspektivenumkehrung vollzogen sowie begrifflich deutlich und auf in der Diktion klar an den 12. Abschnitt

---

41 Zum Zusammenhang von Tatbestand und Interpretation vgl. Benne 2005, insbes. S. 14 und S. 96. Wie Benne immer wieder unterstreicht, sollten die der Philologie entlehnten Begriffe des Textes und des Tatbestands nicht mit einem *factum brutum* verwechselt werden, sondern stellen ihrerseits als durch den Philologen herzustellende Bestandsaufnahmen bereits Konstruktionen dar: »Tatbestände sind textualisierte [...] Zusammenhänge von Tatsachen, die von einem beobachtenden Subjekt zum Zwecke ihrer Erklärung zusammenredigiert worden sind. Der Tatbestand ist die eigentlich interessante Ebene zwischen nicht direkt erkennbarem *factum brutum* auf der einen und Interpretation auf der anderen Seite.« (Benne 2005, S. 123) Tatsachen als methodisch streng kontrollierte Bestandsaufnahmen bilden in diesem Sinne die Grundlage für Interpretationen, »Interpretationen [müssen sich] an Tatbeständen (nicht Fakten) messen lassen, d. h. an auf redlichem Weg erlangtem historisch-genealogischem Vergleichsmaterial« (Benne 2005, S. 132). Obgleich die Dichotomie von Text bzw. Tatbestand und Interpretation somit nicht einfach jener von An-sich und Erscheinung entspricht, zumal bereits Text bzw. Tatbestand auf Erscheinungen basieren, bleibt dennoch ein epistemisches Gefälle erhalten, insofern es sich im Falle von Text und Tatbestand dem Anspruch nach um methodisch streng kontrollierte, ›redliche‹ Bestandsaufnahmen und im Falle von Interpretationen um nicht mehr derart restringierte Zurechtmachungen handelt. Deutlich zeigt sich dieses epistemische Gefälle etwa in dem bereits zitierten Passus aus GM III 16, wo moniert wird, dass es sich beim »›seelische[n] Schmerz‹« nicht um einen »Thatbestand« handle, sondern bloß um eine »Auslegung von bisher nicht exakt zu formulirenden Thatbeständen: [...] Etwas, das vollkommen noch in der Luft schwebt und wissenschaftlich unverbindlich ist« (GM III 16, KSA 5, S. 376). Demgemäß unterstreicht auch Benne, dass »die Interpretation in der *Genealogie* negativ konnotiert und vom Tatbestand unterschieden wird« (Benne 2005, S. 132). Wenn der Sprecher in GM III 13 also Tatbestand gegen Interpretation zu stellen betont, ist damit durchaus ein im Rückbezug auf GM III 12 fragwürdiger Anspruch epistemischer Überlegenheit impliziert – es soll, so jedenfalls die Suggestion, mehr geboten werden als bloß eine alternative, ›wissenschaftlich unverbindliche‹ Interpretation. Dies legt nicht zuletzt die Verwendung des Perfekts in der Rede von einem »Missverständniss von Etwas [...], dessen eigentliche Natur lange nicht verstanden, lange nicht a n   s i c h bezeichnet werden konnte« (GM III 13, KSA 5, S. 365) nahe: Die Vergangenheitsform suggeriert, dass die nachfolgende Präsentation des Tatbestands als Behebung dieses Missstandes begriffen werden soll. Ungeachtet der Richtigkeit der von Benne geleisteten Präzisierungen scheint hier also doch mit einer Parallele zwischen den Dichotomien von Interpretation und Tatbestand auf der einen Seite sowie von Missverständnis und eigentlicher Natur bzw. An-sich auf der anderen Seite gespielt zu werden.

anschließende Weise markiert wird. Zweitens ist zu unterstreichen, dass mit dem im 13. Abschnitt vom Sprecher erhobenen Anspruch, eine die Sache nicht »an sich« bezeichnende »Auslegung« und »Zurechtmachung«, d. h. eine Interpretation, durch den »Thatbestand«, d. h. das *ohne* Interpretation Feststellbare, zu korrigieren und damit, so jedenfalls die Suggestion, eine »L ü c k e der menschlichen Erkenntnis« zu schließen, ganz offenbar wieder ein anderes, nämlich sehr viel traditionelleres Objektivitätsverständnis an den Tag gelegt zu werden scheint als das im 12. Abschnitt proklamierte. Der Sprecher scheint hier keineswegs die andere Interpretationsperspektive und deren Verschiedenheit als Bereicherung anzunehmen, sondern diffamiert sie ganz offen als »Unsinn« und stellt seine eigene Perspektive nicht als gleichberechtigte Alternative, sondern als epistemisch überlegene Korrektur dagegen. Hinter diesem Anspruch, seinerseits keine bloße Interpretation zu liefern, sondern den »Thatbestand« festzustellen, könnte freilich »jenes Verzichtleisten auf Interpretation überhaupt (auf das Vergewaltigen, Zurechtschieben, Abkürzen, Weglassen, Ausstopfen, Ausdichten, Umfälschen und was sonst zum W e s e n alles Interpretirens gehört)« stehen, »das, in's Grosse gerechnet, ebensogut Ascetismus der Tugend aus[drückt], wie irgend eine Verneinung der Sinnlichkeit« (GM III 24, KSA 5, S. 400). Mit anderen Worten: Das Objektivitätsverständnis des Sprechers von GM III 13 scheint nicht das im 12. Abschnitt proklamierte, sondern vielmehr jenes des asketischen Ideals zu sein, das keine andere Interpretation als seine eigene als wahr gelten lassen bzw. diese gar nicht erst als ›Interpretation‹, sondern vielmehr als ›Thatbestand‹ verstanden wissen will: »Das asketische Ideal [...] lässt keine andere Auslegung, kein andres Ziel gelten, es verwirft, verneint, bejaht, bestätigt allein im Sinne s e i n e r Interpretation« (GM III 23, KSA 5, S. 396).

Ausgehend von diesem Befund lohnt es, sich nochmals dem 11. Abschnitt und den dortigen Markierungen der Sprecherposition zuzuwenden. Schon der Beginn dieses Abschnitts ist brisant:

> Jetzt erst, nachdem wir den a s k e t i s c h e n P r i e s t e r in Sicht bekommen haben, rücken wir unsrem Probleme: was bedeutet das asketische Ideal? ernsthaft auf den Leib, — jetzt erst wird es »Ernst«: wir haben nunmehr den eigentlichen R e p r ä s e n t a n t e n d e s E r n s t e s überhaupt uns gegenüber. »Was bedeutet aller Ernst?« (GM III 11, KSA 5, S. 361)

»[E]rnsthaft«, »Ernst«, »Ernstes«, »Ernst« – Die vierfache Wortwiederholung innerhalb weniger Zeilen mag als stilistischer *faux pas* erscheinen,⁴² lässt sich jedoch exegetisch produktiv machen, wenn man ihn als raffinierten Hinweis darauf interpretiert, dass sich hier eine Entsprechung zwischen dem Vollzug des Textes und seinem Gegenstand einstellt: Wenn der asketische Priester den ›Ernst‹ repräsentiert und es nunmehr ›ernst‹ wird, der Frage nach der Bedeutung des asketischen Ideals also auf ›ernsthafte‹ Weise nachgegangen werden soll, wird über den Topos des ›Ernstes‹ eine Parallele zwischen dem Textgeschehen und dem von ihm verhandelten Phänomen etabliert – der Text spricht hier zugleich auch über sich selbst.⁴³ Auch auf typographischer Ebene wird diese Selbstbezüglichkeit markiert: Indem in der Erklärung »jetzt erst wird es

---

42 Tatsächlich erscheint gerade das Motiv des Ernstes in GM III konsequent komponiert. So wird die Assoziation mit dem asketischen Ideal bereits im 5. Abschnitt in analoger Form antizipiert: »Und damit sind wir bei der ernsthafteren Frage angelangt: was bedeutet es, wenn ein wirklicher P h i l o s o p h dem asketischen Ideale huldigt« (GM III 5, KSA 5, S. 345). Die damit entstehende sukzessive Steigerung des ›Ernstes‹ vom Künstler über den Philosophen bis hin zum Priester entspricht wohl nicht zufällig dem zunehmend pathetischer werdenden Stil.

43 Dieses Verfahren, durch auffällige Wortwiederholungen Selbstbezüglichkeiten zu markieren, ist bei Nietzsche im Entstehungszeitraum von GM mehrfach belegt. So heißt es in der Vorrede zu MA I: »Genug, ich lebe noch; und das Leben ist nun einmal nicht von der Moral ausgedacht: es w i l l Täuschung, es l e b t von der Täuschung...« (MA I Vorrede 1, KSA 2, S. 14, vgl. Dellinger 2013c, S. 80f.). Die Versicherung des Sprechers, dass er noch ›lebe‹, legt in Verbindung mit der These, dass ›Leben‹ wesentlich ›Täuschung‹ sei, die Frage nahe, ob nicht auch der aktuelle Textvollzug dergestalt täuschenden Charakter haben könnte (vgl. Dellinger 2015a, S. 350f.). Die selbstbezügliche Konstellation verstärkt damit den für diese Vorrede so charakteristischen Eindruck der Unzuverlässigkeit des Erzählers (vgl. Pichler 2012). Auf ähnliche Weise wird in FW 344 einerseits der ›Anschein‹ als Gegenstand der Beschreibung mit ›Irrtum‹ und ›Betrug‹ in Verbindung gebracht und anderseits auf das aktuelle Textgeschehen bezogen, das einen ›Anschein‹ wiedergeben soll und so seinerseits unter Verdacht gerät, trügerisch zu sein: »[W]enn es den Anschein haben sollte, – und es hat den Anschein! – als wenn das Leben auf Anschein, ich meine auf Irrthum, Betrug, Verstellung, Blendung, Selbstverblendung angelegt wäre« (FW 344, KSA 3, S. 576, vgl. Dellinger 2012b, 153f.). Die Selbstbezüglichkeitskonstellation in GM III 11 ähnelt den genannten Beispielen strukturell, insofern in allen drei Fällen die Wortwiederholungen auf eine selbstbezügliche Entsprechung zwischen dem Gegenstand des Textes und seinem Vollzug hinweisen. Zumal jedoch der Gegenstand des ›Ernstes‹ anders als ›Leben‹ und ›Anschein‹ nicht mit Motiven des Trügerischen oder Täuschenden in Verbindung gebracht wird, kommt es in GM III 11 anders als in den genannten Beispielen nicht unmittelbar zu einer subversiven Destabilisierung des Textgeschehens oder dem Eindruck einer Unzuverlässigkeit des Sprechers. Das sprechende Ich wirkt hier nicht allgemein, sondern nur in seiner Opposition zum asketischen Ideal ›unzuverlässig‹.

›Ernst‹« das Adjektiv ›ernst‹ groß geschrieben wird,⁴⁴ ergibt sich eine typographische Entsprechung zum »Repräsentanten des Ernstes«, und auch dass »›Ernst‹« unter Anführungszeichen steht, lässt sich als subtiles Reflexionsignal interpretieren, das den Ausdruck in seiner Selbstverständlichkeit distanziert und den Leser dazu provoziert, die Wortwiederholung sowie die eigentümliche Großschreibung zu registrieren und zu hinterfragen. Inhaltlich legt die dergestalt markierte Parallele zwischen dem ernsthaften Vollzug des Textes und dem asketischen Priester als Paradigma des Ernstes die Frage nahe, ob nicht auch der nun ernst werdende Text selbst am asketischen Ideal partizipiert, oder, mit GM III 12 formuliert, der Sprecher aus asketischer Perspektive spricht. Die am Ende des zitierten Passus ausdrücklich aufgeworfene Frage nach der Bedeutung allen Ernstes lässt sich dahingehend auch als Frage nach dem Ernst des Textes interpretieren – als ernsthafte Frage bezieht sie sich zugleich auch auf sich selbst und ihren eigenen Ernst. Dazu passt auch die Nachkommentierung der Frage im unmittelbaren Anschluss: »— diese noch grundsätzlichere Frage legt sich vielleicht hier schon auf unsre Lippen: eine Frage für Physiologen, wie billig, an der wir aber einstweilen noch vorüberschlüpfen.« (GM III 11, KSA 5, S. 361) Nicht zuletzt in der Reflexivform der Frage, die nicht gestellt wird, sondern »sich [...] auf unsre Lippen« legt, ist deren Selbstbezüglichkeit konsequent umgesetzt. Dass sie dies nur »vielleicht« tut und »wir« zunächst noch an ihr »vorüberschlüpfen« sollen, provoziert den Leser freilich umso mehr zur Reflexion – nicht zuletzt, weil dazu offenbar erst die aktuelle Perspektive aus- und die im 13. Abschnitt eingeführten Perspektive der »Physiologen« eingehängt werden muss.⁴⁵

Die durch die Wortwiederholung angedeutete Rückbindung des Textgeschehens und seiner Sprecherstimme an das verhandelte Problem des asketi-

---

44 Die Großschreibung liegt bereits im Druckmanuskript vor (vgl. D20, Bl. 58), es handelt sich also nicht etwa um einen bloßen Satzfehler.
45 Tatsächlich wird im 25. Abschnitt nicht nur die Bindung von Ernst und asketischem Ideal nochmals ausdrücklich betont und damit das Versprechen eingelöst, auf das Problem zurückzukommen, sondern dafür auch ausdrücklich die ›physiologische‹ Perspektive eingehängt: »Auch physiologisch nachgerechnet, ruht die Wissenschaft auf dem gleichen Boden wie das asketische Ideal: eine gewisse Verarmung des Lebens ist hier wie dort die Voraussetzung, — die Affekte kühl geworden, das tempo verlangsamt, die Dialektik an Stelle des Instinktes, der Ernst den Gesichtern und Gebärden aufgedrückt (der Ernst, dieses unmissverständlichste Abzeichen des mühsameren Stoffwechsels, des ringenden, schwerer arbeitenden Lebens).« (GM III 25, KSA 5, S. 403) Dass hier Aspekte aus GM III 11 nochmals aufgenommen werden, spricht ebenfalls dafür, dass die Entwicklung des Motivs des Ernstes und somit auch die diskutierte Wortwiederholung stringent komponiert ist.

schen Ideals wird schließlich überdeutlich, wenn ausdrücklich infrage gestellt wird, ob »wir«, und d. h. auch der zuvor seine Opposition zum asketischen Ideal wiederholt unterstreichende Sprecher, tatsächlich dessen Gegner sind:

> Der asketische Priester hat in jenem Ideale nicht nur seinen Glauben, sondern auch seinen Willen, seine Macht, sein Interesse. Sein R e c h t zum Dasein steht und fällt mit jenem Ideale: was Wunder, dass wir hier auf einen furchtbaren Gegner stossen, gesetzt nämlich, dass wir die Gegner jenes Ideales wären? (GM III 11, KSA 5, S. 361)

Damit ist die Möglichkeit explizit angesprochen, dass auch der Sprecher und jenes ›Wir‹, mit dem er sich wiederholt assoziiert, am asketischen Ideal partizipieren. Dies muss den Leser in seiner Erwartungshaltung irritieren, weil der Sprecher nicht nur bisher keinen Hehl aus seiner im Wesentlichen ablehnenden Einstellung gegenüber dem asketischen Ideal gemacht hat, sondern dieses gerade im elften Abschnitt wenig wohlwollend beschrieben wird. So heißt es etwa, dass im asketischen Priester ein »Ressentiment sonder Gleichen« herrsche, »das eines ungesättigten Instinktes und Machtwillens, der Herr werden möchte, nicht über Etwas am Leben, sondern über das Leben selbst, über dessen tiefste, stärkste, unterste Bedingungen« und im asketischen Leben »am Missrathen, Verkümmern, am Schmerz, am Unfall, am Hässlichen, an der willkürlichen Einbusse, an der Entselbstung, Selbstgeisselung, Selbstopferung ein Wohlgefallen empfunden und g e s u c h t wird.« (GM III 11, KSA 5, S. 363) Dieser irritierende Zwiespalt, dass das asketische Ideal bzw. der asketische Priester einerseits wenig schmeichelhaft beschrieben werden, andererseits jedoch zunehmend deutlich wird, dass auch der Sprecher an diesem Ideal partizipiert, ist seinerseits kein Zufall: Er entspricht exakt der dem asketischen Ideal zugeschriebenen »Zwiespältigkeit, die sich selbst zwiespältig will, welche sich selbst in diesem Leiden g e n i e s s t«. Dass dies »Alles im höchsten Grade paradox« sei, trifft somit auch auf die Figurenrede des 11. Abschnitts zu – die Geißelung des Typus des Asketen durch einen seinerseits asketischen Sprecher fungiert selbst als Beispiel einer das eigene Leiden genießenden »Selbstgeisselung«. Dieses in schillernden Worten beschriebene »Räthsel von Verführung«, der »Triumph gerade in der letzten Agonie«, in der das asketische Ideal »sein hellstes Licht, sein Heil, seinen endlichen Sieg« (GM III 11, KSA 5, S. 363) erkannte, wird hier also nicht nur beschrieben, sondern zugleich performativ inszeniert.

Der Frage, ob »wir« im asketischen Priester »einen furchtbaren Gegner« zu fürchten hätten, falls wir tatsächlich Gegner jenes Ideals wären, folgt eine weitere Frage, nämlich jene, ob es sich bei ihm um einen solchen Gegner handle, »der um seine Existenz gegen die Leugner jenes Ideales kämpft?...« (GM III 11, KSA 5, S. 361) Davon, dass der asketische Priester bei der Frage nach der Bedeutung des asketischen Ideals buchstäblich um sein Leben kämpft, scheint im Anschluss ausgegangen zu werden. Brisant sind sowohl die Schlussfolgerung, die daraus gezogen wird, dass der Priester ein dergestalt vitales Interesse an jener Frage hat, als auch die Art und Weise, wie sie gezogen wird:

> Andrerseits ist es von vornherein nicht wahrscheinlich, dass eine dergestalt interessirte Stellung zu unsrem Probleme diesem sonderlich zu Nutze kommen wird; der asketische Priester wird schwerlich selbst nur den glücklichsten Vertheidiger seines Ideals abgeben, aus dem gleichen Grunde, aus dem es einem Weibe zu misslingen pflegt, wenn es »das Weib an sich« vertheidigen will, – geschweige denn den objektivsten Beurtheiler und Richter der hier aufgeregten Controverse. Eher also werden wir ihm noch zu helfen haben – so viel liegt jetzt schon auf der Hand – sich gut gegen uns zu vertheidigen als dass wir zu fürchten hätten, zu gut von ihm widerlegt zu werden... (GM III 11, KSA 5, S. 361f.)

Dass »wir« dem asketischen Priester werden zu Hilfe kommen müssen, lässt sich auf die bereits diskutierte Perspektivenumkehrung im 13. Abschnitt beziehen, wonach der Priester, statt wie im 11. Abschnitt als paradoxes Phänomen der Lebensverneinung, als eine der »ganz grossen c o n s e r v i r e n d e n und J a - s c h a f f e n d e n Gewalten des Lebens« (GM III 13, KSA 5, S. 366) zu begreifen sei – hier scheint dem asketischen Priester tatsächlich insofern bei seiner Verteidigung geholfen zu werden, als er nunmehr als krankhafte und degenerierte Form der Lebensbejahung, aber eben doch immerhin als eine Form der Bejahung und nicht als ultimative Verneinung des Lebens beschrieben wird. Entscheidend ist im hiesigen Kontext allerdings zunächst die Begründung, die dafür angeführt wird, warum »wir« dem asketischen Priester werden helfen müssen, nämlich weil es unwahrscheinlich sei, dass »seine interessirte Stellung zu unsrem Probleme diesem sonderlich zu Nutze kommen wird« und er deshalb kaum »den objektivsten Beurtheiler und Richter der hier aufgeregten Controverse« (GM III 11, KSA 5, S. 362f.) abgeben werde. Mit den Begriffen von Interesse und Objektivität werden offenkundig Leitmotive des nachfolgenden 12. Abschnitts zitiert. Während jedoch dem im 12. Abschnitt proklamierten alternativen, perspektivischen Objektivitätsverständnis zufolge Interesse und affektive Involvierung unverzichtbare Grundlage von Objektivität darstellen sollen, erscheint die existenzielle Interessiertheit des asketischen Priesters hier als Hindernis etwaiger Objektivität. Ähnlich wie später im 13. Abschnitt scheint hier im 11. Abschnitt also ein anderes, traditionelleres Objektivitätsverständnis in Anschlag gebracht zu werden, nämlich eben jenes, das dem asketischen Ideal zugeschrieben wird und im 12. Abschnitt unter dem Begriff der »interesselose Anschauung« als

»Unbegriff und Widersinn« (GM III 12, KSA 5, S. 364) zurückgewiesen werden wird.[46]

Als erstes Zwischenfazit kann somit festgehalten werden, dass einerseits zwischen dem 11. und dem 13. Abschnitt ein Perspektivenwechsel hinsichtlich der ›psychologischen‹ bzw. ›physiologischen‹ Analyse der Figur des asketischen Priesters stattfindet und andererseits im 11. und 13. Abschnitt ein dem im 12. Abschnitt proklamierten widersprechendes, traditionell-asketisches Objektivitätsverständnis angelegt zu werden scheint.[47] Sowohl dieser Rückgriff auf das asketische Objektivitätsverständnis als auch der Wechsel von der ›psychologischen‹ zur ›physiologischen‹ Betrachtungsweise lassen sich in der Diktion des 12. Abschnitts als das Einhängen einer Perspektive und deren »Für und Wider« interpretieren. Die exemplarisch hinsichtlich des asketischen Philosophierens erhobene Forderung, anhand fremder Perspektiven einmal »anders sehn« (GM III 11, KSA 5, S. 364) zu lernen, lässt sich also tatsächlich im Sinne einer poeseologischen Reflexion auf eben diese Praxis des Einnehmens unterschiedlicher Perspektiven durch die Sprecherfigur beziehen. In beiden Fällen lohnt die Frage, welche Rolle diese Perspektivendifferenzen im weiteren Verlauf von GM spielen und wie sich die Dichotomien ›psychologisch‹/›physiologisch‹ und ›asketisch‹/›anti-asketisch‹ dabei zueinander verhalten.

---

46 Marco Brusotti hat im Anschluss an meinen Vortrag eine andere Interpretation vorgeschlagen, derzufolge das im 11. Abschnitt operative Objektivitätsverständnis durchaus mit dem im 12. Abschnitt proklamierten kongruent sei: Der asketische Priester könne deshalb nicht als objektiver Richter gelten, weil sein existenzielles Interesse das willentliche Aus- und Einhängen unterschiedlicher Perspektiven unmöglich mache und er strikt an seine eigene Perspektive gebunden sei. Das ist in der Tat eine mögliche Lesart, die mir allerdings weniger naheliegend erscheint: Um tatsächlich eine Kongruenz zum im 12. Abschnitt proklamierten Objektivitätsverständnis herzustellen, dürfte m.E. die interessierte Haltung des Priesters nicht einfach als Hindernis beschrieben, sondern müsste als eine wertvolle affektierte Haltung unter mehreren gewürdigt werden. Das ist jedoch im 11. Abschnitt, soweit ich sehe, nicht der Fall. Die Parallele zum traditionellen Verständnis ›interesseloser‹ Objektivität ist m.E. weitaus augenfälliger. Vor allem spricht aber für meine Deutung, dass die Assoziation der Sprecherstimme des 11. Abschnitts mit dem asketischen Ideal zugleich auch über das Motiv des Ernstes sowie die explizite Infragestellung der Gegnerschaft vermittelt wird. Dass der Sprecher das Objektivitätsverständnis des asketischen Ideals teilt, ist somit nur konsequent.

47 Die Texteröffnung des 13. Abschnitts mit den Worten »Aber kehren wir zurück« (GM III 13, KSA 5, S. 365) lässt sich in diesem Sinne nicht nur als Rückkehr vom Exkurs ins ursprüngliche Narrativ, sondern auch als Rückkehr zum nun wieder eingehängten asketischen Objektivitätsverständnis interpretieren. Für diesen Hinweis danke ich Axel Pichler.

3 ›Psychologische‹ und ›Physiologische‹ Perspektiven im weiteren Verlauf von GM

Die Differenz von ›psychologischer‹ und ›physiologischer‹ Perspektive wird auch im weiteren Verlauf von GM wiederholt markiert. Dabei scheint die im 13. Abschnitt etablierte Wertordnung zunächst intakt zu bleiben. So benennt der Sprecher im 15. Abschnitt »die wirkliche physiologische Ursächlichkeit des Ressentiment« (GM III 15, KSA 5, S. 374) und im 16. Abschnitt wird der »physiologischen Verstimmung« wiederum der Status des »Thatbestandes« im Gegensatz zu dessen »Interpretation« als »›Sündhaftigkeit‹« zugesprochen, die jenen Tatbestand bloß »unter einer moralisch-religiösen Perspektive« sieht, »welche für uns nichts Verbindliches mehr hat« (GM III 16, KSA 5, S. 376). Damit ist nicht nur die in GM III 13 vorgenommene Auszeichnung des ›Physiologischen‹, sondern auch die Begrifflichkeit von Tatbestand und Interpretation wieder aufgegriffen. Dass die ›moralisch-religiöse‹ Interpretation hier ausdrücklich als »Perspektive« gekennzeichnet wird, spricht zusätzlich dafür, hier eine Perspektivendifferenz im Sinne von GM III 12 zu diagnostizieren. Eingehängt ist hier nach wie vor nachdrücklich die ›physiologische‹ Perspektive, ihr Primat wird gegenüber der Dimension des Seelisch-Psychologischen regelrecht überstrapaziert:

> [D]er »seelische Schmerz« selbst gilt mir überhaupt nicht als Thatbestand, sondern nur als eine Auslegung (Causal-Auslegung) von bisher nicht exakt zu formulirenden Thatbeständen: somit als Etwas, das vollkommen noch in der Luft schwebt und wissenschaftlich unverbindlich ist, – ein fettes Wort eigentlich nur an Stelle eines sogar spindeldürren Fragezeichens. Wenn Jemand mit einem »seelischen Schmerz« nicht fertig wird, so liegt das, grob geredet, n i c h t an seiner »Seele«; wahrscheinlicher noch an seinem Bauche (grob geredet, wie gesagt: womit noch keineswegs der Wunsch ausgedrückt ist, auch grob gehört, grob verstanden zu werden ...) (GM III 16, KSA 5, S. 376f.)

Der abschließende Hinweis, dass der sich hier so »grob« aussprechende physiologische Reduktionismus, demzufolge die Ursache psychologischer Probleme vermutlich bloß physiologisch – »Bauch« statt »Seele« – sei, vom Leser keineswegs ebenso »grob« interpretiert werden sollte, deutet bereits an, dass die ›physiologische‹ Perspektive hier zwar nach wie vor eingehängt ist, der Sprecher sich jedoch nicht vollständig mit ihrer Grobheit identifiziert und sie auch wieder ausgehängt werden wird.[48]

Im 17. Abschnitt erscheint das ›physiologische‹ Erklärungsmuster abermals als überlegen, die ›psychologische‹ Erklärung entspringe demgegenüber bloß einem Mangel an Einsicht und wird dahingehend mit ›Moral‹ und ›Religion‹ in Verbindung gebracht (sodass man sich an die Rede von einer »moralisch-religiösen Perspektive« aus GM III 16 zurückverwiesen fühlt):

> Man kann es von vornherein als wahrscheinlich ansetzen, dass von Zeit zu Zeit an bestimmten Stellen der Erde fast nothwendig ein p h y s i o l o g i s c h e s H e m m u n g s g e - f ü h l über breite Massen Herr werden muss, welches aber, aus Mangel an physiologischem Wissen, nicht als solches in's Bewusstsein tritt, so dass dessen »Ursache«, dessen Remedur auch nur psychologisch-moralisch gesucht und versucht werden kann (— dies nämlich ist meine allgemeinste Formel für Das, was gemeinhin eine »R e l i g i o n« genannt wird). (GM III 17, KSA 5, S. 378)[49]

So markant hier noch im Anschluss an GM III 13 die ›physiologische‹ Perspektive gegenüber der ›psychologischen‹ forciert wird, so deutlich identifiziert sich der Sprecher dann auch wieder mit den ›Psychologen‹, spricht von »uns Psychologen« (GM III 19, KSA 5, S. 385) und unterstreicht, dass »[e]in Psychologe« – ganz entgegen der vorhergehenden Assoziation von ›Psychologie‹ mit ›Moral‹ durch den Ausdruck »psychologisch-moralisch« (GM III 17, KSA 5, S. 378) – »der schändlich vermoralisirten Sprechweise widerstrebt« (GM III 19, KSA 5, S. 385). Auch gegen Ende des Abschnitts scheint der Stand des Psychologen nachhaltig aufgewertet, wenn der Sprecher die Hoffnung äußert, dass »uns einmal ein wirklicher Psycholog einen wirklichen Luther erzählte, nicht mehr mit der moralistischen Einfalt eines Landgeistlichen [...], sondern etwa mit einer T a i - n e'schen Unerschrockenheit, aus einer S t ä r k e d e r S e e l e heraus« (GM III 19, KSA 5, S. 387). Analog identifiziert sich der Sprecher dann auch im 20. Ab-

---

[48] Dagegen scheint zu sprechen, dass sich die Schilderung des Primats des ›physiologischen‹ Tatbestandes zunächst auf die gesamte Abhandlung zu beziehen scheint: »Ich gehe in dieser Abhandlung, wie man sieht, von einer Voraussetzung aus [...]« (GM III 16, KSA 5, S. 376). Dies lässt sich jedoch exklusiv auf die tatsächlich in der gesamten Abhandlung geltende Voraussetzung beziehen, »dass ›Sündhaftigkeit‹ am Menschen kein Thatbestand ist, vielmehr nur die Interpretation eines Thatbestandes«, d. h. auf die Zurückweisung der religiös-moralischen Perspektive, nicht aber auf die Reduktion der ›psychologischen‹ auf die ›physiologische‹.
[49] Die Perspektivendifferenz wird in diesem Abschnitt noch ein zweites Mal markiert, jedoch ohne dass dabei eine ausdrückliche Wertung vorgenommen werden würde: »Resultat, psychologisch-moralisch ausgedrückt: ›Entselbstung‹, ›Heiligung‹; physiologisch ausgedrückt: Hypnotisirung« (GM III 17, KSA 5, S. 379). Die Assoziation »psychologisch{-moralisch}« ist in diesem Fall Resultat einer Überarbeitung des Druckmanuskripts (vgl. D20, Bl. 73).

schnitt über die Verwendung der ersten Person Plural – »wir Psychologen« (GM III 20, KSA 5, S. 387) – mit der Figurengruppe und nachdem im 16. Abschnitt seelische Schmerzzustände noch unter Anführungszeichen gesetzt und auf physiologische Ursachen zurückgeführt wurden, ist nun wieder ohne jegliche Problematisierung von der »seelische[n] Gesundheit« (GM III 22, KSA 5, S. 392) die Rede. Nicht zuletzt mutet die gesamte Argumentation in den Schlüsselabschnitten 23, 24 und 25 mit dem Kernpunkt, dass das Wahrheitsstreben der ›Wissenschafter‹ auf einer latenten asketischen Grundeinstellung und einem residualen metaphysischen Glauben an die Wahrheit fußt jedenfalls eher ›psychologisch‹ als ›physiologisch‹ an. Dass hier wieder aus ›psychologischer‹ Perspektive gesprochen wird, bestätigt sich nicht zuletzt dadurch, dass im 25. Abschnitt neuerlich ein Wechsel zur ›physiologischen‹ Betrachtungsweise markiert wird: »Auch physiologisch nachgerechnet, ruht die Wissenschaft auf dem gleichen Boden wie das asketische Ideal: eine gewisse V e r a r m u n g d e s L e b e n s ist hier wie dort die Voraussetzung, — die Affekte kühl geworden, das tempo verlangsamt, die Dialektik an Stelle des Instinktes« (GM III 25, KSA 5, S. 403). Offenbar wurde also zuvor tatsächlich wieder ›psychologisch‹ »nachgerechnet«. Kurzum: Das Changieren zwischen ›psychologischer‹ und ›physiologischer‹ Perspektive ist nicht auf den 11. und 13. Abschnitt beschränkt und dass die ›psychologische‹ Betrachtungsweise einerseits nachdrücklich abgewertet wird, der Sprecher sich aber andererseits explizit als ›Psychologe‹ versteht, zeigt, dass es sich nicht einfach nur um simultane Analyseformen, sondern tatsächlich um alternierend aus- und eingehängte Perspektiven handelt.[50] Entgegen im Rahmen der Debatten um ›Nietzsches Perspektivismus‹ immer wieder vorgebrachter Thesen (vgl. Dellinger 2017, Abschnitt 6.3.8) scheint somit auch keineswegs eindeutig, ob eine der beiden Perspektiven ›besser‹ oder ›schlechter‹ ist: Die ›physiologische‹ Betrachtungsweise inszeniert sich zwar nachdrücklich als überlegen, doch durch die Rückkehr zur ›Psychologie‹ stellt sich die Frage, ob es sich dabei nicht bloß um eine schmeichelhafte Selbstüberschätzung handelt. Beteuerungen, dass es sich bei ›Nietzsches Perspektivismus‹ keinesfalls um einen ›Relativismus‹ handle, zumal es ›für Nietzsche‹ sehr wohl ›bessere‹ und ›schlechtere‹ Perspektiven gäbe, gilt es also mit Blick auf die skizzierte Differenz von ›psychologischer‹ und ›physiologischer‹ Perspektive entgegenzuhalten, dass die Bewertung von Perspektiven selbst Teil des Perspekti-

---

50 Eine Ausnahme bildet hier die zweite Markierung im 17. Abschnitt.

vengeschehens, nicht aber ein unabhängiger, es stabilisierender Faktor ist.[51] Auch eine einfache Identifikation einer der Perspektiven mit ›Nietzsche‹ verbietet sich aus den genannten Gründen. Möchte man eine Autorfunktion benennen, müsste dies jedenfalls im Bezug auf das sich im Werk abspielende Perspektivengeschehen, nicht aber im Bezug auf eine der darin auftretenden Perspektiven erfolgen.

Bevor die Frage nach der inhaltlichen Funktion der Differenz von ›psychologischer‹ und ›physiologischer‹ Perspektive erörtert werden kann, sollen zunächst noch kurz die Assoziation der Sprecherstimme mit der Perspektive des asketischen Ideals im weiteren Verlauf von GM sowie deren Implikationen für GM III 12 skizziert werden.

4 Die Perspektive der ›Erkennenden‹ und die Selbstaufhebung des Willens zur Wahrheit

Die als Einhängen einer asketischen Perspektive lesbare Assoziation der Sprecherstimme mit dem asketischen Ideal wird gegen Ende der dritten Abhandlung im Rahmen der Selbstaufhebung des ›Willens zur Wahrheit‹ noch weitaus expliziter als im 11. oder 13. Abschnitt.[52] Dabei gilt es mit Bezug auf GM III 12 im Hinterkopf zu behalten, dass das geforderte ›anders Sehn‹ wesentlich als Vehikel zur ›Erkenntnis‹ verstanden wird. Es geht nicht einfach nur um die Wertschätzung fremder Perspektiven aus ethischen oder sonstigen Gründen, sondern um die gezielte Nutzbarmachung der »V e r s c h i e d e n h e i t der Perspektiven und der Affekt-Interpretationen *für die Erkenntnis* [meine Hervorhebung, J.D.]« (GM III 12, KSA 5, S. 364f.). Dies lässt sich mit Bezug auf das Motiv der Selbstaufhebung des asketischen Willens zur Wahrheit sowie die im Rahmen derselben wieder auftretende Figur der ›Erkennenden‹ plausibel machen. Dabei

---

51 Sachlich lässt sich dies dahingehend begründen, dass ›Werte‹ für Nietzsche ein Paradebeispiel für das Problem der Perspektivität darstellen. Dass auch die Bewertung von Perspektiven als ›besser‹ oder ›schlechter‹ ihrerseits perspektivisch sein muss, erscheint somit naheliegend.
52 Vgl. zur Selbstaufhebung des ›Willens zur Wahrheit‹ Stegmaier 1994, S. 203–208, Zittel 1995, S. 90–96 und Dellinger 2013c, S. 71–79. Explizit angesprochen wird die Möglichkeit des Einnehmens der Perspektive des asketischen Ideals bzw. des asketischen Priesters auch im 17. Abschnitt: »Stellt man sich aber erst einmal in die Perspektive, wie der Priester sie allein kennt und hat, so kommt man nicht leicht zu Ende in der Bewunderung, was [er] unter ihr Alles gesehn, gesucht und gefunden hat« (GM III 17, KSA 5, S. 377, korrigiert gemäß Erstausgabe Nietzsche 1887, S. 141 sowie Druckmanuskript D20, Bl. 72).

wird anhand des sich in den Schlusspartien der dritten Abhandlung entspinnenden Spiels von Nähe und Distanz zwischen der Sprecherfigur und den ›Erkennenden‹ zugleich deutlich, inwiefern es sich bloß um eine ›eingehängte‹, d. h. mit Abschluss des Selbstaufhebungsprozesses wieder ›auszuhängende‹, Perspektive handelt. Wie bereits erläutert, entsteht durch den neuerlichen Auftritt der Figurengruppe der ›Erkennenden‹ ein Bogen, der sich von der Vorrede, wo diese als ›sich selbst unbekannt‹ geschildert werden, über die an sie gerichtete Empfehlung der Wertschätzung unterschiedlicher Perspektiven für die ›Erkenntnis‹ in GM III 12 bis hin zum neuerlichen Auftreten des Typus in GM III 24 spannt, wo sich die ›Erkennenden‹ als Schlüsselprotagonisten der Selbstaufhebung des asketischen Willens zur Wahrheit erweisen.

Im 24. Abschnitt wird einerseits nochmals mehrfach die Nähe des Sprechers zu den ›Erkennenden‹ markiert:[53] Zweimal wird die Formel »Wir ›Erkennenden‹« (GM III 24, KSA 5, S. 398) bemüht – einmal im Zitat aus FW 344 und einmal unter Anführungszeichen, was sich sowohl als Anspielung auf das Motiv aus der Vorrede verstehen lässt, dass die Erkennenden für sich selbst keine Erkennenden seien, als auch als Signal der sich vollziehenden Distanzierung und Problematisierung der Identität jener Figur (vgl. Gemes 2006, S. 202).[54] Auch das explizite Zugeständnis des Sprechers, die geschilderte Problematik des asketischen Ideals intim zu kennen, unterstreicht zwar das Naheverhältnis, vermeidet jedoch eine vollständige Identifikation:

> Ich kenne dies Alles vielleicht zu sehr aus der Nähe: jene verehrenswürdige Philosophen-Enthaltsamkeit, zu der ein solcher Glaube verpflichtet, jener Stoicismus des Intellekts, der sich das Nein zuletzt eben so streng verbietet wie das Ja, jenes Stehenbleiben-Wollen vor dem Thatsächlichen, dem factum brutum, jener Fatalismus der »petits faits« (ce petit faitalisme, wie ich ihn nenne), worin die französische Wissenschaft jetzt eine Art moralischen Vorrangs vor der deutschen sucht, jenes Verzichtleisten auf Interpretation überhaupt (auf das Vergewaltigen, Zurechtschieben, Abkürzen, Weglassen, Ausstopfen,

---

53 Vgl. Conway 2008, 138f. und Gemes 2006, S. 202.
54 Dass die Formel »wir Erkennenden« im nach der ersten Erwähnung stehenden Zitat aus FW 344 wiederum ohne Anführungszeichen steht, ist konsequent, zumal sie dort zunächst noch mit einem ungebrochenen asketischen Wahrheitsglauben assoziiert wird: »[A]uch wir Erkennenden von Heute, wir Gottlosen und Antimetaphysiker, auch wir nehmen u n s e r Feuer noch von jenem Brande, den ein Jahrtausende alter Glaube entzündet hat, jener Christen-Glaube, der auch der Glaube Plato's war, dass Gott die Wahrheit ist, dass die Wahrheit g ö t t l i c h ist...« (FW 344, KSA 3, S. 577). Die Distanzierung, mit der eine ungebrochene Identifikation des Sprechers mit den ›Erkennenden‹ unmöglich wird, erfolgt in FW 344 erst im Schlusssatz: »Aber wie, wenn gerade dies immer mehr unglaubwürdig wird, wenn Nichts sich mehr als göttlich erweist, es sei denn der Irrthum, die Blindheit, die Lüge, – wenn Gott selbst sich als unsre l ä n g s t e L ü g e erweist?« (FW 344, KSA 3, S. 577, vgl. Dellinger 2012b, S. 159).

> Ausdichten, Umfälschen und was sonst zum W e s e n alles Interpretirens gehört) — das drückt, in's Grosse gerechnet, ebensogut Ascetismus der Tugend aus, wie irgend eine Verneinung der Sinnlichkeit (es ist im Grunde nur ein modus dieser Verneinung). Was aber zu ihm zwingt, jener unbedingte Wille zur Wahrheit, das ist der G l a u b e   a n   d a s   a s k e t i s c h e   I d e a l   s e l b s t, wenn auch als sein unbewusster Imperativ, man täusche sich hierüber nicht, — das ist der Glaube an einen metaphysischen Werth, einen W e r t h   a n   s i c h   d e r   W a h r h e i t, wie er allein in jenem Ideal verbürgt und verbrieft ist (er steht und fällt mit jenem Ideal). (GM III 24, KSA 5, S. 399f.)[55]

Auch hier wird über den Begriff der »Philosophen-Enthaltsamkeit« sowie insbesondere über den Motivkreis der Interpretation ein Rückbezug auf GM III 12 hergestellt: Ebenso wie in GM III 12 das Interpretieren im Gegensatz zum asketischen Konzept der ›interesselosen Anschauung‹ steht, tritt es auch hier als gewaltsame, interessensgeleitete Zurechtmachung in Kontrast zur asketischen Enthaltsamkeit. Die Enthaltung von jeglichem »Ja« und »Nein« bildet eine Parallele zum ›Für und Wider‹ aus GM III 12, das gemäß der anti-asketischen Objektivitätskonzeption willentlich aus- und eingehängt, d. h. nicht vermieden, sondern strategisch eingesetzt werden soll. Nicht zuletzt lässt sich, wie bereits zuvor vorgeschlagen, der Topos des Tatsächlichen auf den Kontrast von Interpretation und ›Thatbestand‹ aus GM III 13 beziehen: Dass der Sprecher dort mit seiner Zurückweisung der ›psychologischen‹ Interpretation zugunsten des ›physiologischen‹ Tatbestands ein ebensolches »Verzichtleisten auf Interpretation« und »Stehenbleiben-Wollen vor dem Thatsächlichen« beansprucht, sollte angesichts der hier explizit ausgesprochenen Nähebekundung zu jenen asketischen Praktiken nun ebenfalls plausibler erscheinen. Gerade aufgrund dieser nochmaligen markanten Assoziation des Sprechers mit dem asketischen ›Willen zur Wahrheit‹ ist dann auch seine Distanznahme vom Figurenkonglomerat aus ›Erkennenden‹, ›Philosophen‹, ›freien Geistern‹ und einer ganzen Reihe weiterer Gestalten zu beachten, die sich hier allesamt in ihrer Bindung an das asketische Ideal vereint erweisen:[56]

---

55 Im Druckmanuskript hieß es zu Beginn des zitierten Passus noch »Ich kenne dies Alles ein wenig zu sehr aus der Nähe« (D20, Bl. 91). Die vermutlich erst im Zuge der Fahnenkorrekturen erfolgte Abänderung auf »vielleicht« korrespondiert deutlich besser mit dem den Abschnitt bestimmenden Motiv der Unsicherheit identifikatorischer Bestimmungen (Wer ist tatsächlich frei? Wer glaubt bei allem vermeintlichen Unglauben doch noch an die Wahrheit, etc.?). Die Einfügung »wenn auch als sein unbewusster Imperativ« verstärkt dieses Motiv zusätzlich.
56 Damit soll freilich nicht gesagt sein, dass diese typologischen Gestalten im Zuge von GM nicht auch in sehr unterschiedliche funktionelle Zusammenhänge eintreten und bisweilen auch die Möglichkeit einer nicht-asketischen Form gewisser Typen in den Raum gestellt wird – so etwa in markant utopischem Pathos im Hinblick auf den Philosophen in GM III 10. Wie z. B. auch die Figur des ›Immoralisten‹ können typologische Gestalten bei Nietzsche in unterschied-

> Diese Verneinenden und Abseitigen von Heute, diese Unbedingten in Einem, im Anspruch auf intellektuelle Sauberkeit, diese harten, strengen, enthaltsamen, heroischen Geister, welche die Ehre unsrer Zeit ausmachen, alle diese blassen Atheisten, Antichristen, Immoralisten, Nihilisten, diese Skeptiker, Ephektiker, H e k t i k e r des Geistes (letzteres sind sie sammt und sonders, in irgend einem Sinne), diese letzten Idealisten der Erkenntniss, in denen allein heute das intellektuelle Gewissen wohnt und leibhaft ward, – sie glauben sich in der That so losgelöst als möglich vom asketischen Ideale, diese »freien, s e h r freien Geister«: und doch, dass ich ihnen verrathe, was sie selbst nicht sehen können – denn sie stehen sich zu nahe – dies Ideal ist gerade auch i h r Ideal, sie selbst stellen es heute dar, und Niemand sonst vielleicht, sie selbst sind seine vergeistigtste Ausgeburt, seine vorgeschobenste Krieger- und Kundschafter-Schaar, seine verfänglichste, zarteste, unfasslichste Verführungsform: – wenn ich irgend worin Räthselrather bin, so will ich es mit d i e s e m Satze sein!... Das sind noch lange keine freien Geister: d e n n s i e g l a u b e n n o c h a n d i e W a h r h e i t... (GM III 24, KSA 5, S. 398f.)[57]

Dass sich diese Distanzierung von dem mit dem asketischen Ideal assoziierten Figurenkonglomerat im Sinne von GM III 12 als Hinaustreten aus einer Perspektive, als Aushängen ihres ›Für und Wider‹ begreifen lässt, wird vor allem anhand der Formulierung deutlich, »dass ich ihnen verrathe, was sie selbst nicht sehen können – denn sie stehen sich zu nahe«. Während sich der Sprecher zuvor sowie im nachfolgenden Zitat aus FW 344 über die Verwendung der ersten Person Plural mit den ›Erkennenden‹ identifiziert, tritt er hier durch die Differenzierung von erster und dritter Person als Subjekt und Objekt in grammatikalische Distanz und bedient sich dabei bezeichnenderweise einer visuellen Perspektivenmetaphorik: Nur weil er zwar »dies Alles vielleicht zu sehr aus der Nähe« kennt, diesen Figuren aber *nun* offenbar *nicht* mehr »zu nahe« steht, kann er sehen, was sie selbst nicht sehen können – er steht nunmehr auf einem anderen Standpunkt, nimmt eine andere Perspektive ein.

Wohlgemerkt ist das sich durch die Abschnitte 23 bis 27 ziehende Spiel von Nähe und Distanz nicht ohne Doppelbödigkeit: Die Warnung vor dem trügerischen Glauben, sich vom asketischen Ideal gelöst zu haben, mit der der 24.

---

lichen Kontexten ganz unterschiedliche Funktionen und Konnotationen übernehmen (vgl. Dellinger 2013c, S. 73f.).

57 Auch dieser wichtige Passus weist im Druckmanuskript eine Reihe interessanter Überarbeitungsspuren auf (vgl. D20, Bl. 90). So wurden etwa die Worte »in irgend einem Sinne« erst nachträglich eingefügt, die den vereinheitlichenden Charakter des typisierenden Verfahrens unterstreichen. Auch die Einfügung in der Formulierung »dies Ideal ist {gerade} auch ihr Ideal« ist bedeutsam, insofern sie die reflexive Steigerungsbewegung in der Selbstaufhebung des asketischen Ideals akzentuiert. Wichtig ist nicht zuletzt die Einfügung in der berühmten Wendung »denn sie glauben {noch} an die Wahrheit«, insofern das eingefügte »noch« ein (baldiges) Ende jenes Glaubens erwarten lässt.

Abschnitt einsetzt, lässt sich ebenso auf die vom Sprecher emphatisch proklamierte Loslösung vom Glauben an die Wahrheit beziehen:[58]

> — Und nun sehe man sich dagegen jene seltneren Fälle an, von denen ich sprach, die letzten Idealisten, die es heute unter Philosophen und Gelehrten giebt: hat man in ihnen vielleicht die gesuchten G e g n e r des asketischen Ideals, dessen G e g e n - I d e a l i s t e n? In der That, sie g l a u b e n sich als solche, diese »Ungläubigen« (denn das sind sie allesammt); es scheint gerade Das ihr letztes Stück Glaube, Gegner dieses Ideals zu sein, so ernsthaft sind sie an dieser Stelle, so leidenschaftlich wird da gerade ihr Wort, ihre Gebärde: — brauchte es deshalb schon wahr zu sein, was sie glauben?... Wir »Erkennenden« sind nachgerade misstrauisch gegen alle Art Gläubige; unser Misstrauen hat uns allmählich darauf eingeübt, umgekehrt zu schliessen, als man ehedem schloss: nämlich überall, wo die Stärke eines Glaubens sehr in den Vordergrund tritt, auf eine gewisse Schwäche der Beweisbarkeit, auf U n w a h r s c h e i n l i c h k e i t selbst des Geglaubten zu schliessen. Auch wir leugnen nicht, dass der Glaube »selig macht«: e b e n d e s h a l b leugnen wir, dass der Glaube Etwas b e w e i s t, — ein starker Glaube, der selig macht, ist ein Verdacht gegen Das, woran er glaubt, er begründet nicht »Wahrheit«, er begründet eine gewisse Wahrscheinlichkeit — der T ä u s c h u n g. (GM III 24, KSA 5, S. 398)

Dass hier gerade der Glaube an die vermeintliche Loslösung vom und Gegnerschaft zum asketischen Ideal als Paradebeispiel eines solchen trügerischen, auf Täuschung schließen lassenden Glaubens geschildert wird, ist insofern brisant, als der Sprecher in weiterer Folge selbst eine ebensolche Loslösung vom asketischen Wahrheitsglauben für sich selbst in Anspruch nimmt. Auch hier werden »Wort« und »Gebärde« »leidenschaftlich«, auch hier scheint ein »starker Glaube« vorzuliegen, der seiner eigenen Argumentation zufolge auf eine gewisse »Wahrscheinlichkeit — der T ä u s c h u n g« schließen lässt:

> Als die christlichen Kreuzfahrer im Orient auf jenen unbesiegbaren Assassinen-Orden stiessen, jenen Freigeister-Orden par excellence, dessen unterste Grade in einem Gehorsame lebten, wie einen gleichen kein Mönchsorden erreicht hat, da bekamen sie auf irgend welchem Wege auch einen Wink über jenes Symbol und Kerbholz-Wort, das nur den obersten Graden, als deren Secretum, vorbehalten war: »Nichts ist wahr, Alles ist erlaubt«... Wohlan, das w a r F r e i h e i t des Geistes, d a m i t war der Wahrheit selbst der Glaube g e k ü n d i g t... Hat wohl je schon ein europäischer, ein christlicher Freigeist sich in diesen Satz und seine labyrinthischen F o l g e r u n g e n verirrt? kennt er den Minotauros dieser Höhle a u s E r f a h r u n g?... Ich zweifle daran, mehr noch, ich weiss es anders: — Nichts ist diesen Unbedingten in Einem, diesen s o g e n a n n t e n »freien Geistern« ge-

---

[58] Conway 2008, S. 137f. registriert zwar, dass das Misstrauen wie in GM III 20 auf die Gestalt der Erkennenden ausgedehnt werden muss, bezieht dies jedoch nur auf den den ›letzten Idealisten‹ ausdrücklich zugeschriebenen Glauben, Gegner des asketischen Ideals zu sein, nicht aber auf den nicht mehr explizit problematisierten Glauben des Sprechers, sich durch die Verabschiedung des Glaubens an die Wahrheit zu distinguieren.

rade fremder als Freiheit und Entfesselung in jenem Sinne, in keiner Hinsicht sind sie gerade fester gebunden, im Glauben gerade an die Wahrheit sind sie, wie Niemand anders sonst, fest und unbedingt. (GM III 24, KSA 5, S. 399)[59]

So ist es wohl auch kein Zufall, dass der Assassinen-Spruch emphatisch als *wahrhafte* Freiheit des Geistes und eigentliche Loslösung vom Glauben an die Wahrheit proklamiert wird, iteriert sich doch in dieser Proklamation das zuvor geschilderte Dilemma der ›freien Geister‹, ihrerseits noch im Wahrheitsglauben befangen zu sein. Entgegen den mit ermüdender Regelmäßigkeit erhobenen Vorwürfen eines naiven Selbstwiderspruchs ist sich Nietzsche, wie eine etwas früher entstandene Nachlassaufzeichnung zeigt, durchaus bewusst, dass auch mit der Proklamation, dass nichts wahr sei, nochmals Wahrheit beansprucht wird: »›nichts ist wahr, alles ist erlaubt‹, so redet ihr? ach! also ist auch diese Rede wahr, was liegt daran, daß sie erlaubt ist!« (NL 1884/85, KSA 11, S. 384) Das berühmte »Nichts ist wahr, Alles ist erlaubt« (GM III 24, KSA 5, S. 399) wäre somit nicht Ausdruck einer bereits erfolgten und abgeschlossenen Überwindung des asketischen Ideals, sondern die ultimative, nicht mehr überbietbare Endgestalt des Selbstaufhebungsprozesses des ›Willens zur Wahrheit‹.[60] Auch der Sprecher hätte damit das asketische Ideal noch nicht eigentlich hinter sich gelassen – er realisiert mit der Aufklärung der ›letzten Idealisten‹ über ihre Zugehörigkeit zum asketischen Ideal seinerseits noch ein Wahrhaftigkeitsstreben, auch seine Wendung gegen die »Täuschung« – »man täusche sich hierüber nicht« (GM III 24, KSA 5, S. 400)[61] – bildet noch keinen Gegensatz zum asketischen Ideal.[62]

---

59 Im Druckmanuskript wurde die Intensität der Bindung der vermeintlich ›freien Geister‹ an den Wahrheitsglauben nochmals zusätzlich durch Einfügungen verstärkt: »Nichts ist diesen Unbedingten in Einem, {diesen sogenannten ›freien Geistern‹} gerade fremder als Freiheit und Entfesselung in jenem Sinne, in keiner Hinsicht sind sie gerade fester gebunden, im Glauben {gerade} an die Wahrheit sind sie, {wie Niemand anders sonst,} fest und unbedingt.« (D20, Bl. 91)

60 Mit GM III 11 könnte man auch hier von einem »Triumph gerade in der letzten Agonie« sprechen, in dem »Alles im höchsten Grade paradox« (GM III 11, KSA 5, S. 363) ist: Mit dem Assassinen-Spruch paradoxiert sich der den Kern des asketischen Ideals bildende ›Wille zur Wahrheit‹ zur Wahrheit, dass es keine Wahrheit gibt, in der er zugleich triumphiert und vernichtet ist.

61 Diese die Wendung gegen die Täuschung explizit machende Formulierung wurde erst nachträglich ins Druckmanuskript eingefügt (vgl. D20, Bl. 91).

62 Immerhin wird wenig später gerade das Zugestehen von Täuschungen als Charakteristikum der einen grundlegenderen Gegensatz zum asketischen Ideal darstellenden »Kunst« angeführt: »die Kunst, in der gerade die L ü g e sich heiligt, der W i l l e z u r T ä u s c h u n g das gute

Ein ähnliches Changieren zwischen Assoziation und Distanzierung findet sich dann auch in einer Passsage des 27. Abschnitts, die sich ihrerseits als Ankündigung des sukzessiven Aushängens der asketischen Perspektive interpretieren lässt:

> Nachdem die christliche Wahrhaftigkeit einen Schluss nach dem andern gezogen hat, zieht sie am Ende ihren s t ä r k s t e n S c h l u s s, ihren Schluss g e g e n sich selbst; dies aber geschieht, wenn sie die Frage stellt »w a s b e d e u t e t a l l e r W i l l e z u r W a h r h e i t?«... Und hier rühre ich wieder an mein Problem, an unser Problem, meine u n b e k a n n t e n Freunde (– denn noch w e i s s ich von keinem Freunde): welchen Sinn hätte u n s e r ganzes Sein, wenn nicht den, dass in uns jener Wille zur Wahrheit sich selbst a l s P r o b l e m zum Bewusstsein gekommen wäre?... (GM III 27, KSA 5, S. 410)

Auch hier ist der Wechsel zwischen Plural und Singular höchst bedeutsam: Zwar korrigiert sich der Sprecher von der ersten Person Singular in die erste Person Plural, dünnt diese dann jedoch vollkommen aus – dass nur ›unbekannte Freunde‹ eingeschlossen werden, entspricht der Erklärung aus dem 24. Abschnitt, dass sich bislang noch kein Freigeist so weit gewagt und in die »labyrinthischen F o l g e r u n g e n« (GM III 24, KSA 5, S. 399) des Assassinen-Spruchs verirrt habe, der Sprecher also gleichsam eine ultimative Ausformung jenes Typus repräsentiere. Ähnlich wie im 24. Abschnitt dann aber dennoch emphatisch das Etikett des ›freien Geistes‹ in Anspruch genommen wird, wird auch hier der Plural im Anschluss nochmals ausdrücklich hervorgehoben (»u n s e r ganzes Sein«), die Identität des typologischen Figurenkonglomerats vom Sprecher also durchaus exklusiv für sich vereinnahmt.[63] Nichtsdestoweniger lässt sich die Suggestion, dass »u n s e r ganzes Sein« seinen Sinn ausschließlich im Sich-Bewusst-Werden des Willens zur Wahrheit als Problem habe, als Distanznahme von jenem Figurenkonglomerat, seiner Perspektive und deren ›Für und Wider‹ interpretieren: Sein »Sinn« erschöpft sich nämlich in der Tat darin, den Selbstaufhebungsprozess des Willens zur Wahrheit zu vollziehen, d. h. die vom Sprecher angenommene Rolle und deren Perspektive haben damit ihre Funktion erfüllt. Waren sich die ›Erkennenden‹ in der Vorrede noch unbekannt, so hat das Einhängen der Perspektive des asketischen Ideals und des mit ihm verwobenen ›Willens zur Wahrheit‹ als Mittel zur Erkenntnis zu dessen Selbstaufhebung sowie zugleich dazu geführt, dass die Erkennenden nun auch ›für sich‹

Gewissen zur Seite hat, ist dem asketischen Ideale viel grundsätzlicher entgegengestellt als die Wissenschaft.« (GM III 25, KSA 5, S. 402)

63 Mit Werner Stegmaier kann man auch diesen Gestus der exklusiven Sinnfestlegung selbst als asketisch verstehen: »Dem *ganzen* Sein *einen* Sinn zu geben, ist unverkennbar der Sinn von ›Sinn‹, den das asketische Ideal geprägt hat« (Stegmaier 1994, S. 207).

Erkennende geworden sind: Sie haben den Sinn ihres Seins im Vollzug dieser Selbstaufhebungsbewegung qua ultimativer Zuspitzung ihres Erkenntnisstrebens ins Paradoxe erkannt[64] und sind damit, wenn man so will, mit Abschluss derselben ›sinnlos‹ geworden. Die Unkenntnis der Erkennenden ›für sich selbst‹ war in diesem Sinne kein Zufall, sondern vielmehr Voraussetzung ihres Erkenntnisstrebens sowie ihres Selbstverständnisses als ›Erkennende‹.[65] Mit der Selbstaufhebung des ›Willens zur Wahrheit‹ können sich die ›Erkennenden‹ nicht mehr – oder wenigstens nicht mehr im bisherigen, am Objektivitätsverständnis des asketischen Ideals orientierten Sinne – als solche verstehen.[66]

5 Noch einmal GM III 12: Zur Perspektivierung der Perspektivitäts-These

Neben der skizzierten Distanzierung von der asketischen Perspektive in den Schlusspartien des Werkes scheint auch in GM III 12 selbst eine solche Distanzierung vorzuliegen: Während der Sprecher noch im 11. und anschließend im 13. Abschnitt dem Objektivitätsverständnis des asketischen Ideals folgt, spricht er im 12. Abschnitt offenbar nicht aus asketischer Perspektive. Das im 12. Abschnitt proklamierte Objektivitätsverständnis ist ein regelrechtes Gegenbild zu jenem des asketischen Ideals (vgl. van Tongeren 2012, S. 84): Dem asketischen »Verzichtleisten auf Interpretation überhaupt (auf das Vergewaltigen, Zurechtschieben, Abkürzen, Weglassen, Ausstopfen, Ausdichten, Umfälschen und was sonst zum W e s e n alles Interpretirens gehört)« (GM III 24, KSA 5, S. 400), in dem »die aktiven und interpretirenden Kräfte unterbunden sein sollen«, wird die These

---

[64] Vgl. dazu auch die Formulierung »Der Wille zur Wahrheit bedarf einer Kritik — bestimmen wir hiermit unsre eigene Aufgabe —, der Werth der Wahrheit ist versuchsweise einmal in F r a g e   z u   s t e l l e n…« (GM III 24, KSA 5, S. 401) Bei den zur Festlegung von Sinn bzw. »Aufgabe« des »wir« aufrufenden Worten »bestimmen wir hiermit unsre eigene Aufgabe« handelt es sich um eine nachträgliche Einfügung ins Druckmanuskript (vgl. D20, Bl. 92).

[65] Dies hat insbesondere Daniel Conway betont: »[T]his limitation on the knowledge possessed by the ›men of knowledge‹ is no mere accident or coincidence. Nor does it signal a fatal defect of their enterprise. Their lack of self-knowledge is in fact a condition of their pursuit of knowledge, and the satisfaction of this condition was apparently an important objective of their training to become ›men of knowledge‹« (Conway 2001, S. 121).

[66] »[S]elf-knowledge is destructive of oneself or one's quest for knowledge.« (Conway 2001, S. 122) Beim Selbstaufklärungsprozess der ›Erkennenden‹ handle es sich demgemäß um eine »suicide mission« (Conway 2008, S. 147).

entgegengestellt, dass durch jene Kräfte »doch Sehen erst ein Etwas-Sehen wird« (GM III 12, KSA 5, S. 365), statt affektfreier Nüchternheit wird eine Vervielfachung der »Affekt-Interpretationen« propagiert und gegen das asketische Konzept der ›interesselosen Anschauung‹ wird die ireduzible Interessiertheit allen Erkennens gesetzt – der ›Wille‹, so die Suggestion, könne gar nicht eliminiert werden. Der Sprecher spricht im 12. Abschnitt also zwar als ›Erkennender‹ und möglicherweise auch als ›Philosoph‹, tut dies aber offenbar nicht aus der Perspektive des ansonsten mit diesen typologischen Gestalten assoziierten asketischen Ideals, sondern verkündet ein ihm entgegengesetztes Objektivitätskonzept. Wie erläutert, wird das asketische Ideal im 11. Abschnitt noch als die gewohnte Perspektive beschrieben, sodass der Bezug der Rede von »solche[n] resolute[n] Umkehrungen der gewohnten Perspektiven und Werthungen« (GM III 12, KSA 5, S. 364) auf Kant und die Vedanta-Philosophie als Beispiele asketischen Philosophierens nicht vollständig überzeugt und sich die Frage aufdrängt, ob sich das Wort »solche« nicht auch noch auf etwas anderes beziehen könnte. Und tatsächlich: Der Sprecher des 12. Abschnitts betreibt im Hinblick auf das asketische Objektivitätsverständnis der Erkennenden und Philosophen eine ›Umkehrung der gewohnten Perspektiven und Werthungen‹ – im 12. Abschnitt wird mit Bezug auf den Begriff der Objektivität eine alternative Perspektive ein- und im nachfolgenden 13. Abschnitt wieder ausgehängt.[67] Bezieht man die Rede von »solche[n] resolute[n] Umkehrungen der gewohnten Perspektiven und Werthungen« auf die im 12. Abschnitt vollzogene Umkehrung des Objektivitätsverständnisses, bedeutet dies zunächst, dass der Sprecher nicht nur für die Umkehrung von Perspektiven im Allgemeinen mehr Dankbarkeit einfordert, sondern konkret auch für seine eigene Aktivität. Vor allem aber hätte dies zur Folge, dass es sich bei dem vom Sprecher propagierten perspektivischen Objektivitätsverständnis seinerseits um eine, wenn auch umgekehrte, ›Perspektive und Werthung‹ handeln müsste. Als solche wäre sie sowohl distinkt positional, d. h. wesentlich standpunktgebunden (Perspektive), als auch normativ interessiert, d. h. nicht einfach nur neutral-theoretische Einsicht, sondern praktisch motiviert (Wertung).

Tatsächlich unterstreicht der Sprecher »als Erkennende[r]« nachdrücklich die Interessensgeleitetheit aller »›Erkenntniss‹« und macht damit unweigerlich auch seinen eigenen Standpunkt fragwürdig: Die Warnung, dass »wir« uns vor »Begriffs-Fabelei[n]« wie der eines »reine[n], willenlose[n], schmerzlose[n],

---

[67] Dass die Begriffe ›Objektivität‹ und ›Erkenntnis‹ im 12. Abschnitt unter Anführungszeichen stehen, lässt sich nicht zuletzt auch im Sinne einer typographischen Markierung dieser Perspektivenumkehrung als begrifflicher Umwertungsvollzug verstehen.

zeitlose[n] Subjekt[s] der Erkenntnis« und einer »Erkenntniss an sich« hüten sollen, richtet sich zugleich auch an den Leser als Adressat der hier von einem als ›Erkennender‹ qualifizierten Sprecher-Subjekt vorgetragenen Erkenntnisse. Ebenso, wie im am Ende der dritten Abhandlung zitierten Aphorismus FW 344 das Objektivitätsverständnis des asketischen Ideals auf den moralischen Imperativ des Nicht-Täuschens zurückgeführt wird, dient auch die Betonung der konstitutiven Affektiertheit der Erkenntnis einem ›moralischen‹ bzw. ›gegenmoralischen‹ Interesse,[68] nämlich der Bekämpfung des asketischen Ideals bzw. der Agitation für ein alternatives Ideal. Die Etablierung einer Erkenntniskonzeption, die nicht auf eine Eliminierung, sondern vielmehr auf eine Multiplikation der Affekte abzielt, dient in diesem Sinne einer praktischen Zielsetzung. Während die asketische Objektivitätskonzeption als ›lebensfeindlich‹ diffamiert wird, erscheint die perspektivische Objektivitätskonzeption – insbesondere das Motiv, »m e h r Affekte […] über eine Sache zu Worte kommen [zu] lassen, […] m e h r Augen« (GM III 12, KSA 5, S. 365) – im Horizont einer Fassung des »Wesen[s] des Lebens« als »W i l l e z u r M a c h t« (GM II 12, KSA 5, S. 316) als ›lebensfördernd‹: Sie entspricht dem zu Beginn von GM III 12 genannten, dem asketischen Philosophieren als »leibhafter Wille zur Contradiction und Widernatur« entgegengesetzten »eigentliche[n] Lebens-Instinkt« (GM III 12, KSA 5, S. 363f.). Im Rahmen einer »Theorie eines in allem Geschehn sich abspielenden M a c h t - W i l l e n s« (GM II 12, KSA 5, S. 315) qua eines ständigen Kampfgeschehens einer Unzahl von »spontanen, angreifenden, übergreifenden, neuauslegenden, neu-richtenden und gestaltenden Kräfte[n]« (GM II 12, KSA 5, S. 316), der zufolge »alles Geschehen in der organischen Welt ein Ü b e r w ä l t i g e n , H e r r w e r d e n und […] wiederum alles Überwältigen und Herrwerden ein Neu-Interpretieren, ein Zurechtmachen ist« (GM II 12, KSA 5, S. 314), kommt die Forderung nach der Vervielfältigung gegensätzlicher Interpretationen und der sie leitenden Affekte jenem ›Wesen des Lebens‹ entgegen. In diesem Sinne kann die perspektivische Erkenntniskonzeption aus GM III 12 in der Tat als praktisch interessiert verstanden werden: Sie soll ›Leben‹ als ›Wille zur Macht‹ fördern, statt es zu unterdrücken. Dabei gilt es jedoch zu betonen, dass diese ›Theorie‹ des ›Lebens‹ ihrerseits kein neutrales theoretisch-systematisches Fundament darstellt, das als solches die ›Objektivität‹ der perspektivischen Erkenntniskonzeption aus GM III 12 vindizieren könnte: Schon in GM II 12 wird sie als »Haupt-Gesichtspunkt der historischen Methodik« (GM II 12, KSA 5, S. 315) eingeführt, den der Sprecher »um so mehr« hervorhebt, »als er im Grunde dem

---

[68] Zum Konzept einer Gegen-Moral bzw. moralisch-normativen Gegen-Lehre vgl. Dellinger 2013c.

gerade herrschenden Instinkte und Zeitgeschmack entgegen geht« – als eine ihrerseits distinkt perspektivische, polemisch gegen den »moderne[n] M i s a r ‑ c h i s m u s« (GM II 12, KSA 5, S. 315) gesetzte ›Gegen-Lehre‹, die zugleich »Gegenlehre und Gegenwerthung« (GT Vorrede 5, KSA 1, S. 19) ist.[69] Wenn beklagt wird, dass die »demokratische Idiosynkrasie gegen Alles, was herrscht und herrschen will« der »Physiologie und Lehre vom Leben [...] einen Grundbegriff, den der eigentlichen A k t i v i t ä t, eskamotirt hat« und dagegen »die ›Anpassung‹ in den Vordergrund [stellt], das heisst eine Aktivität zweiten Ranges, eine blosse Reaktivität« (GM II 12, KSA 5, S. 315f.), spiegelt sich darin der in der ersten Abhandlung eingeführte Gegensatz zwischen »Sklaven-Moral«, deren »Aktion von Grund aus Reaktion [ist]« und der »vornehmen Werthungsweise« (GM I 10, KSA 5, S. 271) der ›Herren-Moral‹, die wesentlich aktiv-spontan agieren soll.[70] Die ›Gegen-Lehre‹ vom »Wesen des Lebens« als »W i l l e z u r M a c h t« (GM II 12, KSA 5, S. 316) erweist sich demgemäß als polemisch pointierter, distinkt perspektivischer Wertungsgesichtspunkt eines sich als ›vornehm‹ bzw. ›herren-moralisch‹ gerierenden Sprechers. Der Leser wird dabei nicht nur dadurch zur Reflexion provoziert, dass der ihm zu diesem Zeitpunkt bereits als zentrales Unterscheidungskriterium konträrer Wert-Perspektiven vertraute Gegensatz von Aktivität und Reaktivität mobilisiert wird, sondern etwa auch durch den an die Rede vom »moderne[n] M i s a r c h i s m u s« anschließenden metasprachlichen Kommentar »(um ein schlechtes Wort für eine schlechte Sache zu bilden)« (GM II 12, KSA 5, S. 315).[71] Nicht zuletzt wird im Rahmen der dritten Abhandlung ebenfalls wiederholt deutlich gemacht, dass es sich bei der ›Theorie‹ des ›Willens zur Macht‹ wesentlich um eine ›Interpretation‹, d. h. um eine gewaltsame, praktisch interessierte Zurechtmachung handelt.[72]

---

[69] Vgl. dazu ausführlich Dellinger 2013c, S. 79–92 sowie zur Einführung des Motivs des ›Willens zur Macht‹ in JGB Dellinger 2013b.
[70] Der Ausdruck »Herren-Moral« wird nur in JGB 260, KSA 5, S. 208–212 verwendet, in GM ist stattdessen von »vornehme[r] Moral« bzw. »vornehme[r] Werthungsweise« (GM I 10, KSA 5, S. 270f.) die Rede (vgl. Stegmaier 1994, S. 118). Die Verbindungslinien zwischen den beiden Wertungsweisen und dem ›demokratischem Misarchismus‹ bzw. der ›Gegen-Lehre‹ des ›Willens zur Macht wurden erst durch Einfügungen im Druckmanuskript in dieser Deutlichkeit markiert: »Man stellt dagegen {unter dem Druck jener Idiosynkrasie] die ›Anpassung‹ in den Vordergrund, {das heisst eine Aktivität zweiten Ranges, eine blosse Reaktivität}« (D20, Bl. 24).
[71] Auch bei diesem Kommentar handelt es sich um eine Einfügung ins Druckmanuskript (vgl. D20, Bl. 24).
[72] Im 7. Abschnitt heißt es im Hinblick auf das diagnostizierte Naheverhältnis von Philosophie und asketischem Ideal, man müsse »diesen Thatbestand erst interpretiren: a n s i c h steht er da dumm in alle Ewigkeit, wie jedes ›Ding an sich‹. Jedes Thier, somit auch la bête philosophe, strebt instinktiv nach einem Optimum von günstigen Bedingungen, unter denen es

Nicht trotz, sondern gerade aufgrund ihrer Entsprechung zur in GM wiederholt als perspektivisch markierten ›Theorie‹ des ›Willens zur Macht‹ erscheint die perspektivische Objektivitätskonzeption also ihrerseits als perspektivisch:[73] Sie steht nicht weniger ›auf dem Boden der Moral‹ als die asketische Konzeption von Objektivität als ›interesseloser Anschauung‹, sondern bloß auf dem Boden einer anderen, entgegengesetzten Moral – einer ›Gegenmoral‹. Und in der Tat: Wäre nicht alles andere höchst verwunderlich? Nachdem gegen das traditionelle, asketische Objektivitätsverständnis gezeigt wurde, dass dieses moralisch fundiert ist und es »gar keine ›voraussetzungslose‹ Wissenschaft« geben könne, keine schlechterdings neutrale Konzeption von Objektivität, sondern vielmehr »eine Philosophie, ein ›Glaube‹ immer erst da sein [muss], damit aus ihm die Wissenschaft eine Richtung, einen Sinn, eine Grenze, eine Methode, ein R e c h t auf Dasein gewinnt« (GM III 24, KSA 5, S. 400), wäre es geradezu absurd, wenn uns Nietzsche neuerlich eine Konzeption von Objektivität anböte, die den Anspruch erhebt, ›neutral‹ und ›voraussetzungslos‹ zu sein – oder wenigstens wäre es absurd, die in GM III 12 präsentierte Konzeption in diesem Sinne zu verstehen. Genau so wurde und wird sie jedoch verstanden, wenn man sie als eine bloß inhaltliche Modifikation in der ehrwürdigen Ahnengalerie philosophischer

seine Kraft ganz herauslassen kann und sein Maximum im Machtgefühl erreicht; jedes Thier perhorreszirt ebenso instinktiv und mit einer Feinheit der Witterung, die ›höher ist als alle Vernunft‹, alle Art Störenfriede und Hindernisse, die sich ihm über diesen Weg zum Optimum legen oder legen könnten (— es ist n i c h t sein Weg zum ›Glück‹, von dem ich rede, sondern sein Weg zur Macht, zur That, zum mächtigsten Thun, und in den meisten Fällen thatsächlich sein Weg zum Unglück).« (GM III 7, KSA 5, S. 350) Auch in GM wird der ›Wille zur Macht‹ somit als »Interpretation, nicht Text« (JGB 22, KSA 5, S. 37) in Anschlag gebracht. Versteht man im 8. Abschnitt die Rede von einem »dominirende[n] Instinkt [...], der hier zum Vortheil des werdenden Werkes rücksichtslos über alle sonstigen Vorräthe und Zuschüsse von Kraft, von vigor des animalen Lebens verfügt« (GM III 8, KSA 5, S. 355) als Anspielung auf den ›Willen zur Macht‹ (die Parallele zur Beschreibung desselben in GM II 12 wird insbesondere über den Zusatz »[D]ie grössere Kraft v e r b r a u c h t dann die kleinere« deutlich), so bildet auch die nachfolgende Anweisung einen Hinweis, dass es sich dabei um eine ›Interpretation‹ handelt: »Man lege sich übrigens den oben besprochenen Fall Schopenhauer's nach dieser Interpretation zurecht: der Anblick des Schönen wirkte offenbar bei ihm als auslösender Reiz auf die H a u p t k r a f t seiner Natur (die Kraft der Besinnung und des vertieften Blicks); so dass diese dann explodirte und mit einem Male Herr des Bewusstseins wurde« (GM III 8, KSA 5, S. 355).

[73] Insofern die ›Theorie‹ des ›Willens zur Macht‹ als perspektivisch erscheint und sich die perspektivische Objektivitätskonzeption ihrerseits als Produkt eines interpretativen Willens zur Macht begreifen lässt, liegt hier eine ähnliche Schleifenstruktur vor wie in JGB, wo die ›Theorie‹ des ›Willens zur Macht‹ als Produkt eines philosophischen ›Willens zur Macht‹ inszeniert wird. Vgl. dazu Dellinger 2013b.

Lehrmeinungen über das Thema ›Erkenntnis‹ versteht – als interesselose Erkenntnis über die wesentliche Interessiertheit des Erkennens.[74]

Versucht man das Interesse, dem die perspektivische Objektivitätskonzeption in GM dient, über die Entsprechung zur ›Theorie‹ des ›Willens zur Macht‹ hinaus näher zu bestimmen, fällt eine Parallele zu den berühmten Schlusssätzen des Werkes ins Auge, mit denen wiederum auf Schopenhauer angespielt wird:[75] Das asketische Ideal bedeute »einen **Willen zum Nichts**, einen Widerwillen gegen das Leben, eine Auflehnung gegen die grundsätzlichsten Voraussetzungen des Lebens, aber es ist und bleibt ein **Wille**!...« (GM III 28, KSA 5, S. 412) Diese gegen Schopenhauers Konzeption der Willensverneinung gerichtete Folgerung schließt an die Selbstaufhebung des ›Willens zur Wahr-

---

[74] Perspektivenwechsel: Dass die in GM III 12 präsentierte perspektivische Objektivitätskonzeption im Gegensatz zu jener des asketischen Ideals steht, wirkt so offenkundig, dass man in Versuchung geraten könnte, diese gewohnte Perspektive einmal umzukehren. Immerhin handelt die dritte Abhandlung nicht unwesentlich davon, dass sich vermeintliche Gegensätze zum asketischen Ideal als trügerisch, d. h. als ihrerseits asketisch erweisen können. Könnte dies nicht auch für die so augenscheinlich anti-asketische Objektivitätskonzeption von GM III 12 gelten? Trotz ihrer inhaltlich konträren Ausrichtung lässt sich die perspektivische Erkenntniskonzeption wie demonstriert auf den Erkenntnisprozess beziehen, den die Erkennenden im Hinblick auf sich selbst vollziehen, d. h. auf die Selbstaufhebung des ›Willens zur Wahrheit‹ – in diesem Sinne dient sie zunächst dessen Vollendung, ist ein Rezept für die asketischen ›Erkennenden‹ und ›Philosophen‹. Sie steht also nicht einfach nur im Gegensatz zum asketischen Ideal, sondern konspiriert gleichsam mit ihm, um es zu seiner Selbstaufhebung anzuregen. Vor allem aber könnte man auch inhaltliche Aspekte der perspektivischen Erkenntniskonzeption unter Askeseverdacht stellen: Sich einer Vielfalt von ›Perspektiven‹ oder ›Für und Wider‹ bedienen zu können, diese ›in der Gewalt zu haben‹ bzw. ein- und aushängen zu können, impliziert jedenfalls eine gewisse reflexive Distanz. Eben diese Distanz könnte letztlich wieder zu einer Art desinteressierter Neutralität führen, die dem dem asketischen Ideal zugeschriebenen Objektivitätsverständnis nicht unverwandt wäre: Wird die Dankbarkeit gegen fremde Perspektiven so weit getrieben, dass das ›Für und Wider‹ jeglicher Perspektive eingehängt wird, dürften sich die je unterschiedlichen Interessens- und Affektkonstellationen weitgehend neutralisieren. Was bleibt, wäre somit zwar keine unmittelbare, wohl aber eine Art mittelbare Desinteressiertheit, der kein Interesse mehr verbindlich ist und die so ihrerseits auf eine asketische Selbstverleugnung zusteuert, insofern keine Perspektive mehr im eigentlichen Sinne die ihrige ist. Eine solche Interpretation würde fraglos eine ›Umkehrungen der gewohnten Perspektiven und Werthungen‹ darstellen – doch sie zeigt, dass es nicht nur zu einer Perspektivierung der perspektivischen Erkenntniskonzeption kommt, sondern auch im Hinblick auf diese Perspektivierung noch unterschiedliche Perspektiven möglich sind.

[75] So schon Riehl 1898, S. 83. Vgl. dazu ausführlich Brusotti 2001, S. 130, der Schopenhauer als »Hauptgegner der dritten Abhandlung« identifiziert, sowie Janaway 2007, S. 197f.

heit‹ als Kern des asketischen Ideals an:[76] Auch hinter dem scheinbar neutralen, willens- und interesselosen Objektivitätsstreben stehen eine ›Moral‹ und ein ›Wille‹. Die Konzeption der Willensverneinung durch Erkenntnis unterliegt, so die Suggestion, in diesem Sinne einem Selbstmissverständnis, sei selbst kein Nicht-Wollen, sondern bloß ein Nichts-Wollen:[77] »[L]ieber will noch der Mensch d a s N i c h t s wollen, als n i c h t wollen...« (GM III 28, KSA 5, S. 412) Wie sich durch Einbezug des Hintergrunds von Schopenhauers Konzeption der »veränderten Erkenntnißweise« (WWV I, §70, S. 497f.) der Ideenschau als »Verneinung des Willens« verdeutlichen lässt, werden eben diese Schlusspointe und deren Vorbereitung durch die Selbstaufhebung des die ›Wissenschaft‹ leitenden ›Willens zur Wahrheit‹ bereits in GM III 12 antizipiert, wenn nicht gar vorweggenommen.[78] Dass es keine »›Erkenntniss an sich‹« geben könne, weil damit »ein Auge zu denken verlangt [wird], das gar nicht gedacht werden kann, ein Auge, das durchaus keine Richtung haben soll« (GM III 12, KSA 5, S. 365), entspricht bereits der Konsequenz der Selbstaufhebung des ›Willens zur Wahrheit‹, dass eine »›voraussetzungslose‹ Wissenschaft« undenkbar sei, weil »ein ›Glaube‹ immer erst da sein [muss], damit aus ihm die Wissenschaft eine Richtung [...] gewinnt« (GM III 24, KSA 5, S. 400). Mit der als Schopenhauer-Zitat formulierten These, dass es kein »›reines, willenloses, schmerzloses, zeitloses Subjekt der Erkenntniss‹« (GM III 12, KSA 5, S. 365) gibt, ist die am Schluss des Werkes nochmals so entschieden betonte Irreduzibilität des ›Willens‹ im Grunde bereits deutlich ausgesprochen. Die in den Schlusssatz des 12. Abschnitts eingeschobene Zwischenfrage, ob wir den ›Willen‹ überhaupt eliminieren könnten – »Den Willen aber überhaupt eliminiren, die Affekte sammt und sonders aushängen,

---

76 Auch der Begriff der Selbstaufhebung hat in Schopenhauers Rede von der »S e l b s t a u f - h e b u n g d e s W i l l e n s« (WWV I, §70, S. 499) eine Entsprechung.

77 Zu Schopenhauers Konzeption der »Erlösung durch Erkenntnis« vgl. Malter 1982 sowie zur Frage der Widersprüchlichkeit und Nietzsches entsprechender Kritik Hühn 2002. Schopenhauer ist sich durchaus bewusst, dass die Verneinung des Willens nicht ihrerseits als Willensvollzug erscheinen darf, und betont daher, dass »jene Verneinung des Wollens, jener Eintritt in die Freiheit, nicht durch Vorsatz zu erzwingen« sei, sondern »plötzlich und wie von Außen angeflogen« (WWV I, §70, S. 499) komme. Schopenhauer greift zur Veranschaulichung dieser Konstellation auf die christlichen Motive von *conversio* und Gnade zurück und erkennt demgemäß in der christlichen Erlösungslehre »die mit dem Resultat unserer Betrachtungen völlig übereinstimmende Wahrheit« (WWV I, §70, S. 502). Wenn in GM III gegen die quasi-mythische Gnadenwirkung ›von außen‹ auf der Irreduzibilität des Wollens beharrt wird, steht also im Grunde Wort gegen Wort: Das Hauptaugenmerk scheint weniger auf der argumentativen Auseinandersetzung als auf der theoretischen Unterfütterung einer entgegengesetzten praktischen Werthaltung zu liegen.

78 Auf diesen Zusammenhang hat bereits Stegmaier 1994, S. 208 hingewiesen.

gesetzt, dass wir dies vermöchten: wie? hiesse das nicht den Intellekt c a s t r i -
r e n? ...« (GM III 12, KSA 5, S. 365) – kann nach den vorhergehenden Ausführungen bereits nur noch rhetorischer Natur sein. Eine derartige Kastration des Intellekts, eine Loslösung von der physiologisch-leiblichen Dimension des ›Willens‹ ist hier entgegen der durch die Schlussfrage signalisierten Offenheit längst ausgeschlossen. Als ›interessiert‹ lässt sich die in GM III 12 proklamierte perspektivische Objektivitätskonzeption also auch dahingehend verstehen, dass sie nicht nur ausdrücklich gegen die asketische Erkenntniskonzeption formuliert wird, sondern zugleich auch die anti-schopenhauersche Schlusspointe von GM fundiert: Irreduzibilität des Willens und dessen ›Bejahung‹ auch noch im Nichts-Wollen statt vermeintlicher Willensverneinung.[79] Insofern jene Konzeption der Ideenerkenntnis wie erläutert kaum in ihrem systematischen Kontext kritisiert wird, sondern eher als Kontrastfolie dient, um das traditionelle abendländische Objektivitätsverständnis als vom asketischen ›Willen zum Nichts‹ befangen zu erweisen, spricht viel dafür, das Leitinteresse primär in der Herausarbeitung dieser gegensätzlichen Werthaltungen und weniger in der dafür instrumentellen erkenntnistheoretischen Auseinandersetzung zu sehen. Bei der Einschätzung dieses Wertgegensatzes ist indes – auch hier ist der Einbezug des schopenhauerschen Hintergrundes hilfreich – Vorsicht geboten: Zwar scheint mit der Deutung der vermeintlichen Willensverneinung als ›Wille zum Nichts‹ in der asketischen Praxis in der Tat ein gleichsam unhintergehbares »Moment der ›Lebensbejahung‹« (Brusotti 2001, S. 120) diagnostiziert, doch in Schopenhauers Denkhorizont bedeutet dies zunächst, dass der von ihm als ›Wille‹ beschriebene »universal[e] Zwangszusammenhang« (Hühn 2002, S. 167) iteriert wird und sich das »Rad des Ixion« (WWV I, § 38, S. 253) weiterdreht: Keine Verneinung, keine Erlösung, keine Gnade. Nichts wäre also verfehlter, als das Insistieren auf der Unmöglichkeit der Willensverneinung als unmittelbare Verkehrung des schopenhauerschen Pessimismus in einen Optimismus der Willensbejahung zu interpretieren. Mit Blick auf Schopenhauer liegt darin zunächst eine zutiefst anti-soteriologische Pointe, die »in eine höhere Form des

---

79 Die vorhergehende Formulierung, dass der Mensch durch das Sinnangebot des asketischen Ideals »Etwas w o l l e n« konnte und damit »d e r W i l l e s e l b s t g e r e t t e t [w a r]« (GM III 28, KSA 5, S. 412) drängt jedoch die Frage auf, ob es sich bei der abschließend betonten Irreduzibilität des Willens nicht eher um ein Postulat handeln könnte. Wenn das durch das asketische Ideal ermöglichte »Etwas w o l l e n« ein »N i c h t s wollen« ist, scheint es naheliegend, die Gefahr, vor der der Mensch und damit zugleich der »W i l l e s e l b s t« durch das asketische Ideal gerettet wurden, als *tatsächliches* »[N] i c h t wollen« zu begreifen.

Nihilismus weist« (Hühn 2002, S. 180).[80] Zwar schwingt in der berühmtem Schlusswendung zugleich auch die Sehnsucht nach einer Alternative zum asketischen Ideal und seinem Willen zum Nichts mit, nach einem »gegnerische[n] Wille[n], in dem sich ein gegnerisches Ideal ausdrückte« (GM III 23, KSA 5, S. 395), doch GM verzichtet nicht nur auf die explizite Nennung eines solchen, sondern sollte uns diesbezüglich grundsätzlich misstrauisch machen.[81] Erst in EH wird nach dem Zitat der letzten Worte von GM ausdrücklich ein ›Gegen-Ideal‹ benannt: »Vor allem fehlte ein Gegen-Ideal — bis auf Zarathustra.« (EH Genealogie, KSA 6, S. 353) Dabei lässt sich allerdings nicht nur das »bis auf« sowohl im einschließenden als auch im ausschließenden Sinne lesen, sondern vor allem hat die jüngere Forschung gezeigt, dass die vermeintlich griffigen ›Gegen-Ideale‹ der Zarathustra-Dichtung im Rahmen derselben wiederholt gebrochen, unterlaufen und zersetzt werden.[82] In Entsprechung zur antiasketischen Objektivitätskonzeption in GM III 12 bleiben somit auch die Andeutungen eines ›Gegen-Ideals‹ am Ende des Werks distinkt perspektivisch: Beide sind als ›Umkehrungen der gewohnten Perspektiven und Werthungen‹ nicht einfach ›bessere‹ oder sich als letztgültig inszenierende Perspektiven, sondern Dokumente eines alternativ eingehängten, entgegengesetzten ›Für und Wider‹.

Vielleicht lässt sich damit auch das Interesse näher bestimmen, dem das Einhängen der asketischen Perspektive zum Zweck ihrer Selbstaufhebung dient: Diese führt nämlich nicht einfach nur zur Schlusspointe der Irreduzibilität des ›Willens‹ hin, sondern verknüpft sie im 27. Abschnitt auch mit dem Motiv des ›Willens zur Macht‹. Ausdrücklich wird das Motiv zunächst über den Verweis auf das Buchprojekt »**Der Wille zur Macht**, Versuch einer Umwerthung aller Werthe« zitiert, im Rahmen dessen »[j]ene Dinge [...] gründlicher und härter angefasst werden [sollen]« (GM III 27, KSA 5, S. 408f.). Entscheidend ist dann die Anspielung in der vielfach übergangenen Kommentierung des »Akt[es] der Selbstaufhebung« der christlichen Moral: »[S]o will es das Gesetz des Lebens, das Gesetz der nothwendigen ›Selbstüberwindung‹ im Wesen des Lebens.« (GM III 27, KSA 5, S. 410) Das »Wesen des Lebens« ist

---

80 Vor diesem Hintergrund wird zugleich deutlich, warum Bejahung und Affirmation für Nietzsche bestenfalls noch über eine Reflexion der dafür unabdingbaren Selbsttäuschungen möglich sind. Vgl. dazu Dellinger 2011 und Dellinger 2012a.
81 »The third essay, although it also expresses the longing for an ›opposing ideal‹ [...], in fact problematizes every ideal – for every ideal always denies the reality to which it is opposed.« (van Tongeren 2012, S. 86)
82 Vgl. Zittel 2000a, Stegmaier 2000, Dellinger 2011.

nach GM II 12 »sein Wille zur Macht« (GM II 12, KSA 5, S. 316).[83] Die Selbstaufhebung des ›Willens zur Wahrheit‹ wird hier also offensichtlich als Selbstüberwindungsprozess eines ›Willens zur Macht‹ interpretiert[84] und arbeitet in diesem Sinne der ›Gegen-Lehre‹ zu. Dies ist insofern überraschend, als Selbstaufhebung und Gegen-Lehre entgegengesetzte normative Ausrichtungen aufweisen (vgl. Dellinger 2013c): Während sich erstere als Vollzug des asketischen Ideals Interpretation und Täuschung zu verweigern beansprucht, wird im Rahmen letzterer das christlich-asketische Täuschungsverbot zugunsten der praktisch interessierten Interpretation des Lebens als ›Willens zur Macht‹ verabschiedet – wie in der »Kunst, in der gerade die Lüge sich heiligt, der Wille zur Täuschung das gute Gewissen zur Seite hat« und die deshalb »dem asketischen Ideale viel grundsätzlicher entgegengestellt [ist] als die Wissenschaft« (GM III 25, KSA 5, S. 402). Wenn die inszenierte Perspektive der Selbstaufhebung aber der Gegen-Lehre zuarbeitet, ja möglicherweise von Anfang an ihr Instrument war, drängt sich die Frage auf, wie ›authentisch‹ die Identifikation mit der eingehängten Perspektive des asketischen Ideals und den seine Selbstaufhebung vorantreibenden typologischen Gestalten tatsächlich ist: Die dafür maßgebliche Haltung der schonungslosen Redlichkeit könnte in diesem Sinne selbst weniger redlich sein, als es den Anschein hat, könnte wesentlich simulativen Charakter haben. Der Sprecher könnte sich demgemäß auch als einer jener »Komödianten dieses Ideals« erwiesen haben, die dessen einzige »Art von wirklichen Feinden und Schädigern« darstellen sollen »— denn sie wecken Misstrauen.« (GM III 27, KSA 5, S. 409)[85] Tatsächlich würde die Darstel-

---

[83] Versteht man die Anführungszeichen von »Selbstüberwindung« als Intertextualitätssignal, kann man sich hier auch an Zarathustras berühmte Rede über den ›Willen zur Macht‹ als Grundcharakter des Lebens erinnert fühlen, die den Titel »Von der Selbst-Ueberwindung« (ZA, KSA 4, S. 146) trägt.

[84] Zur Interpretation der Selbstaufhebung der Moral bzw. des Willens zur Wahrheit als Vollzug des Willens zur Macht vgl. Müller-Lauter 1971, S. 66–80 und Brusotti 2001, S. 115f.

[85] Auch im Hinblick auf die »Komödianten« erfolgt ein markanter Perspektivenwechsel, denn nur wenige Zeilen zuvor, am Ende des 26. Abschnitts äußerte sich der Sprecher ihnen gegenüber noch nachdrücklich despektierlich: »Ich möchte wissen, wie viel Schiffsladungen von nachgemachtem Idealismus, von Helden-Kostümen und Klapperblech grosser Worte, wie viel Tonnen verzuckerten spirituosen Mitgefühls (Firma: la religion de la souffrance), wie viel Stelzbeine ›edler Entrüstung‹ zur Nachhülfe geistig Plattfüssiger, wie viel Komödianten des christlich-moralischen Ideals heute aus Europa exportirt werden müssten, damit seine Luft wieder reinlicher röche... Ersichtlich steht in Hinsicht auf diese Überproduktion eine neue Handels-Möglichkeit offen, ersichtlich ist mit kleinen Ideal-Götzen und zugehörigen ›Idealisten‹ ein neues ›Geschäft‹ zu machen – man überhöre diesen Zaunspfahl nicht!« (GM III 26, KSA 5, S. 408) Dass man diesen Wink mit dem Zaunpfahl nicht überhören solle, lässt sich

lung in GM so beide genannten Aspekte der Schädigung erfüllen, nämlich einerseits, insofern im Hinblick auf die Gegen-Lehre vom ›Willen zur Macht‹ der »Wille zur Täuschung das gute Gewissen zur Seite hat« und andererseits, insofern zu eben diesem Zwecke komödiantisch-parodistisch die asketische Perspektive eingehängt wird.

6 Exkurs: Zum Verhältnis der Perspektivendifferenzen ›psychologisch‹/›physiologisch‹ und ›asketisch/anti-asketisch‹

Mit dem Befund, dass im 12. Abschnitt aus der Perspektive eines alternativen, anti-asketischen und im 11. bzw. 13. Abschnitt aus jener eines asketischen Objektivitätsverständnisses gesprochen wird, das in weiterer Folge zu seiner Selbstaufhebung geführt wird, wird deutlich, dass sich diese Perspektivendifferenz und jene von ›psychologischer‹ und ›physiologischer‹ Betrachtungsweise nicht einfach aufeinander reduzieren lassen: Das asketische Objektivitätsverständnis verbindet sich im 11. Abschnitt mit der ›psychologischen‹ und im 13. Abschnitt mit der ›physiologischen‹ Perspektive. Umgekehrt lässt sich der 12. Abschnitt kaum sinnvoll innerhalb der Dichotomie ›psychologisch‹/›physiologisch‹ verorten, sodass nicht etwa von einer Identität der ›physiologischen‹ und der anti-asketischen Perspektive ausgegangen werden kann. Festhalten lässt sich daher, dass Perspektiven in der Darstellung von GM nicht als geschlossene Sinnhorizonte fungieren, die als ›Standpunkte‹ eines Sprechers identifiziert werden könnten. Vielmehr können sich Perspektivendifferenzen komplex überlagern und Sprecher bzw. Figuren an unterschiedlichen Perspektivenkonfigurationen partizipieren. Perspektiven erscheinen demgemäß wesentlich als ›lokale‹ Perspektiven in Bezug auf bestimmte Einstellungen oder Themenfelder, z. B. in Hinsicht auf das leitende Verständnis von Objektivität oder den Vorrang ›psychologischer‹ bzw. ›physiologischer‹ Betrachtungsmuster.

Obwohl sich die beiden untersuchten Perspektivendifferenzen also nicht aufeinander reduzieren oder vollständig zur Deckung bringen lassen, gibt es doch eine Reihe markanter Parallelen, die für ihre Funktion in GM – und d. h.

---

eingedenk der unmittelbar folgenden Aufwertung der »Komödianten« als eigentliche Schädiger des asketischen Ideals als weiteres Indiz dafür verstehen, dass das Eintreten des Sprechers in die Perspektive des asketischen Ideals eine wesentlich instrumentelle Funktion hat. Er selbst macht, indem er mit der Rolle der ›letzten Idealisten‹ kokettiert, ein ›Geschäft‹.

mithin für die Bedeutung von Perspektivität als Darstellungsform im Rahmen dieses Werkes – relevant sind. Wichtig sind in dieser Hinsicht vor allem zwei subtile Hinweise im Umfeld der neuerlichen Assoziationen mit der Figur des ›Psychologen‹ im 19. und 20. Abschnitt:

> Ein Psychologe nämlich hat heute darin, wenn irgend worin, seinen g u t e n G e - s c h m a c k (– Andre mögen sagen: seine Rechtschaffenheit), dass er der schändlich v e r m o r a l i s i r t e n Sprechweise widerstrebt, mit der nachgerade alles moderne Urtheilen über Mensch und Ding angeschleimt ist. Denn man täusche sich hierüber nicht: was das eigentlichste Merkmal moderner Seelen, moderner Bücher ausmacht, das ist nicht die Lüge, sondern die eingefleischte U n s c h u l d in der moralistischen Verlogenheit. Diese »Unschuld« überall wieder entdecken müssen – das macht vielleicht unser widerlichstes Stück Arbeit aus, an all der an sich nicht unbedenklichen Arbeit, deren sich heute ein Psychologe zu unterziehn hat; (GM III 19, KSA 5, S. 385)

An dieser Stelle erscheint der ›Psychologe‹ in auffälliger Nähe zu dem die Selbstaufhebung des ›Willens zur Wahrheit‹ vorantreibenden Figurenkonglomerat: Mit der »Rechtschaffenheit« ist deren Leittugend der Redlichkeit ebenso zitiert wie mit dem Motiv, »Verlogenheit« aufzudecken. Vor allem aber ist die Reflexivform am Ende des Zitats interessant: Dass der ›Psychologe‹ seine Arbeit nicht etwa an anderen Menschen zu vollziehen, sondern »sich« ihr *selbst* »zu unterziehn hat«, entspricht bereits der Reflexionsfigur der Selbstaufhebung des ›Willens zu Wahrheit‹ durch die ›letzten Idealisten‹. Er wird, so scheint es, bei sich selbst eine »eingefleischte U n s c h u l d in der moralistischen Verlogenheit« entdecken müssen, ebenso wie die ›letzten Idealisten‹ ihren eigenen Erkenntnis-Idealismus als moralisch fundiert begreifen.[86]

Eben diese Nähe der Figur des ›Psychologen‹ zum Motivstrang der Selbstaufhebung zeigt sich auch zu Beginn des 20. Abschnitts:

> Grund genug, nicht wahr, Alles in Allem, dass wir Psychologen heutzutage einiges Misstrauen g e g e n u n s s e l b s t nicht los werden? ... Wahrscheinlich sind auch wir noch »zu gut« für unser Handwerk, wahrscheinlich sind auch wir noch die Opfer, die Beute, die Kranken dieses vermoralisirten Zeitgeschmacks, so sehr wir uns auch als dessen Verächter fühlen, – wahrscheinlich inficirt er auch noch u n s. Wovor warnte doch jener Diplomat, als er zu seines Gleichen redete? »Misstrauen wir vor Allem, meine Herrn, unsren ers-

---

[86] Wohlgemerkt ist jedoch auch hier die Assoziation von ›psychologischer‹ und ›asketischer‹ Perspektive nicht uneingeschränkt, zumal im weiteren Verlauf des 19. Abschnitts der Wert der ›ehrlichen Lüge‹ gepriesen wird, was eher der anti-asketischen Funktion der Kunst als Heiligung von Lüge und Täuschung entspräche.

ten Regungen! sagte er, s i e s i n d f a s t i m m e r g u t«... So sollte auch jeder Psycholog heute zu seines Gleichen reden... (GM III 20, KSA 5, S. 387)[87]

Wiederum wird, diesmal über den Begriff des Misstrauens, eine Verbindung zu der für die Selbstaufhebungsbewegung maßgeblichen Figurengruppe hergestellt – im 24. Abschnitt werden die ›Erkennenden‹ als »nachgerade misstrauisch gegen alle Art Gläubige« (GM III 24, KSA 5, S. 398) beschrieben. Zugleich wird nun noch nachdrücklicher die latente Rückbindung an die zeitgenössische Moral unterstrichen.

Nicht zuletzt kann man bereits im 11. Abschnitt eine Nähe der ›psychologischen‹ Perspektive zur in die Selbstaufhebung führenden asketischen Perspektive diagnostizieren: Die dortige Schilderung des asketischen Priesters als ›Selbstwiderspruch‹ antizipiert bereits wesentliche Strukturen der Darstellung der Selbstaufhebungsfigur im 23., 24. und 27. Abschnitt. Zugleich muss allerdings betont werden, dass – wie beschrieben – auch die ›physiologische‹ Darstellung im 13. Abschnitt dem asketischen Objektivitätsverständnis verpflichtet bleibt und gerade der auch im weiteren Verlauf immer wieder unterstrichene Anspruch der ›physiologischen‹ Perspektive, nicht Interpretation, sondern Tatsache zu sein, dem in die Selbstaufhebung führenden ›faitalisme‹ zu entsprechen scheint. Die ›physiologische‹ Perspektive einfach mit der das asketische Wahrhaftigkeitsideal verabschiedenden Gegen-Lehre und ihrem Grundbegriff des ›Willens zur Macht‹ zu identifizieren, griffe also zu kurz. Nichtsdestoweniger dient die ›physiologische‹ Perspektive an mehreren Punkten der Vorbereitung der ›anti-asketischen‹ Schlusspointe von GM. Dass der asketische Priester im 13. Abschnitt ›positiver‹ erscheint als im 11., dass »dieser anscheinende Feind des Lebens, dieser V e r n e i n e n d e [...] gerade zu den ganz grossen c o n - s e r v i r e n d e n und J a - s c h a f f e n d e n Gewalten des Lebens [gehört]« (GM III 13, KSA 5, S. 366), entspricht bereits der Schlussfolgerung, dass auch der asketi-

---

[87] Der zitierte Passus wurde im Zuge der Korrekturen am Druckmanuskript intensiv überarbeitet: »{Aber man wird mich schon verstanden haben: —} Grund genug, {nicht wahr, Alles in Allem,} dass wir Psychologen heutzutage einiges Misstrauen gegen uns selbst nicht los werden? ... Wahrscheinlich sind {auch} wir {noch} ›zu gut‹ für unser Handwerk, wahrscheinlich sind {auch} wir {noch} die Opfer, {die Beute, die Kranken} dieses vermoralisirten Zeitgeschmacks, so sehr wir {uns} auch {als} dessen Verächter ~~sind~~ {fühlen}, — wahrscheinlich inficirt er auch noch uns.« (D20, Bl. 80) Während der metasprachliche Kommentar zu Beginn und die Einfügung von »nicht wahr« als ausdrückliche Reflexionssignale an den Leser interpretiert werden können, unterstreichen die beiden Abänderungen von »wir« auf »auch wir noch« gezielt das reflexive Moment der Selbstaufhebungsbewegung.

sche ›Wille zum Nichts‹ immer noch ein ›Wille‹ bleibe (vgl. Brusotti 2001, S. 120).

Obwohl sich die beiden Perspektivendifferenzen also nicht einfach decken, partizipiert die ›psychologische‹ Perspektive doch eher an der Selbstaufhebung der ›asketischen‹ und bereitet die ›physiologische‹ mit ihrem Fokus auf die sich auch in Verneinung und Krankheit durchhaltende grundlegende ›Lebensbejahung‹ doch das ›anti-asketische‹ Motiv der Irreduzibilität des Willens vor.

7 Fazit: ›Perspektivismus‹ als ›aporetischer Begriff‹, oder: Nietzsche und Adorno contra Habermas

Die einleitend zitierte Stelle aus dem Brief Adornos an Horkheimer vom 16. Juni 1949 ist schwierig zu deuten. Vor dem Hintergrund der hier vorgeschlagenen Lektüre lässt sie sich mit Bezug auf GM III 12 vielleicht wie folgt verständlich machen: Die berühmte Formulierung, dass es »n u r ein perspektivisches Sehen, n u r ein perspektivisches ›Erkennen‹ [giebt]« (GM III 12, KSA 5, S. 365), wurde vielfach als »metaphysische Aussage« verstanden, die »Nietzsche [...] macht« (Gerhardt 1989, S. 271). Es wirkt, als ob im Zuge der Attacke auf das traditionelle, mittels des schopenhauerschen Motivs der ›interesselosen Anschauung‹ karikierte Objektivitätskonzept eine epistemologische Gegenposition bezogen würde, deren skeptische Intention unversehens in einen dogmatischen Anspruch umschlägt, insofern »man mit der Behauptung: ›Alles ist perspektivisch!‹ notwendig *außerhalb* jeder Perspektive [steht]« (Gerhardt 1989, S. 265). Die kritische Gegenposition scheint so tatsächlich, mit Adornos Worten, zu einer »Hypostasierung der Antithese« (Adorno/Horkheimer 2005, S. 279) zu gerinnen. Wenn erklärt wird, dass »ein Auge [...] gar nicht gedacht werden kann, [...] das durchaus keine Richtung haben soll, bei dem die aktiven und interpretierenden Kräfte unterbunden sein sollen, fehlen sollen, durch die doch Sehen erst ein Etwas-Sehen wird«, weil es sich dabei um einen »Widersinn und Unbegriff von Auge« (GM III 12, KSA 5, S. 365) handle, wird ein Denken inszeniert, dessen Sinnkriterien und Begrifflichkeit in engem Zusammenhang mit der Fassung des »Wesen[s] des Lebens« als »W i l l e z u r M a c h t« (GM II 12, KSA 5, S. 316) stehen. Indem diese Begrifflichkeit scheinbar apodiktisch gegen die »Widernatur« (GM III 12, KSA 5, s. S. 363) des asketischen Objektivitätskonzeptes forciert wird, scheint es in der Tat, mit Adorno gesprochen, nicht nur zu einer »Hypostasierung der Antithese«, sondern *zugleich* auch zu einer »Verdopplung des Daseins« bzw. einer »Wiederholung der Existenz im Begriff« (Adorno/Horkheimer 2005, S. 279) zu kommen: Insofern die »Theorie eines in allem Geschehn sich abspielenden Macht-Willens« (GM II 12, KSA 5, S. 315) die »spontanen, angreifenden, übergreifenden, neu-auslegenden, neu-richtenden und gestaltenden Kräfte« (GM II 12, KSA 5, S. 316) in den Mittelpunkt stellt sowie »alles Geschehen in der organischen Welt« als »Überwältigen, Herrwerden und [...] wiederum alles Überwältigen und Herrwerden« als »ein Neu-Interpretieren, ein Zurechtmachen« (GM II 12, KSA 5, S. 314) beschreibt, scheint sie die die zentrale Pointe von GM III 12 zu fundieren, dass es schlechterdings unmöglich sei, »Willen« und »Affekte« zu »eliminiren« (GM III 12, KSA 5, S. 365). Der Sprecher scheint sich trotz der Versuchung, »aus[zu]brechen um jeden Preis«, »als Aufklärer den Ausbruch nicht zu[zu]gestehen« (Adorno/Horkheimer 2005, S. 279), insofern er seine kritisch-aufklärerische These über eine neue Theoriegestalt reobjektiviert. Der derart fundierte ›Perspektivismus‹ als »Antithese« zur ›asketischen‹ Konzeption interesseloser Erkenntnis könnte dahingehend tatsächlich als hypostasierte »Ersatztranszendenz« (Adorno/Horkheimer 2005, S. 279) erscheinen, als hinsichtlich seines methodischen Anspruchs und Status unverändertes erkenntnistheoretisches Alternativmodell zum traditionellen Verständnis von Objektivität.

Jürgen Habermas hat Nietzsche in diese Richtung interpretiert, wenn er ihn zwar als »das große Vorbild« für das »zweite Reflexivwerden der Aufklärung« (Habermas 1985, S. 145) bei Adorno bezeichnet, ihm dabei jedoch unterstellt, den aporetisch-paradoxen Konsequenzen seiner Kritik durch deren Rückgründung in der Theorie des ›Willens zur Macht‹ ausgewichen zu sein:

> Nietzsche hat die paradoxe Struktur verdrängt, hat die in der Moderne vollendete Assimilation von Vernunft an Macht mit einer *Theorie der Macht* erklärt, die sich aus freien Stücken remythologisiert und anstelle des Wahrheitsanspruchs nur noch den rhetorischen Anspruch des ästhetischen Fragments zurückbehält. Nietzsche hatte vorgemacht, wie man die Kritik totalisiert; aber am Ende kommt nur heraus, daß ihm die Verquickung von Geltung und Macht darum als Skandal gilt, weil sie einen glorifizierten Willen zur Macht behindert, der mit Konnotationen künstlerischer Produktivität besetzt wird. Der Vergleich mit Nietzsche zeigt, daß der total gewordenen Kritik die Richtung nicht eingeschrieben ist. Nietzsche ist unter den unentwegten Enthüllungstheoretikern derjenige, der die Gegenaufklärung radikalisiert. (Habermas 1985, S. 145)

Während Adorno »dem philosophischen Impuls treu geblieben und der paradoxen Struktur eines Denkens der totalisierten Kritik nicht ausgewichen« (Habermas 1985, S. 145) sei, solle bei Nietzsche »[a]us dieser Aporie [...] eine *Theorie der Macht* heraushelfen« (Habermas 1985, S. 151): »Nietzsche sucht Zuflucht bei einer Theorie der Macht« (Habermas 1985, S. 153), wohingegen »Horkheimer und Adorno [...] den performativen Widerspruch einer sich selbst überbietenden Ideologiekritik schüren und offenhalten, nicht mehr theoretisch überwinden wollen.« (Habermas 1985, S. 154)

Folgt man der hier vorgeschlagenen Lektüre von GM III 12, zeigt sich ein ganz anderes Bild. Die scheinbare, von Habermas für bare Münze genommene »Ersatztranszendenz« (Adorno/Horkheimer 2005, S. 279) des in einer ›Theorie‹ des ›Willens zur Macht‹ fundierten ›Perspektivismus‹ erweist sich bei näherer Betrachtung Adornos These entsprechend als ›aporetischer Begriff‹: Was in GM III 12 über die Perspektivität des Erkennens gesagt wird, wird seinerseits – und zwar in mehrerlei Hinsicht – perspektiviert: Durch die intratextuelle Bindung an die typologischen Gestalten der Erkennenden und Philosophen, durch die normative Interessiertheit der perspektivischen Erkenntniskonzeption und nicht zuletzt durch die sich über den Erkenntnisbegriff einstellenden Selbstbezüge. Auch die vermeintliche Rückgründung durch eine ›Theorie‹ des ›Willens zur Macht‹ wird ihrerseits als distinkt perspektivische, normativ interessierte ›Gegen-Lehre‹ kenntlich gemacht. Dass »auf dem erreichten Niveau der Reflexion, jeder Versuch, eine Theorie aufzustellen, ins Bodenlose gleiten müßte« (Habermas 1985, S. 154), war also entgegen Habermas' Ansicht nicht nur Adorno und Horkheimer, sondern bereits Nietzsche vollends bewusst. Er inszeniert den vermeintlichen ›Perspektivismus‹ nicht als erkenntnistheoretische Position, sondern seinerseits als Perspektive: Liest man was in GM III 12 über die Perspektivität des Erkennens gesagt wird zunächst als poeseologische Reflexion, erscheint der Abschnitt nicht mehr als erratischer epistemologischer Block im Rahmen einer moralkritischen Streitschrift, sondern sowohl als wesentlicher Schlüssel zum Verständnis des im Rahmen des Werkes entfalteten Perspektivengeschehens als auch als reflexiv konsequente, performative Umsetzung der Selbstbezüglichkeitsstrukturen, in die sich derartige Aussagen verstricken. Der sich selbst perspektivierende ›Perspektivismus‹ vom GM III 12 vollzieht das, was Axel Pichler mit Blick auf GD als »performative Schleife« (Pichler 2014, S. 266-306) bezeichnet hat und verweigert sich damit, sorgfältig gelesen, jeglichen Versuchen einer »transzendentalphilosophischen Reobjektivierung« (Zittel 2000a, S. 99), indem er ähnlich wie συμπεριγράφειν-Argumente in der antiken Skepsis[88] jegliche vermeintlich dogmatische Momente seiner selbst reflexiv ›einklammert‹. Er erweist sich als wesentliche selbstbezügliche, paradoxe[89] Denkfigur, deren prinzipiell unabschließbare Reflexionsbewegungen keinerlei

---

[88] Vgl. dazu ausführlich Castagnoli 2000 sowie Castagnoli 2010, S. 249–352.
[89] Auch Stegmaier spricht mit Bezug auf FW 374 ausdrücklich von der »Paradoxie«, dass »auch der Perspektivismus nur eine Perspektive [ist]« (Stegmaier 2012, S. 414).

neue diskursive Stabilität oder tragfähige Metaebenen mehr eröffnen – sie führen Perspektivität vor, aber zu keiner Zeit mehr darüber hinaus.

Schon Nietzsche verharrt dieser Lesart zufolge also an jenem »Ort, den die Philosophie einst mit ihren Letztbegründungen besetzt hielt, in einer Paradoxie« und nimmt dahingehend in der Tat »eine unbequeme Stellung ein« (Habermas 1985, S. 155). Ob von diesem kritischen Reflexionsniveau, wie Habermas meint, noch ein »Rückzug« (Habermas 1985, S. 155) möglich wäre, oder die von ihm als »performative[r] Widerspruch«[90] gegeißelte paradoxe Situation eines radikalen Denkens der Endlichkeit uns heute womöglich näher liegen könnte als Versuche einer transzendentalpragmatischen oder neorealistischen Refundierung, kann hier offen bleiben.[91] Mit Adorno wäre man versucht zu sagen: »Nihilisten sind die, welche dem Nihilismus ihre immer ausgelaugteren Positivitäten entgegenhalten [...]. Der Gedanke hat seine Ehre daran, zu verteidigen, was Nihilismus gescholten wird.« (ND, GS 6, S. 374) Fest steht jedenfalls, dass Nietzsches sich selbst perspektivierender ›Perspektivismus‹, auf den er sich vielleicht nicht zuletzt aufgrund seiner wesentlichen, zu immer neuen Perspektivierungen führenden Selbstbezüglichkeit niemals begrifflich verbindlich festgelegt hat,[92] Adorno gerade aufgrund seiner reflexiven Verschränkung von Denk- und Schreibform, von Inhalt und Methode angesprochen haben könnte. Gerade für diesen nur irreführend als solchen zu bezeichnenden ›Perspektivismus‹, aber auch für die ›Gegen-Lehre‹ des ›Willens zur Macht‹ gilt wie für so viele andere Motive Nietzsches: »all seine Konstruktionen sind aporetische Begriffe« (Adorno/Horkheimer 2005, S. 279)!

Literaturverzeichnis

Adorno, Theodor W./Horkheimer, Max (2005): *Briefwechsel 1927–1969*. Bd. III: *1945–1949*. Frankfurt am Main: Suhrkamp.

Benne, Christian (2005): *Nietzsche und die historisch-kritische Philologie*. Berlin: De Gruyter.

---

90 »Das Totalitärwerden der Aufklärung denunziert sie mit deren eigenen Mitteln. Adorno war sich dieses performativen Widerspruchs der totalisierten Kritik wohl bewußt. Adornos Negative Dialektik liest sich wie die fortgesetzte Erklärung dafür, warum wir in diesem performativen Widerspruch kreisen müssen, ja verharren sollen, warum allein die insistierende, ruhelose Entfaltung des Paradoxes die Aussicht auf jenes beinahe magisch beschworene ›Eingedenken der Natur im Subjekt‹ öffnet, ›in dessen Vollzug die verkannte Wahrheit aller Kultur beschlossen liegt‹ (Habermas 1985, S. 144f.).

91 Einige Überlegungen dazu habe ich in Dellinger 2015b, S. 423–431 formuliert.

92 Dies gilt auch für die vermeintliche Festlegung in FW 354, vgl. Dellinger 2016.

Berry, Jessica (2011): *Nietzsche and the Ancient Skeptical Tradition.* New York: Oxford Univ. Press.
Bräutigam, Bernd (1977): »Verwegene Kunststücke. Nietzsches ironischer Perspektivismus als schriftstellerisches Verfahren«. In: *Nietzsche-Studien* 6, S. 45–63.
Brusotti, Marco (2001): »Wille zum Nichts, Ressentiment, Hypnose. ›Aktiv‹ und ›Reaktiv‹ in Nietzsches ›Genealogie der Moral‹«. In: *Nietzsche-Studien* 30, S. 107–132.
Castagnoli, Luca (2000): »Self-bracketing Pyrrhonism«. In: *Oxford Studies in Ancient Philosophy* 18, S. 263–328.
Castagnoli, Luca (2010): *Ancient self-refutation. The logic and history of the self-refutation argument from Democritus to Augustine.* Cambridge: Cambridge Univ. Press.
Clark, Maudemarie (1990): *Nietzsche on Truth and Philosophy.* Cambridge: Cambridge Univ. Press.
Conway, Daniel W. (2001): »Wir Erkennenden: Self-Referentiality in the Preface to Zur Genealogie der Moral«. In: *Journal of Nietzsche Studies* 22, S. 116–132.
Conway, Daniel W. (2008): *Nietzsche's ›On the Genealogy of Morals‹. A Reader's Guide.* London, New York: Continuum.
Dellinger, Jakob (2009): »Perspektivismus«. In: Christian Niemeyer (Hrsg.): *Nietzsche-Lexikon.* Darmstadt: Wiss. Buchges., S. 266–267.
Dellinger, Jakob (2011): »Erträumt, ersungen und erdichtet? Zur Irritation des Motivs der affirmativen Erlösung in ›Also sprach Zarathustra‹«. In: *Nietzscheforschung* 18, S. 155–166.
Dellinger, Jakob (2012a): »›Allzuklein der Grösste‹? Zum Problem des ›Kleinen‹ in Nietzsches ›Anspruch auf das Wort Grösse‹«. In: Volker Caysa/Konstanze Schwarzwald (Hrsg.): *Nietzsche – Macht – Größe.* Berlin, Boston: De Gruyter, S. 409–419.
Dellinger, Jakob (2012b): »›In summa bereitet die Wissenschaft eine souveräne Unwissenheit vor‹. Nietzsches Wissenschaftsbegriff zwischen Selbstaufhebung und Wille zur Macht«. In: Helmut Heit/Günter Abel/Marco Brusotti (Hrsg.): *Nietzsches Wissenschaftsphilosophie. Hintergründe, Wirkungen und Aktualität.* Berlin, Boston: De Gruyter, S. 149–160.
Dellinger, Jakob (2012c): »Relendo a perspectividade. Algumas notas sobre ›o perspectivismo de Nietzsche‹«. In: *Cadernos Nietzsche* 31, S. 127–155.
Dellinger, Jakob (2013a): »Themenseite Perspektivismus«. http://www.degruyter.com/view/NO/W_ThemenV002 (zuletzt abgerufen am 17.05.2017).
Dellinger, Jakob (2013b): »Vorspiel, Subversion und Schleife. Nietzsches Inszenierung des ›Willens zur Macht‹ in ›Jenseits von Gut und Böse‹«. In: Marcus A. Born/Axel Pichler (Hrsg.): *Texturen des Denkens. Nietzsches Inszenierung der Philosophie in ›Jenseits von Gut und Böse‹.* Berlin, Boston: De Gruyter, S. 163–187.
Dellinger, Jakob (2013c): »Zwischen Selbstaufhebung und Gegenlehre. Nietzsche, Schopenhauer und die ›Perversität der Gesinnung‹«. In: Dieter Birnbacher/Matthias Koßler/Andreas Urs Sommer (Hrsg.): *Moralkritik bei Schopenhauer und Nietzsche.* Würzburg: Königshausen & Neumann, S. 61–98.
Dellinger, Jakob (2015a): »›Du solltest das Perspektivische in jeder Werthschätzung begreifen lernen‹. Zum Problem des Perspektivischen in der Vorrede zu ›Menschliches, Allzumenschliches I‹«. In: *Nietzsche-Studien* 44, S. 340–379.
Dellinger, Jakob (2015b): *Situationen der Selbstbezüglichkeit. Studien zur Reflexivität kritischer Denk- und Schreibformen bei Friedrich Nietzsche.* Diss. Wien.
Dellinger, Jakob (2016): »›…auch nur ein Glaube, eine Einbildung, eine Dummheit? FW 354 zwischen ›Philosophie‹ und ›Literatur‹«. In: Sebastian Kaufmann/Katharina Grätz (Hrsg.):

Nietzsche zwischen Philosophie und Literatur. Von der Fröhlichen Wissenschaft *zu* Also sprach Zarathustra. Heidelberg: Winter.

Dellinger, Jakob (2017): »Perspektive/perspektivisch/Perspektivismus«. In: Paul van Tongeren/Gerd Schank/Herman Siemens (Hrsg.): *Nietzsche-Wörterbuch Online*. Berlin, Boston: De Gruyter.

Gemes, Ken (2006): »›We Remain of Necessity Strangers to Ourselves‹: The Key Message of Nietzsche's ›Genealogy‹«. In: Christa D. Acampora (Hrsg.): *Nietzsche's ›On the Genealogy of Morals‹. Critical Essays*. Lanham, Md.: Rowman & Littlefield, S. 191–208.

Gemes, Ken (2009): »Janaway on Perspectivism«. In: *European Journal of Philosophy* 17.1, S. 101–112.

Gerhardt, Volker (1989): »Die Perspektive des Perspektivismus«. In: *Nietzsche-Studien* 18, S. 260–281.

Guay, Robert (2011): »Genealogy and Irony«. In: *Journal of Nietzsche Studies* 41, S. 26–49.

Habermas, Jürgen (1985): *Der philosophische Diskurs der Moderne. 12 Vorlesungen*. Frankfurt am Main: Suhrkamp.

Hühn, Lore (2002): »Die Wahrheit des Nihilismus. Schopenhauers Theorie der Willensverneinung im Lichte der Kritik Friedrich Nietzsches und Theodor W. Adornos«. In: Günter Figal (Hrsg.): *Interpretationen der Wahrheit*. Tübingen: Attempto.

Janaway, Christopher (1998): »Schopenhauer as Nietzsche's Educator«. In: Christopher Janaway (Hrsg.): *Willing and Nothingness. Schopenhauer as Nietzsche's Educator*. Oxford: Clarendon Press, S. 13–36.

Janaway, Christopher (2007): *Beyond Selflessness. Reading Nietzsche's Genealogy*. Oxford: Oxford Univ. Press.

Leiter, Brian (1994): »Perspectivism in Nietzsche's ›Genealogy of Morals‹«. In: Richard Schacht (Hrsg.): *Nietzsche, Genealogy, Morality. Essays on Nietzsche's* Genealogy of Morals. Berkeley: Univ. of California Press, S. 334–357.

Malter, Rudolf (1982): »Erlösung durch Erkenntnis. Über die Bedingungen der Möglichkeit der Schopenhauerschen Lehre von der Willensverneinung«. In: Wolfgang Schirmacher/Arthur Hübscher (Hrsg.): *Zeit der Ernte. Studien zum Stand der Schopenhauer-Forschung: Festschrift für Arthur Hübscher zum 85. Geburtstag*. Stuttgart/Bad Cannstatt: Frommann-Holzboog, S. 41–59.

Müller-Lauter, Wolfgang (1971): *Nietzsche. Seine Philosophie der Gegensätze und die Gegensätze seiner Philosophie*. Berlin, New York: De Gruyter.

Nietzsche, Friedrich (1887): *Zur Genealogie der Moral. Eine Streitschrift*. Leipzig: Naumann.

Pichler, Axel (2012): »Nietzsches Spiel mit dem Paratext. Literarische Techniken der Leserlenkung und -irritation in der Vorrede zu ›Menschliches, Allzumenschliches I‹ und die Lektüremethode des autoreflexiven Lesens.« In: *Nietzscheforschung* 19, S. 307–315.

Pichler, Axel (2014): *Philosophie als Text. Zur Darstellungsform der* Götzen-Dämmerung. Berlin, Boston: De Gruyter.

Reginster, Bernard (2001): »The Paradox of Perspectivism«. In: *Philosophy and Phenomenological Research* 62.1, S. 217–233.

Riehl, Alois (1898): *Friedrich Nietzsche. Der Künstler und Denker*. Stuttgart: Frommann.

Schopenhauer, Arthur (1977a): *Werke in zehn Bänden* (Zürcher Ausgabe). Text nach der historisch-kritischen Ausgabe v. A. Hübscher. Editorische Materialien v. A. Hübscher. Redaktion v. Claudia Schmölders, Fritz Senn und Gerd Haffmans. Bd. I: *Die Welt als Wille und Vorstellung I*. Erster Teilband. Zürich: Diogenes. [= WWV I]

Schopenhauer, Arthur (1977b): *Werke in zehn Bänden* (Zürcher Ausgabe). Text nach der historisch-kritischen Ausgabe v. A. Hübscher. Editorische Materialien v. A. Hübscher. Redaktion v. Claudia Schmölders, Fritz Senn und Gerd Haffmans. Bd. II: *Die Welt als Wille und Vorstellung I*. Zweiter Teilband. Zürich: Diogenes. [= WWV I]

Schopenhauer, Arthur (1977c): *Werke in zehn Bänden* (Zürcher Ausgabe). Text nach der historisch-kritischen Ausgabe v. A. Hübscher. Editorische Materialien v. A. Hübscher. Redaktion v. Claudia Schmölders, Fritz Senn und Gerd Haffmans. Bd. IV: *Die Welt als Wille und Vorstellung II*. Zweiter Teilband. Zürich: Diogenes. [= WWV II]

Simon, Josef (1981): »Friedrich Nietzsche«. In: Otfried Höffe (Hrsg.): *Klassiker der Philosophie*. München: Beck, S. 203–224.

Simon, Josef (2000): »Nietzsche und der Gedanke einer Kritischen Theorie«. In: *Nietzscheforschung* 5/6, S. 195–208.

Simon, Josef (2004): »Der Begriff der Aufklärung bei Kant und Nietzsche«. In: Renate Reschke (Hrsg.): *Nietzsche. Radikalaufklärer oder radikaler Gegenaufklärer?* Berlin: Akademie, S. 113–122.

Small, Robin (2001): *Nietzsche in Context*. Aldershot: Ashgate.

Stegmaier, Werner (1994): *Nietzsches ›Genealogie der Moral‹*. Darmstadt: Wiss. Buchges.

Stegmaier, Werner (2000): »Anti-Lehren. Szene und Lehre in Nietzsches ›Also sprach Zarathustra‹«. In: Volker Gerhardt (Hrsg.): *Friedrich Nietzsche: Also sprach Zarathustra*. Berlin: Akademie, S. 191–224.

Stegmaier, Werner (2004): »Nietzsches und Luhmanns Aufklärung der Aufklärung: Der Verzicht auf ›die Vernunft‹«. In: Renate Reschke (Hrsg.): *Nietzsche. Radikalaufklärer oder radikaler Gegenaufklärer?* Berlin: Akademie, S. 167–178.

Stegmaier, Werner (2010): »Josef Simons Nietzsche-Interpretation. Fünf Grundzüge zur Orientierung«. In: *Nietzsche-Studien* 39, S. 2–11.

Stegmaier, Werner (2012): *Nietzsches Befreiung der Philosophie. Kontextuelle Interpretation des V. Buchs der Fröhlichen Wissenschaft*. Berlin, Boston: De Gruyter.

van Tongeren, Paul (2012): »Science and Philosophy in Nietzsche's ›Genealogy of Morality‹«. In: Helmut Heit/Günter Abel/Marco Brusotti (Hrsg.): *Nietzsches Wissenschaftsphilosophie. Hintergründe, Wirkungen und Aktualität*. Berlin, Boston: De Gruyter, S. 73–87.

Zittel, Claus (1995): *Selbstaufhebungsfiguren bei Nietzsche*. Würzburg: Königshausen & Neumann.

Zittel, Claus (2000a): *Das ästhetische Kalkül von Friedrich Nietzsches* Also sprach Zarathustra. Würzburg: Königshausen & Neumann.

Zittel, Claus (2000b): »Perspektivismus«. In: Henning Ottmann (Hrsg.): *Nietzsche-Handbuch. Leben – Werk – Wirkung*. Stuttgart: Metzler, S. 499–501.

Andrea Sakoparnig
Was und wozu ist Adornos *Ästhetische Theorie*?

Von der Schwierigkeit, den Anspruch der *Ästhetischen Theorie* zu verstehen

Einleitung

Theodor W. Adornos *Ästhetische Theorie* ist ein eigensinniges Gebilde. Dies artikuliert schon ihr Titel.[1] Er lässt uns zwar im Unklaren darüber, was genau wir bei einer ›Ästhetischen Theorie‹ erwarten dürfen, er eröffnet allerdings eine ganze Reihe an möglichen Auslegungen – und Fragen. So könnte es sich bei der *Ästhetischen Theorie* um eine Theorie über Ästhetisches, also schlicht eine Ästhetik handeln. Mindestens ebenso naheliegend wäre es jedoch anzunehmen, dass der Titel eine Theorie anzeigt, die ästhetisch ist, eine ästhetische Theorie also. Ist die *Ästhetische Theorie* nun das eine oder das andere? Gar beides? Beides gleichermaßen? Oder eher bzw. mehr das eine und weniger das andere?

Es scheint, als deutete der Titel eine innige, verschränkte Beziehung beider Auslegungen an. Sollten wir daher davon ausgehen, dass die *Ästhetische Theorie* das eine ist, indem sie auch das andere ist? Oder sollten wir, mehr noch, davon ausgehen, dass sie das eine nur sein kann, indem sie auch das andere ist? Müssten wir gar davon sprechen, dass sie das eine sein muss, um (auch) das andere zu sein bzw. sein zu können? Je nachdem wäre diskussionswürdig, ob die *Ästhetische Theorie* ästhetische Theorie sein muss, um Theorie über Ästhetisches sein zu können; oder ob sie Theorie über Ästhetisches sein muss, um als Theorie überhaupt ästhetisch zu sein bzw. werden zu können. Dies wiederum evozierte die Frage, ob Theorie nur ästhetisch sein muss (oder kann), wenn der Gegenstand, auf den sie sich bezieht, ästhetisch ist – und sonst nicht. Ist also die Theorie in der *Ästhetischen Theorie* ästhetisch um des Ästhetischen willen oder ist die *Ästhetische Theorie* Theorie über Ästhetisches um des Ästhetisch-Seins (oder: -Werdens) von Theorie willen? Ist mit dem ästhetisch-Sein von

---

[1] Der Titel ›Ästhetische Theorie‹ stammt von Theodor W. Adorno selbst und wurde nicht etwa *post mortem* von den Herausgebern Gretel Adorno und Rolf Tiedemann gesetzt; vgl. Schopf 2003, S. 665.

Theorie bzw. dem ›ästhetische Theorie‹-Sein etwas bezeichnet, das jenseits des ›Theorie über Ästhetisches‹-Seins Bestand, Bedeutung und Geltung hat?

Doch was soll es überhaupt heißen, dass Theorie ästhetisch ist? Ist damit eine Theorie gemeint, die in bestimmter Weise, eben ästhetisch, verfasst ist? Worin aber bestünde eine ästhetische Verfasstheit von Theorie? Was bedeutete, ästhetisch verfasste Theorie zu sein, für den Status des Theorie-Seins? Haben wir mit der *Ästhetischen Theorie* etwa eine Theorie vor uns, die unser Verständnis von Theorie verändern, gar grundsätzlich in Frage stellen will?

Diese Überlegungen berühren die Frage, wie wir den Status der *Ästhetischen Theorie* einzuschätzen hätten. Stellt die *Ästhetische Theorie* ästhetische Theorie vor, dar oder eher bereit? Ist die *Ästhetische Theorie* ästhetische Theorie gewissermaßen nur am Beispiel einer Theorie über Ästhetisches, so dass sie eine exemplarische oder gar eine paradigmatische Funktion hätte? Oder: *Ist die Ästhetische Theorie* ästhetische Theorie, insofern dass ästhetische Theorie sich genau einmal, eben als *Ästhetische Theorie* realisierte? Das bedeutete, dass es ästhetische Theorie jenseits bzw. nach der *Ästhetischen Theorie* nicht gibt und geben kann.

Obwohl Adorno bereits mit dem Titel ›Ästhetische Theorie‹ in geradezu provokanter Weise die komplexe, offenbar vieldeutige Eigensinnigkeit der *Ästhetischen Theorie* artikuliert, blieb es bisher aus, ebendieser gründlich, gewissermaßen Schritt für Schritt, nachzugehen, mögliche Lesarten auszudifferenzieren und darauf zu verzichten, die *Ästhetische Theorie* vorschnell auf eine festzulegen. Just dies nehme ich mir mit diesem Beitrag vor. Ich widme mich der Schwierigkeit, den Anspruch, den Adorno mit der *Ästhetischen Theorie* erhebt, zu verstehen. Ich frage also: Was und wozu ist die *Ästhetische Theorie*? Und antworte darauf, indem ich entfalte, als was und wie sie gelesen werden kann.

Vorab möchte ich einige Bemerkungen zu meinem Vorgehen und meinen Absichten vorausschicken. Im Folgenden werde ich die meines Erachtens wichtigsten, möglichen Lesarten der *Ästhetischen Theorie* entwickeln.

Als ›Lesarten‹ fasse ich diejenigen Auslegungen, welche in der *Ästhetischen Theorie* unterschiedliche und vor allem unterschiedlich weit reichende Ansprüche ausmachen. Ich verwende den Begriff ›Lesarten‹ somit spezifisch. Denn gemeint sind damit weder im (editions-)philologischen Sinn strittige Text- bzw. Überlieferungsvarianten der *Ästhetischen Theorie*, noch konkurrierende Deutungen einzelner Textabschnitte, Sätze, Ausdrücke bzw. Formulierungen oder Thesen, Argumentationen bzw. Aussagen der *Ästhetischen Theorie*. Gemeint sind vielmehr die das philosophische ›Programm‹ bzw. ›Projekt‹ der *Ästhetischen Theorie* – als ganze und als solche – betreffenden Auslegungen. Charakteristisch für eine jede der in diesem Sinne verstandenen Lesarten ist, dass sie die *Ästhetische Theorie* in je eigener Weise fokussiert, perspektiviert und kontextualisiert, dazu einen je spezifischen Ansatz wählt und in je spezifischer Weise methodisch verfährt.

Die hier präsentierten Lesarten stellen *Konstruktionen* und keine Rekonstruktionen dar. Es geht mir also nicht darum, tatsächlich realisierte Lesarten wiederzugeben, d. h. zu *re*konstruieren, als was und in welcher Weise die *Ästhetische Theorie* in der Forschungsliteratur und in den mit ihr befassten Diskussionen gelesen wurde, sondern *mögliche* Lesarten zu entwickeln, d. h. zu konstruieren, als was und in welcher Weise sie gelesen werden kann bzw. gelesen werden könnte.[2] Dies wirkt sich sowohl auf die Organisation als auch den Charakter meiner Darstellung aus.

So beginne ich mit der Lesart, die in der *Ästhetischen Theorie* eine Schrift sieht, mit der Adorno einen relativ bescheidenden Anspruch erhebt, und schließe mit derjenigen, die einen äußerst weitreichenden Anspruch ausmacht. Mitunter gelingt es mir, die Lesarten als aufeinander bezogen, i. e. konkurrierend oder aufeinander aufbauend bzw. auseinander hervorgehend, darzustellen (sprich: zu ›entwickeln‹). Dann zeigen sie sich als konsequent bzw. zwingend. Dieses Vorgehen erklärt sich aus der bereits bekundeten Absicht, Schritt für Schritt der Schwierigkeit nachzugehen, den Anspruch, den Adorno mit der *Ästhetischen Theorie* verbindet, zu verstehen. Dem Leser bleibt freilich selbst überlassen, zu entscheiden, wie weit er (den konstruierten Lesarten folgend) ›mitgehen‹ möchte.

Meine Darstellung hat einen vornehmlich analytischen, nicht kritischen Charakter. Ich diskutiere allenfalls beiläufig, welche Lesart legitim(er) ist und wie plausibel der in ihr ausgemachte Anspruch. Ich decke eher Gründe oder Hinweise auf, die dafür sprechen, die *Ästhetische Theorie* ›so oder so‹ zu lesen; und beleuchte, was wir, um sie ›so oder so‹ zu lesen, investieren bzw. ausblen-

---

2 Deshalb meine ich, darauf verzichten zu können, diesen Beitrag wie gemeinhin üblich im Fußnotenapparat mit Verweisen auf Forschungsliteratur zu unterfüttern. Es dürfte aufgrund des konstruktiven Charakters schwierig, wenn nicht gar unmöglich sein, einzelne Positionen bestimmten Lesarten zu- bzw. beizuordnen – nicht nur, weil wohl kaum jemand eine der Lesarten in Reinform vertreten haben dürfte, sondern auch weil, den Nachweis zu führen, inwiefern sich eine Position einer Lesart (ganz oder partiell) zu- oder beiordnen ließe, einen ungeheuren, an dieser Stelle nicht zu leistenden Aufwand bedeuten würde. Überdies wäre, da eine *jede* Lektüre der *Ästhetischen Theorie* implizit oder explizit einen bestimmten Anspruch in ihr vertreten sieht, nicht einzugrenzen, auf welche Literatur angesichts der Überfülle überhaupt Bezug zu nehmen wäre und auf welche nicht.

den müssen, und mit welchen interpretatorischen Schwierigkeiten wir zu rechnen haben.

Meine Darstellung hat nicht nur das Ziel, dafür zu sensibilisieren, dass die *Ästhetische Theorie* auf unterschiedliche Weise gelesen werden kann. Sie will darüber hinaus verdeutlichen, dass wir uns, sobald wir eine der Lesarten favorisieren, auf gewisse Verpflichtungen festlegen. Nicht selten schließen Lesarten einander aus, weil wir, um sie überhaupt bilden zu können, das eine in Anschlag bringen müssen, das andere jedoch abblenden oder gar verwerfen. Sind wir uns dessen bewusst, verbietet es sich zuweilen, die *Ästhetische Theorie* in der ein oder anderen Weise zu lesen, dabei aber das ein oder andere (nicht) zu berücksichtigen. Um es konkret zu machen: Wer die *Ästhetische Theorie* primär als einen Beitrag zur kunstphilosophischen und ästhetischen Debatte liest, der wird vermutlich Adornos kritische Auseinandersetzung mit dem, was ihm traditionelle Theorie war, ausblenden. Wer in der *Ästhetischen Theorie* vorrangig das Projekt ausmacht, unser Verständnis von dem, was es heißt, Theorie zu sein, zu befragen, der wird sie wiederum weniger als einen Beitrag zur kunstphilosophischen und ästhetischen Debatte rezipieren. Beides mag billig sein. Schließlich legen nicht nur die Fokussierung, Perspektivierung und Kontextualisierung, sowie die Methode und Verfahrensweise fest, als was und wie wir die *Ästhetische Theorie* lesen (können), sondern maßgeblich auch unser Erkenntnisinteresse. Doch häufig ist dabei von der *Ästhetischen Theorie* nicht nur in verschiedenen Hinsichten die Rede, sondern von ihr als dem Anspruch nach im Grunde völlig unterschiedlichem, ja anderem Text. Dass dieses Vorhaben nicht erschöpfend und vollumfänglich in Form eines (wenn auch ungebührlich langen) Aufsatzes bewältigt werden kann, liegt in der – eben komplexen – Natur der Sache.

Mögliche Lesarten

1

Die erste Lesart, die ich vorstellen möchte, ist diejenige, die auf den bescheidensten Anspruch abhebt. Sie liest die *Ästhetische Theorie* als *Theorie über Ästhetisches* – als nicht mehr, aber auch nicht weniger. In ihr spielt Adornos *Ästhetische Theorie* die Rolle einer, wenn auch bedeutenden und wirkmächtigen, nicht aber grundsätzlich besonderen oder gar mit weiter reichenden Ansprüchen auftretenden *philosophischen Abhandlung über die Kunst*.

Sie begreift die *Ästhetische Theorie* nicht als Ergebnis der Entwicklung eines spezifischen philosophischen Denkens, sondern einfach nur als Beitrag zu vieldiskutierten, strittigen Fragen der Ästhetik und Kunstphilosophie, insbesondere zu Fragen der Kunst der Moderne. Damit versteht diese Lesart die *Ästhetische Theorie* vornehmlich von ihren inhaltlichen Überlegungen, i. e. Aussagen her. Sie kommt in ihrem Verständnis der *Ästhetische Theorie* ohne tiefer gehende Bezüge zur Philosophie Adornos aus. Dass es sich bei ihr um einen Fragment gebliebenen Text handelt, spielt genausowenig eine Rolle, wie ihre für philosophische Texte untypische, eigensinnige Verfasstheit. Vielmehr kontextualisiert diese Lesart die *Ästhetische Theorie* in einem Rahmen, der sich einerseits durch andere kunstphilosophische Schriften (etwa die von Kant und Hegel) und andererseits durch zeitgenössische kunsttheoretische und -kritische Diskussionen aufspannt.

2

Die zweite Lesart nimmt gegenüber der ersten die besondere Verfasstheit der *Ästhetischen Theorie* zur Kenntnis. So scheint ihr die *Ästhetische Theorie*, mehr als andere philosophische Abhandlungen (über die Kunst), um eine eigene sprachliche und textkompositorische Form bemüht. Sie liest die *Ästhetische Theorie* daher nicht mehr nur als Theorie über Ästhetisches, sondern als *ästhetisch verfasste philosophische Abhandlung über Ästhetisches*.

Allerdings nimmt sie eine solche ästhetische Verfasstheit im einfachsten, banalsten Sinn. Denn sie betrachtet sie primär als rhetorisches bzw. stilistisches Surplus. So wird die ästhetische Verfasstheit vor allem dahingehend gedeutet, dass sie die philosophisch anspruchsvollen, komplexen Gehalte fasslicher und ansprechender zu präsentieren erlaubt. Sie wird somit nicht nur als eine unter anderen ebenso möglichen Weisen, sich zu Fragen der Kunst zu äußern, aufgefasst, d. h. als kontingent, sondern überdies als dem philosophischen Gehalt, den sie präsentieren will, gegenüber äußerlich, d. h. als indifferent.

Da die ästhetische Verfasstheit der *Ästhetischen Theorie* damit vornehmlich als nicht notwendiger Ornat verstanden wird, können dieser Lesart zufolge die solchermaßen präsentierten Aussagen ohne Sinnverlust paraphrasiert, d. h. ihrer vermeintlichen Rhetorizität entkleidet werden.

3

Das Verdienst der zweiten Lesart ist, dass sie, indem sie die besondere ästhetische Verfasstheit der *Ästhetischen Theorie* bemerkt, erstmals auch den ambivalenten Charakter des Titels ›Ästhetische Theorie‹ wahr, wenn auch nicht wirklich ernst nimmt. Ebendies versucht die dritte Lesart. Der dritten Lesart zufolge ist Adornos *Ästhetische Theorie* weder nur eine kunstphilosophische Abhandlung (wie andere auch), wie die erste Lesart annimmt, noch eine nur im rhetorisch, stilistischen Sinne ästhetisch verfasste kunstphilosophische Abhandlung (wobei sie sich in eben der rhetorisch, stilistischen ästhetischen Verfasstheit von anderen Abhandlungen geringfügig unterscheiden würde), wie die zweite Lesart meint. Die dritte Lesart ist vielmehr der Auffassung, dass die *Ästhetische Theorie* eine in einem recht *spezifischen Sinne ästhetische Verfasstheit* aufweist. Durch diese ihre spezifisch ästhetische Verfasstheit negiert sie, philosophische ›Abhandlung‹ zu sein.

Die dritte Lesart kommt in all ihren nun auszudifferenzierenden Varianten, wie ich gleich zeigen werde, zu dem Ergebnis, dass zum Sinn eines solchen eigensinnigen, ›in spezifischer Weise ästhetisch verfasst‹-Seins gehört, nicht mehr nur, wie die zweite Lesart meint, in kontingenter und indifferenter, sondern in notwendiger Weise mit dem, was artikuliert werden soll, verbunden zu sein. Somit macht diese Lesart gegenüber der vorigen stark, dass sich die Aussagegehalte der *Ästhetischen Theorie* nicht unabhängig von ihrer ästhetischen Vermittlung verstehen lassen. Sie gibt zu bedenken, dass durch die ästhetische Vermittlung der Gehalt des Vermittelten konstituiert wird, so dass sich eine Paraphrasierung bzw. ›Entkleidung‹ der solchermaßen vermittelten Gehalte verbietet, sofern man sie nicht verzerren wollte.

Wie nun kommt die dritte Lesart zu diesem ihrem Verständnis davon, was unter einem solchen ›in spezifischer Weise ästhetisch verfasst‹-Sein von Theorie zu verstehen ist?

Zu differenzieren sind zwei Vorgehensweisen, die sich in ihren Annahmen unterscheiden, woher ein Verständnis des ›in spezifischer Weise ästhetisch verfasst‹-Seins von Theorie zu gewinnen ist. Die erste setzt bei den Überlegungen *vor* der *Ästhetischen Theorie* an, die zweite *mit* bzw. *in* der *Ästhetischen Theorie*.

3.1

Setzt man bei der Klärung dessen, was mit dem ›in spezifischer Weise ästhetisch verfasst‹-Sein von Theorie gemeint ist, bei Überlegungen an, die Adorno in den der *Ästhetischen Theorie* vorausgehenden Texten angestellt hat, so wählt man ein intertextuelles Verfahren. Ein solches konsultiert insbesondere diejenigen Texte, in denen Adorno eine Neufassung von philosophischer Theorie anmahnt.[3]

Adornos Überlegungen zu einer Neufassung von philosophischer Theorie, die sich als solche zum ›in spezifischer Weise ästhetisch verfasst‹-Sein von Theorie interpretieren ließen, situierten sich überwiegend in Texten, die der Reflexion auf den Zustand und den Status zeitgenössischer Philosophie gewidmet sind. So eröffnet Adorno seine Antrittsvorlesung von 1931 unter dem Titel »Aktualität der Philosophie« mit dem Problem, dass Philosophie sich der eigentümlichen »Illusion [...] Kraft des Denkens die Totalität des Wirklichen zu ergreifen« (PhF, GS 1, S. 325) zu entschlagen habe. Vier Jahre vor dem Erscheinen der *Negativen Dialektik* (1966), die erneut mit einer Reflexion auf das Problem einer als uneingelöst apostrophierten Philosophie einsetzt, fragt Adorno in einem Vortrag »Wozu noch Philosophie« (1962). Die Philosophie befindet sich aus Adornos Sicht offenbar in einer Krise. Doch wie ihr beistehen? Wie der Philosophie, sofern man sie denn überhaupt noch betreiben wollte – und Adorno scheint dessen durchaus nicht immer gewiss –, zu neuem Recht, zur Aktualität verhelfen?

Das allerletzte Mittel, vom dem sich Adorno Abhilfe zu versprechen scheint, liegt in einer »Ästhetisierung« (K, GS 2, S. 23) der Theorie. In der Antrittsvorlesung betont er, dass ihm die »Pseudomorphose« (PhF, GS 1, S. 332) der Philosophie an Dichtung mehr als suspekt sei. Lieber die Philosophie »liquidieren und in Einzelwissenschaften auflösen, als mit einem Dichtungsideal ihr zu Hilfe kommen« (PhF, GS 1, S. 332), fordert er. Denn Philosophie, die Dichtung werden wolle, vollziehe nichts anderes, »als eine schlechte ornamentale Verkleidung falscher Gedanken« (PhF, GS 1, S. 332). Denken mit ästhetischen Mitteln, das bedeutet für Adorno zunächst, schlecht Denken, ›falsche Gedanken‹ als richtige bemänteln. Nur wenig später schreibt er eindringlich: »Selbst mit Hinblick auf eine endliche Konvergenz von Kunst und Philosophie wäre alle Ästhetisierung des philosophischen Verfahrens abzuwehren« (K, GS 2, S. 23) – eine Mahnung,

---

[3] Diese Texte interpretiert es als Hinweise für das ›in spezifischer Weise ästhetisch verfasst‹-Sein von Theorie. Zu bedenken ist hierbei, dass Adorno an keiner Stelle selbst vom ästhetisch-Sein einer neu zu fassenden Theorie spricht, geschweige denn von einer solchen als ästhetischer Theorie. Genaugenommen gebraucht er den Ausdruck ›ästhetische Theorie‹ vor der *Ästhetischen Theorie* überhaupt nicht. Daher stehen alle mit Bezug auf eine als fällig angezeigte Neufassung von Theorie gewonnenen Bestimmungen, sofern sie als solche verstanden werden, die über das ›in spezifischer Weise ästhetisch verfasst‹-Sein von Theorie Auskunft geben, unter dem Vorbehalt einer Prüfung, ob sich diese Engführung als legitim ausweisen kann.

die zumindest zur Zeit der *Negativen Dialektik* noch zu gelten scheint, wenn Adorno notiert, dass die »Affinität der Philosophie zur Kunst« jene nicht »zu Anleihen bei dieser« (ND, GS 6, S. 26) berechtige. Bereits im Aufsatz »Essay als Form« diskreditiert Adorno Philosophie, die »Anleihe bei der Dichtung« nimmt, als »ausgelaugte[s] Kulturgeschwätz« (NzL, GS 11, S. 13). Eine solche weigere sich, »die Verpflichtungen des begrifflichen Denkens zu honorieren, die sie doch unterschrieben hat, sobald sie Begriffe in Satz und Urteil verwandte« (NzL, GS 11, S. 13). Hat Adorno also zur Zeit der Verfertigung der *Ästhetischen Theorie* diese mehr als deutlichen Verdikte revidiert? Gelten sie ihm, nur wenig später, nicht mehr?

Zunächst sollten wir beachten, dass Adorno bereits in der Antrittsvorlesung in Abgrenzung zu zeitgenössischen Positionen als Aufgabe der Philosophie die Deutung bestimmt (vgl. PhF, GS 1, S. 334) – und damit ausgerechnet ein Verfahren, das wir eher aus der ästhetischen Praxis, dem Umgang mit Kunstwerken kennen. Seine Idee von einer Philosophie als Deutung knüpft überdies im Geiste Walter Benjamins an das Verfahren der Konstellation an. »[S]inguläre[] und versprengte[] Elemente der Frage [seien] so lange in verschiedene Anordnungen« zu bringen, dass sie »zur Figur zusammenschießen, aus der die Lösung vorspringt, während die Frage verschwindet« (PhF, GS 1, S. 335). In der *Negativen Dialektik*, die das Verfahren der Konstellation weiter profiliert, heißt es, Philosophieren bedeute, »in Modellen zu denken« (ND, GS 6, S. 39). Außerdem hätte Philosophie »nicht sich auf Kategorien zu bringen, sondern in gewissem Sinne erst zu komponieren« (ND, GS 6, S. 44). Deuten, Modellieren, Konstellieren, Komponieren? Nach konventioneller philosophischer, begrifflicher Arbeit klingt das nun freilich nicht. Offensichtlich hat Adorno ein Verständnis von einem legitimen, nach ihm sogar fälligen ästhetisch-Sein philosophischer Theorie, das sich von einer aus seiner Sicht verurteilenswerten, ›pseudomorphotischen‹, ja ideologieverdächtigen ›Ästhetisierung‹ unterscheidet. Doch worin besteht der Vorzug des ästhetisch-Seins von Theorie vor sowohl der klassischen, diskursiven Theorie als auch vor der Adorno verhassten ›ästhetisierten‹ Theorie?

Relativ ausführlich beantwortet Adorno die Frage nach der Differenz zwischen dem, was sich als das ›in spezifischer Weise ästhetisch verfasst‹-Sein von Theorie fassen ließe, zur diskursiv verfassten Theorie in den Aufsätzen »Essay als Form« (vgl. 3.1.1) und »Parataxis. Zur späten Lyrik Hölderlins« (vgl. 3.1.2).[4] Zur zweiten Differenz sind verstreute Bemerkungen aus weiteren Texten hinzuziehen (vgl. 3.1.3).

---

4 Freilich wären noch weitere Texte hinzuzuziehen. Aus Platzgründen muss dies jedoch unterbleiben.

3.1.1

Die intertextuell verfahrende Lesart geht davon aus, dass die insbesondere in »Essay als Form« angestellten Überlegungen Adornos nicht nur sein Verständnis von einer spezifischen Textsorte, dem Essay, präsentieren, sondern zugleich, mit ihm, Konturen dessen, was als das ›in spezifischer Weise ästhetisch verfasst‹-Sein von Theorie zu interpretieren wäre.[5]

So liest sie Adornos Mahnung, der Essay werde voreilig als Kunst missverstanden, von der er sich aber »durch sein Medium, die Begriffe«, und »seinen Anspruch auf Wahrheit« (NzL, GS 11, S. 11) unterscheide, als ersten Hinweis für ihre Verständigung darüber, was unter dem ›in spezifischer Weise ästhetisch verfasst‹-Sein von Theorie zu fassen wäre: Ästhetisch verfasste Theorie im Sinne Adornos, so scheint es, ist Theorie, die auf Formen und Verfahrensweisen setzt, die wir der Kunst zuzurechnen geneigt sind, die sich aber aufgrund ihres Mediums, den Begriffen, und ihres Anspruchs, auf Wahrheit, klassischen Bestimmungen von Theorie verpflichtet fühlt.

Was nun aber macht den Essay für die Explikation einer in spezifischer Weise ästhetisch verfassten Theorie interessant? Mithin was wäre, abgeleitet, als das Spezifische einer ästhetisch verfassten Theorie aufzufassen? Folgen wir Adorno, ist es vor allem die konzentrische Darstellungsweise. Konzentrisch schreiben, das heißt nach Adorno, Begriffe nicht »von einem ersten her« zu konstruieren, noch »sie sich zu einem Letzten« ›abrunden‹ zu lassen (NzL, GS 11, S. 10); kurz: anti-systematisch denken und schreiben, um der »Erfahrung den Vorrang vor der begrifflichen Ordnung zumessen« (NzL, GS 11, S. 16) zu können, der ihr nach Adorno gebührt. Der Essay trage dem, wie Adorno es nennt, Nichtidentischen, i. e. dem, was nicht in den Begriff aufgelöst werden kann (und soll), formal Rechnung, indem er sich der »Reduktion auf ein Prinzip« enthalte und das Partielle »gegenüber der Totale« (NzL, GS 11, S. 17) akzentuiere. Damit wird der Essay einer Erkenntnis gerecht, die für Adorno zentral ist, dass nämlich die »Ordnung der Begriffe nicht eins ist mit dem Seienden«, der »ordo idearum« nicht dem »ordo rerum« entspricht (vgl. NzL, GS 11, S. 17). Indem er »nicht auf geschlossenen, deduktiven oder induktiven Aufbau« (NzL, GS 11, S. 17) setzt, d. h. klassische, traditionelle philosophische Form, vielmehr undogmatisch sei, werde er der »ontologische[n] Dignität« (NzL, GS 11, S. 17) des Individuellen gerecht. Solchermaßen liquidiere er das traditionelle Verständnis von Wahrheit und Methode, durchdringe die Sache, statt sie auf ein(e) andere(s) zurückzuführen (vgl. NzL, GS 11, S. 18f.).

---

5 Auf die immanente Problematik dieses Ansatzes komme ich zu Beginn von 3.2 zu sprechen.

Die genannten Charakteristika finden sich konsequenterweise bereits im »Essay«-Aufsatz selbst. Denn in dem *als* Essay verfassten Text *zum* Essay konstellieren sich diskontinuierlich und dynamisch die begrifflichen Bestimmungen dessen, was als Essay zu begreifen wäre. Der Essay zum Essay wird damit zur Exemplifikation dessen, was ein Essay ist.[6] Für ihn gilt, wovon er handelt, indem er davon handelt, was für ihn gilt: Er »nimmt den anti-systematischen Impuls ins eigene Verfahren auf und führt Begriffe umstandslos, ›unmittelbar‹ so ein, wie er sie empfängt« und »präzisiert [...] sie erst durch ihr Verhältnis zueinander« (NzL, GS 11, S. 20). Er ›versucht‹ (im buchstäblichen Sinne des Wortes ›Essay‹) tastend zu verfahren, experimentiert, beleuchtet perspektivisch – und ist damit für Adorno, der sich hierin auf Max Bense beruft, das genaue Gegenbild zur herkömmlichen philosophischen Form, der Abhandlung (vgl. NzL, GS 11, S. 25). So erreiche der Essay »weniger nicht, sondern mehr als das definitorische Verfahren [...] die Wechselwirkung seiner Begriffe im Prozeß geistiger Erfahrung« (NzL, GS 11, S. 20f.), da er das Denken intensiver in die erfahrene Wirklichkeit verstricke. Es sei konsequent, dass der Essay »die Darstellung [...] schwerer als die Methode und Sache sondernden, der Darstellung ihres vergegenständlichten Inhalts gegenüber gleichgültigen Verfahrensweisen« (NzL, GS 11, S. 20) nehme.

Die Bestimmungen des Essays, und mit ihm – so interpretiert die intertextuelle Lesart – die einer in spezifischer Weise ästhetisch verfassten Theorie, entwickelt Adorno im Gegenbild zu dem, was ihm als gängige Praxis diskursiver Theorie erscheint. So heißt es: »[S]eine [des Essays] Übergänge desavouieren die bündige Ableitung zugunsten von Querverbindungen der Elemente, für welche die diskursive Logik keinen Raum hat.« (NzL, GS 11, S. 31) Gleichwohl befinde sich der Essay (und wieder: damit auch in spezifischer Weise ästhetisch verfassten Theorie)

> nicht im einfachen Gegensatz zum diskursiven Verfahren. Er ist nicht unlogisch; gehorcht selber logischen Kriterien insofern, als die Gesamtheit seiner Sätze sich stimmig zusammenfügen muß. Keine bloßen Widersprüche dürfen stehenbleiben, es sei denn, sie würden als solche der Sache begründet. Nur entwickelt er die Gedanken anders als nach der diskursiven Logik. Weder leitet er aus einem Prinzip ab noch folgert er aus kohärenten Einzelbeobachtungen. Er koordiniert die Elemente, anstatt sie zu subordinieren; (NzL, GS 11, S. 31f.)

---

[6] Den Gedanken, dass Adorno auf die Logik der Exemplifikation setzt, um zu verdeutlichen, was ein Essay ist, greife ich in 5.3 wieder auf. Dort besitzt er, im Hinblick auf den Status der *Ästhetischen Theorie* eine besondere systematische Bedeutung.

Wollte man das Charakteristische des Essays, sofern es für das ›in spezifischer Weise ästhetisch verfasst‹-Sein von Theorie sprechend ist, zusammenfassen, so wäre eine Bemerkung Adornos, wonach der Essay »methodisch unmethodisch« (NzL, GS 11, S. 21) verfahre, als Schlüssel anzusehen.

3.1.2

War für die Konturierung der in spezifischer Weise ästhetisch verfassten Theorie im »Essay«-Aufsatz noch vornehmlich die deduktive Verfasstheit klassischer Theorie das Gegenbild, dem die konzentrische Darstellungsweise des Essays entgegengehalten wurde, so ist nun im »Parataxis«-Aufsatz die synthetisierende Verfasstheit klassischer Theorie das Gegenbild, dem die parataktische Darstellungsweise der Hölderlinschen Dichtung entgegengehalten wird.

Besonderes Interesse hegt Adorno für Hölderlins, wie er es nennt, parataktischen Stil, weil die Parataxen, indem sie reihten, ähnlich wie die konzentrische Darstellung des Essays, »der logischen Hierarchie subordinierender Syntax« (NzL, GS 11, S. 471) ›auswichen‹. Durch sie werde die Sprache Hölderlins »musikhaft«, denn die Elemente verknüpften sich anders als im gewöhnlichen Urteil (vgl. NzL, GS 11, S. 471). Hölderlin rücke die »folgerungslose Explikation anstelle eines sogenannten gedanklichen Fortgangs.« (NzL, GS 11, S. 472); wo das »Bestimmteste« genannt werde, werde die Bestimmung »als bloß gedanklicher Inhalt, nicht in fester Urteilsform behauptet, sondern gleich einer Möglichkeit vorgeschlagen«. Damit werde »Verzicht auf prädikative Behauptung« (NzL, GS 11, S. 472) geleistet.

Das Parataktische sei jedoch keineswegs nur auf den »mikrologischen« Bereich beschränkt, sondern greife vielmehr auf »größere Strukturen« (NzL, GS 11, S. 473) aus. Adorno nimmt die »parataktische Auflehnung wider die Synthesis« (NzL, GS 11, S. 476) also recht grundsätzlich. Denn sie fügt sich in seine Bemühung, eine »Synthesis von anderem Typus« (NzL, GS 11, S. 476) zu entwickeln. So stelle Hölderlin eine Synthesis vor, deren Einheitsgestalt »so abgewandelt« sei, »daß nicht bloß das Mannigfaltige in ihr widerscheint«, denn das sei auch in herkömmlicher Synthesis möglich, »sondern daß die Einheit selbst anzeigt, sie wisse sich nicht als abschlusshaft« (NzL, GS 11, S. 476f.).

3.1.3

In den Aufsätzen »Essay als Form« und »Parataxis« scheint Adorno nahezulegen, dass Kunst und Philosophie in der Form übereinkommen, und dass mithin gilt, in spezifischer Weise ästhetisch verfasste Theorie, das ist Theorie, die sich ästhetischer Formen bedient. Doch just dies bestreitet er in der *Negativen Dialektik*, um sich gegen die ›Ästhetisierung‹ der Philosophie zu verwahren und in spezifischer Weise ästhetisch verfasste Theorie von bloß ›ästhetisierter‹ abzugrenzen. So heißt es dort: »Kunst und Philosophie haben ihr Gemeinsames *nicht* in *Form* oder gestaltendem Verfahren, *sondern* in einer *Verhaltensweise*, welche Pseudomorphose verbietet.« (ND, GS 6, S. 27; Herv. AS)

Wenn sich Adorno also über das konzentrische Verfahren des Essays und die parataktische Syntax Hölderlins wertschätzend äußert, so sind wir angehalten, dies nicht in dem Sinne zu verstehen, dass er der Philosophie anempfiehlt, ihre Formen zu übernehmen (vgl. NzL, GS 11, S. 13). Wir sollten den Bezug auf das konzentrische und parataktische Schreiben vielmehr so deuten, dass Adorno uns qua Reflexion auf diese Formen und Verfahrensweisen Aufschluss darüber geben will, dass ihnen eine bestimmte, wie er es nennt, ›mimetische‹, d. h. sich der Sache anschmiegende Verhaltensweise, zugrunde liegt. Eine solche zielt letztlich darauf, eine »autonome[], rein aus der Sache aufsteigende[n], jeder Anleihe ledige[n] Form« (MS, GS 16, S. 611) zu entwickeln, wie es in einem anderen Aufsatz, »Form in der neuen Musik«, heißt. »Essay als Form« und »Parataxis« stellen daher eher Versuche dar, uns für die Überzeugung zu gewinnen, eine den Bestimmungen des Gegenstands angemessene Form zu generieren, und gegen die herkömmlicher Weise aprioristische, i. e. gegenstandsunabhängig vorliegende Form skeptisch zu sein.

Fassen wir das Bisherige zusammen, so besteht die wesentliche Leistung der intertextuellen Lesart darin, dass sie uns dafür sensibilisiert, dass für die Aufklärung des Sinns des ›in spezifischer Weise ästhetisch verfasst‹-Seins von Theorie zwei grundlegende Unterscheidungen zu treffen sind:

Sie macht zum einen deutlich, dass der Sinn des ›in spezifischer Weise ästhetisch verfasst‹-Seins von Theorie nur dadurch zu gewinnen ist, dass man ihn von dem der ›Ästhetisierung‹ abzugrenzen weiß. Sie macht zum anderen deutlich, dass diese Abgrenzung im Horizont einer weiteren Abgrenzung zu erfolgen hat, nämlich der Abgrenzung von klassischer, deduktiver und diskursiver Theorie. Entsprechend wäre daher ausgehend von den Erläuterungen zum konzentrisch verfahrenden Essay und zum parataktischen Stil Hölderlins für das ›in spezifischer Weise ästhetisch verfasst‹-Sein von Theorie aus Sicht der intertextuellen Lesart festzuhalten:

Ästhetisch verfasste Theorie, das ist kurzum Theorie, die wider den Primat einer apriori vorliegenden Form, ihre Form ›aus der Sache‹ generiert. Solchermaßen steht sie sowohl klassisch deduktiver, synthetisierender als auch ›ästhetisierter‹ Theorie entgegen. Ästhetisch verfasste Theorie ist, negativ gesprochen, anti-reduktive, anti-systematische, nicht-deduktive, nicht-subordinierende, und nicht sich bei anderen Medien, wie bspw. der Kunst, Formanleihe suchende Theorie; positiv gesprochen, ist sie Theorie, die assoziativ, koordinativ, dynamisch, selbstreflexiv ihre Form in enger Auseinandersetzung mit den Bestimmungen der Sache generiert, auf die sie sich bezieht. Damit bedeutet das ›in spezifischer Weise ästhetisch verfasst‹-Sein von Theorie nach Adorno, wie er es im »Essay«-Aufsatz pointiert nennt, ein Stück ›methodisch unmethodischer‹ Methode, für die es charakteristisch ist, dass sie sich nicht im Rahmen einer den Bestimmungen der Sache vorausgehenden Methodologie präsentieren und legitimieren lässt (und können lassen muss).

Im Lichte der intertextuell verfahrenden Klärung des ›in spezifischer Weise ästhetisch verfasst‹-Seins von Theorie ist (vorläufig) der Status der *Ästhetischen Theorie* bestimmbar. Da Adorno in einer der Regiebemerkungen am Rande der Typoskriptseite Ts 19428 der *Ästhetischen Theorie*,[7] dreimal markiert, notiert, »Entschluss, nicht in fortlaufendem Gedankengang, sondern konzentrischer, quasi paratakischer zu schreiben. Darüber einen zentralen Absatz in die Einleitung. Konsequenz aus der ND ziehen«, hält es die intertextuell verfahrende Lesart für billig anzunehmen, dass Adorno zur Zeit der Verfertigung der *Ästhetischen Theorie* den eben skizzierten Überlegungen *vor* der *Ästhetischen Theorie* treu geblieben ist. Schließlich rufen die zentralen Stichworte – nicht in fortlaufendem Gedankengang, konzentrischer, paratakischer schreiben – just die Bestimmungen auf, die die eben besprochenen Aufsätze entwickeln. Die *Ästhetische Theorie* ist solchermaßen allerdings nicht mehr (und wieder: auch nicht weniger) als die Exekution eines bereits vorab entwickelten, und wenn auch nicht *in extenso*, so doch bereits *in nuce* realisierten Verständnisses einer in spezifischer Weise ästhetisch verfassten Theorie.

---

[7] Die im Frankfurter Theodor W. Adorno Archiv einsehbaren Handschriften und Typoskripte werden nach der dortigen Zählung dem Schema »Ts« und Typoskriptnummer folgend zitiert, z. B. »Ts 19428«.

3.2

Von der intertextuellen ist die intratextuelle Lesart zu differenzieren, die bei der Klärung dessen, was unter dem ›in spezifischer Weise ästhetisch verfasst‹-Sein von Theorie nach Adorno zu verstehen wäre, vor allem *in der Ästhetischen Theorie* nach Hinweisen sucht.

Diese Lesart zieht die Konsequenz aus einem Selbstwiderspruch, in den sich die eben vorgestellte, intertextuelle Lesart verstrickt. Denn diese kommt zu dem Ergebnis, dass zum Sinn des ›in spezifischer Weise ästhetisch verfasst‹-Seins gehört, nicht mehr nur in kontingenter und indifferenter, sondern in notwendiger Weise mit dem, was artikuliert werden soll, verbunden zu sein. Auf diesen Sinn kommt sie aber just, indem sie ›Aussagen‹ aus dem »Essay«- und »Parataxis«-Aufsatz ›herauspräpariert‹ – also just das tut, was zu tun sich ihr ihrem eigenen Ergebnis nach eigentlich verbieten sollte. Sie entkleidet, indem sie paraphrasiert, die Inhalte ihrer ästhetischen Form und bricht, was die Aufsätze ästhetisch vermitteln, auf inhaltliche Thesen herunter.[8] Damit aber verzerrt sie deren Gehalt.[9] Ist aber nun gerade das nicht legitim bzw. in sich widersprüchlich, so muss sich eine Lesart, die um die Aufklärung des Sinns des ›in spezifischer Weise ästhetisch verfasst‹-Seins bemüht ist, aus den Fehlern der vorigen Lesart Konsequenzen ziehend, dem Text selbst, i. e. der *Ästhetischen Theorie*, zuwenden. Ebendies tut die intratextuelle Lesart.

Der intratextuellen Lesart bieten sich zwei Möglichkeiten, dem, was ›in spezifischer Weise ästhetisch verfasst‹-Sein von Theorie in der *Ästhetischen Theorie* bedeuten mag, nachzugehen. Sie kann, in Analogie zur vorangehenden Lesart, *in der Ästhetischen Theorie* Textstellen aufsuchen, die Aufschluss geben, was damit gemeint sein könnte. Sie kann sich dies allerdings auch mithilfe einer textnahen philologischen Lektüre deutend selbst erschließen.

3.2.1

Die intratextuell verfahrende Lesart, die sich eine Klärung des Sinns des ›in spezifischer Weise ästhetisch verfasst‹-Seins von Theorie ausgehend von be-

---

[8] Es wurde zwar durchaus festgestellt, dass der Aufsatz zum Essay selbst als Essay verfasst ist, dass er also exemplifizierenden Charakters ist, doch blieb diese Beobachtung ohne tiefer gehende systematische Konsequenzen.

[9] Im »Parataxis«-Aufsatz hieß es explizit, dass der Inhalt erst mit der Form zum Gehalt werde (vgl. NzL, GS 11, S. 470).

stimmten Textstellen verspricht, kann sich ebenfalls auf die genannte Regiebemerkung stützen. Zur Erinnerung, auf Ts 19428 hieß es: »Entschluss, nicht in fortlaufendem Gedankengang, sondern konzentrischer, quasi parataktischer zu schreiben. Darüber einen zentralen Absatz in die Einleitung. Konsequenz aus der ND ziehen«. Der Fokus liegt für diese Lesartenvariante allerdings nicht auf den eben reportierten Aufsätzen, die (vermeintlich) über Adornos Verständnis vom konzentrischen und parataktischen Schreiben Aufschluss geben, sondern auf dem genannten »zentralen Absatz« der Einleitung.

Nun ist freilich zu bedenken, dass als ungewiss gelten muss, ob der ›zentrale Absatz‹, den die Regiebemerkung projektiert, noch aussteht oder mit den Ausführungen, die mit der (von den Herausgebern Adorno/Tiedemann so genannten) »Frühen Einleitung« vorliegen, bereits ansatzweise oder in Gänze realisiert ist. Die Herausgeber weisen jedoch darauf hin, dass Adorno plante, diese zu ersetzen (vgl. ÄT, GS 7, S. 537); und da sie sich in weiten Teilen mit den Überlegungen aus einer frühen Vorlesung zur Ästhetik decken, wie transkribierte Tonbandmitschnitte bezeugen (vgl. NL IV/3, S. 9ff.), ist auch wirklich davon auszugehen, dass die Regiebemerkung jüngeren Datums ist, mithin die Einleitung als ›veraltet‹ bzw. ›überholt‹ einzuschätzen ist. Gleichwohl finden sich in der »Frühen Einleitung« einschlägige, wenn auch relativ spärliche und eher verstreute Bemerkungen, die sich als solche zum ›in spezifischer Weise ästhetisch verfasst‹-Sein von Theorie interpretieren lassen.

So formuliert Adorno mit Bezug auf Benedetto Croces »radikalen Nominalismus«, dass es in der philosophischen Ästhetik an der Zeit wäre, das Hegelsche Programm umzusetzen, »nicht von oben her zu denken«, »sondern den Phänomenen sich zu überlassen« (ÄT, GS 7, S. 494). Die Behandlung der Kunst gestatte nicht, sich »von den bestimmten Phänomenen« zu »entfernen«, weshalb »die Möglichkeit von ästhetischer Theorie als einer traditionellen zugleich in Frage« (ÄT, GS 7, S. 494) gestellt sei. Adorno wendet gegen die traditionelle Ästhetik ein, dass die distanzierte, »überschauende und kontemplative Haltung, welche der Ästhetik von der Wissenschaft zugemutet« (ÄT, GS 7, S. 495) werde, mit gegenwärtigen künstlerischen Phänomenen »unvereinbar« sei. Kunst habe sich zuletzt so sehr gewandelt, dass Ästhetik »mit ihren Begriffen hilflos« (ÄT, GS 7, S. 504) hinter ihr her laufe. Ihr Heil suche sie vergeblich im Ergreifen von »Invarianten« (ÄT, GS 7, S. 504), auf die auch neue Phänomene herunter gebrochen würden, obgleich sie zu den vermeintlich invarianten Kategorien quer stünden (vgl. ÄT, GS 7, S. 505). Nüchtern stellt Adorno fest: »Ästhetik heute divergiert damit vorweg von dem, was sie behandelt« (ÄT, GS 7, S. 495). Wollte Ästhetik noch irgend Recht für sich beanspruchen, »an die Kunst heran[]reichen« (ÄT, GS 7, S. 505), bedürfte sie nach Adorno einer kritischen

Selbstreflexion. Nicht seien Philosopheme zu applizieren oder vom Autor oder Theoretiker ›hineingepumpte‹ Philosophie zu deduzieren (vgl. ÄT, GS 7, S. 507). Vielmehr habe die Ästhetik »[i]m Zeitalter der Unversöhnlichkeit traditioneller Ästhetik und aktueller Kunst«, »die untergehenden Kategorien als übergehende zu denken in bestimmter Negation« (ÄT, GS 7, S. 507). Zeitgemäße Ästhetik wäre nach Adorno eine, die in enger Auseinandersetzung mit aktueller Kunst eine Revision ihrer Kategorien unternähme. Eine solche allerdings zu vollziehen, gelinge ihr nur, wenn sie, skeptisch »gegen die aprioristische Konstruktion und gewarnt vor der aufsteigenden Abstraktion« »zum Schauplatz die Erfahrung des ästhetischen Gegenstandes« (ÄT, GS 7, S. 513) nehme. Was die aus einer solchen Funktions- bzw. Aufgabenbestimmung resultierende Gestalt der Ästhetik angeht, bleibt Adorno jedoch vage.

Daher ist festzustellen, dass die Ausführungen der »Frühen Einleitung« zum Verständnis des ›in spezifischer Weise ästhetisch verfasst‹-Seins von Theorie relativ wenig beitragen.[10] Folgte man zur Klärung dessen, was unter dem ›in spezifischer Weise ästhetisch verfasst‹-Sein von Theorie zu begreifen wäre, ausschließlich der »Frühen Einleitung«, so muss der Eindruck entstehen, dass die *Ästhetische Theorie* nicht unbedingt den Anspruch erhebt, besonders, nämlich in spezifischer Weise ästhetisch verfasste Theorie zu sein.[11] Denn Adorno artikuliert in ihr eigentlich nur, dass sich Ästhetik als Disziplin überhaupt wandeln müsse und sich dazu stärker an den Gegenständen zu orientieren hätte; ein

---

10 Zudem ist das, was wir ihnen entnehmen können, zuweilen gegenläufig zu dem, was die eben konstruierte intertextuelle Lesart ausmacht. Galt *vor* der *Ästhetischen Theorie*, dass Theorie, die anti-systematisch und anti-aprioristisch verfasst sein will, sich heteronomer, dem Gegenstand vorgängiger Konzepte und Vorgehensweisen zu enthalten habe, so ruft Adorno hier, in der »Frühen Einleitung«, diese Überlegungen zwar auf, kompromittiert sie jedoch sogleich – sicher auch gegen den eigenen Anspruch –, indem er im weiteren Verlauf ein normativ grundiertes Bild von Kunst zeichnet, das sich schwerlich als nicht-heteronom und anti-aprioristisch bezeichnen lässt. Denn das Kunst-Sein wird unumwunden mit dem Projekt der Kritischen Theorie vom richtigem Bewusstsein und philosophischer Wahrheit kurzgeschlossen. Besonders deutlich wird das in einer Aussage, wie: »kein Kunstwerk richtigen Bewußtseins, das sich nicht in sich der ästhetischen Qualität nach bewährte.« (ÄT, GS 7, S. 520) Von *einem* Apriori kann und will sich Adorno also offenbar nicht lösen, dass nämlich geschichts- und gesellschaftsphilosophische Kategorien als prinzipiell mit den ästhetischen aufs Engste verbunden anzusehen sind (vgl. ÄT, GS 7, S. 532). Somit wandelt sich Ästhetik von einem am konkreten Kunstwerk orientierten deskriptiven Projekt zu einem von ihm zwar ausgehenden, aber doch abhebenden, normativen Projekt (vgl. ÄT, GS 7, S. 533).

11 Beleg hierfür ist auch, dass Adorno den Ausdruck ›ästhetische Theorie‹ in der »Frühen Einleitung« ausschließlich als Synonym für Ästhetik verwendet, damit ganz grundsätzlich die philosophische Disziplin meinend, und keineswegs eine in spezifischer Weise ästhetisch verfasste Theorie insinuierend.

Anspruch, der zwar für Adorno mit dem eines ›in spezifischer Weise ästhetisch verfasst‹-Seins von Theorie assoziiert sein mag, den näher zu entwickeln, er jedoch schuldig bleibt.

Dass diese intratextuelle, eine Textstelle konsultierende Vorgehensweise nicht nur wenig produktiv ist, sondern sich aus den Widersprüchen, von denen sie anhebt, nicht befreien kann, liegt auf der Hand. Schließlich sucht auch sie auf primär ›inhaltlicher‹ Ebene, d. h. jenseits der konkreten ästhetischen Vermittlung, Aufschluss über das ›in spezifischer Weise ästhetisch verfasst‹-Sein zu erlangen.

3.2.2

Einen anderen, vielversprechenderen Weg beschreitet diejenige Lesart, die zwar ebenfalls *in* der *Ästhetischen Theorie* eine Klärung über das ›in spezifischer Weise ästhetisch verfasst‹-Sein von Theorie sucht, allerdings auf eine deutende Lektüre der *Ästhetischen Theorie* setzt. Ein solcher Ansatz verlangt nach literaturwissenschaftlichen Kompetenzen. Denn er muss in der Lage sein, ›Ästhetisches‹ zu erkennen – und zwar im konkreten Text und nicht im Ausgang von den im Text getätigten (bloß) ›inhaltlichen‹ (Selbst-)Aussagen.[12]

Hier stehen zunächst praktische Schwierigkeiten im Weg, zu denen es sich zu verhalten gilt. Denn, so irritierend dies erscheinen mag, die *Ästhetische Theorie* ›gibt‹ es nicht. Es sei daran erinnert, dass die *Ästhetische Theorie* Fragment geblieben ist. Adorno ist inmitten des wohl vorletzten Redaktionsgangs verstorben. Überliefert ist ein nicht gerade übersichtliches Konvolut an (nennen wir es) ›Textmaterial‹ in Form von Typoskripten. Nicht alle dieser Typoskripte lassen sich in eine eindeutige Ordnung bringen. Zudem projektiert Adorno im letzten Redaktionsgang, wie Notate in der Marginalienspalte bezeugen, etliche Umsortierungen, Straffungen und Erweiterungen. Die von Gretel Adorno und Rolf Tiedemann besorgte Leseausgabe, wie sie seit 1970 im Suhrkamp-Verlag

---

12 Hierin besteht freilich erneut ein Problem, das auch diese Lesart unter einen Vorbehalt stellt – und letztlich in einen weiteren Selbstwiderspruch treibt. So muss sie zumindest einen groben Vorbegriff davon haben, was ihr als ›ästhetisch‹ gilt. Denn nur solchermaßen ist es ihr überhaupt möglich, Verfahrens- und Schreibweisen als ästhetisch identifizieren zu können. Ein solcher Vorbegriff steht jedoch offensichtlich quer zum Anspruch, *immanent* aufklären zu wollen, d. h. im Ausgang von der konkreten Umsetzung, was unter dem ›in spezifischer Weise ästhetisch verfasst‹-Sein von Theorie zu verstehen ist. Doch nicht nur dies. Ein solcher Vorbegriff steht auch quer zum Anspruch, dass hier ein *spezifischer* Sinn des Ästhetisch-Seins, d. h. ein ›in spezifischer Weise ästhetisch verfasst‹-Sein von Theorie aufgeklärt werden soll.

vorliegt, versucht das Beste daraus zu machen. Allerdings, und das gilt es zu bedenken, konstruiert sie ein Textgefüge, das weder materialiter so vorliegt, noch in seiner Legitimität ausgewiesen ist. Adorno/Tiedemann scheuen sich nicht, die projektierten, doch keineswegs immer als endgültig entschieden zu erachtenden Umsortierungen und Streichungen zu exekutieren – auch nicht solche, die zuweilen als gravierend und fragwürdig einzuschätzen sind (vgl. Endres/Pichler/Zittel 2013, S. 186). Das editorische Nachwort bekundet die Unabgeschlossenheit des Werkes zwar (vgl. ÄT, GS 7, S. 537), vermag aber dem gleichwohl sich einstellenden Eindruck, etwas mehr oder weniger ›Fertiges‹ vor sich zu haben, nur bedingt entgegenzuwirken.

Dieser Schwierigkeit lässt sich nun in zweifacher Weise begegnen. So kann sich eine Lektüre, die Aufschluss über die Bedeutung des ›in spezifischer Weise ästhetisch verfasst‹-Seins von Theorie sucht, vornehmlich textgenetisch vollziehen und die Entstehung der *Ästhetischen Theorie* im Ausgang von den in verschiedener Form überlieferten Zeugnissen verfolgen; oder vornehmlich textnah, d. h. ausgehend von dem uns zuletzt vorliegenden, redigierten Typoskriptmaterial (statt nur von der bisher vorliegenden Leseausgabe).

3.2.2.1

Die Lesart, die sich der Bedeutung des ›in spezifischer Weise ästhetisch verfasst‹-Seins von Theorie mit einem gewissermaßen makroskopischen Blick nähert, der sich auf die über mindestens zwei Jahrzehnte erstreckende Entstehung der *Ästhetischen Theorie* richtet, steht vor einer immensen Recherche- und Archivarbeit. Denn erste Überlegungen zu einem Buch über die Ästhetik, ja zur *Ästhetischen Theorie* dürften sich schon in frühesten Notizbüchern finden,[13] die bislang nur dem Adorno-Archiv vorliegen, d. h. nicht ohne Weiteres öffentlich zugänglich sind. Zu berücksichtigen wäre überdies die schier unüberschaubare Anzahl von Briefen an Freunde, Herausgeber, etc., die Aufschluss über die Kontur, die Gestalt, den Anspruch der Schrift geben könnten.[14] Daneben gibt es unzählige Manu- und Typoskripte, Diktate und Abschriften zu Diktaten, Tonbandaufnahmen und Transkriptionen ebendieser. So erstellt Adorno bereits

---

13 Die Herausgeber Adorno/Tiedemann bemerken in ihrem »Editorischen Nachwort«, dass sich nicht exakt rekonstruieren lässt, wann genau Adorno den »»Plan zu einem Buch über die Ästhetik« (ÄT, GS 7, S. 538) fasste. Sie bezeugen aber, dass es bis 1956 zurückreichende Notate gibt.
14 Es findet sich bspw. mit dem am 09.09.1960 verfassten Brief Theodor W. Adornos an Siegfried Unseld das erste Dokument, in dem Adorno selbst die *Ästhetische Theorie* noch ohne Titel ganz allgemein als »›Ästhetik‹« ansprechend, erwähnt. Vgl. Schopf 2003, S. 351.

1931/32, anlässlich des Seminars »Probleme der Ästhetik« Notizen. Ab 1950 hält er bis zu seinem Tod sechs Vorlesungen zum Thema. Zur ersten Vorlesung (bzw. zum Kolleg) von 1950 liegen keine Dokumente vor, allerdings sind anlässlich des zum im Wintersemester 1950/51 gehaltenen zweiten Durchgangs ausgearbeitete Stichworte und ein Protokoll überliefert. Die dritte Vorlesung aus dem Wintersemester 1955/56, so berichtet Eberhard Ortland (vgl. NL IV/3, S. 505), ist durch handschriftliche Entwürfe, als auch durch eine Nachschrift dokumentiert, die auf der Grundlage einer stenographischen Mitschrift angefertigt wurde, die vierte und fünfte von 1961 und 1961/62 in vollständigen Tonbandtranskriptionen (vgl. NL IV/3, S. 505). Zur Vorlesung von 1958/59 liegen mittlerweile, von Ortland herausgegeben, die Tonbandabschriften und Stichworte zu den Vorlesungen im Suhrkamp-Verlag vor (vgl. NL IV/3). Ortland verweist darauf, dass Adorno seit mindestens 1956 Aufzeichnungen und Entwürfe zu einem systematischen Buch zur Ästhetik niedergeschrieben hat (vgl. NL IV/3, S. 505). Die 1958/59er Vorlesung ist allerdings die früheste, die wir vollständig durch transkribierte Tonbandaufnahmen kennen. Dass Adorno an den Transkriptionen weitergearbeitet hat, zeigen Redaktionsspuren. Zur Zeit der letzten, wiederum zweisemestrigen Vorlesung vom Sommer 1967 und Winter 1967/68, lagen große Teile der *Ästhetischen Theorie* bereits vor. Von ihr sind Entwürfe und Stichworte, einzelne Stenogrammnachschriften, sowie Aufnahmen erhalten. Studenten gaben überdies 1973 eine unautorisierte, wissenschaftlichen Standards nicht genügende ›Edition‹ der Tonbandnachschriften heraus.

Für die Vorlesung von 1958/59 lässt sich festhalten, dass Adorno überwiegend im Ausgang von Stichworten improvisiert. Viele der Themen, Motive, die wir in der *Ästhetischen Theorie* finden, sind bereits ›da‹. Auch einige Formulierungen ›stehen‹. Achten wir (zunächst wiederum inhaltsorientiert) nur auf Adornos Aussagen, die sich als Aussagen zum ›in spezifischer Weise ästhetisch verfasst‹-Sein von Theorie interpretieren ließen, so ist vor allem die erste Vorlesung vom 11. November 1958 in den Blick zu nehmen. Sie ähnelt, wie bereits angemerkt, inhaltlich großteils der »Frühen Einleitung«. Adorno setzt sich kritisch mit der aprioristischen Fassung ästhetischer Kategorien auseinander und wettert gegen die »von oben her verfahrende Subsumtion der Kunst« (NL IV/3, S. 14). Doch über »Methodologisches« (NL IV/3, S. 16), so Adorno selbst, wolle er nicht viele Worte verlieren, selbst wenn er, wie er beiläufig bemerkt, »bequem diese Vorlesung mit solchen Betrachtungen ausfüllen« (NL IV/3, S. 16) könne. Er bekennt sich zum Hegelianer und hält damit den Anspruch auf Erläuterung der Methodik für ausgeräumt (vgl. NL IV/3, S. 16). Denn gemäß Hegel sei Methode nun einmal nicht »in abstracto« (vgl. NL IV/3, S. 16) dazustellen, und dann auf Gegenstände ›anzuwenden‹. Dies gelte insbesondere für die Ästhetik:

»Es gibt eben hier tatsächlich in der Ästhetik nicht eine Methode, die sich losgelöst von der Sache selbst darstellen würde« (NL IV/3, S. 16), meint Adorno. Daher solle man seine Methode (von der er gleichwohl spricht) »an den einzelnen Erörterungen der ästhetischen Kategorien [...] kennenlernen« (NL IV/3, S. 16). Adorno nimmt erklärtermaßen in Kauf, dass manchem seiner Zuhörer die Ausführungen ›rhapsodistisch‹ und ›zufällig‹ (vgl. NL IV/3, S. 16) erscheinen mögen, bekräftigt jedoch, dass er sich »gegen diese Trennung von Methode und Sache« (NL IV/3, S. 17) verwehre. Wer genaueres wissen wolle, der solle seine Einleitung zur *Metakritik der Erkenntnistheorie*, den »Essay«-Aufsatz und die Einleitung zur Kranichsteiner Vorlesung »Kriterien der neuen Musik« konsultieren.[15]

Bemühungen, das auf ›spezifische Weise ästhetisch verfasst‹-Sein von Theorie ausgehend von der Analyse der konkreten Verfasstheit der Vorlesung zu verstehen, sind allerdings nur bedingt sinnvoll – wobei sie immerhin den Vorzug haben, die zweifellos unangemessene, nur ›inhaltsorientierte‹ Vorgehensweise hinter sich zu lassen. Denn zu bedenken ist, dass es sich bei den Vorlesungs-›Texten‹ um Verschriftlichungen von vor Studenten, Doktoranden und Kollegen überwiegend frei gehaltenen Vorträgen handelt, so dass Schlüsse auf das ›in spezifischer Weise ästhetisch verfasst‹-Sein nur sehr eingeschränkt möglich sind. Setzte man hier an, so wäre der ästhetische Charakter zweifelsfrei primär als rhetorisch anzusehen. Dies liegt jedoch in der Natur des akademischen Vortrags, der Adorno zwingt, pädagogisch zu verfahren. Er bemüht sich um Verständlichkeit, spricht seine Hörerschaft gezielt an, wiederholt vieles und perspektiviert einige seiner Überlegungen immer wieder neu. Am Anfang jeder Vorlesung greift er die wichtigsten Überlegungen aus der vorhergehenden auf und stellt danach das Thema der aktuellen Vorlesung vor. Offen bekundet er seine Einstellungen und Haltungen gegenüber philosophischen Positionen und zeitgenössischen Diskussionen. Ebenso unumwunden benennt er seine Absichten, bemüht darum, seine Zuhörer zu überzeugen. Adorno strukturiert nachvollziehbar, orientiert stets über den Standort im Argumentationsgang. Er antizipiert mögliche Verständnisschwierigkeiten, Fragen und Einwände. Formulierungen wie »Sie könnten [jetzt] fragen« (NL IV/3, S. 30) oder »Sie könnten weiter sagen« (NL IV/3, S. 19) sind geradezu strukturbildend.

Von der parataktischen Syntax der *Ästhetischen Theorie* sehen wir hier noch wenig. Die Syntax ist vornehmlich hypotaktisch. Überdies sind die Sätze klar relationiert, logisch meist eindeutig aufeinander bezogen und explikativ. Offen-

---

[15] Im Grunde wäre daher bei 3.1 auch auf diese beiden Texte zu sprechen zu kommen. Aus Platzgründen habe ich das unterlassen.

sichtlich kalkulierte Ambivalenzen in den Formulierungen, die auf eine Artikulation von als dialektisch zu erachtenden Beziehungen zielen, wie wir sie in der *Ästhetischen Theorie* zahlreich finden, fehlen weitestgehend. Nicht selten reihen sich für den um Verständnis bemühten Vortrag übliche Nebensatzkolonnen, die den Aussagegehalt durch umfängliche Paraphrasierungen und Reformulierungen zu verdeutlichen suchen. Es gibt kaum Verdichtungen oder Verknappungen des Ausdrucks, wie sie für die *Ästhetische Theorie* typisch sind. Adorno bemüht sich ganz im Gegenteil um Eindeutigkeit, scheut keineswegs klare, propositionale Aussagen. Es finden sich sogar in der *Ästhetischen Theorie* eher selten anzutreffende Definitionen – weshalb nicht wenige der heutigen Adorno-Leser, insbesondere sofern sie vornehmlich an Adornos ›Position‹ interessiert sind, die »Ästhetik«-Vorlesung der um einiges komplizierteren *Ästhetischen Theorie* vorziehen.

Alles in allem betrachtet, geben uns die Vorlesungsmitschriften allerdings doch, nämlich umwegig, einen Eindruck vom möglichen Sinn des ›in spezifischer Weise ästhetisch verfasst‹-Seins der *Ästhetischen Theorie*. Dazu müssten wir ›nur‹ (wie eben ansatzweise getan) die qualitative Distanz zwischen den einen, frühen mündlichen, nach Aufnahme verschriftlichten Ausführungen, und den anderen, späteren schriftlich verfassten bzw. überarbeiteten Ausführungen ausmessen.

Die qualitative Distanz auszumessen, fällt jedoch leichter, wenn wir vergleichend den Blick auf die schriftlichen Zeugnisse hin erweitern, die der (von Adorno/Tiedemann konstruierten) ›Fassung‹ der *Ästhetischen Theorie* vorhergehen. Wie eben erwähnt, ›wuchs‹ der Text der (bzw. zur) *Ästhetischen Theorie* mit den sechs Vorlesungen, die Adorno zwischen 1950 bis 1967/68 hielt. 1961 diktiert Adorno eine erste Version, dessen Transkription 152 Seiten umfassen. So entsteht die sogenannte ›Paragraphen-Ästhetik‹, die ihren Namen aufgrund der Gliederung in relativ kurze Paragraphen trägt. Diese nimmt Adorno allerdings erst wieder 1966, nach der Arbeit an der *Negativen Dialektik*, zur Hand. Zwischen Oktober 1966 und Dezember 1967 erstellt er ein zweites Diktat. Im Januar 1968 ist die Rohfassung, und damit die erste Fassung des »großen ästhetischen Buches« (ÄT, GS 7, S. 539), wie Adorno die *Ästhetische Theorie* nennt, abgeschlossen. Die so entstehende Fassung wird aufgrund ihrer Einteilung in sieben Kapitel ›Kapitel-Ästhetik‹ genannt. In ihr geht der Text der ›Paragraphen-Ästhetik‹ beinahe vollständig auf. Sie fällt jedoch mit 765 Seiten Typoskriptseiten deutlich umfänglicher aus (vgl. Endres/Pichler/Zittel 2013, S. 175). Im September 1968 redigiert Adorno erneut. Er konzentriert sich dabei vor allem auf die Organisation des Materials (vgl. ÄT, GS 7, S. 537), nimmt an zahlreichen Stellen handschriftliche Überarbeitungen vor, fügt Neues ein. Den letzten Arbeitsgang, den Adorno bis Mitte des Jahres 1970 abzuschließen gedachte, konnte er nicht mehr angehen. Glauben wir den Herausgebern Adorno/Tiedemann, wären hier noch »zahlreiche Umstellungen innerhalb des Textes, auch Kürzungen« zu erwarten gewesen, »die frühe Einleitung wäre durch eine neue ersetzt worden. Schließlich hätte Adorno an sprachlichen Details noch manches zu verbessern gefunden« (ÄT, GS 7, S. 537). Der letzte Redaktionsgang, durchgeführt an der ›Kapitel-Ästhetik‹, hinterlässt also einen »Torso« (ÄT, GS 7, S. 537).

Gegenüber den doch eher lockeren, pädagogisch bemühten, klaren Ausführungen der nach Aufnahme verschriftlichten Vorlesung von 1958/59 weisen die später schriftlich überarbeiteten Ausführungen einen deutlichen Willen zur Verdichtung und präziserer Artikulation dialektischer Beziehungen auf. Betrachten wir die Entwicklung der (ver-)schriftlich(t)en Zeugnisse, angefangen von den vorlesungsbegleitenden Notaten, über die ›Paragraphen-Ästhetik‹ bis zu der mit Korrekturen versehenen, uns letztlich vorliegenden ›Kapitel-Ästhetik‹, so ist offensichtlich, dass Adorno intensiv an dem feilt, was sich als das ›in spezifischer Weise ästhetisch verfasst‹-Sein von Theorie fassen ließe.

Dies zeigt sich insbesondere an der Form. Die Umarbeitungen bezeugen, dass Adorno lange nach einer dem Gegenstand, der Kunst, angemessenen, ja zwingenden Form sucht. Er vollzieht einen Wechsel von der dem Traktat ähnelnden Paragraphen-Form zur Kapitel-Form, die er in dem ihm letztmöglichen Redaktionsgang ebenfalls verwirft. Auch wenn Adorno, wie die Regiebemerkungen zeigen, durchaus an einer Ordnung interessiert ist, so versucht er doch den Eindruck einer systematischen Schrift, die den Charakter einer Abhandlung annimmt, zu vermeiden. So ist das letztlich Fragmentarische gar nicht so unpassend, da nach Adorno »das Fragmentarische dem Werk als Ausdruck« zuwächst »– als Ausdruck jener Kritik des in sich geschlossenen, abschlusshaft Systematischen« (ÄT, GS 7, S. 537). Gemeinhin habe das Fragment schließlich ein »Produktives: daß Theorie, die systematisch intendiert sind, in Fragmente zerfallen müssen, um ihren Wahrheitsgehalt freizugeben« (ÄT, GS 7, S. 538). Damit wird freilich eine geradezu zynische Pointe insinuiert, der entgegenzutreten sich die Herausgeber beeilen. So liege in der dem frühen Tod des Autors geschuldeten Fragmentarität nicht die eigentliche, angemessene Form der *Ästhetischen Theorie*, sei die Unvollendetheit schließlich bloß kontingenter Natur (vgl. ÄT, GS 7, S. 538).

3.2.2.2

Ich will abschließend auf die Lesartenvariante zu sprechen kommen, die insofern intratextuell ist, als sie zwar ebenfalls bei der *Ästhetischen Theorie* ansetzt, jedoch ausgehend von einer philologischen Lektüre des vom Autor zuletzt redigierten Typoskriptmaterials zu bestimmen sucht, was unter dem ›in spezifischer Weise ästhetisch verfasst‹-Seins von Theorie zu verstehen ist.

Auch sie ist Ergebnis des Versuchs, einen Widerspruch, in den sich die eben vorgestellte Lesart verstrickte, zu bewältigen. Diese verstand sich, wie gezeigt, ihrerseits bereits als Antwort auf die wiederum ihr vorangehende Lesartenvariante (von 3.1). Diese erfasste *und* verfehlte eine valide Bestimmung des ›in spezifischer Weise ästhetisch verfasst‹-Seins von Theorie, weil sie von Überlegungen *vor* der *Ästhetischen Theorie* ausging. Denn, so lautete der Einwand, sie bestimmte durch ihr paraphrastisches Vorgehen das, was mit dem ›in spezifischer Weise ästhetisch verfasst‹-Seins von Theorie gemeint ist, zwar dem Inhalt nach richtig, doch in einer ihm zuwiderlaufenden Weise. Schließlich lautete der Inhalt, den sie ausmachte, dass bei dem, was unter einer in spezifischer Weise ästhetisch verfassten Theorie vorzustellen ist, gerade nicht von der formalen Vermitteltheit abzusehen ist. Just aber dies tat die Lesart. Sie bestimmte den Sinn des ›in spezifischer Weise ästhetisch verfasst‹-Seins von Theorie in einer von seiner formalen Vermittlung absehenden Weise. Damit verging sie sich gegen dessen Sinngehalt. Diesem immanenten Widerspruch suchte die eben vorgestellte intratextuelle Lesart (3.2.2.1) dadurch zu begegnen, dass sie auf die den Entstehungsprozess der *Ästhetischen Theorie* dokumentierenden ›Texte‹ reflektierte, da diese die Verwobenheit von Inhalt und Form deutlich hervortreten ließen. Damit richtete sie allerdings ihren Blick nur auf Sinn des ›in spezifischer Weise ästhetisch verfasst‹-Seins von Theorie in *statu nascendi*. Solchermaßen vermag diese Lesart jedoch wiederum nicht zu bestimmen, was unter dem ›in spezifischer Weise ästhetisch verfasst‹-Sein von Theorie vorzustellen ist. Sie bestimmt im Grunde nämlich nur, was darunter *nicht* vorzustellen ist. Auskunft soll ihr ja just das geben, was Adorno selbst verworfen hat, bzw. das, was als allenfalls vorläufig aufzufassen ist. Über das, was wirklich mit dem ›in spezifischer Weise ästhetisch verfasst‹-Sein von Theorie gemeint ist, kann sie nur Mutmaßungen anstellen. So konstruiert sie extrapolierend ein nur negativ konturiertes Bild. Ein positives Verständnis gewinnt sie nicht.

Die nun folgende Lesartenvariante, die im Ausgang einer philologischen Lektüre des von Adorno zuletzt redigierten Typoskriptmaterials zu bestimmen sucht, was unter dem ›in spezifischer Weise ästhetisch verfasst‹-Sein von Theorie zu verstehen ist, kann eine erneute Verwicklung in Widersprüche vermeiden. Sie entwickelt nämlich ihr Verständnis des ›in spezifischer Weise ästhetisch verfasst‹-Seins von Theorie, indem sie orientiert an der konkreten sprachlichen Realisation das Verhältnis von Inhalt und Form, d. h. die Konstitution des philosophischen Gehalts, interpretierend reflektiert. Sie hat überdies den Vorzug, dass sie sich auf Empfehlungen von Adorno selbst berufen kann.

In der Vorlesung vom 11. November 1958 wies Adorno, wie bereits erläutert, explizit den Anspruch von sich, dass der Ästhetik eine ›Methodologie‹ voranzustellen sei; eine Methodologie, die für eine Klärung der Bedeutung des ›in spezifischer Weise ästhetisch verfasst‹-Seins von Theorie hätte herangezogen werden können: »Es gibt [...] in der Ästhetik nicht eine Methode, die sich losgelöst von der Sache selbst darstellen würde.« (NL IV/3, S. 16)[16] Entsprechend empfiehlt er seiner Zuhörerschaft, sein Vorgehen der konkreten Durchführung zu entnehmen. Auch in der »Frühen Einleitung« begegnen wir dieser Überzeugung. Hier heißt es im letzten Abschnitt: »Daß dem Versuch einer Ästhetik heute nicht, den Bräuchen gemäß, eine generelle Methodologie kann vorausgeschickt werden, ist ein Stück Methodologie. [...] Die Ausführung legitimiert Methode, und das verwehrt deren Supposition.« (ÄT, GS 7, S. 530) Insofern ist die Lesart, die anhand der zuletzt überlieferten ›konkreten Durchführung‹, Aufschluss über die Bedeutung des ›in spezifischer Weise ästhetisch verfasst‹-Seins von Theorie zu gewinnen sucht, gewissermaßen (tautologisch gesprochen) vom Autor selbst autorisiert.

Auch der Ansatz an dem zuletzt vorliegenden Typoskriptmaterial der *Ästhetischen Theorie* (und nicht schon an vorhergehenden, die Entstehung dokumentierten ›Texten‹) rechtfertigt sich mit Bezug auf Adornos eigenes Wort. Denn, wie die Herausgeber Adorno/Tiedemann aufklären, äußert sich Adorno in einem Brief über die »Erstellung der definitiven Druckfassung im Verhältnis zum ersten Diktat« (ÄT, GS 7, S. 539) folgendermaßen: »Dann erst beginnt die Haupttätigkeit, nämlich die endgültige Redaktion; die zweiten Fassungen sind bei mir immer der entscheidende Arbeitsgang, die ersten stellen nur ein Rohmaterial dar« (ÄT, GS 7, S. 539f.).[17]

Was sich nun am konkreten, zuletzt überlieferten Typoskriptmaterial zeigt, lässt sich freilich im Rahmen dieses Beitrags nicht hinreichend beleuchten. Hierzu bedürfte es einer ausführlichen, behutsamen Lektüre, einem eingehenden *close reading* einzelner Textstellen, Passagen und Abschnitte.[18] Dies annä-

---

16 Die von Adorno sorgsam gewählte, eigentümliche Formulierung, dass Methode sich ›selbst darstellen‹ würde – d. h. nicht dargestellt *wird*, wie man erwarten könnte –, kommuniziert mit den unter 5.3 ausgeführten Überlegungen zum exemplifizierenden Charakter der *Ästhetischen Theorie*.
17 Zu bemerken ist, dass Adorno/Tiedemann zufolge Adorno wohl auch mit dieser Fassung nicht zufrieden war, sodass diese ebenfalls als vorläufig angesehen werden müsste (vgl. ÄT, GS 7, S. 540).
18 Das, was ich im Folgenden allgemein formuliere – und allenfalls im Fußnotenbereich andeute –, versucht Martin Endres in dem in diesem Band vorliegenden Beitrag »Revisionen.

herungsweise zu leisten, macht allerdings erst die demnächst erscheinende paradigmatische Edition eines der zentralen Abschnitte aus der *Ästhetischen Theorie* möglich.[19] Denn die dadurch einer breiteren Öffentlichkeit erstmals zugänglichen Typoskripte ermöglichen den fälligen mikroskopischen Blick auf Adornos Arbeit am und im sprachlichen Detail. Überdies macht diese Edition als ›Textmaterial‹ weit mehr verfügbar als die bisher vorliegende SV-Leseausgabe – und das in einem dreifachen Sinne.[20]

Die Neuedition präsentiert den ›Text‹ der *Ästhetischen Theorie* in Form von Faksimiles der überlieferten Typoskriptblätter und gegenübergestellten diplomatischen Transkriptionen. Die Textkritische Edition orientiert sich bei der Anordnung der Blätter nicht an der von den Herausgebern Adorno/Tiedemann konstruierten Abfolge, sondern der Blattfolge der sogenannten ›Kapitel-Ästhetik‹. Damit fordert die Neuedition den Leser auf, »potentielle Druckfassungen des Textes anhand der auf den Typoskripten sowie in den eigentlichen ›Regiebemerkungen‹ gelieferten Metakommentare zur Textkomposition zu konstruieren« (Endres/Pichler/Zittel 2013, S. 186). Auf eine ›klassische‹ Textkonstitution verzichtet sie. Da sich das überlieferte Material nicht auf die Überarbeitung der ›Kapitel-Ästhetik‹ beschränkt, planen die Herausgeber Endres/Pichler/Zittel überdies, die »nicht in die Suhrkamp-Ausgabe eingegangenen Einfügungen sowie alle ›Headings‹ und ›Regiebemerkungen‹« (Endres/Pichler/Zittel 2013, S. 188) eigens zu publizieren. Für die Klärung dessen, was unter dem ›in spezifischer Weise ästhetisch verfasst‹-Sein von Theorie zu verstehen ist, können somit, *erstens*, meta-textuelle Elemente einbezogen werden, die für gewöhnlich nicht dem ›fertigen Text‹ zugerechnet und entsprechend getilgt werden (bspw. das, was Adorno als »Headings« und »Regiebemerkungen« bezeichnet, sowie Notate in der Marginalienspalte). Dies ist insofern bedeutsam, da sie häufig Reflexionen bezüglich der Textkomposition und sprachlichen Artikulation darstellen, die für die Aufklärung des Sinns des ›in spezifischer Weise ästhetisch verfasst‹-Seins äußerst informativ sind. *Zweitens* steht als ›Text‹ sowohl die dem Diktat folgende, sogenannte ›Grundschicht‹ (die Fassung nach Diktat, d. h. *vor* der Überarbeitung) zur Verfügung als auch die redigierte Fassung (klassisch, wenn auch hier falsch: die ›Fassung letzter Hand‹). Diese ›Schichten‹ können nun vergleichend gegeneinander gehalten, mithin vom

---

Wiederaufnahme und Fortschreibung einer Lektüre von Adornos *Ästhetischer Theorie« in concreto* und *in extenso* in einem *close reading* einer Textstelle auszubuchstabieren.
19 Vgl. die Vorstellung des Editionsprojekts in: Endres/Pichler/Zittel 2013, insbes. ab S. 186.
20 ›Mehr Textmaterial‹ freilich in Relation zu dem Abschnitt, den die paradigmatische Edition im Vergleich zum entsprechenden Abschnitt in der SV-Leseausgabe bietet.

Autor getroffene Entscheidungen als solche reflektiert und bewertet werden. *Drittens*: ›Mehr Textmaterial‹ macht diese Ausgabe im buchstäblichen Sinn verfügbar. Denn sie präsentiert die in den Annotationen projektierten (bzw. vollzogenen) Streichungen, Verschiebungen sowie Ergänzungen und Erweiterungen *vor* ihrer Realisation (bzw. *in* ihrer Realisation, d. h. Streichungen sind als solche sichtbar). Damit wird auch jener ›Text‹ zugänglich, den die SV-Leseausgabe nicht (bzw. nicht mehr) wiedergibt oder den sie in Zweifelsfällen in den mit ›Paralipomena‹ überschriebenen Anhang ausgliedert. Dass Ersteres problematisch ist, da auch Streichungen realisiert wurden, die Adorno selbst mit häufig wiederkehrenden Bemerkung »noch offen« deklarierte (und die demnach als noch nicht letztgültig entschieden betrachtet werden können), ist offenkundig.[21] Doch auch Zweiteres ist fragwürdig. Denn die als »Paralipomena« ausgegliederten (dem ›eigentlichen Text‹ nachgestellten) Abschnitte sind schlicht nicht mehr in ihrem ursprünglichen Kontext zu reflektieren. Daher wirken sie etwas verloren (eben deplatziert) und nehmen zuweilen einen für die *Ästhetische Theorie* gemeinhin eher untypisch sentenzhaften Charakter an.

Was ist nun (zumindest) mit Blick auf die durch die neue textkritische Edition eines paradigmatischen Konvoluts von Adornos *Ästhetischer Theorie* verfügbaren Typoskripte für das Verständnis des ›in spezifischer Weise ästhetisch verfasst‹-Seins von Theorie zu erwarten? Was gibt eine Reflexion auf die Entscheidungsprozesse, die gewissermaßen in und mit den Um- und Überarbeitungen in Erscheinung treten, preis?

Achten wir auf die Um- und Überarbeitungen, so fällt auf, dass Adorno vor allem solche Abschnitte, Passagen und Sätze angeht, die relativ systematisch ausfallen. Die Notizen in den Marginalien bezeugen Adornos erstaunliche Bereitschaft, einzelne, kleinere Abschnitte aber auch größere Passagen umzustellen – wie es scheint, um ebenfalls jeder sich einstellenden Anmutung, deduktiv oder gar abschlusshaft zu argumentieren, entgegenzuwirken. Die Streichungen, Ergänzungen und Umstellungen machen deutlich, dass Adorno es mit der konstellativen Bestimmtheit der Begriffe ernst meint. Vieles, was den Eindruck definitorischer Setzung erweckt, wird geändert. Adornos Absicht ist zweifelsohne, dass kein Begriff für sich steht. Ein jeder wird umstellt von anderen, ihn

---

[21] Die Herausgeber Adorno/Tiedemann begründen dies in fragwürdiger Weise damit, dass die »Integration dieser Fragmente in den Haupttext undurchführbar« (ÄT, GS 7, S. 543) gewesen sei. Die Organisation ihrer Textfassung, die die Platzierung von auf Einzelblättern notierten Ergänzungen beinhaltet, rechtfertigen sie damit, dass diese durch den »Gang des Gedankens« »zwingend« (ÄT, GS 7, S. 543) gewesen wäre. Zur Problematik und den Folgen eines solchen Vorgehens siehe Endres/Pichler/Zittel 2013, insbes. S. 180, S. 182f.

kreuzenden, umdeutenden, fortschreibenden. Will man sich darüber verständigen, was Adorno unter eine ästhetischen Kategorie versteht, ist man daher darauf verwiesen (evtl. unter Zuhilfenahme des Stichwortregisters, das die SV-Leseausgabe zur Verfügung stellt), das komplexe begrifflich-kategoriale Geflecht, das sich durch den gesamten ›Text‹ zieht, nachzuvollziehen, und dabei nicht selten widersprüchliche Bestimmungen ›auszuhalten‹. Überdies werden propositionale Aussagen, von denen schon die Grundschicht der ›Kapitel-Ästhetik‹ kaum noch welche aufweist, im Redaktionsgang zugunsten komplexerer, mehrdeutiger (zuweilen an die Logik des Hegelschen spekulativen Satzes erinnernder) Satzkonstruktionen aufgelöst.

Die textnahe Lektüre erlaubt allerdings, über den groben Blick auf größere sprachliche Strukturen hinaus, auch eine kritische Reflexion der konkreten Versprachlichung im Detail. So kann sie sich bspw. auf Adornos eigenwillige Verwendung von Präpositionen,[22] die im Deutschen oft fremd wirkenden syntaktischen Inversionen[23] und die ambivalente Semantik richten.[24] Sie vermag es,

---

22 So heißt es bspw. des öfteren »*an* den Kunstwerken« (ÄT, GS 7, S. 160; Herv. AS), womit mir Adorno etwas zu artikulieren scheint, was für die Einschätzung einer Ontologie des Kunstwerks, wie sie ihm vorgeschwebt haben mag, bedeutend ist. ›An‹ weist m.E. darauf hin, dass das Kunstwerk gewissermaßen zwischen dem Objekt und dem Subjekt ›entsteht‹. Kunsthaftigkeit wäre demnach nichts, was dem Objekt, etwa im Sinne einer Eigenschaft, inhärierte – also *in* ihm ist, genausowenig wie Kunsthaftigkeit Ergebnis einer durch das Subjekt *auf* das Objekt gerichteten Projektion wäre. Sie wäre entsprechend nicht im einen *oder* anderen zu lokalisieren. Mit der Präposition ›an‹ verhält sich Adorno jedoch nicht nur zur vieldiskutierten Lokalisierungsfrage, wie ich meine. Er opponiert mit ›an‹ auch gegen die Auffassung, wonach Kunstwerke ausschließlich qua ihres Objektcharakters Kunstwerks *sind*, also Kunstwerke gewissermaßen ›an sich‹ und ›für sich‹, genauso wie der, wonach Kunstwerke ausschließlich qua subjektiver Projektion *zu* Kunstwerken *gemacht werden*, also Kunstwerke nur ›für‹ und ›durch uns‹. So gesehen wendet sich Adorno sowohl gegen ein substantialistisches als auch projektionistisches Verständnis von Kunst. Er bemüht sich um eine sprachliche Artikulation, die dialektisch die (wie ich es nennen würde) ko-konstitutive (Onto-)Logik des Kunstwerks artikuliert; eine Artikulation also, in der der ästhetischen Erfahrung, die er gerne als ›verlebendigende‹ (vgl. ÄT, GS 7, S. 182, insbes. S. 262) anspricht, mehr denn nur rezeptive Bedeutung zukommt, ohne dass jedoch wiederum das Objekt zum passiven Objekt des Subjekts würde. Ließe sich diese meine Reflexion, andere Textstellen hinzuziehend, verifizieren, wäre freilich so manche Gewissheit der Adorno-Forschung (aber auch so mancher Vorwurf, der an Adorno erging) auf den Prüfstand zu stellen.
23 Nicht nur wählt Adorno häufig auch für finite Verben die eher ungewöhnliche, sperrige Endstellung, deren Bedeutung einer kritischen Reflexion bedürfte, auch die vielgescholtene, oft verspottete Nachsetzung des reflexiven ›sich‹ bzw. generell die Engführung von Reflexivpronomen und Verb könnten einer sorgsamen Lektüre zu mehr als nur einem Ausdruck von Adornos ›Jargon‹ werden. Zumindest an einigen Stellen scheint es sich, so meine Einschätzung, um bewusste Setzungen zu handeln, mit denen Adorno die aktive, selbstbestimmte Di-

die kalkulierten Mehr- und Uneindeutigkeiten als charakteristisch auszuweisen – dies etwa, indem sie der Verwendung und der Stellung von Personal-, Possessiv-, Reflexiv- und Relativpronomina systematisch nachgeht,[25] den Doppeldeutigkeiten analysierend folgt, die durch das von Adorno sorgsam ausgesuchte Wortmaterial erzeugt werden, oder den geradezu strategisch wirkenden Uneindeutigkeiten, wenn es um Satzbeziehungen geht.[26]

Durch die Reflexion auf die konkrete sprachliche Vermittlung, i. e. das Ineinandergreifen von Inhalt und Form, durch das, wie Adorno sagt, der Inhalt ja erst gehaltvoll werde (vgl. NzL, GS 11, S. 470), kommt die textnah verfahrende Lesartenvariante zu einem zwar nicht völlig anderen, doch viel komplexeren Ergebnis als die bisherigen Lesartenvarianten. Sie vergewissert sich nämlich nicht nur der immensen Bedeutung des Parataktischen und Konstellativen für den Sinn des ›in spezifischer Weise ästhetisch verfasst‹-Seins von Theorie (die

---

mension auch des Objektiven hervorzuheben sucht. Ginge eine Lektüre zudem gründlich der Wahl zwischen transitiven, intransitiven oder reflexiven Verb(al)konstruktionen nach, so gewönne sie zweifelsohne weitere Bestimmungen des ›in spezifischer Weise ästhetisch verfasst‹-Seins.

24 So lotet bspw. Adornos Gebrauch des Verbs ›scheinen‹ die komplexe Semantik des Wortes aus. ›Scheinen‹ wird so verwendet, dass zwischen der Bedeutung ›den Anschein haben‹ (im Sinne der *illusio*), ›zur Erscheinung bringen‹ (*apparentia*), ›glänzen‹ (*splendor*) kaum zu unter- bzw. entscheiden ist – und das nicht nur quer durch die *Ästhetische Theorie* hindurch, sondern zuweilen an ein und derselben Textstelle.

25 In so manchem Satz scheint mir die Unmöglichkeit, eine vereindeutigbare Beziehung zwischen dem Pronomen und seinem Bezugsobjekt (bzw. -subjekt) herzustellen, gewollt. Offenbar arbeitet Adorno auf sprachlicher Ebene seiner Auffassung zu, wonach nicht nur das Subjekt, sondern durchaus auch das Objekt als aktiv zu betrachten ist. So scheinen in einigen Sätzen Subjekt und Objekt durch den uneindeutigen Bezug des Pronomens (und zwar oft: gleichermaßen) als Akteure angesprochen zu sein, was mir erneut dafür zu sprechen scheint, dass Adorno eine ko-konstitutionslogische Ontologie vertritt.

26 Gegenüber den in den Vorlesungen und ersten Notizen noch klaren Folgerungsbeziehungen der Sätze (angezeigt durch kausale und konsekutive Konjunktionen, wie ›dass‹, ›deshalb‹, ›weil‹, ›da‹, oder konditionale, wie ›wenn ... dann‹), bevorzugt Adorno zuletzt, wie das überlieferte, redigierte Typoskriptmaterial bezeugt, ungefugte, d. h. ohne Konjunktionen gesetzte (Neben- und) Hauptsatzkonstruktionen. Die anfangs noch häufig gesetzten, eine explikative Beziehung der Sätze suggerierenden Doppelpunkte baut er überdies zurück. So scheint die spezifische Folgerungsbeziehung der Sätze dem Leser oft nur *prima vista* eindeutig und logisch. In vielen Fällen lässt sich jedoch bei genauerer Lektüre feststellen, dass dies täuscht. Selbst bei Sätzen, die explikativ auf die vorangehenden bezogen sind, ist selten klar, worauf genau sie sich explizierend beziehen – auf den gesamten Satz, nur ein Kolon, nur eine Wendung oder einen Ausdruck? Dadurch wirkt es, als würde kein Satz dem anderen nach- oder gar untergeordnet. Jeder Satz erhält gewissermaßen – ganz im Sinne der parataktischen, i. e. antisynthetisierenden und anti-subsumierenden Logik – sein eigenes Gewicht.

ausfindig zu machen ihr selbst dann gelänge, wenn sie nicht durch die früheren Texte diesbezüglich unterrichtet wäre). Ihr und durch sie wird auch deutlich, dass der Leser in höchstem Maße gefragt ist. Er muss aktiv interpretieren, deutend an und mit der *Ästhetischen Theorie* (mit-)arbeiten, da er zur Stiftung der Beziehungen (wie eben angedeutet: von Propositionen, Worten, Satzelementen, Sätzen, Kategorien usw.) aufgefordert und damit geradezu in die Konstitution der *Ästhetischen Theorie* involviert wird – eine, für das traditionelle Theorieverständnis ungewohnt aktive Rolle.[27] Der textnah verfahrenden Lesartenvariante gelingt es darüber hinaus, besser als den anderen skizzierten Lesartenvarianten, abzuschätzen, ob die *Ästhetische Theorie* über die bereits *vor* ihr angestellten Überlegungen hinausgeht. Ihre wesentliche Leistung besteht jedoch darin, dass sie es vermag, konkret aufzuweisen (die Anmerkungen im Fußnotenapparat konnten dies freilich nur andeuten), dass und wie die philosophischen Inhalte erst durch ihre spezifische ästhetische Vermittlung gehaltvoll werden. Sie kann nämlich nachvollziehen, dass Adorno wirklich, wie in seinem »Parataxis«-Aufsatz geäußert (vgl. NzL, GS 11, S. 470), den Gehalt seiner Überlegungen erst *in* der Ineinanderbildung von Inhalt und Form generiert. Ihr wird einsichtig, dass die Arbeit an der sprachliche Artikulation keineswegs nur um des ›Transports‹ eines zuvor gefassten, unabhängig bestehenden Inhalts geschieht. Sie wird ganz im Gegenteil Zeuge dessen, dass Adorno mit und in der Artikulation den philosophischen Gehalt allererst konstituiert. Das heißt, erst in der textnah verfahrenden Lesartenvariante entfaltet sich die volle Tragweite dessen, was es heißt, dass die sprachliche (ja grundsätzlich ästhetische) Form nicht bloß rhetorischer bzw. ›ästhetisierender‹, sondern konstitutiver Natur ist.

---

27 Diese aktive Rolle stimmt mit Adornos Auffassung überein, dass Kunstwerke nach einem aktiven Nachvollzug ihrer »Bewegungskurve« (ÄT, GS 7, S. 189) verlangen. Dass der Leser damit aufgefordert ist, der *Ästhetischen Theorie* in derselben Weise zu folgen, wie dem Kunstwerk, hat eine besondere Pointe. Denn damit ist auf erfahrungslogischer Ebene gesagt, dass die *Ästhetische Theorie* strukturell gesehen der Logik von Kunstwerken gleicht. Dies reflektiert die Lesartenvariante, die ich in 5.3 darstelle. Dort entfaltet die hier unter 3. vollzogene Entwicklung der verschiedenen Lesartenvarianten, deren innere Dynamik sich als Aufhebung immer wieder immanent sich ergebender Widersprüche gefasst wurde, insofern ihren Sinn als sie der für die ästhetische Erfahrung charakteristischen Transformationslogik korrespondiert. Denn der Sinn des ›in spezifischer Weise ästhetisch verfasst‹-Seins von Theorie entbirgt sich nur demjenigen, der sich einer Transformation unterzieht, d. h. dem, der nicht mehr in der gewohnten Weise versucht – gewissermaßen von außen – zu verstehen, wie etwas bestimmt ist (d. h. kategorisiert), sondern dem, der der Selbstbestimmtheit – gewissermaßen von innen – nachvollziehend folgt.

Betrachten wir resümierend die dritte Lesart, so ist festzuhalten, dass sie gegenüber der ersten und zweiten Lesart erneut einen Perspektiv- und Kontextwechsel vollzieht. Sie fokussiert, um den Anspruch, den Adorno mit seiner *Ästhetischen Theorie* verbindet, zu verstehen, nicht mehr primär auf das ›Theorie über Ästhetisches‹-Sein, sondern vor allem auf den Sinn des ›in spezifischer Weise ästhetisch verfasst‹-Seins von Theorie. Für seine Aufklärung hat sie in Form verschiedener Lesartenvarianten eine Reihe von Widersprüchen zu bewältigen.

Das wesentliche Verdienst der dritten Lesart besteht darin, unsere Einschätzung, als was die *Ästhetische Theorie* aufzufassen wäre, zu wandeln. Denn die *Ästhetische Theorie* lässt sich, sobald wir uns über den Sinn ihres ›in spezifischer Weise ästhetisch verfasst‹-Seins verständigen, nicht mehr, wie die erste und zweite Lesart annehmen, als Abhandlung charakterisieren.[28] Allerdings verzichtet die dritte Lesart darauf, über diesen negativen Befund hinaus, die Gestalt der in spezifischer Weise ästhetisch verfassten *Ästhetischen Theorie* positiv zu bestimmen. Genau dies nimmt sich nun die vierte Lesart vor.

4

Die vierte Lesart geht (Impulsen der dritten Lesart folgend) davon aus, dass mit dem ›in spezifischer Weise ästhetisch verfasste Theorie‹-Sein nicht nur eine Absage an die gewöhnliche *Form* von Ästhetik bzw. Theorie, i. e. die Form der Abhandlung, verbunden ist, sondern grundsätzlicher noch eine Absage an ein sich in dieser Form objektivierendes *Verständnis* von Ästhetik bzw. Theorie. Demzufolge ist die *Ästhetische Theorie* nicht mehr nur als Beitrag zu einer (formalen) Neuausrichtung von Ästhetik bzw. Theorie zu verstehen, sondern stärker noch als Beitrag zu einer (dem Gehalt nach) radikalen Neufassung unseres Verständnisses davon, was es heißt, Ästhetik bzw. Theorie zu sein.

Solchermaßen leistet diese Lesart ein doppeltes: Sie identifiziert einen weiteren mit der *Ästhetischen Theorie* verbundenen, systematischen Anspruch *und* bestimmt dadurch zugleich das bisher nur negativ gefasste ›keine Abhandlung‹-Sein positiv weiter. Sie nimmt nämlich an, dass die *Ästhetische Theorie*, indem sie in spezifischer Weise ästhetisch verfasste Theorie über Ästhetisches ist, und damit eben keine Abhandlung, einen neuen Vorschlag unterbreitet, wie Ästhe-

---

[28] Zur Erinnerung: Im »Essay«-Aufsatz hatte Adorno ja explizit geäußert, dass die Charakteristika des Essays der Abhandlung (als philosophischer Form, die freilich Ausdruck einer bestimmten Theorieauffassung ist) entgegen stehen (vgl. NzL, GS 11, S. 25).

tik bzw. Theorie anders (mehr noch: besser) aufzufassen ist, nämlich als ästhetische Theorie. Damit wird das, was in der dritten Lesart recht umständlich als das ›in spezifischer Weise ästhetisch verfasst‹-Sein von Theorie adressiert wurde, nun als ein ›ästhetische Theorie‹-Sein ausgelegt. Solchermaßen bestimmt die vierte Lesart den Charakter der *Ästhetischen Theorie* abermals neu.

Diese Lesart zieht die bisher pointierteste Konsequenz aus der Doppeldeutigkeit des Titels ›Ästhetische Theorie‹:[29] Nach ihr ist die *Ästhetische Theorie* ästhetische Theorie im Sinne dessen, dass sie *ästhetische* Theorie *und* ästhetische *Theorie* ist. Als solche ist sie in spezifischer, nämlich als ästhetische Theorie verfasste Theorie über Ästhetisches, also spezifische Ästhetik, *UND* spezifische Theorie, die insofern spezifisch ist als sie in spezifischer Weise ästhetisch verfasste Theorie ist.

Infolge steht nicht mehr die Frage im Vordergrund, was unter dem ›in spezifischer Weise ästhetisch verfasst‹-Sein von Theorie, sondern was unter dem ›ästhetische Theorie‹-Sein zu verstehen ist. Um diese Frage zu beantworten, widmet sich die vierte Lesart dezidiert der Bedeutung des ›*UND*‹. Sie nimmt nämlich an, dass eine Klärung der Bedeutung des ›*UND*‹ zur Konturierung des-

---

[29] Anzunehmen, dass Adorno mit der Doppeldeutigkeit des Titels ›Ästhetische Theorie‹ rechnet, sie sogar bewusst ins Kalkül zieht, ist vor dem Hintergrund dessen plausibel, dass er sich schon früh, nämlich in seiner Habilitation *Kierkegaard. Konstruktionen des Ästhetischen* mit den »Äquivokationen des Terminus Ästhetisch« (K, GS 2, S. 24) auseinandersetzt – wenn auch zunächst mit Bezug auf Kierkegaard. Adorno unterscheidet zwischen drei Bedeutungen: die erste, die »wie im allgemeinen Sprachgebrauch« (K, GS 2, S. 24) ›ästhetisch‹ als Synonym für Ästhetik nimmt, also den »Bereich der Kunstwerke und der kunsttheoretischen Erwägung« (K, GS 2, S. 24) benenne; die zweite, die bei Kierkegaard zentral sei, und die uns bereits in »Essay als Form« begegnet ist: »das Ästhetische als Haltung« (K, GS 2, S. 24); in der dritten, die bei Kierkegaard eher nebensächlich sei, wird »das Ästhetische bezogen auf die Form der subjektiven Mitteilung« (K, GS 2, S. 25). Demnach heiße »ästhetisch geradewegs die Weise, nach der Innerlichkeit als Wie der subjektiven Mitteilung in Erscheinung tritt, weil sie nach seiner [Kierkegaards] Lehre nicht ›objektiv‹ werden kann.« (K, GS 2, S. 25). Dass ›ästhetisch‹ alles drei, und zwar gleichermaßen, bedeuten kann – allgemein gesprochen: die Disziplin, eine bestimmte Haltung und eine spezifische Artikulation –, dürfte Adorno nachhaltig beeindruckt haben, denn auch bei ihm findet sich der ›Terminus‹ in all diesen Bedeutungen. Freilich gibt Adorno ihm eine, gegenüber dem, was er bei Kierkegaard ausmacht, differente ›Füllung‹. Insbesondere in Bezug auf das, was Adorno als ›ästhetische Haltung‹ ausmacht, unternimmt Adorno eine Korrektur. Er will sie gerade nicht, im Sinne Kierkegaards, als neutrale, distanzierte Haltung verstanden wissen (vgl. K, GS 2, S. 26); und auch die »Lehre von der ›Mitteilung‹« (K, GS 2, S. 36) sei problematischerweise eingebettet in eine »dualistische Form-Inhalt-Ästhetik« (K, GS 2, S. 36), für die Adorno wenig Begeisterung zeigt. Zu äußerlich gerät ihm hier der Sinn des Ästhetischen. Denn als »bloße Reduplikation« sei das Ästhetische »vom Gehalt ablösbar und überflüssig« (K, GS 2, S. 36), was Adorno genau nicht will.

sen beiträgt, was mit dem ›ästhetische Theorie‹-Sein gemeint ist. Dazu stellt sie die (eingangs durchgespielten) verschiedenen Möglichkeiten, das Verhältnis zwischen dem ›Theorie über Ästhetisches‹-Sein und dem ›ästhetische Theorie‹-Sein zu fassen, ins Zentrum.

Diese lassen sich, zwei Alternativen bildend, zuspitzen: Ist die *Ästhetische Theorie* ästhetische Theorie, um Theorie über Ästhetisches sein zu können? Oder ist umgekehrt die *Ästhetische Theorie* Theorie über Ästhetisches, um ästhetische Theorie zu sein? Dass diese Alternativen mit gravierenden Konsequenzen verbunden sind, deutet eine Umformulierung an: Ist die *Ästhetische Theorie* ästhetische Theorie um des Ästhetischen willen oder ist sie Theorie über Ästhetisches um des Ästhetisch-Seins bzw. -Werdens von Theorie willen?

4.1

Der ersten Variante dieser Lesart zufolge ist das ›*UND*‹ in folgendem Sinne zu deuten: Die *Ästhetische Theorie* ist ästhetische Theorie, um überhaupt Theorie über Ästhetisches zu sein, bzw. sein zu können. Prägnant gesagt: Die *Ästhetische Theorie* ist ästhetische Theorie um des Ästhetischen willen.

Diese Lesartenvariante nimmt im Grunde eine wissenschaftstheoretische Ausdeutung des ›*UND*‹ vor. Das ›ästhetische Theorie‹-Sein der *Ästhetischen Theorie* ist dieser Lesart zufolge bedingt und bestimmt durch die Spezifik *einer* Gegenstandsklasse, die der ästhetischen Gegenstände. Dies bedeutet, dass genau dann, wenn Theorie Gegenstände behandeln will, die als ästhetische Gegenstände zu bestimmen sind, sie der Bestimmtheit der Gegenstände folgend selbst ästhetisch bestimmt sein muss.[30] Demnach müssen wir davon ausgehen, dass die *Ästhetische Theorie* schlicht deshalb ästhetische Theorie ist, weil sie ästhetische Gegenstände behandelt. Oder anders gewendet: Die *Ästhetische Theorie* folgt mit dem ›ästhetische Theorie‹-Sein einem von den ästhetischen Gegenständen an sie ergehenden normativen Anspruch.

Diese Lesartenvariante bestimmt den Sinn des ›ästhetische Theorie‹-Seins damit folgendermaßen: Mit dem ›ästhetische Theorie‹-Sein wird verfahrenstechnisch bzw. methodisch aus einer irgendwie verfassten Theorie über Ästheti-

---

[30] Es spricht einiges dafür dies anzunehmen. Schon im »Essay«-Aufsatz sind wir (genauso wie in der »Frühen Einleitung«) Überlegungen begegnet, die dies nahelegten. Dort hieß es, dass sich Theorie ästhetischen Gegenständen gegenüber nicht »indifferent« (NzL, GS 11, S. 11) verhalten dürfe, sondern ihnen entsprechen müsse. Denn »[D]ie positivistische Gesamttendenz«, die nicht ausweise, »wie denn überhaupt von Ästhetischem unästhetisch, bar aller Ähnlichkeit mit der Sache« zu reden wäre (NzL, GS 11, S. 11), ist nach Adorno ›banausisch‹.

sches eine *spezifische*, nämlich sich als ästhetische Theorie vollziehende Ästhetik. Eine präzisere Konturierung dessen, was es meint, eine spezifische, nämlich als ästhetische Theorie sich vollziehende Ästhetik zu sein, lässt sich in doppelter Weise vornehmen.

4.1.1

Der ersten Differenzierung nach *wählt* Adorno in seiner *Ästhetischen Theorie* gewissermaßen das, was mit dem ›ästhetische Theorie‹-Sein angesprochen ist. Ästhetische Theorie wird somit (als etwas, das man angesichts bestimmter Gegenstände ›wählen‹ kann) im Sinne eines/r vorliegenden Verfahrens bzw. Methode aufgefasst; als etwas also, das unabhängig von dem, worauf es sich richtet und bezogen ist, seinen Bestand, seine Bestimmtheit und seine Begründung hat.[31]

In der Deutung, die von dieser Auslegung des Verhältnisses zwischen dem ›Theorie über Ästhetisches‹-Sein und ›ästhetische Theorie‹-Sein ausgeht, ist der Bezug der beiden Momente rein äußerlich, eher der einer kontingenten Passung. Demzufolge ist das, was mit ›ästhetischer Theorie‹ bezeichnet wird, nicht zwingend beschränkt auf ästhetische Gegenstände, sondern ließe sich durchaus auch auf andere Gegenstände ›anwenden‹. Denn gesagt ist mit der ›um ... zu‹-Verknüpfung nur, dass die Theorie über Ästhetisches, d.h. die Reflexion auf ästhetische Gegenstände, in besonderer Weise an das ›ästhetische Theorie‹-Sein gebunden, nicht aber umgekehrt, dass das ›ästhetische Theorie‹-Sein an ebendiese gebunden ist.[32]

So gesehen besteht im Grunde nur ein abstraktes Verhältnis zwischen dem ›ästhetische Theorie‹-Sein und ›Theorie über Ästhetisches‹-Sein. Zum Sinn eines solchen gehört, dass es sich letztlich nicht als immanent und notwendig auf den

---

[31] Entwickelt wird demnach das, was unter dem ›ästhetische Theorie‹-Sein zu verstehen wäre, in Schriften *vor* der *Ästhetischen Theorie*. Die Lesartenvariante 4.1.1 ist daher mit den in 3.1 entwickelten Überlegungen assoziiert.
[32] Es gilt daher, dass wenn Theorie über Gegenstände handeln will, die als ästhetische Gegenstände zu bestimmen sind, sie der Bestimmtheit der Gegenstände entsprechend, selbst ästhetisch bestimmt sein muss. Nicht aber gilt: *nur dann, wenn* Theorie über Gegenstände handeln will, die als ästhetische Gegenstände zu bestimmen sind, muss bzw. kann Theorie der Bestimmtheit der Gegenstände entsprechend selbst ästhetisch bestimmt sein, wie die Lesartenvariante 4.1.2 annehmen wird. Dem Verständnis von 4.1.1 nach *ist* also ästhetische Theorie ästhetische Theorie, sie muss es nicht erst, etwa in dem oder durch den Bezug auf ästhetische Gegenstände *werden*.

Gegenstand bezogen legitimieren kann. Denn die so verstandene Theorie vermag es nicht (an sich selbst) zu begründen, *wie* und *dass* sie dem normativen Anspruch, der von ästhetischen Gegenständen an sie ergeht, gerecht wird. Dies zu überprüfen, käme einer anderen, übergeordneten theoretischen Instanz zu.

Zusammenfassend bedeutet das: Diese Lesartenvariante liest die *Ästhetische Theorie* in dem Sinne als *spezifische, sich als ästhetische Theorie vollziehende* Ästhetik als in ihr, aufgrund der spezifischen, nämlich ästhetischen Gegenstände, die ästhetische Theorie im Sinne eines/r andernorts entwickelten und begründeten Verfahrens bzw. Methode zur Anwendung gebracht wird. Das ›ästhetische Theorie‹-Sein der spezifischen Ästhetik namens ›Ästhetische Theorie‹ ist damit zwar gegenstandsrelativ – in Bezug auf ästhetische Gegenstände anzuwenden – nicht aber gegenstandsabhängig – nur in Bezug auf ebendiese entwickelt oder begründet.

4.1.2

Anders steht es mit der zweiten Differenzierung dessen, was es heißt, eine spezifische, nämlich sich als ästhetische Theorie vollziehende Ästhetik zu sein. Der zufolge ›wählt‹ Adorno in seiner *Ästhetischen Theorie* nicht das, was mit dem ›ästhetische Theorie‹-Sein angesprochen ist, sondern *konstituiert* es. Ästhetische Theorie wird solchermaßen gerade nicht als ein/e bereits vorliegende/s, andernorts entwickelte/s Verfahren oder Methode aufgefasst, das bzw. die unabhängig vom Gegenstand, auf den es bzw. sie sich richtet, Bestand, Bestimmtheit und Begründung hat.[33] Ganz im Gegenteil wird ästhetische Theorie als ein/e Verfahren oder Methode gefasst, das bzw. die allererst im engen Bezug auf spezifische, nämlich ästhetische Gegenstände, entwickelt und begründet wird.

In dieser Deutung ist der Bezug der beiden Momente gerade nicht äußerliche, kontingente Passung, sondern konkrete, erarbeitete Entsprechung. Denn, was mit ›ästhetischer Theorie‹ bezeichnet wird, ist eng verkoppelt mit der Verfasstheit von ästhetischen Gegenständen. Demzufolge ist jedoch nicht nur die Theorie über Ästhetisches, d.h. die Reflexion auf ästhetische Gegenstände, in

---

[33] Entwickelt wir demnach das, was unter dem ›ästhetische Theorie‹-Sein zu verstehen wäre, erst *in* der *Ästhetischen Theorie*. Diese Lesart ist daher mit den in 3.2 entwickelten Überlegungen assoziiert.

besonderer Weise an das ›ästhetische Theorie‹-Sein gebunden, sondern auch umgekehrt das ›ästhetische Theorie‹-Sein an ebendiese.[34]

Wir müssen uns dieser Lesartenvariante zufolge die Bindung zwischen den Bestimmungen der Theorie und denen des Gegenstands als äußerst eng vorstellen: Ästhetische Theorie bestimmt sich als ästhetische Theorie, indem sie sich im Zuge der Bestimmung des ästhetischen Gegenstands ebendiesem überlässt, mit ihm mit. In anderen Worten: Sie bestimmt sich, indem sie ihn (als ästhetisch) bestimmt, an und mit ihrem Gegenstand selbst (als ästhetisch). Die Bestimmungen des Gegenstands, die Theorie in Auseinandersetzung mit ihm gewinnt, sind also nie nur Bestimmungen des Gegenstands, sondern immer auch Bestimmungen, die die Theorie als auch für sich geltend bestimmt (vgl. Sakoparnig 2014, S. 146–152).

So gesehen besteht ein konkretes Verhältnis zwischen dem ›ästhetische Theorie‹-Sein und dem ›Theorie über Ästhetisches‹-Sein. Zum Sinn eines solchen gehört, dass es sich als immanent und notwendig auf den Gegenstand bezogen legitimieren kann. Denn die Theorie vermag es an sich selbst (genauer: durch ihre Genese) zu begründen, wie und dass sie dem normativen Anspruch, der von den ästhetischen Gegenständen an sie ergeht, gerecht wird.

Diese Lesart liest die *Ästhetische Theorie* in dem Sinne als *spezifische, sich als ästhetische Theorie vollziehende* Ästhetik als in ihr, aufgrund der spezifischen, nämlich ästhetischen Gegenstände, die ästhetische Theorie im Sinne eines/r Verfahrens bzw. Methode erst entwickelt und begründet wird. Das ›ästhetische Theorie‹-Sein der spezifischen Ästhetik namens ›Ästhetische Theorie‹ ist damit nicht nur gegenstandsrelativ – in Bezug auf ästhetische Gegenstände ›anzuwenden‹ – sondern mehr noch gegenstandsabhängig – nur in Bezug auf ebendiese entwickelt und begründet.

4.2

Der zweiten Lesartenvariante zufolge ist das ›*UND*‹ in einem umgekehrten Sinne zu deuten: Die *Ästhetische Theorie* ist Theorie über Ästhetisches, um überhaupt ästhetische Theorie zu sein (oder präziser noch: werden zu können). Damit ist

---

34 Es gilt daher, dass wenn Theorie über Gegenstände handeln will, die als ästhetische Gegenstände zu bestimmen sind, sie der Bestimmtheit dieser Gegenstände entsprechend, selbst ästhetisch bestimmt sein muss, und dass aber der Sinn des ›ästhetisch-Bestimmt‹-Seins sich nur aus dem engen Bezug zu den ästhetischen Gegenständen ergibt. Ästhetische Theorie *ist* also *nicht* unabhängig von ästhetischen Gegenständen ästhetische Theorie, sie kann es erst in dem oder durch den Bezug auf ästhetische Gegenstände ästhetische Theorie *werden*.

die *Ästhetische Theorie* letztlich Theorie über Ästhetisches um des Ästhetisch-Seins bzw. -Werdens von Theorie willen.

Diese Lesartenvariante nimmt zwar ebenfalls eine wissenschaftstheoretische Deutung vor, verkehrt allerdings das Bestimmungsverhältnis zwischen dem ›Theorie über Ästhetisches‹-Sein und dem ›ästhetische Theorie‹-Sein. Sie entwickelt dabei einen Gedanken weiter, der im Keim in der vorigen Lesartenvariante angelegt war. Denn diese ging im Grunde bereits davon aus, dass das ›Theorie über Ästhetisches‹-Sein‹ das ›ästhetische Theorie‹-Sein bzw. -Werden bestimmt, bedingt und begründet, insofern sie annahm, dass ästhetische Theorie (nur) zur ästhetischen Theorie wird (und: werden kann), um sich ihrem Gegenstand entsprechend zu konstituieren. Die jetzige Lesartenvariante spitzt dies zu. Sie greift die Überlegung auf, dass die *Ästhetische Theorie* deshalb ästhetische Theorie wird, *um* Theorie über Ästhetisches sein *zu* können, und formuliert um, dass die *Ästhetische Theorie dadurch* ästhetische Theorie wird, *dass* sie Theorie über Ästhetisches ist. Mit dieser Umformulierung vollzieht sie eine folgenreiche Verschiebung. Denn nun liegt der Schwerpunkt nicht darin, dass Adorno in der *Ästhetischen Theorie* eine ästhetische Theorie entwickelt, um in erster Linie dem normativen Anspruch, der von ästhetischen Gegenständen an sie ergeht, zu entsprechen, sondern dass Adorno das ›ästhetische Theorie‹-Werden im Ausgang von ästhetischen Gegenständen mit dem strategischem Kalkül betreibt, einem übergeordneten normativen Anspruch, den Theorie (und zwar: *vor* der Reflexion auf Ästhetisches) an sich selbst stellt, gerecht werden zu können.

Konsequent für diese Lesartenvariante ist, dass sie das, was die *Ästhetische Theorie* mit der ästhetischen Theorie präsentiert, nicht mehr vorrangig als Beitrag zu einer Neufassung von Ästhetik (eben einer spezifischen, nämlich sich als ästhetische Theorie vollziehenden Ästhetik), sondern vor allem als Vorschlag zur Lösung eines über die Ästhetik hinausgehenden, ganz grundsätzlichen Theorieproblems begreift. Daher ist zu fragen: Worin besteht nach Adorno das grundsätzliche Problem von Theorie? Warum vermag Theorie (selbst) es nicht anzugehen? Und wie kann ausgerechnet eine im Ausgang von der Reflexion auf ästhetische Gegenstände konstituierte ästhetische Theorie zur Lösung beitragen? Kurz: Wie ist das Verhältnis zu bestimmen zwischen dem, was ästhetische Theorie vorstellt, um ästhetischen Gegenständen zu entsprechen, und dem, was Theorie zur Lösung einer ihr eigenen Problematik bedarf?

Um diese Fragen zu beantworten, müssen wir auf Überlegungen aus der *Negativen Dialektik* und aus der zusammen mit Max Horkheimer verfassten *Dialektik der Aufklärung* ausgreifen. In beiden Texten setzt sich Adorno äußerst kritisch mit dem traditionellen Verständnis von Theorie auseinander. Nach ihm objektiviert sich im herrschenden Theorie- und Wissenschaftsverständnis eine Problematik, die im Zuge des Aufklärungs- bzw. Rationalisierungsprozesses ihre volle Schärfe entfaltet (vgl. DA, GS 3, S. 13, S. 19ff.). So sei zwar das Denken durchaus rationaler, aufgeklärter geworden, doch um den Preis eines Moments, das für es eigentlich wesentlich ist: das Mimetische (vgl. DA, GS 3, S. 47). Es ist vor allem der Verlust des Mimetischen, der nach Adorno droht, die epistemische Qualität des Denkens zu mindern (vgl. DA, GS 3, S. 30). Daher geht es Adorno primär um seine Wiedergewinnung.

Nach Adorno macht sich der Verlust des Mimetischen insbesondere in der philosophischen Theoriepraxis bemerkbar (vgl. DA, GS 3, S. 22f.), und hier vor allem im Gebrauch ihrer Medien, den Begriffen und Kategorien. Theorie verwendet nach ihm ihre Begriffe und Kategorien nämlich so, dass sie bezogen auf das Individuelle, Konkrete, Singuläre (das, was bei Adorno bekanntermaßen den Titel des ›Nichtidentischen‹ trägt) nivellierend wirken (vgl. DA, GS 3, S. 26f., S. 41ff.). Mit ihnen würden die Dinge nicht mehr begriffen, wie sie (an und für sich) bestimmt seien, sondern wie sie, durch die Begriffe und Kategorien hindurch, als bestimmt gedacht werden könnten. Im Extremfall bedeute das, dass die Dinge nicht mehr als sie selbst, sondern nur als das »Immergleiche« (ND, GS 6, S. 66, S. 300; DA, GS 3, S. 25) (wieder-)erkannt würden; als das eben, als das der Begriff sie zu begreifen erlaubte. Solchermaßen aber werde Denken, wie Adorno bemerkt, tautologisch, aus Aufklärung Mythologie (vgl. DA, GS 3, S. 25, S. 43). Damit ist zunächst das grundsätzliche Problem von Theorie bezeichnet.

Es liegt nach Adorno in der Logik einer solchen Verhärtung von diskursiver Theorie, dass sie entweder sich selbst gegenüber blind ist, sich gar nicht kritikbedürftig wähnt, stets meinend, die Sache in ihrer konkreten Bestimmtheit zu treffen, obgleich dem nicht so ist (vgl. DA, GS 3, S. 25f.), oder dass ihr, eingeschlossen in sich, eine selbstreflexive Kur verwehrt ist (vgl. ND, GS 6, S. 81); schließlich müsste sie zur Selbstkritik just die Mittel in Anschlag bringen, um deren Kritik es ihr geht – ein performativer Selbstwiderspruch, der im Ergebnis nicht nur nicht zur Aussetzung der Geltung der kritisierten Mittel führt, sondern sogar zu ihrer Affirmation. So oder so gelangt Theorie, verstrickt in einen Verblendungszusammenhang (vgl. DA, GS 3, S. 59 sowie ND, GS 6, S. 99, S. 236), nach Adorno nicht über diesen hinaus, und damit nicht über sich selbst in ihrer bestehenden Gestalt.[35] Dies bezeichnet, warum Theorie das ihr eigene Problem, selbst wenn sie es erkennt, nicht angehen kann.

---

35 Für Adorno ist der Verblendungszusammenhang freilich geschichts- und gesellschaftsphilosophisch zu erläutern (vgl. DA, GS 3, S. 58). Er ließe sich meines Erachtens aber durchaus, etwas ›neutraler‹, wissenschaftstheoretisch fassen. In diesem Sinne argumentiert bspw. Tho-

Ausgehend von dieser Diagnose bedarf es einer Instanz, die gleich mehreres vermag: Sie muss in der Lage sein, der Theorie einsichtig zu machen, dass sie ihrem eigenen Anspruch, die Dinge, so wie sie sind, zu erkennen und zu bestimmen, nicht gerecht wird. Sie muss der Theorie verdeutlichen, woran das liegt. Und: Sie muss die Theorie über eine, ihr mögliche Lösung orientieren. In anderen Worten: Es bedarf einer Instanz, die das Denken an die grundsätzliche Notwendigkeit des Mimetischen erinnert, es als fehlend bewusst macht und es rückgewinnt.

Folgen wir Adornos Überlegungen aus der *Ästhetischen Theorie*, so können wir davon ausgehen, dass er meint, in der Kunst just jene Instanz gefunden zu haben. Denn Kunstwerke vermögen nach ihm all das soeben Genannte. Selbst nach Adorno Inbegriff des Mimetischen, erschüttern sie das Selbstverständnis von Theorie, indem sie zeigen, dass so, wie Theorie ihre Begriffe und Kategorien gebraucht, sie als Kunstwerke (und mithin Dinge überhaupt) in ihrer ihnen wirklich zukommenden Bestimmtheit verfehlt werden. Das tun sie, indem sie sich dem klassischen begrifflichen Zugriff entziehen. Sie werden, wie Adorno es nennt, rätselhaft. Für Adorno ist dieser »Rätselcharakter der Kunstwerke« (ÄT, GS 7, S. 182) epistemologisch von immenser Bedeutung. Denn er führt zu einer Erschütterung des Selbstverständnisses von Subjekten, zu einem »Durchbruch von Objektivität im subjektiven Bewußtsein« (ÄT, GS 7, S. 363), und damit zu dem Aufweis, dass Theorie in ihrer gegenwärtigen Form weit entfernt davon ist, im Besitz des Objektiven, der Wahrheit, zu sein. Doch nicht nur dies. Kunstwerke machen mit ihrem Widerstand gegen den diskursiven Zugriff auch deutlich, worin sein ›Falsches‹ liegt. Sie zeigen nämlich, dass die nivellierende, verzerrende Dimension der klassischen begrifflich-kategorialen Bestimmungspraxis zu ihrem Kern ein falsches Verständnis von Bestimmtheit hat. Doch auch bei dieser negativ-kritischen, destruktiven Intervention bleibt es nicht. Denn Kunstwerke stellen an sich selbst aus, wie demgegenüber ein ›besseres‹ Verständnis von Bestimmtheit, eine nach Adorno ›nicht-identifizierende‹ (Selbst-)Bestimmtheit bzw. Identität, aussähe. Sie halten nämlich dem alten, falschen Bestimmtheits- bzw. Identitätsverständnis nicht einfach ein neues, besseres entgegen. Sie weisen das alte vielmehr zurück, indem sie uns – im Modus der ästhetischen Erfahrung – in ein neues einführen. Die positive, konstruktive Dimension liegt somit darin, dass Kunstwerke unsere aprioristischen, rein rationalen Bezüge abwehren und zugleich in der Abwehr transformieren. Sie wandeln sie von

---

mas S. Kuhn, wenn er davon ausgeht, dass die – wie er es nennt – die ›Normalwissenschaft‹ orientierenden Paradigmen ›blind‹ wirken, und dass wissenschaftliche Dynamik sich primär revolutionär und nicht evolutionär vollzieht. Vgl. Kuhn 1996, S. 16f. und Sakoparnig 2014.

distanzierten, tendenziell überschreibenden und nivellierenden (Bestimmtheit setzenden) zu mimetischen, eher nachvollziehenden (Bestimmtheit aufnehmenden) um. Dabei ändert sich zugleich das Selbstverständnis von Subjekten. Sie können sich nicht mehr als *konstituens* von Objektivität verstehen, d. h. als solche, die Bestimmtheit setzen, sondern müssen sich als *agens* von Objektivität (vgl. KG, GS 10.2, S. 752) erfahren, d. h. als solche, denen (Selbst-)Bestimmtheit aufzunehmen und zu artikulieren aufgegeben ist. Damit treffen wir auf die für Adorno entscheidende Leistung der Kunst. Kunst vermag der Theorie just das zurückzugeben, dessen sie zur Einlösung ihres epistemischen Selbstanspruchs bedarf: das Mimetische.

Es ist für diese Lesart wesentlich, stark zu machen, dass nach Adorno *nur* ästhetische Gegenstände, i. e. Kunstwerke, es vermögen, Subjekte zu einer ästhetisch-mimetischen Haltung zu bewegen. Dass wir der Verfasstheit ästhetischer Gegenstände, i. e. Kunstwerke, mimetisch zu folgen aufgefordert sind, liegt nach Adorno daran, dass sie auf recht spezifische Weise selbstbestimmt sind. Diese selbstbestimmte Verfasstheit erläutert er sowohl mit Blick auf die komplex vermittelte Strukturiertheit der ästhetischen Elemente (vgl. ÄT, GS 7, S. 154f.), als auch mit Blick auf die dialektische Logik ihrer Objektivation (vgl. ÄT, GS 7, S. 152ff.), d. h. das dialektische Verhältnis zwischen Dynamik, sofern sie prozesshaft sind, und Statik, sofern sie werkhaft sind (vgl. ÄT, GS 7, S. 133, S. 210, insbes. S. 274; vgl. ausführlich dazu Sakoparnig 2016). Pointiert benennt Adorno diese eigensinnige ästhetische Selbstbestimmtheit, ihr verkörpertes, neues Verständnis von Identität, mit dem Begriff der »vom Identitätszwang befreite[n]« ›Sich-Selbst-Gleichheit‹ bzw. des ›sich-Selbst-Gleich-Seins‹ (vgl. ÄT, GS 7, S. 14, S. 134, S. 142, S. 159, S. 160, uvm.),[36] weshalb ich Kunstwerke zuvor als Inbegriff des Mimetischen bezeichnet habe. Nach ihm sind Kunstwerke nämlich Gebilde, die ihre konkrete Bestimmtheit, d. h. ihre Identität, darin haben, sich selbst gleich werden zu wollen. Solch einer spezifischen, sich-selbstgleichen Selbstbestimmtheit ist nach Adorno nur zu begegnen – und hier treffen wir auf einen Gedanken, der die nächste Lesart ausführlicher beschäftigen wird –, indem man sich ihr angleicht: »Machen Kunstwerke nichts nach als sich, dann versteht sie kein anderer, als der sie nachmacht.« (ÄT, GS 7, S. 191)

---

36 In der *Dialektik der Aufklärung* kritisiert Adorno das identifizierende Verständnis von Identität: »Bezahlt wird die Identität von allem mit allem damit, daß nichts zugleich mit sich selber identisch sein darf.« (DA, GS 3, S. 28) Kunstwerke nun sind das Gegenbild insofern, als sie ihr ›mit sich selbst identisch‹-Sein erfahrungslogisch behaupten, d. h. sich gegen die Identifizierung, die dem identifizierenden Verständnis von Identität folgt, verweigern.

Hierdurch ergibt sich, wie das ›Theorie über Ästhetisches‹-Sein, um des ›ästhetische Theorie‹-Seins bzw. -Werdens willen nun konkreter zu verstehen ist: In der *Ästhetischen Theorie* wird ästhetische Theorie zur ästhetischen zwar, um ästhetischen Gegenständen gerecht werden zu können, mithin um überhaupt Theorie über Ästhetisches sein zu können, doch indem Theorie nun, um das Ästhetische zu begreifen, selbst ästhetisch wird, kommt sie, selbst als Theorie ästhetisch werdend, einem übergeordneten Anspruch nach; einem Anspruch, den Theorie bereits *vor* aller Reflexion auf das Ästhetische als fälligen, aber durch sich selbst nicht einlösbaren ausgemacht hat: Sie nimmt das mimetische Moment in sich auf, damit das wiedergewinnend, was der Theorie (und zwar: ihrer eigenen Analyse bzw. Diagnostik nach) zur Sicherung ihrer epistemischen Qualität fehlte.

Das bedeutet, dass Kunstwerke nicht nur orientieren, wie theoretisch über *sie* zu handeln ist, sondern dass sie, indem sie das tun, grundsätzlich auch orientieren, wie überhaupt über Gegenstände theoretisch zu handeln wäre. Entsprechend kann die im Ausgang von der Reflexion auf ästhetische Gegenstände entwickelte spezifische, nämlich sich als ästhetische Theorie vollziehende Ästhetik den Impuls zur Realisierung einer spezifischen, nämlich sich als ästhetische Theorie vollziehende Theorie geben. Damit schließt diese Lesart, dass das ›um …‹ zu-Verhältnis von Adorno im Grunde instrumentalisiert wird.[37] Denn das eine ›um … zu‹ – die Entsprechung von ästhetischer Theorie *um* der ästhetischen Gegenstände *willen* – wird für das übergeordnete ›um … zu‹ – die Lösung des Theorieproblems (nämlich: wie Gegenständen überhaupt entsprechen?) – nutzbar gemacht. Adorno stellt demnach also *nur* deshalb die Reflexion auf ästhetische Gegenstände an, weil er davon ausgeht, dass sich anhand ihrer ein neues Verständnis von Theorie generieren und zugleich realisieren lässt; einer Theorie, deren konkrete Gestalt die ästhetische Theorie ist.[38] Somit

---

[37] Auch für diese Deutung gibt es Anhaltspunkte. So hatte der Blick auf die der *Ästhetischen Theorie* vorausgehenden Texte gezeigt, dass Adorno für eine Neufassung dessen, was es heißt, Theorie zu sein, ausgehend von der Reflexion auf ästhetische Gegenstände plädiert. So unternimmt er also die Charakterisierung des Essays weniger in der Absicht, den Essay als solchen zu konturieren, als um herauszuarbeiten, was am traditionellen diskursiven, systematischen Theorieverständnis problematisch ist, und was diesem entgegengestellt werden könnte; genauso wie er die Reflexion auf Hölderlins parataktischen Stil vor allem deshalb anstellt, um ein dem traditionellen Theorieverständnis entgegenstehendes, nicht-synthetisierendes und nicht-systematisches Verständnis von Theorie zu skizzieren.

[38] Da die Problembeschreibung diskursiver Theorie (Mangel am Mimetischen) auffällig mit der Beschreibung der Verfasstheit ästhetischer Gegenstände (Inbegriff des Mimetischen) konvergiert, muss sich Adorno freilich fragen lassen, ob diese ›Passung‹ denn wirklich eine nur

gilt, dass die *Ästhetische Theorie* spezifische Ästhetik um des spezifische Theorie-Seins willen ist, d. h. vor allem eben spezifische, sich als ästhetische Theorie vollziehende Theorie ist.

Dies bestimmt, was unter dem ›ästhetische Theorie‹-Sein zu verstehen ist, in doppelter Weise: Die von (bzw. in) der *Ästhetischen Theorie* entwickelte ästhetische Theorie ist sowohl die Antwort auf die Frage, wie mit ästhetischen Gegenständen theoretisch umzugehen ist, als auch die Antwort auf die (vermeintlich noch dringendere) Frage, wie Gegenstände überhaupt theoretisch zu behandeln sind. Im Kern ist damit die ästhetische Theorie als diejenige Theorie bestimmt, welche es vermag, sich mimetisch auf ihren Gegenstand einzulassen, und ihm dadurch entsprechend zu werden, dass sie *seine* spezifische Bestimmtheit als *für sich* selbst verbindliche bestimmt.

Im Ergebnis liest diese Lesartenvariante die *Ästhetische Theorie* zwar als *spezifische*, nämlich sich als ästhetische Theorie vollziehende Ästhetik, doch als eine, die als sich solchermaßen vollziehende eine die Theorieproblematik lösende *spezifische*, nämlich sich als ästhetische Theorie vollziehende *Theorie* vorschlägt.

4.3

Die dritte Variante dieser Lesart verfugt die Überlegungen der beiden vorigen Varianten, indem sie annimmt, dass Adorno mit der *Ästhetischen Theorie* gleichermaßen den Anspruch erhebt, eine ästhetische Theorie vorzustellen, um Theorie über Ästhetisches zu sein (bzw. sein zu können), als auch eine Theorie über Ästhetisches, um ästhetische Theorie zu sein (bzw. zu werden). Sie geht also davon aus, dass die bisher getrennt anvisierten Ansprüche nicht hierarchisch sind und nicht konfligieren, so dass sie aufeinander folgen, einander ausschließen bzw. widersprechen und somit versöhnt oder harmonisiert werden müssten, sondern dass sie ganz im Gegenteil miteinander verbunden sind, ja einander sogar ›zuarbeiten‹.

So gesehen ist die *Ästhetische Theorie* weder nur eine Theorie über Ästhetisches um der ästhetischen Theorie willen, noch ist die *Ästhetische Theorie* nur eine ästhetische Theorie um Theorie über Ästhetisches sein zu können. Die *Ästhetische Theorie* steht dieser Lesartenvariante zufolge vielmehr jenseits der

---

gefundene ist oder nicht doch vielmehr eine gewollte, konstruierte. Die Auffassung, wonach Kunstwerke als Katalysatoren einer als fällig diagnostizierten Theoriedynamik fungieren können, erregt jedenfalls Skepsis.

Alternativen, nur spezifische Ästhetik oder vornehmlich spezifische Theorie zu sein. Sie ist sowohl spezifische Ästhetik *UND*, indem sie das ist, spezifische Theorie als auch spezifische Theorie *UND*, indem sie das ist, spezifische Ästhetik. Damit ist ästhetische Theorie sowohl die Antwort darauf, was es heißt, eine spezifische Ästhetik zu sein, als auch darauf, was es heißt, eine spezifische Theorie zu sein.

Auch diese Lesartenvariante baut auf einem Gedanken auf, der in der vorigen angelegt war. Denn dieser zufolge waren im Grunde die Bedingung, dass Theorie, um Theorie über das Ästhetische zu sein, ästhetisch sein muss, aufs engste mit der Bedingung verknüpft, dass ästhetische Theorie Theorie über Ästhetisches sein muss. Die jetzige Lesartenvariante spitzt dies wiederum insofern zu, als sie die Verknüpfung zur Verschränkung umdeutet. Aus der instrumentellen, hierarchischen, doppelten ›um ... zu‹-Logik wird solchermaßen die dialektische ›und‹ bzw. ›indem‹-Logik.

Charakteristisch für die dialektische Auslegung ist, dass nach ihr gilt, dass nicht nur ästhetische Gegenstände, um angemessen behandelt zu werden, einer ästhetischen Theorie bedürfen, sondern auch, dass ästhetische Theorie, um überhaupt ästhetische Theorie zu sein bzw. zu werden, des Bezugs auf ästhetische Gegenstände bedarf. Daher ist umzuformulieren, dass die *Ästhetische Theorie* ästhetische Theorie *wird, indem* sie Theorie über Ästhetisches ist, *und zugleich* Theorie über Ästhetisches *wird, indem* sie ästhetische Theorie ist. Die Beziehung zwischen dem ›ästhetische Theorie‹-Sein und dem ›Theorie über Ästhetisches‹-Sein ist demnach reziprok, genauer: ko-konstitutiv.

Auch diese Deutung erkennt in dem dialektischen Verhältnis zwischen dem ›Theorie über Ästhetisches‹-Sein und dem ›ästhetische Theorie‹-Sein der *Ästhetischen Theorie* den Versuch, das grundsätzliche aporetische Problem zu lösen, vor dem eine jede Theorie steht, die den anti-aprioristischen Anspruch erhebt, dem Gegenstand ›entsprechend‹ sein zu wollen. Denn heißt, ›dem Gegenstand zu entsprechen‹, dass Theorie bestimmt sein soll wie er, so müsste sie eigentlich wissen, worin seine Bestimmtheit besteht. Just aber dies, einen aprioristischen Vorbegriff vom Gegenstand, soll und kann Theorie jedoch nach Adorno nicht haben. Kann Theorie nicht, will sie nicht just jene aprioristische Theorie sein, die Adorno perhorresziert, ihrem Gegenstand ähnlich *sein*, weil sie dazu wissen müsste, wie er bestimmt ist, noch bevor sie sich bestimmend auf ihn bezogen hat, muss sie ihm, wie Adorno es nennt, *im Zuge seiner Bestimmung* ähnlich *werden, sich* ihm *ähnlich machen*.

Dem Gedanken vom sich-ähnlich-Machen sind wir bereits in der vorherigen Lesartenvariante begegnet. In der dialektischen Variante kommt ihm eine erhöhte Aufmerksamkeit zu. Denn mit ihm stößt sie auf ein zentrales Theoriestück

Adornos, mit dem er sich explizit gegen das (frühneuzeitlich) rationalistische Verständnis einer methodisch regulierten, analysierenden, kurz aprioristisch verfahrenden Theorie wendet (vgl. NzL, GS 11, S. 22). Dem Selbstverständnis einer solchen Theoriekonzeption nach wird Theorie (genau wie die eben skizzierte Lesartenvariante 4.1.1 es versteht) im Sinne einer/s Verfahrens bzw. Methode auf den Gegenstand ›angewendet‹. Sie hat ein ihm gegenüber äußerliches, abstraktes Verhältnis, sofern sie unabhängig von ihm und seiner Bestimmtheit besteht, bestimmt und begründet ist. Just gegen dieses abstrakte ›Anwendungs‹-Verständnis von Theorie richtet sich Adorno. Wo Descartes' Plädoyer für die Vermittlungsgebundenheit des Denkens einen Unterschied zwischen der Sache und der sie repräsentierenden Idee verkämpft, damit gegen Aristoteles' Ähnlichkeitstheorie antritt, will Adorno den »peripatetischen Satz, einzig Gleiches könne Gleiches erkennen« (ÄT, GS 7, S. 190) wieder in Kraft setzen – allerdings mit einer entscheidenden Korrektur. Denn eine solche Ähnlichkeit will Adorno nicht mehr durch eine onto-/-logische Isomorphie als (eben: aprioristisch) gegeben bzw. vorentschieden wissen (vgl. PhF, GS 1, S. 325). Eines seiner zentralen Anliegen ist schließlich, gegen solch eine onto-/logische Kopplung anzugehen.

Um dies nachvollziehen zu können, müssen wir uns daran erinnern, dass Adorno seine gegenüber geltenden wissenschaftstheoretischen Normen kritische Intervention durch gesellschafts- und geschichtsphilosophische Überlegung legitimiert sieht. Die geltenden (frühneuzeitlich) rationalistischen wissenschaftstheoretischen Normen sind nach Adorno nämlich angesichts der Gräueltaten Nazi-Deutschlands insofern widerlegt, als die ihnen fundamentale Annahme, dass die begriffliche und Seinsordnung isomorph seien, als fundamental erschüttert angesehen werden muss (vgl. PhF, GS 1, S. 325; DA, GS 3, S. 19f.).[39] Die Ähnlichkeitstheorie, die Adorno im Sinn hat, versteht sich also offenbar völlig anders. Sie geht nicht von einer prästabilierten, unverbrüchlichen Ähnlichkeit zwischen Begriff und Wirklichkeit aus (vgl. PhF, GS 1, S. 325). Ganz im Gegenteil, nach ihr muss Ähnlichkeit erst durch einen gewissen Habitus praktisch erarbeitet bzw. hergestellt werden. Adorno kennt für diesen Habitus vielerlei Bezeichnungen. Er spricht vom »mimetischen Impuls« (ÄT, GS 7, S. 71, uvm.), einem sich der Sache ›Ähnlichmachen‹, bzw. ›Anschmiegen‹ (vgl. ND, GS 6, S. 24, S. 53), das er wider die bereits genannte »Pseudomorphose« (ND, GS 6, S. 26; ÄT, GS 7, S. 56, S. 119, S. 146, S. 628, uvm.) oder auch »Anähne-

---

[39] Deshalb ist für Adorno der Essay auch so attraktiv: »Er denkt in Brüchen, so wie die Realität brüchig ist« (NzL, GS 11, S. 25) und wird damit Adornos Einschätzung gerecht, dass »der Totalitätsanspruch des Denkens« (PhF, GS 1, S. 330) in »einer Krise« ist.

lung« (ND, GS 6, S. 26) abgrenzt. Nicht selten zitiert er das »Hegelsche Programm« (ÄT, GS 7, S. 494) des »reinen Zusehens« (ME, GS 5, S. 330, S. 369), wonach »nicht von oben her zu denken, sondern den Phänomenen sich zu überlassen« (ÄT, GS 7, S. 494) sei, oder Hölderlins »Fügsamkeit« (NzL, GS 11, S. 475). Kurz gesagt lautet die Lösung Adornos für das Problem, wie eine antiaprioristisch verfasste Theorie realisierbar ist, die ihren Gegenstand durch ihr eigenes ›ihm Entsprechen‹ begreifen will, dass sie sich ihm *durch die ästhetisch-mimetische Haltung ähnlich machen* muss.

Sofern ästhetische Theorie damit gefasst wird als Theorie, für die das ›sich dem Gegenstand ähnlich‹-Machen charakteristisch ist, wendet sich diese Lesart jedoch nicht nur gegen das Verständnis einer apriori, abstrakt vorliegenden Theorie (wie in 4.1.1), sondern auch gegen das Verständnis einer im Ausgang von konkreten Gegenständen zu entwickelnden Theorie, sofern diese dann (doch) als grundsätzlich auch auf andere Gegenstände hin ›anwendbar‹ gedacht wird (wie in 4.1.2). Lässt sich das ›ästhetische Theorie‹-Sein demzufolge also gar nicht im Sinne des ›Anwendungs‹-Verständnisses von Theorie begreifen, so kann sie auch nicht in der Weise als Antwort auf das Theorieproblem fungieren, als die sie die vorige Lesartenvariante (4.2) entwarf.

Damit bestimmt die jetzige dialektische Lesartenvariante die Bedeutung des ›ästhetische Theorie‹-Seins einmal mehr, wiederum negativ fort: Die ästhetische Theorie, die die *Ästhetische Theorie* in der Reflexion auf ästhetische Gegenstände entwickelt, mag zwar eine Antwort auf das Theorieproblem darstellen, doch nicht insofern, als dass sie ein/e allgemeine/s (und allgemeingültige/s) Verfahren bzw. Methode präsentierte. Denn die dialektische Lesart fasst das ›ästhetische Theorie‹-Sein weder als etwas, das sich, als bereits *vor* den Gegenständen bestehend, bestimmt und begründet gedacht, ›zur Anwendung bringen‹ lässt, noch als etwas das sich, als *im Ausgang* von ästhetischen Gegenständen sich konstituierend gedacht, d. h. *nach* ihrer ein- bzw. erstmaligen Konstitution, auf anderes hin im Sinne von etwas Anwendbaren ›stabilisieren‹ lässt. Die Pointe einer ›sich ähnlich machenden‹ Theorie, als die die dialektische Lesartenvariante die ästhetische Theorie begreift, liegt darin, dass sie als gegenstandsspezifisch, die ›methodisch unmethodische‹ Antwort auf das Theorieproblem gibt: Mach dich dem je konkreten, spezifischen Gegenstand ähnlich, indem du, seine spezifische Bestimmtheit bestimmend, ebendiese spezifische Bestimmtheit als für dich selbst verbindlich bzw. geltend bestimmst.

5

Die fünfte Lesart widmet sich der Frage, die die vierte Lesart aus sich entlässt: Wie ist der Status der *Ästhetischen Theorie* zu bestimmen, je nachdem, welches Verhältnis zwischen dem ›Theorie über Ästhetisches‹-Sein und dem ›ästhetische Theorie‹-Sein angenommen und entsprechend der Sinn des ›ästhetische Theorie‹-Seins gefasst wird? Oder anders gefasst: Was und wozu ist die *Ästhetische Theorie* im Hinblick darauf, wie der Sinn des ›ästhetische Theorie‹-Seins ausgelegt wird?

5.1

Die erste Variante der vorigen Lesart verstand die *Ästhetische Theorie*, indem sie ästhetische Theorie als um der Theorie über Ästhetisches willen deutete, primär als einen Beitrag zur *Ästhetik*. So gesehen macht die *Ästhetische Theorie* geltend, dass Ästhetik spezifische Ästhetik sein soll, und dass sie sich entsprechend als ästhetische Theorie zu vollziehen hat. Der Status, der der *Ästhetischen Theorie* in diesem Geltend-Machen zukommt, ist je nach Fassung dessen, was unter dem ›ästhetischen Theorie‹-Sein verstanden wurde, allerdings unterschiedlich zu profilieren.

In den beiden nun folgenden Auslegungen – der exekutiven, illustrativen sowie der konstitutiven – wird die *Ästhetische Theorie* als *exemplarisch* gefasst. Der ersten Deutung nach gibt die *Ästhetische Theorie* ein Beispiel von einer Ästhetik, die spezifisch insofern ist, als dass sie eine für ästhetische Gegenstände als angemessen erachtete/s Verfahren bzw. Methode zur Anwendung bringt. Der zweiten Deutung nach gibt die *Ästhetische Theorie* ein Beispiel von einer Ästhetik, die spezifisch insofern ist, als dass sie ein/e der Bestimmtheit ihrer Gegenstände entsprechende/s Verfahren bzw. Methode entwickelt.

5.1.1

Der Lesartenvariante 4.1.1 nach ist ästhetische Theorie, verstanden als etwas, das ›gewählt‹ werden kann, als bestehend, d. h. andernorts bestimmt und begründet, gedacht. Dies bedeutet, dass die wesentliche Leistung der *Ästhetischen Theorie* darin besteht, eine spezifische Weise, Ästhetik zu betreiben, vorzustellen, indem sie auf das Verfahren bzw. die Methode ›ästhetische Theorie‹ zurückgreift, i. e. es zur Anwendung bringt.

Somit kann die *Ästhetische Theorie* für sich einen singulären Status beanspruchen. Schließlich gibt es keine Ästhetik *vor* ihr, die sich als spezifische Ästhetik vollzieht im Sinne dessen, dass sie ästhetische Theorie ist. Nur sie präsentiert demnach, was es heißt, auf eine dem ästhetischen Gegenstand methodisch angemessene Weise, spezifische Ästhetik zu sein.

Allerdings besteht das, was die *Ästhetische Theorie* mit der ästhetischen Theorie als Verfahren bzw. Methode ›wählt‹, auch unabhängig von ihr. Das heißt, sofern von der *Ästhetischen Theorie* als einer die Rede ist, die eine spezifische, nämlich sich als ästhetische Theorie vollziehende Ästhetik zur Geltung bringt, so ist das nur in dem Sinne gemeint, dass sie *darstellt* bzw. *vorführt*, dass und wie ästhetische Theorie als Verfahren bzw. Methode auf ästhetische Gegenstände Anwendung findet. Was das Bestehen, die Bestimmtheit und die Begründung des ›ästhetische Theorie‹-Seins anbetrifft, kommt der *Ästhetischen Theorie* keine konstitutive, sondern eine bloß exekutive, illustrative Bedeutung zu.[40] Indem sie ästhetische Theorie exekutiert, gibt sie allenfalls an sich selbst ein *Beispiel* davon wie, erstens, spezifische Ästhetik zu betreiben, und zweitens, wie ästhetische Theorie anzuwenden ist. Solchermaßen ist die *Ästhetische Theorie* ihrem Anspruch nach freilich von relativ bescheidenem Gewicht.

5.1.2

Der Lesartenvariante 4.1.2 nach ist die ästhetische Theorie, verstanden als etwas, das (nur) im Ausgang von bestimmten, nämlich ästhetischen Gegenständen entwickelt, bestimmt und begründet wird (bzw. werden kann), als konstituiert gedacht. Dies bedeutet, dass die wesentliche Leistung der *Ästhetischen Theorie* nicht mehr nur darin besteht, eine spezifische, nämlich sich als ästhetische Theorie vollziehende *Ästhetik* in ihrer Anwendung vorzuführen, sondern allererst *zu entwickeln*.

Die *Ästhetische Theorie* als Schrift (genauso wie der Sachverhalt, dass sie Ästhetik ist) ist für die Konstitution dessen, was als Verfahren bzw. Methode

---

40 Dass die *Ästhetische Theorie* nicht mehr als bloße Exekution einer im Grunde bereits vor ihr entwickelten und unabhängig von ihr bestehenden ästhetischen Theorie ist, nimmt diese Lesartenvariante an, weil sie das, was mit dem Titel ›Ästhetische Theorie‹ benannt ist, bspw. im viel früheren »Essay«- und »Parataxis«-Aufsatz realisiert sieht. Damit folgt diese Variante der in 3.1 entwickelten, die annimmt, dass die Bedeutung des ›ästhetische Theorie‹-Seins vor der *Ästhetischen Theorie* konturiert wird, so dass die *Ästhetische Theorie* bezüglich des ›ästhetische Theorie‹-Seins allenfalls als Namensgeber eines/r zuvor entwickelte/n Verfahrens bzw. Methode fungiert, und/oder als dessen ausführlichere Darstellung.

namens ›ästhetische Theorie‹ vorgestellt wird, somit wesentlich. Insofern kann die *Ästhetische Theorie* in einem viel umfassenderen Sinn (als in der Variante eben) einen singulären Status für sich beanspruchen. Denn nur sie, als *Ästhetische Theorie* (und nur sie sofern sie Ästhetik ist), vermag es die ästhetische Theorie zu konstituieren und zu präsentieren.

Da dieser Lesartenvariante zufolge der *Ästhetischen Theorie* eine konstitutive (und nicht nur eine exekutive, illustrative) Funktion zukommt, kann sie einen gewichtig(er)en Status für sich beanspruchen: Sie weist durch die Weise, wie sie sich vollzieht, die in der Ästhetik übliche Praxis zurück, wonach ästhetischen Gegenstände mithilfe der Anwendung einer/s gegenstandsunabhängig bestehenden Verfahrens bzw. Methode begegnet wird; und plädiert stattdessen dafür, dass in enger Auseinandersetzung mit ästhetischen Gegenständen ein/e eigens ihnen entsprechende/s Verfahren bzw. Methode entwickelt werden muss. Damit generiert und etabliert die *Ästhetische Theorie* eine *spezifische* Ästhetik, die (im Gegensatz zur vorigen Lesartenvariante) nicht nur gegenstandsrelativ, sondern auch gegenstandsabhängig ist. Sie ist somit – etwas umständlich gesprochen – in einem gegenstandsspezifischen Sinn spezifische Ästhetik.

Der Anspruch, den die *Ästhetische Theorie* erhebt, wäre demnach im Vergleich zur eben skizzierten Lesartenvariante als erheblich größer anzusehen: Sie entfaltet normative Kraft, indem sie zeigt, wie ästhetischen Gegenständen zu entsprechen ist (präziser: entsprochen werden muss *und* entsprochen werden kann), und sie wirkt begründend,[41] indem sie grundlegend konstituiert, was unter dem ›ästhetische Theorie‹-Sein (dieser Variante nach ja ggf. auch nach bzw. jenseits von ihr) zu verstehen ist.

5.2

Folgen wir der Lesartenvariante 4.2 – der nach die *Ästhetische Theorie* letztlich Theorie über Ästhetisches um des Ästhetisch-Seins bzw. -Werdens von Theorie willen ist –, so ist ganz allgemein bezüglich des Status der *Ästhetischen Theorie* festzuhalten, dass sie ihrem Anspruch nach nicht mehr vornehmlich als Schrift zu verstehen ist, die einen Beitrag zur Ästhetik- bzw. Kunstdebatte, sondern zur Philosophie- bzw. Theoriedebatte leistet. Sie ist als *Ästhetische Theorie* weniger *ästhetische* Theorie, im Sinne dessen, dass sie ein neues Verständnis davon,

---

41 ›Begründend‹ im Sinne des Konstituierens, nicht des Argumentierens oder Legitimierens, wie die nachfolgenden Lesartenvarianten 5.2 und 5.3 annehmen werden.

was es heißt, Ästhetik zu sein, vorstellt (also für eine *spezifische Ästhetik* Beispiel ist), sondern eher ästhetische *Theorie*, im Sinne dessen, dass sie an sich selbst ein neues Verständnis davon, was es heißt, Theorie zu sein, präsentiert.

Dass sie dieses neue Verständnis an sich selbst *präsentiert*, heißt, dass sie es nicht nur im Ausgang von ihrem ›spezifische Ästhetik‹-Sein als ableitbar nahelegt, sondern (als) an sich selbst bereits realisiert (darstellt). Gemeint ist damit, dass von der *Ästhetischen Theorie* nicht nur der Impuls zu einer spezifischen, sich als ästhetische Theorie vollziehenden Theorie ausgeht, sofern sie spezifische, sich als ästhetische Theorie vollziehende Ästhetik ist, der sich gewissermaßen erst *nach* ihr zur Geltung bringen würde; gemeint ist vielmehr: Sie selbst *ist* eine solche spezifische Theorie, sofern sie als spezifische Ästhetik zugleich spezifische Theorie ist bzw. spezifische Theorie nur als spezifische Ästhetik. So gesehen ist sie, indem sie spezifische, sich als ästhetische Theorie vollziehende Ästhetik ist, zugleich ein Beispiel für eine *spezifische,* nämlich sich als ästhetische Theorie vollziehende *Theorie*. Sie ist ein Beispiel für den Vollzug des Ästhetischwerdens von Theorie.

5.3

Der dialektischen Lesartenvariante (4.3) nach erhebt Adorno mit seiner *Ästhetischen Theorie* zwei ineinander verschränkte Ansprüche. Es gilt nämlich nicht nur: Indem die *Ästhetische Theorie* ästhetische Theorie um der Theorie des Ästhetischen willen ist, stellt sie einen Beitrag zur Ästhetik dar. Sie legt eine spezifische Ästhetik vor. Oder: Indem sie eine Theorie über Ästhetisches um der ästhetischen Theorie willen ist, stellt sie einen Beitrag zur Theoriedebatte dar. Sie legt eine spezifische Theorie vor. Da sie die beiden Ansprüche als verschränkt, und nicht nur additiv und hierarchisch verkoppelt begreift, gilt stattdessen vielmehr, dass die *Ästhetische Theorie* spezifische, nämlich sich als ästhetische Theorie vollziehende Ästhetik ist und – das ist bedeutsam – *als solche* mehr als spezifische Ästhetik, nämlich spezifische, sich als ästhetische Theorie vollziehende Theorie.

Damit liegt ein recht komplexes Bestimmungsgeflecht vor, das die Verständnisse der Lesartenvarianten 5.1 und 5.2 zwar aufnimmt aber transformiert. Denn sofern die *Ästhetische Theorie* Beispiel einer spezifischen, sich als ästhetische Theorie vollziehenden *Theorie* nur ist, weil sie dem ihr eigenen *Beispiel* der spezifischen, sich als ästhetische Theorie vollziehenden *Ästhetik* folgend sich zu einer sich solchermaßen vollziehenden Theorie bestimmt, also spezifische Theorie *wird*, bestimmt sie auch den Status des ihr eigenen ›spezifische Ästhetik‹-Seins (im Verhältnis zur Lesartenvariante 5.1) um: In dem ihr eigenen ›spezifische Ästhetik‹-Sein ist sie (sich) nicht mehr nur Beispiel (für eine Ästhetik), sondern aufgrund der nunmehr anders gefassten Funktion *Paradigma* (für Theorie). Die *Ästhetische Theorie* stellt als spezifische Ästhetik nämlich nicht mehr nur exemplarisch dar, wie Ästhetik aussehen kann und muss, sondern sie *orientiert* mit diesem ›spezifische Ästhetik‹-Sein zugleich, wie Theorie aussehen kann und muss. Indem aber *Ästhetische Theorie* gewissermaßen dem Beispiel ihres eigenen ›spezifische Ästhetik‹-Seins folgend, dieses so zum Paradigma machend, sich selbst als spezifische Theorie, d. h. eben auch als ästhetische Theorie sich vollziehende Theorie realisiert, gewinnt sie den Charakter einer Exemplifikation. Um diese Überlegungen zu verstehen, bedarf es einer kurzen Erläuterung der Begriffe ›Beispiel‹, ›Paradigma‹ und ›Exemplifikation‹.

Das Beispiel macht einen Sachverhalt anschaulich, fassbar, gegenwärtig. Es hat eine primär präsentierende, illustrierende, darstellende Funktion (vgl. Schaub 2010, S. 52ff). Beispiele werden innerhalb von Kontexten verwendet, die orientieren, was in ihnen als relevant und signifikant zu identifizieren ist. Das heißt, wofür das Beispiel ein Beispiel ist, wird aus dem Zusammenhang klar, in dem es steht. So gesehen ist das Beispiel ein Besonderes zu einem bekannten Allgemeinen. Seine Funktion besteht neben der Veranschaulichung darin, die »Sachhaltigkeit einer Argumentation, eines Begriffs oder einer Kategorie« (Schaub 2010, S. 103) auszuweisen. Es ist primär deskriptiv und affirmativ: Es sichert die Geltung des Behaupteten, indem es ihm gewissermaßen Realität verleiht (vgl. Schaub 2010, S. 103).

Fasste man die *Ästhetische Theorie* als exemplarisch im Sinne der Variante 5.1.1, wäre sie nichts als Exekution einer/s bereits vor ihr entwickelten Verfahrens bzw. Methode, zu dem bzw. der sie allenfalls den Namen ›ästhetische Theorie‹ beisteuerte. Was ganz allgemein ästhetische Theorie ist und was konkret an bzw. in der *Ästhetischen Theorie* ästhetische Theorie ist, ist demnach auch jenseits von ihr klar. Die *Ästhetische Theorie* veranschaulichte bloß das ›ästhetische Theorie‹-Sein. Mit diesem Verständnis bricht bereits die Variante 5.1.2. Sie ging davon aus, dass die *Ästhetische Theorie* zeigt, wie ein/e im Ausgang von ästhetischen Gegenständen zu konstituierende/s Verfahren bzw. Methode zu entwickeln ist. Was ganz allgemein ästhetische Theorie ist und was konkret an der *Ästhetischen Theorie* ästhetische Theorie ist, ist somit nicht jenseits ihrer klar, sondern erst durch sie. Doch auch diese Lesartenvariante spricht der *Ästhetischen Theorie* (trotz des Hinweises auf ihre konstitutive Leistung) im Grunde einen nur exemplarischen Charakter zu. Denn die Begründung dessen, wofür die in der *Ästhetischen Theorie* entwickelte ästhetische Theorie überhaupt eine Lösung sein soll, und in welcher Weise sie dies sein kann, wird ihr nicht als eigene Leistung zugerechnet. Fasste man die *Ästhetische Theorie* als exemplarisch im Sinne der Variante 5.2, so gibt sie ein Beispiel davon, wie sich eine spezifische, sich als ästhetische Theorie vollziehende Theorie realisiert. Dass sie als Beispiel einer solchen nur verständlich sein kann, weil sie den Kontext, für den sie Beispiel ist, selbst stellt (als bzw. insofern sie spezifische Ästhetik), bedenkt diese Lesart nicht. Dies ist insofern konsequent, weil auch sie (wie bereits 5.1.2) das Problem, für das die *Ästhetische Theorie* eine Lösung sein soll, genauso wie die Weise, in der sie eine Lösung darstellen soll, andernorts (etwa in der *Negativen Dialektik*) reflektiert und formuliert sieht.

Beim Paradigma verhält es sich ganz anders. Es ist singulär, im Gegensatz zum Beispiel nicht austauschbar. Das liegt darin begründet, dass es nicht ein Besonderes eines Allgemeinen ist, sondern dass es sich ob seiner Singularität dem Allgemeinen nicht fügt. Es lässt sich nicht subordinieren, sondern ist selbst koordinierend (vgl. Agamben 2009, S. 26). Entsprechend weist es eine andere Funktionslogik auf. Es bringt nicht etwas zur Geltung, das bereits ›da‹ ist, sondern es macht im Hervorbringen etwas geltend.[42] Daher hat das Paradigma einen eher performativen Charakter. Zum eigensinnigen Wirken seiner Funktionslogik gehört, dass es verlangt, dass von ihm als einem Partikularen zu einem anderen Partikularen auf Basis der Ähnlichkeit geschlossen wird (vgl. Agamben 2009, S. 26). Es ist demnach präskriptiv und normativ. Im Gegensatz zum Beispiel, bei dem die ›reziproke Kraft‹ als ein unkalkulierbares Risiko für die Verwendung innerhalb von Argumentationszusammenhängen kontrolliert werden muss (vgl. Schaub 2010, S. 46), ist diese beim Paradigma ›Motor‹: Es dient schließlich nicht dem Beleg, der Versicherung, der Affirmation eines wie auch immer diffusen oder impliziten, bestehenden (Wissens-) Zusammenhangs, sondern es begründet ihn erst. Kurz: Das Paradigma wird nicht orientiert, es orientiert selbst.

Fasst man nun, wie die Lesartenvariante 5.2. es ansatzweise bereits tut, das ›spezifische Ästhetik‹-Sein als *paradigmatisch* für das ›spezifische Theorie‹-Sein, so geht die *Ästhetische Theorie* über den Status der Theorie reflektierenden Schriften vor ihr hinaus. Denn ihr kommt wissenschaftstheoretisch eine enorme Bedeutung zu. Sie bezeugt nämlich an sich selbst, indem sie in ihrem ›spezifische Theorie‹-Sein durch das ›spezifische Ästhetik‹-Sein *orientiert* ist, wie und dass ästhetische Theorie in orientierender Weise wirkt, d. h. konkret Gestalt annimmt, nämlich *in concreto* als *Ästhetische Theorie*. Sofern die *Ästhetische Theorie* aber nicht nur in diesem orientiert *ist*, sondern sich auch als orientiert *zeigt*, gewinnt sie einen exemplifizierenden Charakter.

---

42 Wir sind dieser Logik, wie bereits mehrmals bemerkt, im Zuge des »Essay«-Aufsatzes begegnet.

Um eben diesen zu verstehen, ist es hilfreich, auf Überlegungen Nelson Goodmans auszugreifen. Sie klären uns über die Logik der (ästhetischen) Exemplifikation auf (vgl. Goodman 1997, S. 59–62). Goodman erläutert mit dem Begriff der Exemplifikation eine spezifische semantisch-referentielle Beziehung, nämlich die des Musters. Ein Muster fungiert als Muster, indem es spezifische, besonders signifikante und charakteristische Merkmale einer Sache, für die es Muster ist, in sich verkörpert, oder mit Goodman eben: exemplifiziert. Um beispielsweise die Qualität, Farbe, Faser und Musterung eines Teppichs zu veranschaulichen, reicht ein kleines Muster, das in Bezug auf eben diese Qualitäten ›sprechend‹ ist, d. h. diese Farbe, Faser und Musterung hat. Die Größe und das Gewicht des Teppichmusters können für das Verständlich-Machen dessen, was den Teppich als diesen Teppich charakterisiert (und etwa von anderen differenziert), als irrelevant gelten und werden daher auch nicht exemplifiziert. Nur wenn das Muster Bezug auf den Teppich nimmt, indem es mit ihm seine wesentlichen Eigenschaften teilt, kann es eine Probe von ihm sein. Goodmans Begriff formuliert dies präzise: »Exemplifikation ist Besitz plus Bezugnahme«. (Goodman 1997, S. 60) Die Exemplifikation bezeichnet somit »die Beziehung zwischen einer Probe und dem, worauf sie Bezug nimmt« (Goodman 1997, S. 60).

Bei Kunstwerken haben wir es nach Goodman mit einem Sonderfall der Exemplifikation zu tun. Denn Kunstwerke nehmen die Stelle dessen, worauf Bezug genommen wird, selbst ein. Sie exemplifizieren demnach nichts anderes als sich selbst. Goodman versucht mithilfe des Konzepts der Exemplifikation die spezifische Weise des Selbstbestimmtseins von Kunstwerken, die Adorno als ›sich-Selbst-Gleichheit‹ fasste, symboltheoretisch als besondere Form der Selbstreferentialität zu beschreiben. Seine Kurzformel lautet, dass Kunstwerke Muster bzw. Proben ihrer selbst sind.[43]

Die Lesartenvariante 5.3 fasst nun die *Ästhetische Theorie* als Exemplifikation, weil sie davon ausgeht, dass die *Ästhetische Theorie* auf das ›ästhetische Theorie‹-Sein Bezug nimmt, indem sie es als spezifische, nämlich sich als ästhetische Theorie vollziehende Ästhetik *hat*. Sie teilt als spezifische, sich als ästhetische Theorie vollziehende Ästhetik alle Merkmale einer spezifischen, sich als ästhetische Theorie vollziehenden Theorie. Sie ›hat‹ das ›ästhetische Theorie‹-Sein und verweist in ihrem Haben auf es. Sie verkörpert es. Solchermaßen kehrt sie, ganz im Sinne Goodmans, an sich selbst im Modus der Exemplifikation

---

[43] Es wäre sicher produktiv, Adornos Beschreibung der strukturellen Verfasstheit von Kunstwerken mit der von Goodman abzugleichen. Mir scheinen beide Beschreibungen nämlich erstaunlich konvergent – und das, obwohl sie in einem vollkommen unterschiedlichen Vokabular und Register erfolgen.

hervor, was ästhetische Theorie ausmacht. In anderen Worten: Die *Ästhetische Theorie* gibt an sich selbst ein Beispiel davon, was es heißt, ästhetische Theorie zu sein.

Damit macht die dialektische Lesartenvariante zugleich einen begründungstheoretischen Coup aus.[44] Sie geht nämlich im Unterschied zur vorigen Lesartenvariante nicht davon aus, dass das ›spezifische Ästhetik‹-Sein dem ›spezifische Theorie‹-Sein logisch vor-, der Bedeutung nach aber nachgeordnet ist, sie nimmt stattdessen an, dass beides, das ›spezifische Ästhetik‹-Sein und ›spezifische Theorie‹-Sein der *Ästhetischen Theorie* einander wechselseitig, ko-konstitutiv bestimmen und bedingen. Damit bestimmt sie auch Beitrag zur Lösung des Theorieproblems neu. Die *Ästhetische Theorie* plädiert nämlich, indem sie im Ausgang der spezifischen, sich als ästhetische Theorie vollziehenden Ästhetik selbst spezifische, sich als ästhetische Theorie vollziehende Theorie ist, nicht mehr für ein generelles Ästhetischwerden von Theorie (wie 4.2 und 5.2 es annehmen), sondern für ein konkretes Ästhetischwerden von Theorie, das sie an sich selbst vollzieht.

Damit ist die *Ästhetische Theorie* in einem sehr viel weiter reichenden Sinn singulär als die bisherigen Lesartenvarianten annahmen: Sie ist singulär nicht, weil sie exemplarisch entweder erstmals ästhetische Theorie in Form einer spezifischen, nämlich sich als ästhetische Theorie vollziehenden Ästhetik zur Anwendung brächte; genausowenig, weil sie das ›spezifische Ästhetik‹-Sein zum Paradigma nehmend beispielhaft eine spezifische, sich als ästhetische Theorie vollziehende Theorie vorstellte. Singulär ist sie in dem radikalen Sinne, dass *nur* (und das meint: ausschließlich) *sie als Ästhetische Theorie* ästhetische Theorie generiert und zugleich realisiert. Der Anspruch, den die *Ästhetische Theorie* dieser Deutung nach erhebt, ist außerordentlich hoch. Sie tritt nämlich nicht mehr nur für das Ästhetischwerden von Theorie (nach ihr) ein, sie erfüllt den von ihr selbst erhobenen Anspruch, indem sie an sich selbst eben dieses Ästhetischwerden realisiert. Damit ist sie ›demonstrativ‹ im mehrfachen Sinn: Sie *zeigt* als spezifische Ästhetik, die zugleich spezifische Theorie ist, das Ästhetischwerden von Theorie (in seiner Notwendigkeit und Möglichkeit); und: Sie *erweist* es im Vollzug als gelingend (d. h. sie erweist es in seiner Realität), da sie den eigenen Anspruch, ästhetischen Gegenständen auf theoretischer Ebene zu

---

44 Diesem begründungstheoretischen Programm sind wir bereits anfangs im Zusammenhang mit dem »Essay«-Aufsatz begegnet. Ich artikulierte dies in dem unscheinbar wirkenden Satz, wonach für den Essay gilt, wovon er handelt, indem er davon handelt, was für ihn gilt.

entsprechen, einlöst.⁴⁵ Das Aufzeigen der Notwendigkeit, Möglichkeit und Wirklichkeit des Ästhetischwerdens besorgt die *Ästhetische Theorie* in einem Vollzug – eine nicht zu überbietend komplexe Form des Geltend-Machens von ästhetischer Theorie.

Mit dieser im mehrfachen Sinn demonstrativen Funktion gelingt der *Ästhetischen Theorie* deshalb ein begründungstheoretischer Coup, weil sie, indem sie das ›spezifische Ästhetik‹-Sein der *Ästhetischen Theorie* im Sinne eines Paradigmas das ›spezifische Theorie‹-Sein orientiert, darauf verzichten kann, das neue Verständnis davon, was es heißt, Theorie zu sein, gemäß den Erfordernissen des klassischen Theorieverständnisses argumentativ, diskursiv zu begründen.⁴⁶ Es liegt in der ihr immanenten Logik, dass sie eben diesem nicht mehr Genüge tun muss, es verabschiedet und seine Geltung aussetzt, und dass es stattdessen genügt, die ihr eigene Logik an ihr selbst, *in actu*, d. h. *performativ-demonstrativ* im Vollzug und Gelingen vorzustellen (bzw. erneut mit Hegel ge-

---

45 Liest man die *Ästhetische Theorie* als *demonstrativ* in diesem doppelten Sinn, so folgt man einem bei Hegel in der Einleitung zur *Phänomenologie des Geistes* reflektierten Gedanken (vgl. Hegel 1986, S. 70f., S. 77ff.). Demnach lassen sich Wissenskonzeptionen in ihrer Rechtmäßigkeit und Korrektheit nicht im klassischen Sinne ›beweisen‹, weil dies aprioristische Voraussetzungen anzunehmen bedeutete; Sie müssen sich vielmehr im Gang ihrer Darstellung und Entfaltung als richtig ›erweisen‹. Ebendies beansprucht Hegel zumindest für seine eigene Arbeit, die *Phänomenologie*, um nicht – wie er es pointiert nennt – »*ein* trockenes Versichern« (Hegel 1986, S. 71) gegen ein anderes zu setzen. In der »Frühen Einleitung« hieß es entsprechend, wie bereits angemerkt, dass für die Ästhetik insbesondere gelte, dass die Ausführung die Methode legitimiere, weshalb ihre Supposition verwehrt sei (vgl. ÄT, GS 7, S. 530).

46 Aus der Perspektive eines Vertreters des klassischen Theorieverständnisses ist diese eigenwillige performativ-demonstrative ›Begründung‹ freilich defizitär, denn sie folgt den für ihn verbindlichen Vorstellungen von Begründung nicht. Ich denke hier, um ausnahmsweise auf die um Adornos Position geführte Debatte einzugehen, an Rüdiger Bubners Abrechnung mit dem, wie auch er es nennt, »Ästhetischwerden von Theorie« (vgl. Bubner 1989). So kritisiert Bubner, dass Adorno mit seiner Motivation des Ästhetischwerden der Theorie just das, was Theorie zur Theorie mache, tilge: das Geben von Gründen. Adorno weigere sich ›bewusst‹ über die Prämissen seiner Thesen »Auskunft zu geben« (Bubner 1989, S. 70). Er begründe nicht, er argumentiere vielmehr historisch (Bubner 1989, S. 72), wenn er behaupte, dass »die Geschichte der Denkbewegung zu den Voraussetzungen hin« Einhalt gebiete, und sich damit jeglicher Begründungslogik enthoben sehe. Der Verweis auf die »historische Stunde« (und das Theorem des »lückenlosen Verblendungszusammenhangs«) taugt jedoch für Bubner nicht nur nicht zur Verabschiedung ›traditioneller Theorie‹ zugunsten ›kritischer‹ oder gar ästhetischer (vgl. Bubner 1989, S. 74), sondern basiert zudem auf einem sich entziehenden Vorwissen, ja einer impliziten »ausgewachsene[n] Geschichtstheorie von ontologischem Rang« (Bubner 1989, S. 76), die sich gegen jegliche Diskussion immunisiere – also doch einer gewissen, unbedachten und implizit bleibenden Begründung.

sprochen: zu erweisen), damit eine neue Weise des Geltens in Kraft setzend.[47] Folgen wir dieser Auslegung, hätte Adorno es mit seiner *Ästhetischen Theorie* dem eigenen Anspruch gemäß vollbracht, eine anti-aprioristische Theorie zu schaffen und das alte Theorieverständnis abzuwickeln.

Damit bringt sich die *Ästhetische Theorie* in Distanz zu den ihr vorangehenden Schriften. Denn diese sind von ihrer Warte aus unzulänglich. Sie thematisieren das Problem von Theorie, skizzieren auch Bedingungen einer Lösung, bleiben jedoch, indem sie dies tun, dem Register des klassischen Theorieverständnisses verhaftet. Da die *Ästhetische Theorie* mit den Ansprüchen und Erwartungen des klassischen Theorieverständnisses bricht, stellt sie nicht mehr nur (wie etwa die *Negative Dialektik*) programmatisch ein neues Verständnis von Theorie in Aussicht bzw. vor, sie setzt es um und damit in Kraft. Da die *Ästhetische Theorie* somit erfüllt, was Theorie vor ihr nur projektiert, bringt sie Theorie an ihr Ziel. Deutlich gesagt: Die *Ästhetische Theorie* verwirklicht das als fällig angezeigte Ästhetischwerden von Theorie – mit und an sich selbst.

Die Tragweite dieser Folgerung mag zunächst gar nicht auffallen, sie ist jedoch kaum zu unterschätzen. Denn gehen wir davon aus, dass sich das, was das ›ästhetische Theorie‹-Sein meint, *nur in* bzw. *mit* der *Ästhetischen Theorie* generiert und realisiert, hätte ästhetische Theorie nur genau einmal statt, eben als *Ästhetische Theorie*. Nehmen wir dies an, so müssten wir des Weiteren annehmen, dass Adorno mit seiner *Ästhetischen Theorie* einen philosophiehistorisch einmaligen Anspruch erhebt: Er ließe Theorie in Ästhetik und Ästhetik in die *Ästhetische Theorie* terminieren.

Dass die *Ästhetische Theorie* im Grunde singuläre, d. h. einmalige und letztmögliche Aufhebung der Theorie in Ästhetik ist, mag *prima vista* überraschend sein, ist aber gemäß der bisherigen Annahmen konsequent. Die Lesartenvarianten 5.1 und 5.2 hoben schließlich noch darauf ab, dass die von der *Ästhetischen Theorie* im Ausgang von einer Theorie über Ästhetisches entwickelte ästhetische Theorie eine für das Theorieverständnis grundlegende theoriekorrektive, dynamische Wirkung hat – und zwar als methodisch verstandene ästhetische Theorie. Sie deuteten, dass die *Ästhetische Theorie* mit ihrem ›ästhetische Theorie‹-Sein ein neues Verständnis dessen, was es heißt, Theorie zu sein, dahingehend orientiert, dass sie für ein generelles Ästhetischwerden von Theorie eintritt. Eine

---

[47] Diese Deutung des Status der *Ästhetischen Theorie* kann sich auf frühe Überlegungen Adornos berufen. Schließlich gehört es zum Kern seines Plädoyers für ein neues Verständnis dessen, was es heißt, Theorie zu sein, gegen die subordinierende Logik anzutreten. Ihr auch begründungstheoretisch nicht entsprechen zu wollen, und stattdessen auf eine paradigmatische (Ana-)Logik zu setzen, zeugt von beeindruckender Konsequenz.

solcher methodischer Beitrag wird nun durch die Lesartenvariante, die eine Gegenstandsspezifik der ästhetischen Theorie behauptet, in Abrede gestellt. Denn besteht und gilt das, was ästhetische Theorie meint, nur in Bezug auf spezifische, i. e. ästhetische Gegenstände, kann sie zu einer grundlegenden Neuorientierung des Verständnisses von Theorie nicht im Sinne einer, von diesen ablösbaren Methode beitragen. Dass *Ästhetische Theorie* mit der ästhetischen Theorie, die sie anhand der Reflexion ästhetischer Gegenstände entwickelt, um ihnen zu entsprechen, keinen Beitrag als methodisch verstandene ›ästhetische Theorie‹ leistet, bedeutet jedoch nicht, dass sie gar keinen Beitrag leistet. Der dialektischen Lesartenvariante zufolge haben wir diesen Beitrag nur anders zu begreifen: Sie wirkt nicht als orientierende Methode, in dem Sinne, dass nun alle Theorie ästhetisch werden solle, wie sie; sondern sie wirkt, indem sie an sich selbst exemplifizierend vorführt, dass und wie eine der Spezifik des Gegenstands entsprechende Theorie, wie sie eine ist, notwendig, möglich und wirklich ist.[48] Sie wirkt also – um erneut die schon mehrmals zitierte Formulierung aufzugreifen – ›methodisch unmethodisch‹.

Aus dem Exemplifikationscharakter der *Ästhetischen Theorie* wäre, wie bereits angedeutet, zunächst die Konsequenz zu ziehen, dass Theorie *nicht* in der *selben*, sondern in *ähnlicher* Weise, wie die *Ästhetische Theorie* Theorie betreiben soll: eine Theorie, die jeweils der Spezifik ihres Gegenstands entsprechend, ebendiese Spezifik als für sich selbst verbindlich bestimmt. In anderen Worten: *Ästhetische Theorie* plädiert mit der ihr eigenen ästhetischen Theorie, die Ergebnis einer Entsprechungslogik ist, zur Lösung des Problems von Theorie dafür, der von ihr exemplifizierten Logik der Entsprechung zu folgen. Allerdings hat die Entsprechungslogik der ästhetischen Theorie eine recht spezifische, ja exklusive Bedingung. Sie bedarf, da sie selbst Ergebnis einer von der spezifischen Verfasstheit ästhetischer Gegenstände (ihre sich-selbst-gleichende Identität) ausgehenden Transformation klassischer Bezüge ist, eben solcher spezifischer Gegenstände. Als Gegenstände, die es vermögen aprioristische, die Spezifik der Gegenstände nivellierende Bezüge in mimetische, ihrer Spezifik entsprechende Bezüge umzuwandeln, hat Adorno aber ausschließlich Kunstwerke bestimmt. Wir scheinen also auf einen Widerspruch zu stoßen.

Die Auflösung des Widerspruchs, dass Gegenstände von der Theorie behandelt werden sollen, wie die *Ästhetische Theorie* als Ästhetik ästhetische Ge-

---

48 Dies kommuniziert mit dem Gedanken, der in 3.1 dargestellt wurde. Demnach sollten der »Essay«- und »Parataxis«-Aufsatz nicht als Plädoyer dafür verstanden werden, bei der Kunst ›Formanleihe‹ zu nehmen, sondern ihr zu entnehmen, wie sich eine aus der Sache aufsteigende Form zu bestimmen hätte.

genstände behandelt, lässt sich in Anbetracht der Annahme, dass nur ästhetische Gegenstände die der Theorie nahegelegte Transformation von aprioristischen in mimetische Bezüge zu initiieren vermögen, nur durch die radikale Konsequenz auflösen, dass Theorie, um ihrem eigenen Anspruch gerecht werdende Theorie sein zu können, Theorie ästhetischer Gegenstände sein muss. Denn die von der *Ästhetischen Theorie* der Theorie angemahnte Entsprechungslogik lässt sich eben nur in Bezug auf und für ästhetische Gegenstände realisieren. Theorie muss also, will sie ihrem Anspruch gerecht werden, Ästhetik werden. Der Vorschlag, den die *Ästhetische Theorie* zur Lösung des Theorieproblems unterbreitet, hat also einen nicht gerade kleinen Preis: Soll Theorie *alle* Gegenstände, wie ästhetische behandeln, kann sie sich *nur* ästhetischen widmen. Sie muss Theorie über Ästhetisches sein. Und: Soll Theorie *mehr* denn aprioristische, die Spezifik der Gegenstände nivellierende, d. h. verfehlende Theorie sein, muss sie *weniger* als allgemeine Theorie. Erneut: Sie muss ästhetische Theorie sein. Ästhetische Theorie zu sein gelingt Theorie jedoch nur als Theorie über Ästhetisches.

Gehen wir einen Schritt weiter, so ist es denkbar, die *Ästhetische Theorie* so zu lesen, dass sie die eben skizzierte Auflösung des Widerspruchs nicht nur nahelegt, sondern dass sie selbst Vollzug einer solchen Auflösung ist. Demnach wäre sie selbst als Theorie aufzufassen, die, um ihrem eigenem Anspruch gerecht zu werden, (paradoxerweise) gemäß des eigenen Lösungsvorschlag, Ästhetik ist bzw. wurde. Somit wäre mit der *Ästhetischen Theorie* das Ästhetik-Werden von Theorie (nicht mehr nur: das Ästhetisch-Werden) vollzogen, so dass mit ihr Theorie nicht mehr nur einen Ziel-, sondern sogar einen Endpunkt erreicht hätte. Die *Ästhetische Theorie* projektiert oder etabliert so gesehen keine neue Philosophie (bzw. kein neues Verständnis von philosophischer Theorie *nach* ihr). Sie hätte das Projekt einer neuen, zeitgemäßen Philosophie mit sich selbst bereits zu einem Abschluss gebracht, verwirklicht.

Diese Weiterführung ist zwar kurios, doch in sich schlüssig. Denn eine der ›Lehren‹ der als Exemplifikation verstandenen *Ästhetischen Theorie* ist schließlich, dass Theorie sich (wie oben beiläufig formuliert) ›wie sie‹ zu vollziehen hat, was meinte, eben nicht in der *selben* (das wäre der methodische Sinn), sondern der *gleichen* Weise (das ist der ›methodisch unmethodische‹ Sinn). Sich ›wie sie‹ zu vollziehen, heißt jedoch, eingedenk dessen, dass nur sie sich vollziehen kann ›wie sie‹ (unter der genannten Bedingung, auf eine spezifische Sorte von Gegenständen ›angewiesen‹ zu sein, die in der Lage sind klassische Zugänge zu transformieren), dass, ihr gleich zu werden bedeutet, dass sie sich gleich wird. Wir treffen an dieser Stelle wiederum auf die strukturelle Logik der sich-selbst-gleichen Identität, die Adorno eigentlich nur in Kunstwerken am Werke sieht.[49]

Damit wäre die *Ästhetischen Theorie* im Grunde als Ergebnis ihres eigenen sich-selbst-gleich-Werdens zu lesen. Dies freilich kommuniziert mit einer der grundlegenden Überlegungen aus der *Ästhetischen Theorie*: So hat Adorno, wie bereits erwähnt, betont, dass Kunstwerke nur der begreift, der sich ihnen gleich bzw. ähnlich macht (vgl. ÄT, GS 7, S. 190). Entsprechend heißt, dass Theorie, die Kunstwerke begreifen will, sich ihnen (im Zuge ihrer Bestimmung) ›ähnlich machen muss‹. Ist es für Kunstwerke wesentlich, dass sie sich selbst ähnlich sind, bzw. Gleichheit mit sich suchen, so ist es konsequent, dass auch die Theorie, die beansprucht, ebendiesen Kunstwerken gemäß zu sein,[50] ihnen dadurch ähnlich wird, dass auch sie sich ähnlich wird, d. h. Gleichheit mit sich sucht. Wie auch für Kunstwerke gilt also für die *Ästhetische Theorie*, dass sie als-sich-selbst-Gleiche nur als und durch sich selbst verstanden werden kann. Auf der Ebene des Nachvollzugs der *Ästhetischen Theorie* tritt also dasselbe in Kraft wie auf der Ebene des Nachvollzugs der Kunstwerke: Die *Ästhetische Theorie* versteht nur der, der sich auf sie einlässt (besser noch: sich ihr überlässt), d. h. der, der sich ihr ähnlich macht. Dass hier eine nicht enden wollende Dynamik der Wiederholung und Reproduktion (nur immanenter Zusammenhänge und immanent zu verstehender Zusammenhänge) in Gang gesetzt wird, ist evident.

Alles in allem kommt diese Lesartenvariante damit zu einem Ergebnis, das die Ambivalenz des Titels ›Ästhetische Theorie‹ auf äußerst verschärfte Weise deutet: Nach ihr artikuliert der Titel nicht nur das Zusammenfallen der zwei Sinne des ›ästhetische Theorie‹-Seins, dass nämlich *Ästhetische Theorie* Theorie über Ästhetisches und ästhetische Theorie ist (in der eben erläuterten sehr verwickelten Weise), sondern auch, dass sich eben dieses nur *in der Ästhetischen Theorie* und *als Ästhetische Theorie* realisiert. Was die *Ästhetische Theorie* an und mit sich zur Geltung bringt, die Notwendigkeit und Möglichkeit einer ästhetischen Theorie, muss mit ihrer Realität als bereits abgegolten gelten, so dass eine über sie selbst hinaus reichende Geltungskraft, gerade aufgrund ihres eigenen überaus enormen Geltungsanspruchs, in paradoxer Konsequenz ausbleiben muss. Jenseits und nach ihr ist eine ästhetische Theorie weder notwendig, möglich noch realisierbar. Am Ende stehen daher die – ganz und gar nicht tau-

---

[49] Die Struktur des ›Sich-Selbst-Gleichens‹ hatte ich eben mit Bezug auf Goodman als Exemplifikation beschrieben. Die *Ästhetische Theorie* ist also nicht nur klassische Exemplifikation, wie das Teppichmuster. Sie ist in dem selben Sinne eine Exemplifikation wie ein Kunstwerk.
[50] Vgl. ÄT, GS 7, S. 158: »Die Mimesis der Kunstwerke ist Ähnlichkeit mit sich selbst.«

tologisch aufzufassenden – Sätze: ästhetische Theorie ist die *Ästhetische Theorie* und die *Ästhetische Theorie* ist ästhetische Theorie.

Literaturverzeichnis

Agamben, Giorgio (2009): *Signatura rerum. Zur Methode*. Frankfurt am Main: Suhrkamp.

Bubner, Rüdiger (1989): »Kann Theorie ästhetisch werden? Zum Hauptmotiv der Philosophie Adornos«. In: Ders.: *Ästhetische Erfahrung*. Frankfurt am Main: Suhrkamp, S. 70–98.

Endres, Martin/Pichler, Axel/Zittel, Claus (2013): »›Noch offen‹. Prolegomena zu einer Textkritischen Edition der Ästhetischen Theorie Adornos«. In: *editio* 27, S. 173–204.

Goodman, Nelson (1997): *Sprachen der Kunst. Entwurf einer Symboltheorie*. Frankfurt am Main: Suhrkamp.

Hegel, Georg Wilhelm Friedrich (1986): *Werke*. Bd. 3: *Phänomenologie des Geistes*. Frankfurt am Main: Suhrkamp.

Kuhn, Thomas S. (1996): *The Structure of Scientific Revolutions*. 3. Auflage. Chicago/London: University of Chicago Press.

Sakoparnig, Andrea (2014): »Bestimmende Selbstbestimmtheit. Die Paradigmatizität der Kunst«. In: Dies./Andreas Wolfsteiner/Jürgen Bohm (Hrsg.): *Paradigmenwechsel. Wandel in den Künsten und Wissenschaften*. Berlin, Boston: De Gruyter, S. 139–160.

Sakoparnig, Andrea (2016): »Die Logik der Objektivation in der Kunst – Adornos dialektische und Sehgals performative Arbeit am Schein«. In: *Zeitschrift für Kritische Sozialtheorie und Philosophie* 3/2, S. 319–341.

Schaub, Miriam (2010): *Das Singuläre und das Exemplarische. Zu Logik und Praxis der Beispiele in Philosophie und Ästhetik*. Zürich: Diaphanes.

Schopf, Wolfgang (2003): »*So müßte ich ein Engel und kein Autor sein*«. *Adorno und seine Frankfurter Verleger. Der Briefwechsel mit Peter Suhrkamp und Siegfried Unseld*. Frankfurt am Main: Suhrkamp.

Martin Endres
Revisionen

Wiederaufnahme und Fortschreibung einer Lektüre von Adornos *Ästhetischer Theorie*

Die folgende Lektüre widmet sich einer Passage aus Theodor W. Adornos Typoskripten zur *Ästhetischen Theorie*. Sie stellt die Wiederaufnahme und Fortschreibung einer kleineren, bereits vorliegenden Interpretation dar, die ich 2013 zusammen mit Axel Pichler und Claus Zittel vorlegte (vgl. Endres/Pichler/Zittel 2013, S. 194–204). Diese fortgesetzte Lektüre schließt jedoch nicht einfach an diese bestehende an, sondern nimmt die Passage noch einmal neu in den Blick. Die erste Interpretation wird dabei nicht hinfällig; sie bleibt eine wichtige Studie, insofern sie sich – im Rahmen der »Prolegomena zu einer Textkritischen Edition der Ästhetischen Theorie Adornos« – erstmals unter einer dezidiert philologischen Perspektive Adornos Typoskripten zur *Ästhetischen Theorie* zuwendete. War sie dabei stark in grundsätzliche Überlegungen zu einem adäquaten editorischen Umgang mit den Typoskripten und Handschriften Adornos eingebunden und stand sie in engster Verbindung mit der Präsentation das Editionskonzepts, das ich zusammen mit Axel Pichler erarbeitete, so bewegt sich die folgende Lektüre weitestgehend unabhängig von allgemeinen editionstheoretischen und -praktischen Reflexionen oder der Rekonstruktion der Entstehungsgeschichte der Textträger.

Die Wiederaufnahme und Fortschreibung gestaltet sich aber auch als eine *kritische* Auseinandersetzung mit der erarbeiteten Deutung, insbesondere mit Blick auf das methodische Vorgehen. Da die erste Interpretation aufgrund ihrer Einbettung in die Prolegomena zur Textkritischen Edition nur auf einzelne Sätze oder bestimmte Momente und Ebenen des Textes Bezug nehmen konnte, setzte sie sich selbst der Gefahr aus, ›passende Stücke‹ für ihre Argumentation herauszulösen – ein höchst problematisches Vorgehen, das den meisten Studien zu Adornos *Ästhetischer Theorie* attestiert werden kann und gegen das sich unsere philologisch fundierte Studie gerade profilieren wollte (vgl. Endres/Pichler/Zittel 2013, S. 173f.). Zwar sieht sich auch die folgende Lektüre mit dem Problem der Selektion konfrontiert – konkret: Inwiefern ist es legitim, gerade auf diesem Typoskript und an dieser Stelle im Typoskript einzusetzen? Ob und an welcher Stelle darf die Lektüre unterbrechen oder enden? Sie hofft jedoch, sich vor der Gefahr, dem Text durch bloße ›Ausschnitte‹ nicht gerecht zu werden, dadurch zu schützen, dass sie Wort für Wort und Satz für Satz vorgeht. Ihre

Aufgabe sieht sie darin, die Ausführungen Adornos nicht – was den Großteil der rein philosophischen Untersuchungen der *Ästhetischen Theorie* prägt – auf bestimmte ›Motive‹ und ›Philosopheme‹ hin abzugehen, sondern die Ausführungen Adornos präzise in ihrer Sprachgebung und textuellen Logik zu reflektieren. Meine Lektüre soll sich dementsprechend auch wesentlich dadurch auszeichnen, keine vorab formulierte These und kein Interpretament Adornos als Ausgangspunkt zu wählen – im Sinne von: ›Meine Interpretation soll anlässlich einer einschlägigen Textstelle aus Adornos *Ästhetischer Theorie* dessen Theorie des Kunstwerks erläutern‹. Wendet man ein, dass freilich keine Lektüre frei sei von einem bestimmten Erkenntnisinteresse und einer sie leitenden Fragestellung, die sowohl die Auswahl des Textstücks als auch die philologische Untersuchung selbst und deren methodisches Vorgehen motiviere, so geht es mir in diesem Aufsatz vornehmlich darum, die Relevanz eines textnahen Lesens der Typoskripte Adornos zur *Ästhetischen Theorie* sowie die Bedeutung der Textkritischen Edition dieser Textträger für die Lektüre aufzuzeigen.

Dies ist jedoch nur ein Ziel der Lektüre. Denn als ›Wiederaufnahme‹ und ›Fortschreibung‹ setze ich die Diskussion über eine angemessene philologische Methodik darüber hinaus mit einem zentralen Moment der Arbeitsweise Adornos in Beziehung, das sich an den Typoskripten zur *Ästhetischen Theorie* dokumentiert und das ich als ›Revision‹ bezeichnen möchte. All das, worin sich die folgenden Lektüre im Rückbezug auf die erste Interpretation der Passage auszeichnet und was sich im Begriff ›Revision‹ bündelt – Neubetrachtung, Wiederaufnahme, kritische Durchsicht, Überprüfung, Neubewertung, Überarbeitung und Änderung, Neu- und Wiederschreiben bis hin zu Widerruf, Bestätigung oder Weiterentwicklung getätigter Aussagen oder Urteile – prägt die Typoskripte Adornos in eminenter Weise. Die Blätter weisen durchgehend mehrere Aufzeichnungs- und Überarbeitungsschichten auf, die sich wechselseitig durchdringen, in komplexer Weise aufeinander Bezug nehmen, einander kommentieren, überlagern etc.[1] Diese von Adorno vorgenommene Revision des eigenen Textes realisiert sich hauptsächlich als eine handschriftliche Redaktion der sogenannten ›Grundschicht‹ der Typoskripte, des von Elfriede Olbrich mit Schreibmaschine abgetippten Diktats. Adornos Überarbeitung besteht dabei jedoch nicht einfach in einer Modifizierung einzelner Formulierungen im Sinne stilistischer Korrekturen, sondern vollzieht eine tiefgreifende Veränderung des philosophischen Gehalts. Die Revision meiner *Lektüre* zielt also darauf, an den redaktionellen Überarbeitungen des *Geschriebenen* die Revision des *Gedachten*

---

[1] Zur Materialität der Typoskripte sowie zur Differenzierung der Schreibinstrumente und Schreiberhände, s. ausführlich Endres/Pichler/Zittel 2013, S. 173f.

aufzuzeigen. Darin bezeugt sie schließlich auch die Notwendigkeit der Textkritischen Edition: Gegenüber der von Gretel Adorno und Rolf Tiedemann besorgten Leseausgabe verzeichnet sie in Form diplomatischer Umschriften die Streichungen Adornos *als* Streichungen, die Einfügungen und Umstellungen *als* Einfügungen und Umstellungen etc. – und macht auf diese Weise allererst möglich, Adornos Arbeitsgänge als eine Bewegung des Denkens zu begreifen. In meinem philologischen Nachvollzug der Überarbeitungen und dem Vergleich der einzelnen Textschichten fasse ich die Änderungen Adornos als ›Änderungen‹ auf, nicht als ›Verbesserungen‹ – jede Deutung der Änderungen als ›Verbesserungen‹ ordnet die Aufzeichnungen Adornos einem externen Kriterium im Sinne eines ›idealen Gedankens‹ unter, dem sie einmal mehr, einmal weniger entsprechen bzw. dem sie sich einmal mehr, einmal weniger annähern. Eine solche Vorstellung beansprucht vorab ein Wissen von Adornos ›eigentlicher‹ theoretische Position, seiner ›eigentlichen‹ Philosophie – ein Wissen, von dem behauptet wird, dass es aus dem ›Ganzen‹ der *Ästhetischen Theorie*, dem ›Gesamtwerk‹ Adornos und der ›Werkentwicklung‹ erschlossen und abstrahiert werden könne oder als teleologischer Fluchtpunkt aus den Typoskripten herauszudestillieren sei. Meine Lektüre weist diese Vorstellung entschieden von sich und bindet jede Aussage über ›*die* Philosophie‹ Adornos an die erhaltenen Überlieferungsträger zurück, begleitet von der bewusst scharf gestellten Frage, woran sich denn bitte Aussagen über Adornos ›ästhetische Theorie‹ sonst orientieren sollten und dürften als daran, was geschrieben steht.[2]

Daraus folgt, dass sich meine Lektüre gegenüber einer Interpretation auf Basis der Leseausgabe weiterhin dadurch auszeichnet, dass sie gestrichene oder überschriebene Worte und Sätze nicht als nichtig und gegenüber dem späteren Wortlaut vernachlässigbar erachtet. Vielmehr vermag sie deutlich zu machen, dass ein Nachdenken über die sprachliche Differenz zweier Aufzeichnungsschichten maßgeblich zur Sensibilisierung für die jeweilige Spezifik des Geschriebenen und dessen Aussagewert beiträgt: für eine bestimmte Terminologie, eine auffällige und mitunter befremdliche Syntax, die Verflechtung mehrerer Argumentationsebenen, die Inanspruchnahme einer besonderen Metaphorik, die Wahl und Entfaltung eines bestimmten Bildes, etc. Kurz: Die Lektüre macht deutlich, dass die Aufzeichnungen Ergebnis konkreter Entscheidungen

---

2 Dass eine solche ›textferne‹ Instanz mitunter sogar von Editoren eingenommen wird, beweist das Nachwort von Gretel Adorno und Rolf Tiedemann, die die Ordnung von nicht eindeutig zu lokalisierenden Überlieferungsträgern und die Einrichtung von ›Kapiteln‹ einem hierbei fabulierten »Gang des Gedankens« unterstellen. Zu einer ausführliche Kritik am Editionskonzept der Leseausgabe, vgl. Endres/Pichler/Zittel 2013.

Adornos darstellen – Entscheidungen, die im Zuge einer *Revision* von bereits Geschriebenem getroffen wurden.

```
                 ┌ hier beginnt der an „Subjekt" anschließende Teil über Kunstwerk als Absatz ┐
                 (D̶a̶s̶ ̶f̶o̶l̶g̶e̶n̶d̶e̶ ̶i̶s̶t̶ ̶d̶e̶r̶ ̶H̶a̶u̶p̶t̶t̶e̶i̶l̶ ̶ü̶b̶e̶r̶ ̶d̶e̶n̶ ̶P̶r̶o̶z̶e̶ß̶c̶h̶a̶r̶a̶k̶t̶e̶r̶ ̶d̶e̶s̶ ̶K̶u̶n̶s̶t̶-
   er            w̶e̶r̶k̶s̶.̶  Kontrollieren, ob alles darauf Bezogene hier hineingenommen
  rakter         werden muß, oder ob die Überschneidungen unvermeidlich sind).  M̶a̶n̶
                          Daß                                 nur       sei,
              p̶f̶l̶e̶g̶t̶ die (adäquate) Erfahrung von Kunstwerken a̶l̶s̶ lebendige z̶u̶ ̶c̶h̶a̶r̶a̶k̶-
  hrift      t̶e̶r̶i̶s̶i̶e̶r̶e̶n̶.̶  D̶a̶s̶ sagt a̶b̶e̶r̶ mehr u̶n̶d̶ ̶e̶i̶n̶ ̶S̶p̶e̶z̶i̶f̶i̶s̶c̶h̶e̶r̶e̶s̶ als b̶l̶o̶ß̶ etwas
                                                                         psychologische
              über die Beziehung von Betrachtendem und Betrachtetem, über die [k]at[-]he-
              xis als Bedingung ästhetischer Wahrnehmung.  Lebendig ist ästhetische
                          vom Objekt her,                          ihrem
              Erfahrung in dem Augenblick, in dem die Kunstwerke unter d̶e̶m̶ Blick s̶o̶l̶-
              c̶h̶e̶r̶ ̶E̶r̶f̶a̶h̶r̶u̶n̶g̶ selbst lebendig werden.  So hat George e̶s̶ in dem Gedicht
                            die    (Gedicht   Ba       Band
              'Der Teppich', d̶a̶s̶ einem [B]band v̶o̶n̶ ̶i̶h̶m̶ den Titel leiht, u̶n̶d̶ ̶e̶t̶w̶a̶s̶ ̶w̶i̶e̶
                     einer                           es
              s̶e̶i̶n̶e̶ ars poétique i̶s̶t̶, symbolistisch gelehrt."
              ["]" Und kahle linien ziehn in reich-gestickten
                   Und teil um teil ist wirr und gegenwendig
                   Und keiner ahnt das rätsel der verstrickten..
                   Da eines abonends wird das werk lebendig.
```

Abb. 1: Transkription von Ts 18074 < Ausschnitt >

Gegenstand meiner Lektüre ist eine Textpassage auf den Blättern Ts 18074 und Ts 18075 (s. **Abb. 3–6**).[3] Sie bildet in der Suhrkamp-Ausgabe den Beginn des Kapitels »Zur Theorie des Kunstwerks«; in der ursprünglichen Blattfolge der

---

3 Die im Frankfurter Theodor W. Adorno Archiv einsehbaren Handschriften und Typoskripte werden nach der dortigen Zählung dem Schema »Ts« und Typoskriptnummer folgend zitiert, z.B. »Ts 18074«. – Ich möchte an dieser Stelle dem Frankfurter *Theodor W. Adorno Archiv* und dem *Walter Benjamin Archiv* der Akademie der Künste Berlin sowie der *Hamburger Stiftung zur Förderung für Wissenschaft und Kultur* für die freundlich-sachliche Zusammenarbeit sowie die Erlaubnis, ausgewählte Handschriften Adornos in diesem Artikel abzudrucken, danken.

sogenannten ›Kapitel-Ästhetik‹⁴ nimmt die Passage in der unteren Hälfte der Seite 44 (Ts 18074) ihren Ausgang (s. **Abb. 1**).

Die Entscheidung von Gretel Adorno und Rolf Tiedemann, an dieser Stelle eine Zäsur vorzunehmen, wird nachvollziehbar durch das Bleistift-Notat Adornos in der Leerzeile zwischen den Absätzen »Hier beginnt der an ›Subjekt‹ anschließende Teil über Kunstwerk als Absatz« und der – wenn auch gestrichene – Satz in der Klammer darunter »Das folgende ist der Hauptteil über den Prozeßcharakter des Kunstwerks.«. Auch in der Suhrkamp-Ausgabe findet sich das von den Herausgebern betitelte Kapitel »Subjekt-Objekt« direkt vor dem ebenfalls von Gretel Adorno und Rolf Tiedemann so benannten Kapitel »Zur Theorie des Kunstwerks«. Nach einem zweiten redaktionellen Notat in der Grundschicht (»Kontrollieren, ob alles darauf Bezogene hier hineingenommen werden muss, oder ob die Überschneidungen unvermeidlich sind«), setzt der Absatz – nach Änderungen Adornos mit Tinte – in dem durch die Leseausgabe bekannt gewordenen Wortlaut ein. Präziser und editionsphilologisch korrekt gesprochen: Der Beginn des Absatzes wurde unter Berücksichtigung der handschriftlichen Änderungen Adornos in der Grundschicht des Typoskripts von Gretel Adorno und Rolf Tiedemann in der Leseausgabe wie folgt konstituiert:⁵

> K^6
> Daß die Erfahrung von Kunstwerken adäquat nur als lebendige sei, sagt mehr als etwas über die Beziehung von Betrachtendem und Betrachtetem, über psychologische Kathexis als Bedingung ästhetischer Wahrnehmung. (Ts 18074, vgl. ÄT, GS 7, S. 262)

Die Ausführungen Adornos zu dem, was man behelfsweise und der Titelei der Suhrkamp-Ausgabe folgend ›Theorie des Kunstwerks‹ nennen könnte, beginnen im Konjunktiv und in indirekter Rede. Interessant wird dieser Modus im Vergleich mit dem Wortlaut in der Grundschicht:

> G^7
> Man pflegt die adäquate Erfahrung von Kunstwerken als lebendig zu charakterisieren. Das sagt aber mehr und ein Spezifischeres als

---

4 Für eine ausführliche Rekonstruktion der Textgenese und Überlieferungsgeschichte der Handschriften und Typoskripte Adornos zur *Ästhetischen Theorie*, vgl. Endres/Pichler/Zittel 2013.
5 Zur Grundüberzeugung der ›Textologie‹, dass auch die *Konstitution* eines Textes bereits Ergebnis einer *Interpretation* darstellt, vgl. Pichler 2017.
6 Mit der Kurzel ›K‹ wird im folgenden der die handschriftlichen Änderungen Adornos berücksichtigende ›konstituierte Text‹ ausgewiesen.

bloß etwas über die Beziehung von Betrachtendem und Betrachtetem, über die kathexis als Bedingung ästhetischer Wahrnehmung. (Ts 18074)

Hier führt Adorno eine argumentativ nicht näher begründete oder nachgewiesene Grundüberzeugung an, eine ›gewohnte‹ und ›weit verbreitete‹ Vorstellung oder Annahme, die ›gemeinhin‹ geäußert wird bzw. für die Konzeption dessen, was man unter einer ›Erfahrung von Kunstwerken‹ versteht, leitend und bestimmend ist. Wollte man diese Überzeugung der notwendigen ›Lebendigkeit‹ der ästhetischen Erfahrung philosophiehistorisch und ideengeschichtlich nachzeichnen, wären etwa Positionen des 18. und 19. Jahrhunderts in den Blick zu nehmen, darunter insbesondere die von Lessing, Klopstock, Schiller oder Goethe, für die ›Lebendigkeit‹ nicht nur einen »zentralen Funktionswert dichterischer Darstellung« (Urbich 2012, S. 414)[8] bedeutet, sondern auch in der Rezeption von Kunstwerken von eminenter Bedeutung ist. Mit der Formulierung »Man pflegt« setzt Adorno die Vorstellung der ›lebendigen Erfahrung von Kunstwerken als einer adäquaten‹ zugleich als einen Topos, also einen Gemeinplatz, eine stereotype und womöglich in ihren Implikationen nicht ausreichend reflektierte Annahme. Der in der Grundschicht anschließende Satz, der mit den Worten »Das sagt aber mehr und ein Spezifischeres [...]« einsetzt, verstärkt diesen Eindruck: Spreche man von der ›Erfahrung von Kunstwerken‹ als einer notwendig ›lebendigen‹, sage dies eben *mehr* als womöglich gemeinhin darunter verstanden werde.

Durch die handschriftliche Überarbeitung ändert sich der Charakter des Satzes. Die Formulierung »*Daß* die Erfahrung [...] *sei*« setzt die Aussage in den Konjunktiv, hält damit die Distanz des Redenden zum Gesagten aufrecht, die bereits den Satz in der Grundschicht kennzeichnete, verzichtet nun aber auf das unpersönlich-allgemeine ›man‹. Die Änderung kann nun einmal so verstanden werden, dass Adorno darauf zielt, den Eindruck des Gemeinplatzes bzw. der ›gewöhnlichen Rede‹ und die Kritik an dieser Vorstellung abzuschwächen, die darin mitgehört werden kann: ›Es ist durchaus berechtigt, die adäquate Erfahrung von Kunstwerken als eine lebendige aufzufassen – nur ist damit mehr gesagt als nur...‹. Überdies erlaubt der veränderte Wortlaut und der Wegfall des unpersönlichen ›man‹ auch, den Satz in Bezug auf Aussagen von Adorno selbst hin zu verstehen: ›Wenn ich, Adorno, an anderer Stelle davon gesprochen habe, dass die Erfahrung von Kunstwerken adäquat nur als lebendige zu denken ist,

---

7 Mit der Kürzel ›G‹ wird im folgenden die ›Grundschicht‹ der Typoskripte, also der von der Sekretärin Elfriede Olbrich mit Schreibmaschine abgetippte Diktat-Text vor der redaktionellen Überarbeitung Adornos ausgewiesen.
8 Hierzu umfänglicher Urbich 2012, S. 414–436.

so meine ich damit mehr als nur...‹. Dass ich in dieser Paraphrase bewusst von einer ›anderen‹ und nicht einer ›früheren Stelle‹ spreche, hat mit Blick auf die Aufzeichnungen zur *Ästhetischen Theorie* sowohl mit deren Überlieferung respektive ihrem textuellen Status als auch mit der kompositorischen Anlage des geplanten Buches zu tun. Zum einen wird an Randbemerkungen Adornos, die sich auf nahezu jeder Typoskriptseite finden, deutlich, dass eine Abfolge der Seiten oder gar eine Kapitelfolge in der zuletzt erhaltenen Fassung der Aufzeichnungen nicht bzw. noch nicht festgelegt war – was in der erst im Entstehen begriffenen *Ästhetischen Theorie* am Ende ›früher‹ oder ›später‹ stehen würde, ist angesichts der intendierten oder zumindest zur Diskussion gestellten weitreichenden Verschiebungen, die jedoch einer präzise Angabe eines Zielortes entbehren, reine Spekulation.[9] Zum anderen ist die Problematik eines nicht eindeutig festlegbaren Früher oder Später der kompositorischen Anlage des Textes geschuldet: Selbst in der von Gretel Adorno und Rolf Tiedemann besorgten Leseausgabe der *Ästhetischen Theorie*, die eine bestimmte (von Adorno selbst aber nicht festgelegte) Kapitelfolge exekutiert, wird eine gewisse Nicht-Linearität der Gedankenführung moniert, eine Redundanz der Aussagen und/oder deren Widersprüchlichkeit in der Wiederholung kritisiert. Gerade dies, so lässt sich aus den sogenannten ›Regiebemerkungen‹ Adornos schließen, ist jedoch Programm: »Entschluß, nicht in fortlaufendem Gedankengang sondern in konzentrischer, quasi parataktischer Darstellung zu schreiben. [...] Konsequenz aus der ND [der *Negativen Dialektik*, ME] ziehen!« (Ts 19428) – Liest man die Satzeröffnung »Daß die Erfahrung [...] sei« als Selbstzitat Adornos, so ist der Bezug auf ähnliche Aussagen an ›anderer Stelle‹ nicht unbedingt auf die Aufzeichnungen zur *Ästhetischen Theorie* beschränkt, sondern kann als Verweis auf seine grundsätzliche Position gelesen werden.[10]

---

9 Wie vage und unbestimmt sich diese Annotationen zur Umordnung des Textmaterials größtenteils gestalten, ist beispielhaft an der Randnotiz auf dem Blatt Ts 18074 zu sehen: »kann erst nach Phantasie kommen«.
10 In der Ästhetik-Vorlesung von 1958/59 finden sich gleich mehrere Stellen, die dokumentieren, dass Adorno die Erfahrung von Kunstwerken als eine notwendig lebendige versteht: »Das [i. e. eine eindeutige und allgemeingültige Definition von Kunst zu geben, ME] wäre vermessen, und es wäre grundfalsch, von der Theorie zu fordern, daß sie das kann. Aber sie kann doch durch ihre Totalität, durch den Zusammenhang, in den sie ihre Kategorien setzt, diese Fremdheit wieder wegräumen und kann jene Versöhnung zwischen dem Kunstwerk und dem Erfahrenden herstellen, die in jeder lebendigen – und ich würde sagen: gerade in jeder authentischen – Beziehung zur Kunst an irgendeiner Stelle einmal problematisch geworden ist.« (NL IV/3, S. 34); »So würde ich sagen, daß die ästhetische Erfahrung eben wesentlich darin besteht, daß man an diesem Vollzug teilhat, daß man das Kunstwerk mitvollzieht, indem man in dem Kunstwerk darin ist, daß man – wie man es ganz schlicht nennen mag – darin lebt.«

Die Überarbeitung des Satzbeginns wirkt sich aber noch in anderer Weise auf den Gehalt der Aussage aus. Ist in der Grundschicht lediglich davon die Rede, dass man der ›adäquaten Erfahrung von Kunstwerken‹ mit ›lebendig‹ gewöhnlich nur ein Moment unter anderen zuspricht, und womöglich ein Moment, das ihr noch nicht einmal *wesentlich* ist, kommt der ›Lebendigkeit‹ im Zuge der Änderung ein exklusiver Status und ein höherer Stellenwert zu: Zur Rede steht und auf ihre Implikationen hin erläutert werden muss die Annahme bzw. Vorstellung, dass ›die Erfahrung von Kunstwerken adäquat *nur als lebendige sei*‹ – umgekehrt formuliert: Die Erfahrung ist dieser Vorstellung gemäß dem Kunstwerk gegenüber nur dann adäquat, *wenn* sie lebendig ist; die Lebendigkeit der Erfahrung ist *Bedingung* dafür, dem Kunstwerk zu entsprechen.

G
Das sagt aber mehr und ein Spezifischeres als bloß etwas über die Beziehung von Betrachtendem und Betrachtetem, [...] (Ts 18074)

K
[...] sagt mehr als etwas über die Beziehung von Betrachtendem und Betrachtetem, [...] (Ts 18074, vgl. ÄT, GS 7, S. 262)

Vergleicht man die Grundschicht und die Fassung des zweiten Satzteils nach der Überarbeitung, verändert Adorno den Gehalt des Gesagten auf den ersten Blick weitaus geringfügiger als beim Satzbeginn. Auch dass er die zuvor in zwei Sätzen aufgeteilte Aussage nun in einen zusammenfügt, ist zunächst einmal nur als Stilentscheidung aufzufassen, der kein größeres Gewicht zukommt. An zwei Stellen des Satzes greift Adorno jedoch in interessanter Weise in den Wortlaut ein. Zum einen verdient die Streichung von »und ein Spezifischeres« besondere Aufmerksamkeit. Durch sie wird in der einfachen Lesart betont, dass die Vor-

---

(NL IV/3, S. 187f.); »Und das, was uns am Kunstwerk immer wieder als dessen Leben erscheint, was wir am Kunstwerk als ein Lebendiges erfahren – und Kunstwerke sind ja keine Geschöpfe, der Begriff des Lebens hat bei ihnen nur eine gebrochene, eine mittelbare Bedeutung –, das ist eigentlich nichts anderes, als daß es immer auch in dem geronnenen, objektivierten Zustand doch den Prozeß ausspricht, den es in sich beschließt, daß es ihn aber zugleich in gewisser Weise auch, indem es ihn ausspricht und indem es ihn abrundet, indem es ihn auf seine Gestalt bringt, seinerseits wieder transzendiert.« (NL IV/3, S. 226); »Das Kunstwerk kehrt ja dem Betrachter zunächst seine Außenseite zu, und die Reaktionen des Geschmacks, mit denen wir es zunächst zu tun haben sind eben jene, die sich auf diese Außenseite wesentlich beziehen; während im Augenblick, wo Sie also nun das Kunstwerk als ein in sich Lebendiges erfahren, wo Sie bemerken, daß diese Außenseite nur ein Moment ist, das sie durchdringen müssen, um überhaupt an das Kunstwerk heranzukommen, die Sicherheit dieses sogenannten Geschmacks problematisch wird.« (NL IV/3, S. 269f.)

stellung der ›adäquaten Erfahrung von Kunstwerken als einer notwendig lebendigen‹ nur so aufgefasst werden dürfe, dass sie sich nicht in der Bestimmung der ›Beziehung von Betrachtendem und Betrachtetem‹ erschöpft – kurz: Dass die Erfahrung von Kunstwerken notwendig lebendig ist, reicht über diese Beziehung hinaus, hat nicht nur mit dieser Beziehung zu tun und wirkt sich nicht nur auf diese Beziehung aus. Infolge der Änderung können wir überdies vermuten, dass die Lebendigkeit die ästhetische Erfahrung jedoch nicht in der Weise gegenüber dieser Beziehung auszeichnet, etwas *qualitativ* anderes zu sein.

Diese Deutung verbindet sich mit der zweiten signifikanten Änderung des Wortlauts: der Streichung des Wortes »bloß«. Ich gehe davon aus, dass Adorno diese fast unmerkliche und unscheinbare Modifizierung bewusst vorgenommen hat, und zwar um eine doppelte Lesart des Satzes zu eröffnen, die sich an zwei unterschiedlichen Betonungen festmachen lässt. Liest man, dass die Lebendigkeit ›*mehr* als etwas über die Beziehung von *Betrachtendem* und *Betrachtetem*‹ sagt, folgt man der im vorigen Absatz vorgeschlagenen Deutung des Satzes und ergänzt das ›nur‹ bzw. »bloß« *in mente*. Betont man die Formulierung jedoch so, dass die Lebendigkeit ›*mehr* als *etwas* über die Beziehung von Betrachtendem und Betrachtetem‹ sagt, wird lesbar, dass die Lebendigkeit nicht nur *irgend* etwas, also etwas Kontingentes und Unwesentliches an dieser Beziehung hervorhebt, sondern (im Gegenteil!) etwas Zentrales und Wesentliches.[11] Die Streichung des Wortes »aber« stützt diese Lesart, insofern Adorno eine kontrastive Gegenüberstellung von ›Erfahrung des Kunstwerks‹ und ›Beziehung von Betrachtendem und Betrachtetem‹ vermeiden möchte. In dieser Deutung wiederholt die Änderung die Überarbeitungslogik des ersten Satzteils: So wie die Lebendigkeit als wesentliches Moment der ästhetischen Erfahrung und nicht nur als ein Moment *unter anderen* aufgefasst werden soll, ›sagt‹ dies im zweiten Satzteil nicht nur *irgend* etwas über die ›Beziehung von Betrachtendem und Betrachtetem‹, sondern auch hier etwas Wesentliches. – Durch die Streichung des Wortes »bloß« schwankt die Rede des zweiten Satzteils also zwischen die-

---

11 Man könnte verführt sein, in der Unterstreichung von »etwas« mit Bleistift eine Hervorhebung erkennen zu wollen, die diese Deutung stützt. Tatsächlich handelt es sich bei diesen Unterstreichungen, die sich auf nahezu jeder Typoskriptseite finden, um Markierungen von Wortwiederholungen, also um Hinweise zur stilistischen Überarbeitung des Textes. Angesichts der Tatsache, dass nicht nur mehrere Schreiber Eintragungen auf den Blättern vornahmen (Adorno selbst, seine Frau Gretel, Elfriede Olbrich und letztlich auch Rolf Tiedemann), sondern dass die Schreiberhände überdies nicht eindeutig anhand der Schreibwerkzeuge identifiziert werden können (Adorno und seine Frau etwa verwenden beide sowohl Bleistift als auch Kugelschreiber für Texteingriffe und redaktionelle Annotationen), ist noch nicht einmal sicher davon auszugehen, dass Adorno selbst diese Unterstreichung vornahm.

sen beiden mitunter einander widersprechenden Aussagegehalten. Eine Aufgabe der philologischen Lektüre der Passage besteht nun darin, dieser Logik des ›Schwankens‹ und ›Oszillierens‹ nachzugehen und zu prüfen, ob auch die folgenden Sätze davon geprägt sind.

Bislang wurde nur die logische Verknüpfung der beiden Satzteile, nicht jedoch der Inhalt des zweiten Satzteils thematisiert. Von Bedeutung ist hier zunächst, dass Adorno von der Beziehung von ›Betrachtendem und Betrachtetem‹ spricht und nicht etwa der von Rezipient und Kunstobjekt. Das Verhältnis wird also vom wahrnehmenden *Subjekt* aus beschrieben – und dies mit Blick auf eine besondere Tätigkeit bzw. Wahrnehmung des Subjekts: der Betrachtung. ›Betrachten‹ bezeichnet allgemein ein konzentriertes, intensives und gerichtetes Sehen; in engerer Bedeutung benennt es ein ›inneres Anschauen‹, ein Nachdenken und Überlegen und steht damit im Horizont des Begriffs ›Kontemplation‹ (*contemplatio*). Auch wenn an dieser Stelle nicht auf dessen Begriffsgeschichte eingegangen werden kann, so wäre es vorschnell, unter ›Betrachtung‹ ein passives Schauen im Sinne der ›Kontemplation‹, ein bewusstloses Eingehen des Subjekts ins Objekt Kunstwerk, eine mystisch-religiöse Verschmelzung anzunehmen;[12] Adorno wendet sich an anderer Stelle dezidiert gegen diese Begriffsverwendung und versteht unter ›Kontemplation‹ vielmehr eine – von den Kunstwerken selbst eingeforderte – aktiv-kritische Wahrnehmung.[13]

Über den Anteil und den Modus dieser ›Aktivität‹ in der ›Betrachtung‹ (genauer: in der Beziehung des Betrachtenden zum Betrachteten) hinsichtlich der Frage, warum und in welcher Weise sich die ›Erfahrung von Kunstwerken adä-

---

[12] Vgl. MM, GS 4, S. 256: »Kontemplation ist als Restbestand fetischistischer Anbetung zugleich eine Stufe von deren Überwindung.«

[13] Vgl. »Sie [die Musik Schönbergs] verlangt, daß der Hörer ihre innere Bewegung spontan mitkomponiert, und mutet ihm anstelle bloßer Kontemplation gleichsam Praxis zu.« (KG, GS 10, S. 153); »Ihm [Valéry] liegt am reinen Kunstwerk als Objekt der durch nichts verwirrten Kontemplation, aber er faßt es so lange und so starr ins Auge, bis er sieht, daß es gerade als Gegenstand solcher reinen Kontemplation abstirbt, zum kunstgewerblichen Zierstück degeneriert und jener Würde beraubt wird, die fürs Werk wie für Valéry selbst die raison d'être ausmacht.« (KG, GS 10, S. 187); »Unter den Voraussetzungen Kafkas ist nicht die geringfügigste, daß das kontemplative Verhältnis von Text und Leser von Grund auf gestört ist.« (KG, GS 10, S. 256); »Durch Schocks zerschlägt er [Kafka] dem Leser die kontemplative Geborgenheit vorm Gelesenen. Seine Romane, wenn anders sie unter den Begriff überhaupt noch fallen, sind die vorwegnehmende Antwort auf eine Verfassung der Welt, in der die kontemplative Haltung zum blutigen Hohn ward, weil die permanente Drohung der Katastrophe keinem Menschen mehr das unbeteiligte Zuschauen und nicht einmal dessen ästhetisches Nachbild mehr erlaubt.« (NzL, GS 11, S. 45)

quat nur als lebendige‹ denken lässt und was diese Lebendigkeit über die ›Betrachtung‹ aussagt, scheint der folgende Satzteil näher Auskunft zu geben:

K
[...] über psychologische Kathexis als Bedingung ästhetischer Wahrnehmung.

Doch der Anschluss dieses dritten Satzteils gestaltet sich keineswegs eindeutig. Zwar ist diese Fortführung angesichts der parallel gebauten Formulierung »*über* die Beziehung...« und »*über* psychologische Kathexis...« (Herv. ME) vornehmlich als nähere Bestimmung dessen zu lesen, welcher Art die betrachtende Beziehung ist, die von der lebendigen ästhetischen überstiegen wird; in der Weise: überstiegen wird die Beziehung ›psychologischer Kathexis‹. Ebenso ist aber auch eine Neben- und Gleichordnung des zweiten und dritten Satzteils lesbar: dass die ›Erfahrung von Kunstwerken adäquat nur als lebendige‹ ist, sagt mehr als die ›Beziehung von Betrachtendem und Betrachtetem‹ *und* mehr als ›psychologische Kathexis‹ – die betrachtende Beziehung geht dann nicht in der Kathexis auf, sondern behauptet sich ihr gegenüber als etwas eigenes. Insofern Adorno die beiden Satzteile nur durch ein Komma trennt und auf eine vereindeutigende Konjunktion wie ›und‹ respektive ›oder‹ verzichtet, bleiben beide Lesarten im Spiel.

›Kathexis‹ – terminologisch auch und vor allem bekannt als ›cathexis‹, ›Objektbesetzung‹ oder schlicht ›Besetzung‹ – ist einer der Kernbegriffe der psychoanalytischen Theorie Sigmund Freuds und gewinnt Bedeutung im Rahmen seiner Überlegungen zur ›psychischen Ökonomie‹.[14] Wird ein Objekt (oder eine Vorstellung) mit psychischer Energie besetzt, wird ihm nach Freud ein besonderer Wert zugesprochen und rückt dadurch in den Vordergrund der Wahrnehmung – es steht durch die Besetzung im Fokus, wird zu einem Objekt, das mit besonderem Interesse und erhöhter Konzentration wahrgenommen wird.[15] Von Bedeutung ist weiterhin, dass Freud die Kathexis hauptsächlich als ›libidinöse Besetzung‹ versteht, also als eine Besetzung, die von sexuellen Triebenergien

---

14 Vgl. Freud 1948, S. 299–307, hier: S. 302: »Die ökonomische Betrachtung nimmt an, daß die psychischen Vertretungen der Triebe mit bestimmten Quantitäten Energie besetzt sind (Cathexis) und daß der psychische Apparat die Tendenz hat, eine Stauung dieser Energien zu verhüten und die Gesamtsumme der Erregungen, die ihn belastet, möglichst niedrig zu halten. Der Ablauf der seelischen Vorgänge wird automatisch durch das Lust-Unlust-Prinzip reguliert, wobei Unlust irgendwie mit einem Zuwachs, Lust mit einer Abnahme der Erregung zusammenhängt.«
15 Vgl. Laplanche/Pontalis 1972, S. 95, s. v. Besetzung: Die Objekte erhalten »in der persönlichen Welt des Subjekts bestimmte *Werte*, die das Feld der Wahrnehmung und des Verhaltens ordnen.«

bestimmt ist. Liest man diese Besetzung nun als Spezifizierung der ›Beziehung von Betrachtendem und Betrachtetem‹, kann dies seinerseits in zweifacher Weise verstanden werden. Zum einen pointiert Adorno damit den bereits bei der ›Betrachtung‹ charakteristischen Aspekt der Subjekt-Zentrierung bzw. der Dominanz eines ›aktiven‹ (betrachtenden und besetzenden) Subjekts gegenüber einem ›passiven‹ (betrachteten und besetzbaren) Objekt – und damit ein Ungleichgewicht der beiden Seiten und eine Vorrangstellung des Subjekts, die die lebendige Erfahrung von Kunstwerken (so können wir schließen) nicht aufweisen soll.[16] Zum anderen reformuliert die Rede von ›mehr als psychologische Kathexis‹ Adornos Kritik an einer psychologistischen und subjektivistischen Kunstauffassung, die sich sowohl in den Aufzeichnungen zur *Ästhetischen Theorie* als auch (und ausführlich) in seinen Ästhetik-Vorlesungen von 1958/59 findet. *Expressis verbis* und im Vokabular der Stelle auf Ts 18074 kritisiert Adorno die Positionen Kants und Freuds dahingehend, dass beide »prinzipiell subjektiv orientiert [sind] zwischen dem negativen oder positiven Ansatz des Begehrungsvermögens. Für beide ist das Kunstwerk eigentlich nur in *Beziehung* auf den, der es *betrachtet* oder der es hervorbringt« (ÄT, GS 7, S. 24, Herv. ME).[17]

---

[16] An anderer Stelle charakterisiert Adorno die ›ästhetische Erfahrung‹ sogar in der Weise, dass sie eine »Selbstverneinung des Betrachtenden« (ÄT, GS 7, S. 514) verlange.
[17] Vgl. NL IV/3, S. 56f.: »Nun möchte ich aber nicht, daß Sie das, was ich über diese Dinge gesagt habe, mißverstehen im Sinne einer psychologistischen Kunsttheorie, also einfach so, als ob ich nun alles Ästhetische für gar nichts anderes hielte oder das Schöne selbst für nichts anderes hielte als eine in einem gewissen Sinn modifizierte oder abgelenkte Sexualität. Die Psychoanalyse hat ja zuweilen in ihren Formulierungen einen solchen Anschein erweckt. Das kommt aber wohl nicht nur von der Kunstfremdheit der meisten psychoanalytisch orientierten Ärzte, die über diese Dinge sich geäußert haben, und in diesem Sinn wäre Freud selbst ja wesentlich als ein Arzt zu bezeichnen, sondern das hängt eben doch vorweg ganz einfach auch mit der psychologischen Interessenrichtung zusammen, das heißt damit, daß, wenn ein Psychoanalytiker sich mit Fragen der Kunst beschäftigt, er dabei eben wesentlich interessiert ist an den psychodynamischen Elementen, die in der Erfahrung des Schönen – in dem Ästhetischen sowohl im Sinne des Betrachters wie der ästhetischen Produktion – enthalten sind, ohne daß durch diese Interessenrichtung etwas über die Objektivität selber ausgesagt wäre.« – In einen anderen Kontext eingebettet und auf ein ›gleichrangiges‹ Verhältnis von Subjekt und Objekt hin argumentiert, vgl. NL IV/3, S. 26: »Das zweite Vorurteil, das der theoretischen Befassung mit Kunst – also der theoretischen Ästhetik – entgegensteht, ist das, was man vielleicht als das ›individualistische‹ bezeichnen darf, und das seinen krassesten Ausdruck findet in dem Glauben, daß Kunst ja etwas sei, was wesentlich abhänge von der Begabung sowohl dessen, der sie hervorbringt, wie auch dessen, der sich verstehend in irgendeiner Weise zu ihr verhält. [...] Ich möchte dazu sagen, daß zunächst einmal die Besinnungen über die objektiven Fragen der Kunstwerke und der Ästhetik, die wir anstellen, auf die Sache gehen und nicht auf das Verhältnis der einzelnen Menschen zu dieser Sache. Die Tendenzen der Betrachtung, die

Die Kathexis (als besondere ›Beziehung von Betrachtendem und Betrachtetem‹ oder losgelöst von dieser Beziehung) steht nun aber nicht (nur) an sich zur Diskussion, sondern insofern sie als »Bedingung ästhetischer Wahrnehmung« gedacht wird. Von ›Bedingung‹ war bereits indirekt im ersten Satzteil die Rede, wenn die Lebendigkeit als *conditio* für die Adäquatheit der Erfahrung von Kunstwerken angeführt wurde (»adäquat *nur als* lebendige«). ›Sagt‹ dies nun ›mehr als etwas‹ über Kathexis als »Bedingung ästhetischer Wahrnehmung«, stellt sich nicht nur die Frage, was die ›Erfahrung von Kunstwerken‹ bzw. – greift man auf die Terminologie des Folgesatzes aus: – ›ästhetische Erfahrung‹ und ›ästhetische Wahrnehmung‹ unterscheidet (und ob letztere Bedingung der ersten ist). Fraglich ist auch, ob ›ästhetische Wahrnehmung‹ im Sinne Adornos verstanden werden soll – etwa wie er sie in den Aufzeichnungen zur *Ästhetischen Theorie* bestimmt (vgl. ÄT, GS 7, S. 108f.) –, im Horizont einer *anderen* philosophischen Ästhetik (z. B. der Kants oder Benjamins) oder, der Aussage im ersten Satzteil entsprechend, in einem ganz *allgemeinen* und unspezifischen Sinn. Ganz unabhängig davon nimmt Adorno eine ›Spezifizierung‹ oder Aufwertung der Kathexis vor: Die libidinöse Besetzung soll nicht nur dafür verantwortlich sein, dass ein Kunstwerk in den Wahrnehmungsfokus des Subjekts tritt, sondern dass diese erhöhte Konzentration auf das Objekt und das mit ihr verbundene Interesse eine *ästhetische* Wahrnehmung ermöglichen soll. Wie Adorno selbst dieses Bedingungsverhältnis bewertet, hängt auch hier davon ab, wie man die Formulierung »sagt mehr als etwas« versteht. Einer ersten Lesart zufolge muss jeder ästhetischen Wahrnehmung durchaus eine Besetzung des Objekts vonseiten des Subjekts vorausgehen, diese Besetzung klärt aber noch lange nicht, inwiefern die ›Erfahrung von Kunstwerken adäquat nur als lebendige‹ gedacht werden soll. Nach einer zweiten Lesart versteht man die Formulierung so, dass die lebendige Erfahrung von Kunstwerken mit ›psychologischer Kathexis‹ nichts zu tun hat und die ›Besetzung des Objekts‹ eine Vorstellung ist, die auf eine falsche Fährte führt – etwa weil sie eine Dominanz des Subjekts gegenüber dem Kunstobjekt impliziert. Drittens lässt sich »sagt mehr als etwas« aber auch so lesen, dass die Vorstellung, die ›Erfahrung von Kunstwerken ist adäquat nur als lebendige‹, nicht nur etwas sehr Spezifisches (›mehr als *irgend*

---

wir hier haben, sind eben durchaus objektiv-ästhetischer und nicht etwa psychologischer Art; sonst würde ich eine Vorlesung über Kunstpsychologie und nicht eine Vorlesung über Ästhetik halten. [... Da] jedes Kunstwerk in sich eine merkwürdige Einheit objektiver und subjektiver Momente ist – die das zentrale Thema dessen bildet, worüber wir zu sprechen haben –, so ist allein dadurch schon eine solche psychologische Reduktion und damit die auf bloße Begabung ausgeschlossen.«

etwas‹) über die ›Beziehung von Betrachtendem und Betrachtetem‹, sondern damit zugleich über ›psychologische Kathexis‹ sagt – genauer: versteht man, wie und warum die Erfahrung von Kunstwerken adäquat nur als lebendige ist, versteht man auch mehr über die libidinöse Besetzung als Bedingung ästhetischer Wahrnehmung. – Ich möchte diese Lesarten alle im Blick behalten, um die Komplexität des Textes nicht vorschnell auf eine Deutung hin einzuengen.

Wie sehr die philologische Reflexion auf Adornos redaktionelle Überarbeitungen der Typoskripte die argumentative Präzision seiner Ausführungen aufweisen kann, zeigt der folgende Satz. Ich zitiere den Text wiederum in der Grundschicht der Aufzeichnung und in der Fassung, die sich mit Rücksicht auf die handschriftlichen Änderungen Adornos konstituieren lässt:

> G
> Lebendig ist ästhetische Erfahrung in dem Augenblick, in dem die Kunstwerke unter dem Blick solcher Erfahrung selbst lebendig werden. (Ts 18074)

> K
> Lebendig ist ästhetische Erfahrung vom Objekt her, in dem Augenblick, in dem die Kunstwerke unter ihrem Blick selbst lebendig werden. (Ts 18074, vgl. ÄT, GS 7, S. 262)

Der Satz schließt nun so an den vorangehenden an, als in ihm expliziert wird, was unter dem ›Lebendigen‹ der ästhetischen Erfahrung gedacht werden soll. Bedeutsam ist hier zunächst die Modifikation von einer zwei- in eine dreiteilige Syntax: Ist in der Grundschicht die Formulierung »in dem Augenblick« noch dem ersten Satzteil zugeordnet, nimmt diese nach Adornos handschriftlicher Einfügung »vom Objekt her,« eine Mittelstellung ein. Die Einfügung »vom Objekt her,« verändert aber auch die Aussage des ersten Satzkolons in einem entscheidenden Punkt: Das ›Lebendig‹-Sein der ästhetischen Erfahrung wird nun in direkte Abhängigkeit vom Objekt gesetzt. In der Grundschicht wurde ihr noch eine Dominanz gegenüber dem Kunstwerk zugesprochen: »unter dem Blick« der ästhetischen Erfahrung, also unter ihrer ›Auf-Sicht‹ und Herrschaft über das Kunstwerk, würde dieses lebendig und ließe auch die Erfahrung selbst lebendig werden – eine Dominanz, die im Sinne der Kathexis als libidinöse Besetzung aufgefasst werden könnte. Was also im Satz zuvor indirekt über die Wendung »sagt mehr als etwas« ausgesprochen wurde – nämlich dass die adäquate Erfahrung von Kunstwerken nicht vom Subjekt beherrscht, und dementsprechend nicht nur allein aus der Subjektperspektive (›Betrachtendem und Betrachtetem‹) zu beschreiben sowie auf eine (wahrnehmungs-)psychologische Dimension (›Kathexis‹) zu reduzieren sei – scheint nun auf den Punkt gebracht: ›Lebendig ist ästhetische Erfahrung vom *Objekt* her‹ – und eben *nicht* vom *Subjekt*. Das Kunstwerk selbst ermöglicht demzufolge die Lebendigkeit der Erfahrung, nicht das libidinös besetzende und ›belebende‹ Subjekt; die ästhetische Erfahrung wird vom Kunstwerk ›gewährt‹, nicht vom Subjekt ›gemacht‹. Die Passiv-Setzung oder Zurückstellung des Subjekts geht so weit, dass im gesamten Satz nicht von ihm die Rede ist; auch nicht indirekt wie im ersten Satz in Form des ›Betrachtenden‹ und der ›psychologischen Kathexis‹.

Erwartet man nun eine weitere Explikation dieser Belebungslogik und umgekehrten ›Hierarchie‹ von Subjekt und Objekt, wird man enttäuscht. Behauptet wird im Folgenden vielmehr eine Wechselwirkung: Das Kunstwerk ist nicht an und für sich und immer schon ein Lebendiges, das auch die ästhetische Erfahrung lebendig werden lässt, wenn sich das Subjekt auf es bezieht bzw. es ›ästhetisch wahrnimmt‹ – das Kunstwerk wird *seinerseits* erst lebendig durch die ästhetische Erfahrung: Beide sind nur lebendig *vermittels* des jeweils anderen. Auch der Zeitpunkt, an dem beide durcheinander lebendig sind, ist weder von einer der beiden Seite festlegbar oder ableitbar, noch besitzt er eine zeitliche Extension: Lebendig sind beide ›in dem *Augenblick*‹ ihrer Wechselwirkung.

Die letzte Paraphrase ist jedoch gleich in Klammern zu setzen, da sie der Präzision von Adornos Formulierung nicht entspricht: Gesagt wird nämlich nicht, dass beide in einem Augenblick lebendig *sind*, sondern dass die ästhetische Erfahrung dann lebendig *ist*, wenn das Kunstwerk lebendig *wird* – und *vice versa*. Dies mag irritieren, da Zeit*punkt* (›Augenblick‹) und *Entwicklung* in der Zeit (›wird‹) ineinander geblendet werden. Entschärft wird diese Paradoxie dann, wenn man ›in dem Augenblick‹ so liest, dass *ab* diesem Zeitpunkt die ästhetische Erfahrung lebendig ›ist‹ und das Kunstwerk lebendig ›wird‹. Diese Lesart lässt auch den Umkehrschluss zu und das Ende dieser Wechselwirkung antizipieren: Das Lebendig-*Sein* der ästhetischen Erfahrung endet »in dem Augenblick«, in dem das Lebendig-*Werden* des Kunstwerks unterbrochen wird.[18] Unbenommen bleibt dabei, dass die Lebendigkeit des Kunstwerks eine andere als die der ästhetischen Erfahrung zu sein scheint: Tritt die ästhetische Erfahrung als solche und ›voll ausgebildet‹ ins Leben, durchläuft das Kunstwerk für Adorno offensichtlich eine Entwicklung zum Leben hin. In dieser Nuancierung der Verben kann womöglich bereits das vorgezeichnet und enggeführt sein, was von Adorno kurz darauf als der ›Prozeßcharakter‹ und die ›innere Dynamik‹ der Kunstwerke erläutert wird und im Satz kulminiert, dass »Kunstwerke kein Sein sondern ein Werden seien« (Ts 18076).

---

[18] Um diesen Aspekt zuzuspitzen: Würden Kunstwerke lebendig *sein*, widerspräche dies (wie Adorno eine Seite später schreibt) dem »Unschlichtbare[n ihrer] Antithetik«, die »in keinem Sein sich stillt« (Ts 18077).

Die Änderung des Satzes hat jedoch noch weitere Auswirkungen auf den Gehalt des Ausgesagten. So erweitert sich zum einen die bislang einfach verstandene Semantik des Wortes ›unter‹, das nun nicht mehr nur den Aspekt der Subordination thematisiert, sondern (als *inter* gelesen) auch ein gleichrangiges Verhältnis von Subjekt und Objekt benennt – und so eine Wechselwirkung zum Ausdruck bringt, die ›in dem Augenblick‹ das Lebendige beider stiftet. Die Gleichwertigkeit von ›ästhetischer Erfahrung‹ und ›Kunstwerk‹ findet zum anderen in der Änderung von »dem Blick solcher Erfahrung« in »ihrem Blick« Ausdruck: das Pronomen ›ihrem‹ nimmt die in der Grundschicht gesetzte Eindeutigkeit der Abhängigkeitsverhältnisse zurück, insofern nun nicht mehr klar zu bestimmen ist, ob die Kunstwerke ›unter dem Blick‹ der ästhetischen Erfahrung oder ihrer *eigenen* ›Aufsicht‹ und *durch* den eigenen Blick lebendig werden.

Man könnte diese letzte Deutung als Überinterpretation abtun, würde sie nicht durch zwei weitere Beobachtungen gestützt. So wird erstens die Verschränkung von ›Augenblick‹ und ›Blick‹ sprechend: der ›Blick‹, der die Kunstwerke lebendig ›werden‹ lässt, ist der prekäre und fragile ›Augenblick‹ ihrer beider Wechselwirkung. Zweitens – und hier kann auf das bereits genannte Moment des konstellativen Schreibens Adornos verwiesen werden – findet sich eine große Zahl intratextueller Referenzstellen in den Aufzeichnungen zur *Ästhetischen Theorie*, an denen dezidiert von den Augen und dem Blick des Kunstwerks die Rede ist.[19]

Interessant ist nun, dass Adorno die theoretische Begründung und Erläuterung der Lebendigkeit ästhetischer Erfahrung mit dem Verweis auf ein konkretes Kunstwerk unterbricht:

> G
> So hat George es in dem Gedicht 'Der Teppich', das einem Band von ihm den
> Titel leiht und etwas wie seine ars poétique ist, symbolistisch gelehrt: (Ts 18074)

---

19 Vgl. »Was Natur vergebens möchte, vollbringen die Kunstwerke: sie schlagen die Augen auf.« (ÄT, GS 7, S. 104); »Ein Kunstwerk schlägt dann dem Betrachter die Augen auf, wenn es emphatisch ein Objektives sagt« (ÄT, GS 7, S. 409); »Wer nur drinnen ist, dem schlägt die Kunst nicht die Augen auf« (ÄT, GS 7, S. 520); »Das Rätsel lösen ist soviel wie den Grund seiner Unlösbarkeit angeben: der Blick, mit dem die Kunstwerke den Betrachter anschauen.« (ÄT, GS 7, S. 185); »Ausdruck ist der Blick der Kunstwerke« (ÄT, GS 7, S. 171); »Jedes Kunstwerk ist ein Augenblick« (ÄT, GS 7, S. 16); »Die Sensibilität des Künstlers ist wesentlich die Fähigkeit, […] mit den Augen der Sache zu sehen« (ÄT, GS 7, S. 398). – Zur Entlehnung des Augen-Motivs aus Walter Benjamins Studien zu Baudelaire und dessen Ursprünge in der Romantik, vgl. Endres/Pichler/Zittel 2013, S. 200–202.

> *K*
> So hat George in dem Gedicht 'Der Teppich', einer ars poétique[,] die einem Band den Titel leiht, symbolistisch es gelehrt. (Ts 18074, vgl. ÄT, GS 7, S. 262)

Der genannte Text von Stefan George findet sich in dessen Gedichtband *Der Teppich des Lebens und die Lieder von Traum und Tod. Mit einem Vorspiel*, erstpubliziert in den von George und Carl August Klein herausgegebenen Literaturzeitschrift *Blätter für die Kunst* im Jahr 1900.[20] Der Verweis auf das Gedicht gestaltet sich sprachlich bemerkenswerterweise jedoch nicht so, dass nun ein Beispiel für ein entwickeltes Theorem angeführt würde, im Sinne von ›Eine so verstandene ästhetische Erfahrung lässt sich besonders gut an Georges Gedicht veranschaulichen‹ oder ›An Georges Gedicht lässt sich eine solche ästhetische Erfahrung machen, der wesentlich ist, dass auch das Kunstwerk selbst lebendig wird‹. Ein solcher Verweis wäre denn auch ein theoretisches Problem: Ist die ›Erfahrung von Kunstwerken adäquat nur als lebendige‹ und ist die Erfahrung ›in dem Augenblick‹ lebendig, ›in dem die Kunstwerke unter ihrem Blick selbst lebendig werden‹, so gilt dies grundsätzlich für *jedes* Kunstwerk und nicht nur

---

[20] Der gestrichenen bibliographischen Angabe auf Ts 18075 folgend bezieht sich Adorno auf die 9. Auflage des Nachdrucks im Georg Bondi Verlag aus dem Jahr 1920, S. 42:

DER TEPPICH

Hier schlingen menschen mit gewächsen tieren
Sich fremd zum bund umrahmt von seidner franze
Und blaue sicheln weisse sterne zieren
Und queren sie in dem erstarrten tanze.

Und kahle linien ziehn in reich-gestickten
Und teil um teil ist wirr und gegenwendig
Und keiner ahnt das rätsel der verstrickten..
Da eines abends wird das werk lebendig.

Da regen schauernd sich die toten äste
Die wesen eng von strich und kreis umspannet
Und treten klar vor die geknüpften quäste
Die lösung bringend über die ihr sannet!

Sie ist nach willen nicht: ist nicht für jede
Gewohne stunde: ist kein schatz der gilde.
Sie wird den vielen nie und nie durch rede
Sie wird den seltnen selten im gebilde.

oder vornehmlich für ein bzw. das Gedicht Stefan Georges. Die Bezugnahme auf *Der Teppich* muss hier folglich anderer Art sein.

Paraphrasiert kann die Aussage des Satzes wie folgt verstanden werden: ›Was eben theoretisch für die ästhetische Erfahrung ausgeführt wurde, sagt auch Stefan George in seinem Gedicht *Der Teppich*‹. Doch so eindeutig ist auch in dieser vereinfachten Wiedergabe des Inhalts der Bezug auf Georges Text nicht zu fassen. Zwar kann der vierte Vers der zweiten Strophe als wörtliche Referenz zum zuvor Dargelegten genommen werden (»Da eines abends wird das werk lebendig.«); damit ist aber lediglich etwas über das Lebendig-Werden des Kunstwerks gesagt, nichts hingegen über die ästhetische Erfahrung, die diesem gemäß und ›adäquat‹ ebenfalls lebendig sein soll. Man kann zurecht vermuten, dass für Adorno Georges *Der Teppich* mit Blick auf die Entwicklung seiner Terminologie ›ästhetischer Theorie‹ allgemein von Bedeutung war – oder zumindest, dass er seine Terminologie hier gespiegelt wiederfand: Im Gedicht ist von einem »rätsel« (v. 7) die Rede, das sich durch das Lebendig-Werden des Werks nach und nach ›löst‹; davon, dass diese ›Lösung‹, über die man ›sinnt‹ (v. 12), nicht intentional erzeugt oder gar erzwungen werden kann (v. 13: »Sie ist nach willen nicht«), und dass diese ›Lösung‹ eine hohe Exklusivität für sich beansprucht, sie nur gegeben und geschenkt wird (v. 15/16: »Sie wird den vielen nie und nie durch rede / Sie wird den seltnen selten im gebilde.«). Eine einfache Übertragung dieses in *Der Teppich* poetisch dargestellten ›Geschehens‹ auf Adornos Überlegungen zum ›Rätselcharakter‹ oder zum ›Verstehen‹ von Kunstwerken verbietet sich hingegen, da es beiden – dem Gedicht *und* der ›ästhetischen Theorie‹ Adornos – nicht gerecht wird.[21]

Tritt man einen Schritt zurück, bleibt ganz grundsätzlich zu fragen, warum es dieses Verweises auf Georges *Der Teppich* überhaupt bedarf? Benötigt die ›ästhetische Theorie‹ (bzw. die *Ästhetische Theorie*) eine Beglaubigung seitens der Kunst? Oder ist damit behauptet, dass die Theorie aus der konkreten Auseinandersetzung mit Kunstwerken entwickelt wurde? Wird – anders gefragt – an dem, wie George vom ›Lebendig-Werden des Kunstwerks‹ spricht, etwas ver-

---

[21] Unzulässig ist die Behauptung einer Entsprechung von Georges Gedicht und Adornos Theorie insbesondere mit Blick auf die in *Der Teppich* thematisierte ›Lösung‹ des ›Rätsels‹. Für Adorno ist das ›Rätsel‹ der Kunstwerke – mag dies auch problematisch sein hinsichtlich der Begriffswahl – gerade nicht ›lösbar‹; vgl. »Es ist nicht zu lösen, nur seine Gestalt zu dechiffrieren, und eben das ist an der Philosophie der Kunst. Noch das glücklich interpretierte Werk möchte weiterhin verstanden werden, als wartete es auf das lösende Wort, vor dem seine konstitutive Verdunklung zerginge.« (ÄT, GS 7, S. 185) und – dezidert das Moment des ›Blicks‹ aus dem Satz zuvor aufgreifend –: »Das Rätsel lösen ist soviel wie den Grund seiner Unlösbarkeit angeben: der Blick, mit dem die Kunstwerke den Betrachter anschauen.« (ÄT, GS 7, S. 185)

ständlich, was in der Theorie allein nicht ausreichend deutlich wird? Geht es (diesen letzten Gedanken umgekehrt und banalisiert) also nur um ›Anschaulichkeit‹; wird, was am kunstphilosophischen Sprechen trocken und abstrakt daherkommt, im Gedicht plastisch und konkret? All diese Fragen können erst dann beantwortet werden, nachdem man auf die konkrete Sprachgebung des Satzes reflektiert – und erneut die für den Satzsinn relevanten Änderungen beachtet, die Adorno vornimmt.

Die größte Überarbeitung bedeutet hier die Verschiebung der »ars poétique« an den Anfang des zweiten Satzteils und die Umschreibung von »*seine* ars poétique« in »*einer* ars poétique« (Herv. ME). Gegenüber der Grundschicht ist nun nicht mehr davon die Rede, dass *Der Teppich* als »etwas wie« die ›ars poétique‹ *Stefan Georges* aufzufassen ist, im Sinne einer (immanenten) Poetik des Autors, die das Gedicht darstellt. Vielmehr wird das Gedicht *selbst* als eine Poetik bezeichnet, und zwar *dezidiert* als Poetik, nicht mehr als ›etwas wie‹. Mit dieser Umdeutung korrespondiert, dass *Der Teppich* nicht mehr »einem Band von ihm den Titel leiht« (Herv. ME), sondern nur noch schlicht »einem Band«. Adorno legt offensichtlich auch hier besonderen Wert darauf, die Dominanz des Subjekts gegenüber dem Kunstwerk einzuschränken, es aus dessen Verfügung zu nehmen und als selbständig und grundsätzlich unabhängig auszuweisen: Weder das einzelne Gedicht noch der Gedichtband ›gehören‹ Stefan George, weder das einzelne Gedicht noch der Gedichtband sind allein in ›Rücksicht‹ auf Stefan George hin zu verstehen. Die Änderung von »seine« in »einer« lässt überdies die Deutung zu, dass nicht mehr ein Gedicht stellvertretend und exemplifizierend für Stefan Georges Dichtung *überhaupt* verstanden werden darf. *Dieses* Gedicht stellt (lediglich) *eine* Poetik dar, die (womöglich) mit der Poetik *anderer* Gedichte (Stefan Georges) in Konkurrenz tritt.[22] Adorno scheint damit für die Gefahr zu sensibilisieren, *ein* Kunstwerk als Paradigma anzuführen, *ein* Kunstwerk stellvertretend für die ›Kunst *überhaupt*‹ zu setzen. So sehr

---

22 Um nicht zu sagen – Adornos Überlegung zu *De gustibus est disputandum* in seinen *Minima Moralia* aufgreifend –, dass auch die Gedichte eines Autors untereinander prinzipiell als ›Todfeinde‹ zueinander stehen können: »Nicht umsonst haben die Alten das Pantheon des Vereinbaren den Göttern oder Ideen vorbehalten, die Kunstwerke aber zum Agon genötigt, eines Todfeind dem andern. Denn wenn die Idee des Schönen bloß aufgeteilt in den vielen Werken sich darstellt, so meint doch jedes einzelne unabdingbar die ganze, beansprucht Schönheit für sich in seiner Einzigkeit und kann deren Aufteilung nie zugeben, ohne sich selber zu annullieren. Als eine, wahre und scheinlose, befreit von solcher Individuation, stellt Schönheit nicht in der Synthesis aller Werke, der Einheit der Künste und der Kunst sich dar, sondern bloß leibhaft und wirklich: im Untergang von Kunst selber. Auf solchen Untergang zielt jedes Kunstwerk ab, indem es allen anderen den Tod bringen möchte.« (MM, GS 4, S. 84)

für Adorno die allgemeine Bestimmung von ›Kunst‹ immerzu ausgehend von konkreten Kunstwerken erfolgen und sich unablässig an ihnen prüfen muss, so wenig kann für ihn ›die Kunst‹ in *einem* Kunstwerk aufgehen.

Dass sich Adorno dieser Gefahr sehr wohl bewusst ist und mit der Sprachgebung des Satzes präzise auf sie hin reagiert, bezeugt die Formulierung »die einem Band den Titel leiht« – eine Aussage, die auf den ersten Blick nichts Wesentliches zur Argumentation beizutragen scheint und nur einer bibliographischen Angabe zu Georges Werk gleicht. Auffällig ist hier zunächst, dass durch die Änderung nicht mehr das ›Gedicht‹ dem Band den Titel leiht, sondern die ›ars poétique‹, als die das Gedicht bezeichnet wird. Es wäre nun eingehend zu untersuchen, inwiefern sich im *Titel* des Gedichts – denn schließlich sind es (nur) die beiden Worte »Der Teppich«, die sich auch im Bandtitel wiederfinden – in nuce die Poetik des *gesamten* Gedichts ausgedrückt findet. Dies bedürfte wiederum einer eigenen literaturwissenschaftlichen Interpretation des lyrischen Textes, die dabei auch die Relation von Titel zu den vier Strophen zu reflektieren hätte, etc. – dies kann an dieser Stelle nicht geleistet werden. Entscheidend für das Verständnis der vorliegenden Formulierung »die einem Band den Titel leiht« ist, dass auf diese Weise auf gleich *mehreren* Ebenen das Verhältnis von Teil und Ganzem thematisch wird: auf der Ebene des Gedichttextes selbst, in dem dieses Verhältnis insbesondere in Vers sechs und sieben problematisiert wird (»Und teil um teil ist wirr und gegenwendig / Und keiner ahnt das rätsel der verstrickten ..«); in der genannten Relation von Gedichttitel zu den vier Strophen; auf der Ebene der einzelnen Gedichte des Gedichtbandes zu dessen Titel, wobei erschwerend hinzukommt, dass hier eigens beachtet werden muss, dass der Titel des einen Gedichts *Der Teppich* zwar im Titel des Bandes wiederholt wird, jedoch in der Erweiterung *Der Teppich des Lebens*; sodann, auf der gleichen Ebene, auf der weiterhin fraglich wird, in welcher Weise der Gesamttitel *Der Teppich des Lebens und die Lieder von Traum und Tod. Mit einem Vorspiel* die drei Gedichtzyklen des Bandes zusammenfasst (etwa, ob dieses Ganze des Titels eine bloße Addition darstellt, etc.); – und schließlich auf der Ebene der kunsttheoretischen Überlegungen Adornos, für die geklärt werden muss, wie sich das *eine* Gedicht respektive die *eine* ›ars poétique‹ zur Poetik Stefan Georges *überhaupt* verhält, und (noch allgemeiner:) ob dieses *eine* Kunstwerk etwas über die Kunst überhaupt aussagen kann.

Versucht man, das Verhältnis von Teil und Ganzem lokal und aus der Formulierung heraus zu verstehen – und widersteht man damit der Versuchung, vorschnell Adornos ausformulierte Überlegungen zu dieser Frage als Erklärungshilfe beizuziehen (vgl. Ts 18083f.; ÄT, GS 7, S. 266) –, kann das Augenmerk auf das Wort ›leihen‹ gelegt werden. Es liegt dabei nahe, ›leihen‹ insbesondere in Verbindung mit ›Titel‹ im Sinne von ›*ver*-leihen‹ als ›übergeben‹ bzw. ›schenken‹ zu lesen: die ›ars poétique‹ *gibt* dem Band den bzw. seinen Titel – was bemerkenswert ist, da damit behauptet wird, das ein Teil das Ganze bestimmen kann und nicht das Ganze die Teile.[23] ›Leihen‹ erlaubt jedoch auch die Lesart, dass die ›ars poétique‹ ihren Titel (genauer: den Titel des Gedichts, das sie ist) dem Gedichtband und seinem Titel nur *borgt*, d. h. auf bestimmte Zeit ›*aus*-leiht‹. Wird der Titel nur geborgt und nicht geschenkt, reklamiert die ›ars poétique‹ (bzw. das Gedicht, das sie *ist*) gewissermaßen Besitz- und Urheberrechtsansprüche und kann den Titel auch wieder zurückfordern: Was »Der Teppich« sagt, geht also nicht in den Titel *Der Teppich des Lebens* über und nicht in diesem Titel auf; so, dass man gar den Eindruck gewinnen könnte, dass das Gedicht *Der Teppich* lediglich ein (wenn auch ein prominentes) Moment dessen zum Ausdruck bringt, was in *Der Teppich des Lebens* weiter und umfänglicher benannt ist. Kurz: *Der Teppich* sagt nicht (nur), was unter ›Teppich‹ in *Der Teppich des Lebens* zu denken ist.[24] – Um diese Überlegungen noch einmal richtig einzuordnen: Es geht in diesem Zusammenhang nicht darum, literaturwissenschaftlich zu klären, wie sich bei Stefan George das Verhältnis Gedichttitel und Bandtitel gestaltet – dazu müsste weit mehr sowohl über *Der Teppich* als auch über die Gesamtanlage und Komposition des Gedichtbandes sowie über das Verhältnis der Gedichte und der Gedichtzyklen im Band untereinander gesagt werden. Gegenstand der Lektüre ist einzig die Formulierung »die einem Band den Titel leiht«, ausgehend von der Frage, warum Adorno in *dieser* Weise und an *dieser* Stelle darauf zu sprechen kommt, und was dies letztlich für das Verständnis der gesamten Passage beitragen kann. Eine mögliche Antwort könnte darin bestehen, dass Adorno in der Formulierung »einem Band den Titel leiht« in besonderer Weise das Verhältnis von Kunstwerk und Kunsttheorie verhandelt – insbesondere dann, wenn man die Lesart von ›leihen‹ als ›borgen‹ stark macht: Das einzelne Kunstwerk *gibt* der ästhetischen Theorie zwar die Möglichkeit, an ihm Bestimmungen ›der Kunst‹ bzw. ›dem Kunstwerk‹ überhaupt zu entwickeln, lässt sich aber von der Theorie nicht vereinnahmen, schenkt sich oder übergibt sich der Theorie nicht. Die Theorie nimmt dem Kunstwerk also nicht seine Autonomie, sie hat das Kunstwerk demzufolge nicht in ihrer Verfü-

---

[23] Es wäre ja durchaus möglich, diese Relation umgekehrt zu beschreiben und zu sagen, ›einer ars poétique, die ihren Titel von einem Band erhält‹ bzw. ›die den Titel eines Bandes aufnimmt, in der sie erscheint‹.
[24] Diesen Eindruck kann man auch nach genauerer Lektüre des Gedichts gewinnen: In *Der Teppich* ist vornehmlich und eigentlich von einem Teppich die Rede, dessen Materialität, Machart, Form, Motivik, etc. – und (erst einmal) nicht allegorisch vom ›Teppichhaften des Lebens‹.

gung, sondern eben nur für eine bestimmte Zeit in Anspruch nehmen können – die Theorie hat *am* Kunstwerk und auf ein Kunstwerk *hin* ein Allgemeines ›der Kunst‹ aufgezeigt, das Kunstwerk jedoch nicht als Mittel zum Zweck instrumentalisiert oder ›herangezogen‹. Dieser am George-Gedicht thematisierte Umgang mit einem Kunstwerk bzw. diese so thematisierte Beziehung von Theorie und einzelnen Kunstwerken ist dieser Deutung folgend Teil von Adornos ›ästhetischer Theorie‹ (bzw. *Ästhetischen Theorie*). Das meint: Die Aufzeichnung zur *Ästhetischen Theorie* gibt uns mit dem sprachlich komplexen Verweis auf Georges *Der Teppich* Auskunft über den adäquaten Umgang der Theorie mit Kunstwerken. Diesen Gedanken noch einmal anders gewendet und erweitert: Adorno thematisiert an dieser Stelle seiner *Ästhetischen Theorie* den adäquaten Umgang ästhetischer Theorie mit Kunstwerken – jedoch nicht in Form einer systematischen Erläuterung der Kriterien dieses adäquaten Umgangs, sondern in Form einer sprachlich hochkomplexen Bezugnahme auf ein Kunstwerk. Zu diskutieren wäre, ob Adornos Bezugnahme auf Georges *Der Teppich* damit als paradigmatisch für den adäquaten theoretischen Umgang mit Kunstwerken im Sinne der *Ästhetischen Theorie* aufzufassen ist – paradigmatisch insofern, als er diesen Umgang nicht einfach realisiert und vorführt, sondern zugleich performativ auf ihn reflektiert.[25]

Für die besondere Sprachgebung des Satzes ist weiterhin bedeutsam, dass die beiden Teile »einer ars poétique, die einem Band den Titel leiht« im Zuge der Überarbeitung – wie »in dem Augenblick« im Satz zuvor – eine Mittelstellung einnehmen, die ihnen den Charakter eines parenthetischen Einschubs verleiht. Der sie einklammernde Hauptsatz oder Matrixsatz könnte problemlos auch ohne sie verstanden werden: »So hat George in dem Gedicht 'Der Teppich' [...] symbolistisch es gelehrt«. Der Einschub ist jedoch keineswegs eine vernachlässigbare und nur zusätzliche Information. Die Mittelstellung sorgt vielmehr für eine Betonung des Ausgesagten, die sich auch inhaltlich dadurch begründet, dass »einer ars poétique, die einem Band den Titel leiht« wesentlich darüber Auskunft gibt, *wie* die Aussage des Matrixsatzes zu verstehen ist – konkret: *was es heißt*, dass ›George in *Der Teppich* das symbolistisch gelehrt hat‹, was im Satz zuvor über die Wechselwirkung von ästhetischer Erfahrung und Kunstwerk ausgeführt wurde.

Wie ist nun aber dieser Hauptsatz zu verstehen? Wurde das – um die oben gestellten Fragen wieder aufzunehmen und sie fortzuschreiben –, was Adorno über die Lebendigkeit der ästhetischen Erfahrung und der des Kunstwerks sagt,

---

25 Vgl. Endres 2014. Zur ›Paradigmatizität‹ der *Ästhetischen Theorie* vgl. weiterhin den Beitrag von Andrea Sakoparnig in diesem Band (hier insbesondere den Abschnitt 5.2.).

bereits von Stefan George ›gelehrt‹, nur eben in anderer Form, in Form eines Kunstwerks? Gewinnt die ›ästhetische Theorie‹ ihre Aussagen eigentlich aus der Kunst? Wiederholt die ›ästhetische Theorie‹ (begrifflich) also nur das, was die Kunst (hier: literarisch) zum Ausdruck bringt? Und diesen Gedanken zugespitzt: Gibt es – was einen unerhört hohen Anspruch an eine philosophische Ästhetik bedeuten würde (und einen nahezu anmaßenden Gedanken, der die Kunst letztloch im Sinne Hegels für ›überwindbar‹ befindet) – am Ende keinen wesentlichen Unterschied zwischen Kunst und Kunsttheorie? Sagt beides also im Grunde das Gleiche – und kann das Zweite das Erste ersetzen und ablösen? Diese letzten Fragen sind bewusst überspitzt formuliert. Es versteht sich und lässt sich mühelos in den Aufzeichnungen zu seiner *Ästhetischen Theorie* nachzeichnen, dass Adorno gerade *gegen* eine solche Substitution der Kunst durch die Theorie anschreibt.

Für das Verständnis des Hauptsatzes lohnt es, das Satzende genauer zu betrachten: »symbolistisch es gelehrt«. Man könnte diese Formulierung ganz unverfänglich lesen und »symbolistisch« als eine zutreffende Zuordnung der Dichtung Georges zu einer literarischen Strömung ansehen: *Der Teppich* wird dieser Lesart zufolge durchaus korrekt als ein Gedicht (genauer: als eine ›ars poétique‹) des Symbolismus bezeichnet. In der Verbindung ›symbolistisch *gelehrt*‹ gewinnt diese Bezeichnung jedoch eine semantische Sprengkraft, die eine bloße literaturgeschichtliche Einordnung eines Textes aushebelt. Genau genommen ist nicht davon die Rede, dass George in einer ›symbolistischen ars poétique‹ etwas lehrt, sondern dass diese Lehre selbst (adverbial genommen) ›symbolistisch‹ verfasst ist bzw. im Sinne des Symbolismus erfolgt. Dies führt auf die eigentliche Widersprüchlichkeit der Formulierung hin: Ein wesentliches Kennzeichen des Symbolismus und ein zentrales Moment seiner Programmatik ist die Forderung, dass sich Dichtung im Zuge radikaler Selbstbezüglichkeit und Selbstreferentialität (im Sinne einer *poésie pure*) aller äußeren und ›fremden‹ Zwecke zu entledigen hat: der Repräsentation sprachunabhängiger Wirklichkeit, des politischen Engagements – und eben auch der ›Belehrung‹. Das Satzende »symbolistisch es gelehrt« beschreibt in dieser Weise also eine *contradictio in adjecto*. Es ist davon auszugehen, dass Adorno dieser Widerspruch nicht einfach unterläuft, sondern dass er ihn gezielt ans Ende eines Satzes stellt, der in seinem Mittelteil in mehreren Aspekten eine *Freisetzung des Gedichts von der Instanz des Autors* zum Ausdruck bringt. Hinzu kommt, dass Adorno in der Überarbeitung das Pronomen »es« vom Anfang des Satzes an dessen Ende verschiebt: Nicht das, was von George gelehrt wird (i. e. wie die Lebendigkeit der ästhetischen Erfahrung mit der des Kunstwerks zusammenhängt), steht im Vordergrund, sondern das *Gedicht*.[26]

Man geht nun zu weit und verkennt den Kern der Aussage, wenn man in der Freisetzung des Kunstwerks und der paradoxen Formulierung am Ende des Satzes eine Zurücksetzung des Autors, eine ›Tilgung‹ oder gar die Behauptung seines ›Todes‹ erkennen will. Adorno möchte hier jedoch dafür sensibilisieren, dass der Autor nicht einfach durch ein Kunstwerk und durch das ›Medium‹ des Kunstwerks hindurch sprechen kann, Stefan George das Gedicht nicht instrumentell zur Vermittlung einer davon auch unabhängigen Lehre verwendet. Ist im Gedicht davon die Rede, dass das Werk selbst und von selbst lebendig wird, die ›Lösung‹ seines ›Rätsels‹ nicht von außen bewirkt, sondern durch das ›Sich-Regen‹ seiner Teile gewährt und geschenkt wird, und kann diese Beschreibung durchaus als selbstreferentiell verstanden werden und nicht zuletzt darin die ›ars poétique‹, die immanente Poetik des Gedichts gesehen werden, so wäre es gegen das Kunstwerk bzw. zumindest an ihm vorbei geredet, würde man ihm nicht diese Eigenständigkeit in der Wechselbeziehung zum (schreibenden wie lesenden) Subjekt zuerkennen.

Die Änderung des Interpunktionszeichens, das den Satz beschließt, sowie die Streichung des Gedichttextes, die sich dem Satz in der Grundschicht der Aufzeichnung anschließt, verdienen eine eigene und über diese Passage hinausreichende Thematisierung. Die Überarbeitung ist charakteristisch für Adornos Verfahrensweisen der Texterstellung und die Entscheidungen bezüglich der Darstellung und Organisation des Geschriebenen. So nimmt Adorno in der Redaktion des Typoskripts konsequent alle Zitate von Kunstwerken zurück, reduziert den Verweis auf die Angabe des Titels bzw. pflegt sie – wie im vorliegenden Fall des George-Gedichts – aber argumentationslogisch komplex und reflektiert in den eigenen Lauftext ein.[27] Die oft geführte Diskussion über Mörikes *Mausfallen-Sprüchlein*, das vermeintlich als einziges Kunstwerk seinen Platz in der *Ästhetischen Theorie* finden durfte, wird auf einer in höchstem Maße ungesicherten Textbasis geführt – d. h. bislang ausnahmslos auf der von Gretel Adorno und Rolf Tiedemann besorgten Leseausgabe. Es ist äußerst unwahrscheinlich und in keinster Weise im Sinne einer vermuteten ›Paradigmatizität‹ für seine Kunstphilosophie anzunehmen, dass Adorno just diesem Kunstwerk

---

26 Man könnte diese Verschiebung in den letzten Satzteil auch noch dahingehend lesen, dass das ›es‹ (i. e. *wie* die Lebendigkeit der ästhetischen Erfahrung mit der des Kunstwerks zusammenhängt) im Zentrum des Konflikts, *zwischen* Kunst und Theorie, *zwischen* ›poésie pure‹ und ›Lehre‹ steht.

27 Vgl. hierzu den Beitrag von Axel Pichler in diesem Band.

eine solche Prominenz zukommen lassen wollte; im Gegenteil spricht alles dafür, dass er in der Erstellung einer finalen Druckfassung seines Textes auch Mörikes Gedicht gestrichen und/oder sich allenfalls auf die Zitierung von Auszügen beschränkt hätte.

Dass Adorno die beiden Strophen des George-Gedichts streicht und den Doppelpunkt in einen Punkt umwandelt, ist angesichts der Problematik erklärbar, die sich bereits für den Verweis auf den Text beschreiben ließ. Blieben die beiden Strophen stehen, würden sich die genannten Fragen zum Verhältnis von ›einzelnem Kunstwerk‹ und ›ästhetischer Theorie‹ verschärfen. Denn noch größer wäre die Gefahr, im Gedichtauszug lediglich den poetischen Beleg einer allgemein gültigen Beschreibung von Kunstwerken bzw. – nur scheinbar abgeschwächt, im Grunde jedoch beileibe nicht weniger problematisch – eine Nivellierung und Gleichsetzung von Kunstwerk und Kunstphilosophie zu erkennen. Darüber hinaus könnte so der Eindruck entstehen, das Gedicht sei ein bloßer Stichwortgeber; damit wäre eine Rezeption von Kunstwerken vorgezeichnet, die eine Paraphrase komplex gebauter lyrischer Texte legitimieren würde und es als zulässig erscheinen ließe, die Bedeutung des in ihnen Ausgesagten auf theoretische Aussagen zu vereinfachen – ein Umgang mit Kunstwerken also, der Adornos Ansatz und Philosophie diametral entgegensteht.

Mag dies nun seinerseits paradox erscheinen, so verbietet es sich gleichzeitig, den gestrichenen Passus als schlichtweg getilgten und somit nichtigen einfach zu überspringen. Interessant ist nämlich, *wie* respektive *was* Adorno nach dem Verweis auf *Der Teppich* zitiert: Er schneidet aus dem vierstrophigen Gedicht die beiden äußeren Strophen ab und präsentiert lediglich die beiden inneren. Dies kann einerseits so verstanden werden, dass die ohnehin unzulässige Inanspruchnahme des Textes als Beleg einer allgemeinen Theorie noch weiter gesteigert wird – so, dass das Kunstwerk nicht nur in eine solche Zeugenschaft gezwungen, sondern dabei auch noch zurechtgestutzt wird. Erklärungen für diese Selektion bzw. Amputation ganzer Textteile dahingehend, dass es hier ja vor allem darum gehe, den ›Kern‹ der Aussage des Gedichts in den Blick zu nehmen, oder umgekehrt: das Gedicht vornehmlich mit *den* Versen zur Sprache zu bringen, die auf das theoretisch entwickelte Verhältnis von ästhetischer Erfahrung und Kunstwerk unter dem Aspekt der Lebendigkeit Bezug nehmen, helfen nicht über die aus adornitischer Sicht grundsätzlich unangemessene Zitierpraxis hinweg. Nicht zuletzt angesichts dieser Konsequenzen des Text-*Zuschnitts* war es für Adorno gegeben, die Aufnahme des Gedichts in den Fließtext zurückzunehmen. – Andererseits wird an der Zitierung des Textauszug aber etwas deutlich, das über die Verfahrensweise Adornos in der Erarbeitung seiner ›ästhetischen Theorie‹ allgemein Aufschluss gibt. Und zwar dann, wenn man das Verhältnis von Kunstwerk und ästhetischer Theorie gerade *nicht* unter den Verdacht stellt, das Kunstwerk – in diesem Fall das Gedicht Georges – als Beleg einer *vorab* gefassten Auffassung von Kunst zu instrumentalisieren. Vergegenwärtigt man sich den gesamten Gedichttext, fällt auf, dass Adorno nicht einfach die Rede vom ›Lebendig-Werden des Werks‹ herauslöst und isoliert. Im nächsten Satz des Typoskripts findet sich mit »Gebilde« just das Wort, das das Gedicht beschließt (v. 16: »Sie wird den seltnen selten im gebilde.«); wenige Zeilen danach wird zudem von »Erstarrung« gesprochen, die mit dem »Lebendigsten sich vereint«, und so ein wörtlicher Bezug zum vierten Vers von *Der Teppich* gestiftet (v. 4: »Und queren sie in dem erstarrten tanze.«) (vgl. Endres/Pichler/Zittel 2013, S. 200). Adorno wählt also ein Vokabular, das bemerkenswerterweise in *den* Strophen des George-Textes auftritt, die im Typoskript *nicht* zitiert werden. Gegenüber dem denkbaren Vorwurf, Adorno habe *Der Teppich* als Stichwortgeber behandelt und es für die *Ästhetische Theorie* instrumentalisiert, kann nun ebenso berechtigt dafür argumentiert werden, dass er sich in der Entwicklung seiner Terminologie von einem konkreten Kunstwerk bestimmen lässt, sich an einem konkreten Kunstwerk ›abarbeitet‹.

Ausgehend von dieser Beobachtung kann auch noch einmal die gesamte Passage auf Ts 18074 und besonders der sie eröffnende Satz anders betrachtet und gedeutet werden. Zu überlegen ist nämlich, ob Adorno sozusagen von Anfang an Georges *Der Teppich* vor Augen stand, die Bezugnahme auf das Gedicht also nicht nur und ausschließlich auf den dem Verweis vorangehenden Satz erfolgt, sondern bereits den ersten Satz bestimmte. Dieser gewinnt dann mit seinem Konjunktiv »Daß die Erfahrung [...] *sei*« (Herv. ME) eine weitere, wenn nicht gar die entscheidende Referenz hinzu: Nicht (allein) kunstphilosophische Überlegungen von Lessing, Klopstock, Schiller und Goethe – und/oder nicht (allein) Adornos eigener Theorieansatz wird dieser Deutung folgend aufgerufen, sondern vornehmlich die ›ars poétique‹ *Der Teppich*. Dies lässt auch die redaktionelle Überarbeitung Adornos in einem anderen Licht erscheinen: Die Änderung von »Man pflegt« ins konjunktivische »sei« blendet den Gemeinplatz und den ›Topos‹ der Vorstellung, ›die Erfahrung von Kunstwerken sei adäquat nur als lebendige‹, ab und schreibt sie Georges Gedicht zu – bzw. nennt mit *Der Teppich* die Quelle, aus der diese Vorstellung gewonnen wurde.[28]

---

[28] Dies eröffnet ganz grundsätzlich eine wertvolle Perspektive bzw. einen zusätzlichen Anspruch für die Lektüre der Aufzeichnungen zur *Ästhetischen Theorie*: Insbesondere den Passagen, in denen auf (literarische) Kunstwerke verwiesen wird, muss eine erhöhte Aufmerksamkeit auf die gewählte Wortwahl zukommen.

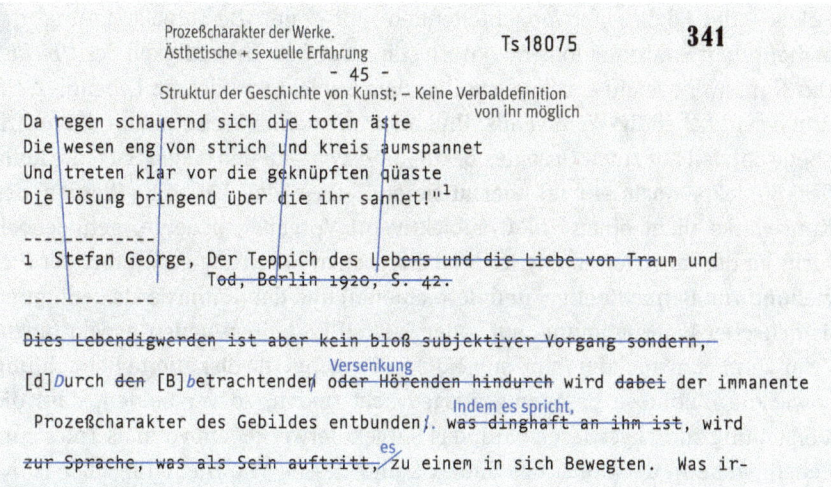

Abb. 2: Transkription von Ts 18075 < Ausschnitt >

Der nun folgende Satz kehrt nach der ›Unterbrechung‹ durch den George-Verweis zur weiteren Bestimmung dessen zurück, was unter ›Lebendigkeit‹ gedacht werden soll. Weder in der Grundschicht noch in der überarbeiteten Fassung des Satzes wird dabei auf *Der Teppich* Bezug genommen; jedenfalls nicht direkt, denn – wie sich eben zeigen ließ – ist über ›Gebilde‹ eine wörtliche Verbindung gestiftet:

G
Dies Lebendigwerden ist aber kein bloß subjektiver Vorgang sondern, durch den Betrachtenden oder Hörenden hindurch wird dabei der immanente Prozeßcharakter des Gebildes entbunden: (Ts 18074)

K
Durch betrachtende Versenkung wird der immanente Prozeßcharakter des Gebildes entbunden. (Ts 18074, vgl. ÄT, GS 7, S. 262)

Vergleicht man den Satz vor und nach den handschriftlichen Änderungen Adornos, fällt zunächst die weitreichende und ersatzlose Streichung des gesamten ersten Satzteils auf. Dies ist vor allem deswegen bemerkenswert, da *nach* der Überarbeitung nicht mehr explizit von ›lebendig‹, ›Lebendigkeit‹ oder eben ›Lebendigwerden‹ die Rede ist.

Der Einstieg »Dies Lebendigwerden« schließt in der ersten Fassung des Satzes unmittelbar an das Satzende vor dem George-Verweis an und verschiebt den

Fokus – der Logik einer fortschreitenden ›Ent-‹ oder ›De-Subjektivierung‹ der ästhetischen Erfahrung folgend – noch stärker auf die Lebendigkeit des *Objekts*: Das Kunstwerk zeichne sich gegenüber dem Subjekt und dessen Lebendig-Sein durch sein Lebendig-*Werden* aus. Und auch in anderer Weise nimmt der gestrichene Satzteil auf zuvor Gesagtes Bezug, und zwar auf den ersten Satz, die Rolle des Subjekts noch einmal thematisierend. Dass das Lebendig-Werden des Kunstwerks nicht einen »bloß subjektive[n] Vorgang« bedeute, geht jedoch nicht im dort anvisierten ›Mehr‹ der ästhetischen Erfahrung gegenüber der ›Beziehung von Betrachtendem und Betrachteten‹ und der ›Kathexis als Bedingung ästhetischer Wahrnehmung‹ auf – der Satzteil fügt einen neuen Aspekt hinzu. Zwar kann man auch im ›bloß subjektiven Vorgang‹ die diskutierte Betrachtung sowie die libidinöse Besetzung ausgedrückt finden, so verstanden, dass die Vorstellung zurückgewiesen wird, das Subjekt ›erwecke‹ ein vormals Totes zum Leben, stehe in der Gunst des Subjekts und dessen Wahrnehmungsdispositiv, sei abhängig von dessen Konzentration, Aufmerksamkeit und ›Energie‹. Doch in »kein bloß subjektiver Vorgang« ist auch eine Subjekt-*Kritik* zu lesen: Das Lebendig-Werden soll nicht als ein nur Subjektives verstanden werden, als etwas, das ausschließlich in der Erfahrung des Subjekts statthat. Anders ausgedrückt und pointiert: Diese Kritik impliziert, dass die ästhetische Erfahrung des Subjekts – sei sie auch eine »vom Objekt her« – keine nur vom Kunstwerk ausgelöste darstellt, dann jedoch abgekoppelt vom Objekt nur auf Seiten des Subjekts Bestand hat.

Dass Adorno diesen ersten Satzteil in der redaktionellen Überarbeitung ersatzlos streicht, bedeutet nun nicht, ihn außer Acht lassen zu dürfen. Bereits in der Lektüre der drei vorangehenden Sätze wurde deutlich, welchen Gewinn man aus dem Vergleich von Grundschicht und Fassung des Satzes nach der Änderung für das Verständnis des Ausgesagten ziehen kann – dahingehend, dass gerade in der so erzeugten Kontrastspannung die spezifische Semantik der Sätze hervortritt, und dass auf Entscheidungen Adornos *als* Entscheidungen, *als* relevante Modifikationen reflektiert werden können. Dass Adorno diesen ersten Satzteil streicht, *ist von Bedeutung* – die *Bedeutung* der Streichung wird aber nur dann erfasst, wenn man sich (wie eben) den Aussagegehalt des Gestrichenen vergegenwärtigt. Die Streichung verdient jedoch auch deswegen Aufmerksamkeit, weil in der revidierten Formulierung der *Horizont* der (weiteren) Ausführungen sichtbar wird; will sagen: »Dies Lebendigwerden ist aber kein bloß subjektiver Vorgang« formuliert keinen Gedanken, der für Adorno als schlechthin irrelevant oder gar irreführend gelten könnte – an den vorangehenden Sätze ließ sich ja eine vergleichbare Subjekt-Kritik aufzeigen. Die philologische Lektüre hat vielmehr darüber Auskunft zu geben, warum Adorno die so formulierte Subjekt-Kritik zurücknimmt, d. h. sie muss beantworten, warum für Adorno das im ersten Satzteil Ausgesagte an dieser Stelle und in diesem Zusammenhang nicht (noch einmal) bzw. nicht (noch einmal) *so* formuliert werden sollte. Und weiter: warum es mit Blick auf die *Fortsetzung* des Satzes nicht (noch einmal) und nicht (noch einmal) *so* formuliert werden sollte.

Für die Beantwortung dieser Fragen ist von Relevanz, dass der Satz nach der Streichung keine Opposition mehr artikuliert: Mit dem ersten Satzteil wird zugleich die kontrastierende Eröffnung des zweiten gestrichen, die Konjunktion »sondern« zurückgenommen.[29] Zusammen mit der Streichung der Rede vom ›Lebendigwerden‹ führt dies dazu, dass das, was über die ›Entbindung des Prozeßcharakters‹ ausgesagt wird, in anderer Weise satzlogisch an das zuvor Gesagte angeschlossen wird. In der Grundschicht steht diese ›Entbindung‹ im *Gegensatz* zu einem ›Lebendigwerden als bloß subjektiver Vorgang‹, wodurch – und das ist entscheidend – die Aussage direkt an das Ende des *zweiten* Satzes anschließt. Fehlt nun diese Opposition und setzt der vierte Satz (nach der Änderung) mit den Worten »Durch betrachtende Versenkung...« ein, ist ein direkter Anschluss an den dritten Satz und den Verweis auf Georges *Der Teppich* lesbar: Das, was ›George in dem Gedicht *Der Teppich* symbolistisch gelehrt hat‹, ist (auch) so zu verstehen, dass ›durch betrachtende Versenkung der immanente Prozeßcharakter des Gebildes entbunden wird‹. In dieser Anbindung der Sätze ist zugleich die Behauptung mitzulesen, dass das über die ›Entbindung des Prozeßcharakters‹ Ausgeführte auch im Gedicht Georges ausgesagt und ›gelehrt‹ wird. Dies ist keine Kleinigkeit, da so noch einmal der Status des George-Verweises modifiziert, präzisiert, i. e. ›revidiert‹ wird: In der Grundschicht erscheint durch die terminologische Wiederaufnahme des ›Lebendigwerdens‹ das Gedicht *Der Teppich* nur als ein Einschub, der die Funktion besitzt, die Theorie an einem konkreten Kunstwerk zu illustrieren – bzw. es wird lesbar, dass das theoretisch Gesagte im Gedicht *Der Teppich* nur in einer dem Begrifflichen ›entsprechenden‹ poetischen Form artikuliert wird. Nach der Änderung hingegen und der so eröffneten direkten Anknüpfung von Satz drei und vier verschiebt sich die Gewichtung der Aussagen: Der Verweis auf George ist nicht mehr (nur) parenthetisch zu nehmen; vielmehr ist die ›Entbindung des Prozeßcharakters

---

[29] Dass »sondern« durch das grammatisch inkorrekte nachgesetzte Komma dem ersten Satzteil zugeordnet ist, geht mit höchster Wahrscheinlichkeit auf einen Tippfehler Elfriede Olbrichs zurück. Spekulationen zu einer möglichen Semantik dieser agrammatischen Interpunktion – wie sie etwa für literarische Texte von Franz Kafka, Friedrich Hölderlin oder Heinrich von Kleist durchaus relevant sind – bedeuteten hier schlicht eine falsche Hypostasierung der Materialität des Geschriebenen.

durch betrachtende Versenkung‹ eine *Explikation* des George-Verweises – und zwar nicht nur so, dass erläutert wird, *worüber* Georges Gedicht spricht (i. e. das ›Lebendigwerden des Werks‹), sondern dass zudem thematisiert wird, wie sich eine *Erfahrung* des ›Lebendigwerdens‹ gestaltet, und worin sich eine *ästhetische Erfahrung* eben dieses Kunstwerks (des Gedichts *Der Teppich*) auszeichnet.[30]

Es gilt jetzt, diese ›Explikation‹ näher in den Blick zu nehmen – und dabei auf die Sinnveränderung zu achten, die die redaktionelle Überarbeitung Adornos mit sich bringt. Im Fokus steht hier insbesondere die Modifikation des Satzbeginns – eine Modifikation, die womöglich die weitreichendste Änderung der gesamten Passage meiner Lektüre darstellt:

> [d]Durch den [B]betrachtenden ⸢Versenkung⸣ oder Hörenden hindurch

Konzentriert man sich zunächst auf die Grundschicht, greift Adorno mit dem »Betrachtenden« die ›Beziehung‹ des ersten Satzes auf, erweitert diese mit dem »Hörenden« aber dahingehend, dass jede Spekulation über den weiter reichenden Sinn von ›Betrachtung‹ als *contemplatio* zurückgestellt wird. ›Betrachten‹ ist in Verbindung mit ›hören‹ als sinnliche Wahrnehmung zu lesen, nicht mehr. Dies lässt zwei Deutungen zu: Entweder versteht man die Verbindung ›Betrachtender und Hörender‹ so, dass Adorno in der Frage, was unter der ›Entbindung des Prozeßcharakters‹ zu denken ist, die sinnliche Wahrnehmung in den Vordergrund stellen wollte und so den Bedeutungsumfang, der für die ›Beziehung von Betrachtendem und Betrachtetem‹ noch denkbar war, jetzt auf ›sinnliche Wahrnehmung‹ einschränkt. Demgegenüber ist ebenso lesbar, dass die Verbindung ›Betrachtender und Hörender‹ *keine* Veränderung der Semantik von ›betrachten‹ mit sich bringt – und dass von der späteren Stelle die frühere (re)interpretiert und neu in den Blick genommen werden kann. Und dies nicht nur in der Weise, dass ›betrachten‹ auch im ersten Satz lediglich als eine ›sinnliche Wahrnehmung‹ neben anderer thematisiert wird, sondern zugleich auch die »ästhetische Wahrnehmung« als ›*aisthetische* Wahrnehmung‹ im ursprünglichen Sinn von *aísthēsis* aufzufassen ist.

Durch die handschriftliche Überarbeitung werden diese beiden denkbaren Relationen von Satz eins und vier jedoch abgeblendet. Entsprechend ist auch das Adverb »betrachtende« nicht auf ›sinnliche Wahrnehmung‹ beschränkt und (weiterhin) im Sinnhorizont von *contemplatio* zu verstehen – wenngleich dies

---

[30] Diese Doppelheit ist letztlich auch der Anlage des Gedichts und dessen potentieller Selbstreferentialität geschuldet: Auch dieses spricht nicht nur über das Lebendigwerden eines *anderen* Werks, sondern (darin immer) auch davon, wie es *selbst* ›lebendig‹ wird.

nicht davon entledigt, auf die spezifische Verwendung des Begriffs ›Kontemplation‹ bei Adorno bzw. dessen spezifisches Verständnis von ›Betrachtung‹ als ›Kontemplation‹ zu reflektieren.[31] Auf die Frage, ob und wie ›Betrachtung‹ als ›Kontemplation‹ in *diesem* Zusammenhang verstanden werden kann respektive wie beide Begriffe zueinander im Verhältnis stehen, kann die im Zuge der Änderung entstandene Verbindung »betrachtende Versenkung« Auskunft geben. Der Gedanke der ›Versenkung‹, der »Versenkung ins Einzelne« (ME, GS 5, S. 362; ND, GS 6, S. 38; NzL, GS 11, S. 688), ins »Inkommensurable des Objekts« (NzL, GS 11, S. 561), ins »Individuierte« (ME, GS 5, S. 121; NzL, GS 11, S. 49), und spezifischer dann der einer »philologische[n] Versenkung« (NzL, GS 11, S. 539) oder einer »monadologische[n] Versenkung ins je eigene Formgesetz« (NzL, GS 11, S. 268) durchziehen nahezu das gesamte Werk Adornos. ›Versenkung‹ ist dabei allgemein die *conditio* der von Adorno geforderten mikrologischen Erkenntnispraxis, der adäquaten Erkenntnis des »Begriffslosen, Einzelnen und Besonderen« (ND, GS 6, S. 19f.) – einer Erkenntnispraxis, die nicht »immer nur das aus [den] Gegenständen herausholt, was an sich schon Gedanke ist« (ND, GS 6, S. 38). ›Versenkung‹ wird als ein bewusstloses ›Sichüberlassen‹ des Subjekts charakterisiert, als dessen ›Selbstverneinung‹ und ›Entäußerung ans Objekt‹. Diese freiwillige ›Selbstaufgabe‹ des Subjekts, die aktive und selbstgewählte Preisgabe einer stabilen Position des Betrachtens, die etwa auch in ›versenken‹ gegenüber einem passiv-erleidenden ›versinken‹ deutlich wird, schreibt sich in die Kritik an der Subjekt-Dominanz ästhetischer Erfahrung ein, die sich von Beginn an beobachten ließ – und die nun mit der ›Versenkung‹ als restlosem Eingehen ins Kunstwerk ihren vorläufigen Höhepunkt zu finden scheint.

Die Verbindung »betrachtende Versenkung« lässt nun zwei Lesarten zu. Die erste nimmt ›betrachten‹ im Sinne der *contemplatio*, was insofern bemerkenswert ist, als auch ›Versenkung‹ synonym zu ›Kontemplation‹ aufgefasst werden kann (vgl. Pfeifer 2005, S. 711, s. v. Kontemplation) – die Formulierung beschreibt dann sozusagen einen Pleonasmus. Als rhetorisches Mittel kann dieser so gedeutet werden, dass es Adorno zwar nicht darauf ankommt, den Bedeutungs*umfang* der Aussage zu erweitern, jedoch ›Versenkung‹ durch das Moment der ›Betrachtung‹ besonders zu akzentuieren bzw. zu spezifizieren – oder umgekehrt durch ›Versenkung‹ dem Wort ›betrachten‹ einen Sinn zuzusprechen, der in Satz eins und der Formulierung »Beziehung von Betrachtendem und Betrachtetem« uneindeutig und unentschieden war. Liest man den Pleonasmus hingegen als Prototyp der Tautologie, hebt »betrachtende Versenkung« nicht nur die Differenz zweier Begriffe auf – so, dass die Bedeutung des ersten (ad-

---

31 Vgl. Anm. 12 und 13.

verbial gesetzt) in der des zweiten aufgeht –; in dieser rhetorischen Figur spiegelt sich überdies das Eingehen des Subjekts ins Kunstwerk: So wenig das Subjekt, um den Prozeßcharakter des Gebildes zu entbinden, dem Objekt gegenüberstehen darf, so wenig darf – um eben diese Logik adäquat zu beschreiben – ›betrachten‹ eine äußere, distanzierte sinnliche Wahrnehmung oder Reflexion benennen und der Semantik von Versinken entgegentreten.

Die zweite Lesart setzt an diesem letzten Punkt an, betont demgegenüber jedoch die terminologische Differenz: ›Betrachten‹ ist nicht einfach synonym zu ›Versenkung‹, die beiden Begriffe finden ihr *tertium* nicht in der *contemplatio*; ›betrachten‹ bezeichnet schlicht die zuvor zurückgestellte sinnliche Wahrnehmung des Subjekts, die nur von außen und in Distanz zum Objekt möglich ist. Wird diese Differenz betont, geht es Adorno womöglich gerade darum, mit »betrachtende Versenkung« die Vorstellung einer Aufhebung oder restlosen *unio* als irreführend und ›undialektisch‹ zurückzuweisen. Die rhetorische Figur, die der Kritik an dieser falschen Vorstellung Ausdruck gibt, ist dementsprechend das Gegenstück zur Tautologie, nämlich ein Oxymoron: »betrachtende Versenkung« bildet einen *Widerspruch*. Diese zweite Lesart, die weitaus größere Verständnisschwierigkeiten bereitet als die erste, ist dabei im Horizont von Adornos Denken jedoch keineswegs vernachlässigbar oder unbegründet. Neben den Passagen, die im Sinne der ›Versenkung‹ die Forderung einer rückhaltlosen Entäußerung des Subjekts ans Kunstwerk formulieren,[32] finden sich ebenso Aussagen in den Aufzeichnungen zur *Ästhetischen Theorie*, die entweder die ›Bewahrung‹ von Subjektivität in der Selbstnegation und die ›Vermittlung‹ von Subjekt und Objekt hervorheben[33] oder die Paradoxe beschreiben, dass man sich »beweglich halten [muß], stets gleichsam drinnen und draußen«, denn wer

---

32 Vgl. ÄT, GS 7, S. 409: »[N]icht muß der Betrachter, was in ihm vorgeht, aufs Kunstwerk projizieren, um darin sich bestätigt, überhöht, befriedigt zu finden, sondern muß umgekehrt zum Kunstwerk sich entäußern, ihm sich gleichmachen, es von sich aus vollziehen.«

33 Vgl. ÄT, GS 7, S. 396: »Was die philosophische Ästhetik zum Befreienden, nach ihrer Sprache Raum und Zeit Transzendierenden der Kunst überhöhte, war die Selbstnegation des Betrachtenden, der im Werk virtuell erlischt. Dazu nötigen ihn die Werke, deren jedes index veri et falsi ist; nur wer seinen objektiven Kriterien sich stellt, versteht es; wer um sie nicht sich schert, ist der Konsument. Im adäquaten Verhalten zur Kunst ist trotzdem das subjektive Moment bewahrt: je größer die Anstrengung, das Werk und seine strukturelle Dynamik mitzuvollziehen, je mehr Subjekt die Betrachtung in jenes hineinsteckt, desto glücklicher wird das Subjekt selbstvergessen der Objektivität inne: auch in der Rezeption vermittelt Subjektivität die Objektivität.«

»nur drinnen ist, dem schlägt die Kunst nicht die Augen auf; wer nur draußen wäre, der fälscht durch Mangel an Affinität die Kunstwerke« (ÄT, GS 7, S. 520).[34]

Die beiden Lesarten müssen sich jedoch nicht ausschließen: Die gegensätzlichen Aussagen – ›das Subjekt *muss* völlig ins Kunstwerk eingehen‹ und ›das Subjekt *darf nicht* völlig ins Kunstwerk eingehen‹ – betonen jeweils zentrale Momente ihrer beider Wechselbeziehung und dem, was Adorno mit der ästhetischen Erfahrung *als* einer Wechselbeziehung denken möchte. Wie komplex sich diese Dialektik von Subjekt und Objekt gestaltet, zeigt sich an der syntaktischen Form des Satzes: »Durch betrachtende Versenkung wird [...] entbunden«. Der Satz beschreibt ein Vorgangspassiv, bei dem das Subjekt als eigentliches Agens zugunsten des Objekts in den Hintergrund tritt und auf das nur noch vermittels seiner Handlung geschlossen werden kann – grammatisch legt Adorno damit den Schwerpunkt der Aussage auf das Objekt, ohne dabei jedoch das ›subjektive Moment‹ fallen zu lassen.[35]

Der Betonung des *Vorgangs* ist schließlich auch dahingehend von Bedeutung, dass die ›betrachtende Versenkung‹ nicht lediglich ›für sich‹ (und unabhängig vom Objekt) einen adäquaten Umgang gegenüber dem ›Gebilde‹ darstellt, sondern zudem einen Vorgang eben dieses ›Gebildes‹ selbst freisetzt. Die ›betrachtende Versenkung‹ versetzt das Gebilde nicht in einen anderen Zustand, sondern bringt es ebenfalls in eine vorläufig nicht terminierte Bewegung: ›der immanente *Prozeßcharakter* wird *entbunden*‹. Wodurch sich dieser ›Vorgang‹ auszeichnet, wird noch zu zeigen sein; festzuhalten ist aber schon einmal dies: Durch die subjektive Tätigkeit eines Subjekts, die sich gerade dadurch auszeichnet, dass sie das Subjekt als ein dominierendes Agens (zugunsten des Objekts) zurückstellt, wird das Objekt in seiner Eigenbewegung befreit bzw. kann diese aus sich heraussetzen.

Doch selbst in der Einklammerung dessen, was als ›Entbindung des immanenten Prozeßcharakters‹ gedacht werden kann, ist das Verhältnis von Subjekt und Objekt noch nicht hinreichend präzise beschrieben. Im Zuge der handschriftlichen Überarbeitung und der Streichung des Wortes »hindurch« in der Grundschicht nimmt Adorno eine gewichtige Änderung vor. In der ersten Fassung des Satzes war das Subjekt als der ›Betrachtende‹ oder ›Hörende‹ zwar

---

34 Vgl. weiterhin ÄT, GS 7, S. 460: »Distanz ist die erste Bedingung der Nähe zum Gehalt der Werke.«
35 Es wäre durchaus eine Formulierung denkbar gewesen, die eine Gleichrangigkeit beider Seiten ausdrückt – etwa: ›Indem das Subjekt sich betrachtend versenkt, wird der immanente Prozeßcharakter des Gebildes entbunden‹ oder ›Indem der Betrachter sich versenkt, wird der immanente Prozeßcharakter des Gebildes entbunden‹.

präsent, gleichzeitig aber als passives ›Medium‹ charakterisiert: Durch das Subjekt *hindurch* wird der Prozeßcharakter des Gebildes entbunden – wer Agens dieser Freisetzung ist, bleibt unklar. Im Zuge der Änderung wird dieses Verhältnis geradezu invertiert: Das Subjekt tritt in den Hintergrund, ist aber nicht mehr Patiens des Geschehens, sondern in der ›betrachtenden Versenkung‹ Agens der Handlung (i. e. einer Handlung, die das Subjekt nicht länger in einer stabilen Position des Handelns belässt). Bemerkenswert ist weiterhin, dass durch die redaktionelle Änderung Adornos der ›Ort‹ verschoben wird, an dem sich die ›Entbindung des Prozeßcharakters‹ vollzieht – und nicht nur verschoben: die Entbindung wechselt die Seite. Konnte man bei ›*durch* den Betrachtenden oder Hörenden *hindurch*‹ noch sagen, dass das *Subjekt* als ›Medium‹ der Entbindung zugleich den ›Ort‹ darstellt, an dem sich diese vollzieht, findet die Entbindung der Fassung nach der handschriftlichen Überarbeitung zufolge im *Objekt*, im ›Gebilde‹ selbst statt. Dem entspricht eine vollständige Umkehr der ›Bewegungsrichtung‹: Das Kunstwerk geht nicht durch das Subjekt hindurch, sondern das Subjekt in das Kunstwerk ein.

> wird ~~dabei~~ der immanente Prozeßcharakter des Gebildes entbunden~~:~~.

Die Beschreibung des Geschehens, das sich ›im Gebilde‹ vollzieht, ist weitestgehend frei von redaktionellen Eingriffen. Adorno scheint mit der Streichung von »dabei« vermehrt Wert darauf zu legen, ›betrachtende Versenkung‹ und ›Entbindung‹ in keinster Weise als voneinander losgelöste Vorgänge zu erläutern – noch nicht einmal als solche, die zeitgleich ablaufen. Durch die Tilgung wird unterstrichen, dass die ›Entbindung des Prozeßcharakters‹ nicht ohne ›betrachtende Versenkung‹ erfolgen kann.

Dass Adorno vom Prozeßcharakter des ›Gebildes‹ und nicht – wie in Satz eins und zwei – des ›Kunstwerks‹ spricht, ist vornehmlich aus der direkten Nähe zu Stefan Georges Gedicht *Der Teppich* zu erklären, das, wie oben bereits erwähnt, mit dem Wort »gebilde« schließt. ›Gebilde‹ wird aber auch im weiteren Kontext der Passage sprechend, indem es, ursprünglich aus der allgemeinen Bedeutung von ›Bild‹ heraustretend, die ›sichtbare Gestalt‹ (Paul 2002, S. 172a, s. v. Bild) eines Werks hervorhebt und damit mit der ›Betrachtung‹ (hier als ›sinnliche Wahrnehmung‹) korrespondiert. Was Adorno hingegen mit dem ›Prozeßcharakter‹ anführt, ist nicht aus dem unmittelbaren Kontext des Gesagten zu entwickeln. Ist es den Aufzeichnungen zur *Ästhetischen Theorie* grundsätzlich eigen, dass Adorno nur an sehr wenigen Stellen eine terminologische Klärung vornimmt bzw. allgemeingültige Definition an anderer Stelle konterkariert oder durch weitere, mitunter widersprüchliche Bestimmungen ergänzt, so trifft dies auf ›Prozeßcharakter‹ besonders zu. Lediglich einmal findet sich mit

»Der Prozeßcharakter der Kunstwerke ist nichts anderes als ihr Zeitkern.« (vgl. Ts 18081; ÄT, GS 7, S. 264) zumindest der Form nach eine belastbare Definition – doch das Definiens enthält mit ›Zeitkern‹ seinerseits einen Terminus, der einer näheren Erläuterung bedürfte. Vorausblickend auf anschließende Sätze und Ausführungen auf den folgenden Typoskriptseiten genügt es, den ›Prozeßcharakter‹ als eine ›innere Dynamik‹ der Kunstwerke zu fassen, als ›unschlichtbare Antithetik‹ ihrer Momente.[36] Von Bedeutung ist, dass Adorno nicht einfach von einer ›Prozessualität‹ oder ›Prozeßhaftigkeit‹ spricht, sondern von ›Prozeß*charakter*‹: Dieser soll also eine bzw. die »bestimmte Art und Weise des Seins« des Kunstwerks bezeichnen, »die eigentümliche Natur [s]eines Wesens« (Eisler 1904, Bd. 1, S. 178, s. v. Charakter).

Damit verbunden ist auch, dass Adorno nicht vom ›inneren‹, sondern vom ›*immanenten* Prozeßcharakter‹ spricht. Der Gedanke von ›Immanenz‹ ist bei Adorno vielfältig mit der Ontologie des Kunstwerks verwoben: im Sinne des ›inneren Sinnzusammenhangs‹ des Kunstwerks, dessen ›Autonomie‹, dessen ›immanenter Kritik‹, dessen ›Formimmanenz‹, des Kunstwerks als ›Monade‹, etc. Es lohnt jedoch, den ›immanenten Prozeßcharakter‹ nicht nur aus diesem konstellativen Gebrauch von ›Immanenz‹ respektive ›immanent‹ in den Aufzeichnungen zur *Ästhetischen Theorie* heraus zu verstehen. Denn bereits der Begriff an sich bietet mehrere Aspekte, die insbesondere mit Blick auf das von Adorno in diesem Satz diskutierte Verhältnis von innen und außen Bedeutung gewinnen. Konnte an der Änderung von ›durch ... hindurch‹ zu ›durch‹ gezeigt werden, dass die ›Entbindung‹ des Prozeßcharakters *im* Gebilde stattfindet, so kommt dies mit der ersten Bedeutung von ›immanent‹ als ›unveränderlich‹, ›in sich verbleibend‹, ›nicht nach außen gehend‹ überein – so verstanden, dass der Prozeßcharakter dem Kunstwerk nicht nur prinzipiell und wesentlich zukommt, sondern sich auch nach dessen Freisetzung nur im Kunstwerk realisiert, dieses gerade nicht ›transzendiert‹. Das Subjekt, genauer: die ›betrachtende Versenkung‹ setzt dieser Lesart zufolge einen Vorgang im Kunstwerk in Gang, der in sich bleibt und keine über das Kunstwerk hinausgehende, äußere Wirkung zeitigt. Dies hat Konsequenzen für das Subjekt, denn bleibt die ›innere Dynamik‹ (sozusagen:) ›ausschließlich‹ *im* Kunstwerk, ist die Erfahrung ebenfalls nur *in ihm* möglich. Ganz abgesehen davon, wie man sich ein völliges ›Eingehen‹ ins Kunstwerk vorstellen soll, ist auffällig, dass damit vorerst auch die

---

36 Vgl. weiterhin Ts 18075/18077; ÄT, GS 7, S. 263: »Kunstwerke synthetisieren unvereinbare, unidentische, aneinander sich reibende Momente; sie wahrhaft suchen die Identität des Identischen und des Nichtidentischen prozessual, weil noch ihre Einheit Moment ist, und nicht die Zauberformel fürs Ganze.«

Metaphorik des wechselnden ›Augenblicks‹, der eine Gegenüberstellung zweier erfordert, aufgegeben wird. Diese Verschiebung der Metaphorik von ›Blick‹ und ›Augenblick‹ zu ›Versenkung‹ und ›Immanenz‹ betrifft die Räumlichkeit und Zeitlichkeit der ästhetischen Erfahrung: Das extensionslose Jetzt des ›Augenblicks‹ wird in einen Prozess in der Zeit überführt, die räumliche Distanz von ›Betrachter und Betrachtetem‹ im ›Innenraum‹ des Kunstwerks aufgehoben. In der zweiten Lesart von ›betrachtende Versenkung‹, die die Formulierung als Oxymoron versteht, stellt sich durch die ›Immanenz‹ des Prozeßcharakters zusätzlich die Frage, wie dieser dann überhaupt sinnlich und von außen wahrnehmbar ist – bzw. wie eine sinnliche Wahrnehmung in der ›Immanenz‹ des Kunstwerks möglich ist.

Die Rede von der ›Entbindung des Prozeßcharakters‹ hat jedoch nicht nur Auswirkungen auf die Konzeption der ›ästhetischen Erfahrung‹, sondern auch zentral auf die theoretische Fassung des Kunstwerks selbst: Wenn der Prozess ›charakteristisch‹ und somit ›wesentlich‹ zum Kunstwerk-Sein gehört, und weiter: wenn dieser Prozess nur dann ›Prozess‹ ist, *wenn* er sich realisiert und ›entbindet‹, können daraus zwei mögliche Konsequenzen abgeleitet werden: Zum einen ist das Kunstwerk dann so zu denken, dass es erst in der ›Entbindung seines Prozeßcharakters‹ es selbst *ist* – diese Deutung visiert eine Vorstellung an, derzufolge »Kunstwerke kein Sein sondern ein Werden seien« (Ts 18076; ÄT, GS 7, S. 262f.). Sie impliziert weiterhin, dass – insofern die ›betrachtende Versenkung‹ diese ›Entbindung‹ initiiert – das Kunstwerk-Sein (bzw. das Kunstwerk-Sein als *Werden*) von der ästhetischen Erfahrung und somit vom Subjekt abhängt: Das Kunstwerk-Sein realisiert sich ko-konstitutionslogisch, es *wird* (im doppelten Wortsinn) erst in der Wechselbeziehung mit dem es rezipierenden Subjekt. – Zum anderen kann das Kunstwerk so gedacht werden, dass sein ›Sein als Werden‹ *an und für sich* nicht von der ›betrachtenden Versenkung‹ des Subjekts abhängt, und hier einzig (dem thematischen Schwerpunkt der Passage entsprechend) die adäquate ästhetische Erfahrung des Kunstwerks bestimmt wird. Der Prozeßcharakter ist dann ›wesentlich‹ nur insofern, als er das Subjekt dazu anhält und verpflichtet, die Momente des Kunstwerks in einem dynamischen Nacheinander in der Zeit zu denken, im Gegensatz zu einer starren Ordnung.

Mit der ›versinkenden‹ Selbstnegation des Subjekts und dem gleichzeitigen Freisetzen eines, wenn nicht gar des *wesentlichen* Charakters des Kunstwerks scheint Adorno darum bemüht, keiner dieser Vorstellungen einen Vorzug vor der anderen zu geben: Weder ›macht‹ das Subjekt das Kunstwerk zum Kunstwerk, noch ist das Kunstwerk einfach gegeben und von der ästhetischen Erfahrung unabhängig. In Analogie zum unentschiedenen Zugleich von Innen und

Außen der ästhetischen Erfahrung geht es Adorno offensichtlich darum, diese Paradoxie *als solche* und noch dazu als eine notwendige und produktive auszustellen.

Mit dem letzten Wort des Satzes erhält die gesamte Aussage schließlich noch einmal eine andere Färbung und einen größeren semantischen Horizont. Zunächst kann ›entbinden‹ schlicht im Sinne von ›freisetzen‹ verstanden werden: der Prozess des Kunstwerks wird in Bewegung gebracht, wird realisiert. Wovon bzw. aus welchem ›Zustand‹ der Prozess gelöst wird, ist in diesem Satz nur von seinem ungenannten Gegenteil her zu denken; an einer späteren Stelle spricht Adorno diesbezüglich von einem »in sich stillgestellten, kristallisierten, immanenten Prozess[]« (ÄT, GS 7, S. 268). ›Entbinden‹ ist aber auch in der Bedeutung als ›gebären‹ lesbar, als das ›zur Welt‹ und ›ins Leben‹ bringen desjenigen, was zuvor (*im* Kunstwerk) ›ausgetragen‹ wurde. Eine größer angelegte philologische Lektüre müsste genauer auf dieses Wortfeld eingehen, das sich mit der Rede von der ›Lebendigkeit‹ eröffnete und mit ›Entbindung des Prozeßcharakters‹ und (zwei Sätze später) dem »*Austrag* der Antagonismen« (Ts 18075; ÄT, GS 7, S. 262, Herv. ME) ein mit der menschlichen Fortpflanzung konnotiertes Vokabular beansprucht. Dass Adorno dieses Wortfeld gezielt aufruft, wird angesichts der Aussage auf demselben Blatt deutlich, derzufolge die »ästhetische Erfahrung der sexuellen« (Ts 18075; ÄT, GS 7, S. 263) ähnelt. Im Horizont der Frage, was unter ›Lebendigkeit‹ gedacht werden soll, ist somit mitzulesen, dass die ›Entbindung‹ eine ›Versenkung‹, also sozusagen eine ›Penetration‹ des Kunstwerks seitens des Subjekts voraussetzt, und diese Penetration wiederum in einer »Kulmination« (Ts 18075, ÄT, GS 7, S. 263) ihren ›Höhepunkt‹ findet. Ginge man dieser Spur nach und bezöge man weitere Formulierungen in diese Richtung mit ein – etwa den Satz »Wie in dieser [i. e. der ästhetischen Erfahrung, ME] das *geliebte* Bild sich verändert, wie darin Erstarrung mit dem Lebendigsten sich *vereint*, ist gleichsam das *leibhafte* Urbild ästhetischer Erfahrung.« (Ts 18075, vgl. ÄT, GS 7, S. 263, Herv. ME) – würde es lohnen, die im Hintergrund ablaufende ›Zeugungs-‹ und ›Schöpfungsgeschichte‹ mit der (bei Lessing und Goethe prominenten) Idee des hier wörtlich zu verstehenden ›fruchtbaren Augenblicks‹ bzw. des ›prägnanten Moments‹ zu konfrontieren.[37]

Auch wenn die eingehende Analyse dieses Wortfeldes hier ausbleiben muss, so bieten bereits diese wenigen Beobachtungen die Möglichkeit, auf ein weiteres allgemeines Moment der Verfahrensweise Adornos aufmerksam zu machen: Adornos Aufzeichnungen zur *Ästhetischen Theorie* sind nicht nur

---

[37] So ließe sich auch ein Bogen zum Anfang der Passage schlagen, wo Lessing und Goethe eine Referenz für die Vorstellung der ›Lebendigkeit‹ des Kunstwerks darstellten.

durch eine hohe satzlogische Präzision und die konstellativ-intratextuelle Vernetzung einzelner Worte oder Begriffe geprägt, sondern weisen zudem sehr oft mehrere Sprach- bzw. Argumentationsebenen auf. Diese Ebenen bestehen nicht unabhängig voneinander, vielmehr durchkreuzen sie sich wechselseitig und sind mitunter gegenläufig – in diesem Fall wird dies sehr eindrücklich: Wenn Adorno *expressis verbis* die ästhetische Erfahrung mit der sexuellen verbindet und über eine subtil eingeflochtene Metaphorik (›Versenkung‹, ›Austrag‹, ›Entbindung‹, ›Vereinigung‹, ›Leibhaftigkeit‹) die ›Lebendigkeit‹ und das ›Lebendig-Werden‹ des Kunstwerks und der ästhetischen Erfahrung mit der menschlichen Fortpflanzung in Beziehung setzt, so re-affirmiert er just die Vorstellung, die er im ersten Satz der Passage mit ›Kathexis‹ gerade einschränkt oder als missverständlich ausweist: die Beziehung von Betrachter und Betrachtetem als einer *libidinösen*, von *sexuellen* Triebenergien bestimmten.

In der weiteren Lektüre des hier diskutierten Satzes stellt sich nun wiederum die Frage, in welcher Weise die Aussage von der ›Entbindung des Prozeßcharakters durch betrachtende Versenkung‹ mit dem Verweis auf Georges *Der Teppich* zusammenhängt. Denn nicht zuletzt durch das daraus zitierte Wort ›Gebilde‹, also durch die Einflechtung fremder Rede in die eigene, wird erneut das Verhältnis von theoretischem Sprechen, das einen Anspruch auf Allgemeinheit erhebt, und poetischem Sprechen (i. e. dem Gedicht als Kunstwerk) als radikal individueller Rede problematisiert: Ist der Satz (nur) eine deutende Auslegung dessen, was in Georges Gedicht zur Sprache kommt? Paraphrasiert er das, was George in *Der Teppich* ›symbolistisch gelehrt‹ hat? Oder ist es möglich, die Aussage von der ›Entbindung des Prozeßcharakters durch betrachtende Versenkung‹ direkt an den Satz vor dem George-Verweis anzuschließen – und wird letzterem damit am Ende doch nur eine illustrative Funktion zugesprochen? Auch hier eröffnet Adorno dieses Spannungsfeld mehrerer Rückbezüge meines Erachtens ganz bewusst und versetzt den Sinn der Aussage in eine Schwebe. Diese Uneindeutigkeit bedeutet nun keineswegs Beliebigkeit; vielmehr lässt Adorno den Satz – vor allem im Zuge der redaktionellen Überarbeitung – präzise zwischen verschiedenen Aussagen oszillieren.

Der Status des nächsten Satzes – genauer: sein Anschluss an den vorigen und seine Beziehung zu diesem – bemisst sich am Interpunktionszeichen, das ihm unmittelbar vorausgeht. In der Grundschicht schloss der Satz zunächst mit einem Doppelpunkt, der das auf ihn Folgende als Explikation des eben Ausgesagten setzte: der nächste Satz sollte so verstanden werden, dass er näher erläutert, was die ›Entbindung des immanenten Prozeßcharakters des Gebildes‹ meint. Die Änderung des Doppelpunkts in einen Punkt trennt nun die beiden

Sätze stärker voneinander und markiert sie als jeweils eigenständige, in sich abgeschlossene Aussagen.

G
was dinghaft an ihm ist, wird zur Sprache, was als Sein auftritt, zu einem in sich Bewegten. (Ts 18075)

K
Indem es spricht, wird es zu einem in sich Bewegten. (Ts 18075, vgl. ÄT, GS 7, S. 262)

Der Satz in der Fassung der Grundschicht teilt sich in zwei Teile. Der erste führt zwei Momente eng, die für Adornos Denken des Kunstwerks und seinen Überlegungen zu dessen besonderer Ontologie zentral sind: die Überwindung des bloßen Ding-Seins und die Eigensprachlichkeit des Kunstwerks. Interessant ist, dass Adorno in seinen Aufzeichnungen zur *Ästhetischen Theorie* die paradoxe Seinsweise der Kunstwerke – nämlich »Dinge zu sein« und zugleich »die eigene Dinglichkeit zu negieren« (ÄT, GS 7, S. 262)[38] – an gleich mehreren Stellen mit ihrem ›Sprechen‹ respektive ihrer ›Beredtheit‹ verknüpft.[39] Die erste Satzhälfte stellt die beiden Momente jedoch nicht einfach nebeneinander, sondern be-

---

[38] Zu dieser besonderen Ontologie, vgl. besonders ÄT, GS 7, S. 412: »Kunstwerke sind Dinge, welche tendenziell die eigene Dinghaftigkeit abstreifen. Nicht jedoch liegt in Kunstwerken Ästhetisches und Dinghaftes schichtweise übereinander, so daß über einer gediegenen Basis ihr Geist aufginge. Den Kunstwerken ist wesentlich, daß ihr dinghaftes Gefüge vermöge seiner Beschaffenheit zu einem nicht Dinghaften sie macht; ihre Dinglichkeit ist das Medium ihrer eigenen Aufhebung. Beides ist in sich vermittelt; der Geist der Kunstwerke stellt in ihrer Dinghaftigkeit sich her, und ihre Dinghaftigkeit, das Dasein der Werke, entspringt in ihrem Geist.«; weiterhin ÄT, GS 7, S. 134: »Was in den Kunstwerken erscheint, nicht abzuheben von der Erscheinung, aber auch nicht mit ihr identisch, das Nichtfaktische an ihrer Faktizität, ist ihr Geist. Er macht die Kunstwerke, Dinge unter Dingen, zu einem Anderen als Dinglichem, während sie doch nur als Dinge dazu zu werden vermögen, nicht durch ihre Lokalisierung in Raum und Zeit sondern durch den ihnen immanenten Prozeß von Verdinglichung, der sie zu einem sich selbst Gleichen, mit sich Identischen macht.«

[39] Vgl. ÄT, GS 7, S. 125: »Sie [die Kunstwerke, ME] überflügeln die Dingwelt durch ihr eigenes Dinghaftes, ihre artifizielle Objektivation. Beredt werden sie kraft der Zündung von Ding und Erscheinung. Sie sind Dinge, in denen es liegt zu erscheinen. Ihr immanenter Prozeß tritt nach außen als ihr eigenes Tun, nicht als das, was Menschen an ihnen getan haben und nicht bloß für die Menschen.« oder ÄT, GS 7, S. 33: »Die Pole seiner Entkunstung sind, daß es sowohl zum Ding unter Dingen wird wie zum Vehikel der Psychologie des Betrachters. Was die verdinglichten Kunstwerke nicht mehr sagen, ersetzt der Betrachter durch das standardisierte Echo seiner selbst, das er aus ihnen vernimmt.« – Die hier zitierten Stellen zeigen überdies die weitere Verflechtung der zuvor diskutierten Momente der ›Psychologie des Betrachters‹ und des ›immanenten Prozesses‹.

hauptet eine Transformation: das Dinghafte des Kunstwerks *wird* Sprache, wandelt sich in Sprache, geht in Sprache über. Diese erstgenannte Transformation kann nun – der Doppelpunkt legt diese Deutung nahe – als ein Aspekt dessen gelesen werden, was zuvor als ›Entbindung des immanenten Prozeßcharakters‹ bezeichnet wurde: Die Verwandlung bzw. der Übergang von Dinghaftem in Sprache *ist, bedeutet, kann verstanden werden als, ist gleichzusetzen mit* eben dieser ›Entbindung‹. Folgt man dieser Deutung, so wird diese Transformation durch die ›betrachtende Versenkung‹ ausgelöst bzw. ermöglicht – genauer, der Grundschicht des Typoskripts folgend, in der diese Explikation nach dem Doppelpunkt steht: ›durch den Betrachtenden oder Hörenden hindurch‹. Die Sprachlichkeit oder Beredtheit des Kunstwerks ist dabei aber nicht einfach ein Moment unter anderen; vergleichbare Stellen stützen eine Lesart, derzufolge sich in der Eigensprachlichkeit all das bündelt, was über die ästhetische Erfahrung, die Rolle des Betrachters, etc. geäußert wurde: als sprechende sind Kunstwerke lebendig,[40] als sprechende fordern sie die Preisgabe einer stabilen Subjektposition, die Unterordnung des Subjekts,[41] die bis zur besagten ›Selbstverneinung‹ gehen muss.[42] Die zweite Satzhälfte fügt der ersten Transformation eine zweite hinzu und stellt die Lektüre vor die Aufgabe, die Beziehung der beiden aufeinander hin zu bestimmen. Für sich genommen greift die Rede von einem ›Sein‹, das ›Bewegung‹ wird, direkt auf den Gedanken des freigesetzten ›Prozeßcharakters‹ zurück. Hervorgehoben wird dabei, dass nicht das ›Sein‹ des Kunstwerks überhaupt zu einem »in sich Bewegten« wird, sondern das, was als solches »auftritt«. Eine vergleichbare Einschränkung findet sich auch in der ersten Satzhälfte: Nicht das Kunstwerk als Dinghaftes wird zur Sprache, sondern ›was dinghaft *an ihm*‹ ist. Die Rede vom ›auftreten‹ verweist in seiner Bedeutungsdimension als ›sich zeigen‹ bzw. ›erscheinen‹ (vgl. DtWb, Bd. 1,

---

[40] Vgl. ÄT, GS 7, S. 14f.: »Lebendig sind sie als sprechende, auf eine Weise, wie sie den natürlichen Objekten, und den Subjekten, die sie machten, versagt ist. Sie sprechen vermöge der Kommunikation alles Einzelnen in ihnen. Dadurch treten sie in Kontrast zur Zerstreutheit des bloß Seienden.«

[41] Vgl. ÄT, GS 7, S. 114: »Der Betrachter unterschreibt, unwillentlich und ohne Bewußtsein, einen Vertrag mit dem Werk, ihm sich zu fügen, damit es spreche.«; ÄT, GS 7, S. 142: »Kunst wird nicht mit dem Geist infiltriert, er folgt ihren Gebilden dorthin, wohin sie wollen, entbindet ihre immanente Sprache.« – Wie sehr sich in dieser Logik grundsätzlich der von Adorno geforderte ›Vorrang des Objekts‹ widerspiegelt, s. ND, GS 6, S. 38: »Entäußerte wirklich der Gedanke sich an die Sache, gälte er dieser, nicht ihrer Kategorie, so begänne das Objekt unter dem verweilenden Blick des Gedankens selber zu reden.«

[42] Vgl. ÄT, GS 7, S. 513: »Sie verlangt etwas wie Selbstverneinung des Betrachtenden, seine Fähigkeit, auf das anzusprechen oder dessen gewahr zu werden, was die ästhetischen Objekte von sich aus sagen und verschweigen.«

Sp. 764, s. v. auftreten) möglicherweise auf das, was Adorno als den »Scheincharakter der Kunstwerke« (ÄT, GS 7, S. 252) fasst: die »Illusion ihres Ansichseins« (ÄT, GS 7, S. 252), ihr ›Auftreten‹ als autonome, rein objektive, d. h. von jedem Subjekt unabhängige ›Dinge‹. Das Verhältnis von Innen und Außen des Kunstwerks wird dadurch weiter ausdifferenziert: Der ›Auftritt als Sein‹, verstanden als ›Schein‹ und damit als die »faktische[] Fassade des Auswendigen« (ÄT, GS 7, S. 16), soll durch die ›betrachtende Versenkung‹ die falsche *Außenwirkung* überwinden und zu einem ›*in sich* Bewegten‹ werden. In der Betonung des Wechsels von Außen nach Innen kann auch ein Grund gesehen werden, dass Adorno die tendenziell äußere Rezeption der ›Betrachtenden und Hörenden‹ in das Eingehen des Subjekts ins Kunstwerk in Form einer ›betrachtenden Versenkung‹ umarbeitet.

Das Verhältnis der beiden Satzteile – »was dinghaft an ihm ist, wird zur Sprache« und »was als Sein auftritt, zu einem in sich Bewegten« – kann nun in mehrfacher Weise verstanden werden. Einmal so, das die beide Aussagen zwei voneinander getrennte und zu unterscheidende Aspekte der ›Entbindung des Prozeßcharakters‹ darstellen: das ›zur-Sprache-Werden‹ und das ›zu-einem-in-sich-Bewegten-Werden‹ vollziehen sich zwar beide bei der ›Entbindung‹, sind aber nicht identisch. Ebenso lesbar ist, dass der Satz gerade eine solche Identität behauptet: das ›zur-Sprache-Werden‹ ist nichts anderes als ›zu-einem-in-sich-Bewegten-Werden‹. Und schließlich können die beiden Satzteile so zueinander stehend gedacht werden, dass sie in verschiedenen kausalen bzw. konsekutiven Beziehungen stehen: So, dass sich das ›zu-einem-in-sich-Bewegten-Werden‹ nur realisieren kann, wenn ihm das ›zur-Sprache-Werden‹ vorausgeht; oder so, dass sich beide Prozesse wechselseitig bedingen und das ›zur-Sprache-Werden‹ nur möglich wird in Verbindung mit dem ›zu-einem-in-sich-Bewegten-Werden‹, und *vice versa*.

Entscheidend ist nun, dass Adorno diese Satzlogik (d. h. die der Explikation, der doppelten Transformation und deren mehrstelliger Relation zueinander) weitestgehend aufgibt. Insbesondere die erste Satzhälfte erfährt eine radikale Umarbeitung:

> *K*
> Indem es spricht, wird es zu einem in sich Bewegten.

Doch nicht erst der veränderte Einstieg ist für das Verständnis der neuen Aussage relevant, sondern bereits der Punkt anstelle des Doppelpunkts, der ihm nun in der redigierten Fassung vorausgeht und der ihn zu einem eigenständigen Satz macht.

An dieser Stelle lohnt es sich, die textnahe Lektüre für einen Augenblick zu unterbrechen und erneut auf ein allgemeines Moment der ›Revisionen‹ Adornos zu reflektieren. Die Zurücknahme der explikativen Satzverknüpfung kann als Zeugnis für einen breit angelegten Rückbau des erläuternden oder erklärenden Charakters der Ausführungen verstanden werden – für den Rückbau eines in der Grundschicht der Typoskripte noch mehr oder minder erhaltenen explikativen Stils, der auf Vermittlung von Konzepten und Einsichten und (zumindest innerhalb einzelner Abschnitte) auf einen kontinuierlichen und lückenlosen Argumentationsgang angelegt ist. Dies drückt sich nicht nur innerhalb der einzelnen Sätze aus, die in der Grundschicht noch vermehrt hypotaktisch aufgebaut sind und sich durch eine eindeutige Verwendung von Pronomen und Konjunktionen auszeichnen; auch und insbesondere die Sätze untereinander sind hier noch direkt aufeinander bezogen, ihre logische Verknüpfung zumeist eindeutig angezeigt. Die Änderungen Adornos modifizieren diese Syntax nun in eine deutlich parataktischere Ordnung, die – mit Adorno selbst gesprochen – die »logische Hierarchie subordinierende[r]« (NzL, GS 11, S. 471) Argumentation relativiert und mitunter verlässt. Die Sätze folgen jetzt oftmals hiatisch-unvermittelt aufeinander, verzichten auf Konjunktionen und beschreiben ›harte Fügungen‹. In der vorliegenden Passage war dies bereits an der Reihung der Sätze zwei, drei und vier abzulesen, für die nicht abschließend geklärt werden kann, inwiefern sie zusammenhängen, welcher Aspekt einer Aussage im Folgenden Satz aufgegriffen und weiterverfolgt wird, inwiefern die Sätze überhaupt einen erwartbaren lückenlosen Anschluss aneinander beanspruchen oder ob nicht gleich mehrfache Bezüge unter ihnen angenommen werden müssen, die die Linearität ihrer Anordnung suspendieren.[43]

Die fehlende oder nicht wörtlich ausgeführte Konjunktion der Sätze bedeutet nun jedoch keine ›Unverbindlichkeit‹ – so verstanden, dass einzelne Aussagen monolithisch für sich stehen würden. Ganz im Gegenteil: Der spezifische Sinn der Sätze, den sie im Gang der Argumentation besitzen, ist auch hier letztlich nur dann angemessen erfasst, wenn jeweils ihre (zum Teil mehrstelligen) Beziehungen zueinander reflektiert werden. Dass die logischen Verknüpfungen zwischen ihnen nicht mehr sprachlich – will sagen: *expressis verbis* – realisiert sind, entlässt die Lektüre also nicht aus der Verantwortung, sondern stellt sie vor die ungleich größere Aufgabe, selbst für die logische Verbindung der Sätze in deren tendenziell nur noch konstellativen Ordnung zu argumentieren. Möchte man – was mir in diesem Zusammenhang und angesichts dieser Beobachtun-

---

[43] Mit Blick auf die Frage, inwiefern darin ein Moment des ›Ästhetisierung‹ von Theorie gesehen werden kann, vgl. den Beitrag von Andrea Sakoparnig in diesem Band.

gen durchaus legitim erscheint – so weit gehen, die Rolle des Lesers mit dem in der Passage thematisierten Rezipienten von Kunstwerken zu vergleichen, könnte man sagen, dass auch die Aufzeichnungen Adornos eine ›betrachtende Versenkung‹ seitens des Lesers erfordern, um den Gehalt des Gesagten in seiner Komplexität zu ›entbinden‹.

Eine solch ›aktive‹ Lektüre erfordert nun der Satz »Indem es spricht, wird es zu einem in sich Bewegten.«, da er völlig unvermittelt das ›Sprechen‹ des Kunstwerks an dessen freigesetzten ›Prozeßcharakter‹ anschließt. Irritierend ist hier zunächst, dass der Satz die Reihenfolge seiner beiden Teile, die man im Zusammenhang und ›infolge‹ des vorigen Satzes erwarten würde, invertiert. Denn wenn doch eben vom ›Prozeßcharakter‹ des Kunstwerk und damit vom Beginn eines Vorgangs die Rede war, so läge es nahe, dass nun näher bestimmt wird, was es mit diesem Bewegt-Sein auf sich hat bzw. wodurch sich dieses Bewegt-Sein auszeichnet – man würde also mit der umgekehrten Aussage rechnen: ›Indem es zu einem in sich Bewegten wird, spricht es‹. Dies würde zudem einen Hinweis darauf geben, worin die ›Sprachlichkeit‹ respektive ›Beredtheit‹ *gründet* bzw. was diese ›Sprachlichkeit‹ ist, nämlich (in) eine(r) besondere Form des Bewegt-Seins. Durch diese auffällige Inversion wird jedoch nicht einfach nur der Eindruck einer ›harten Fügung‹ der Sätze verstärkt; das erste Wort des Satzes thematisiert auch eigens das, was die Lektüre mit Blick auf ›Verbindung‹ und ›Beziehung‹ zu klären versucht: ›Indem‹ bezeichnet einmal als »*causale conjunction* [die] *unmittelbare folge* des einen aus dem anderen« (DtWb, Bd. 10, Sp. 2109; s. v. indem). Dass das Kunstwerk ›spricht‹, ist somit die Bedingung dafür, dass es ein ›in sich Bewegtes‹ wird. Dies ist insofern bemerkenswert, als der Satz damit die Abhängigkeit vom bisher Gesagten zu kappen und die Begründung bzw. Ermöglichung der ›inneren Bewegung‹ des Kunstwerks ausschließlich dem ›Sprechen‹ zuzuweisen scheint – einem Aspekt, der jedoch zuvor an keiner Stelle der Passage eingeführt wurde. Diese vermeintliche Loslösung aus dem Zusammenhang und dem Gang der Argumentation hat wiederum Konsequenzen. Denn ist der Satz *für sich* zu nehmen, lässt dies die Rückbezüge, die man nach wie vor angenommen und angestellt hat, fraglich werden: Wenn das ›Sprechen‹ des Kunstwerks dafür verantwortlich ist, dass es ein ›in sich Bewegtes‹ wird, liegt dann eine doppelte ›Begründung‹ vor? Immerhin war im Satz zuvor davon die Rede, dass die ›*betrachtende Versenkung*‹ dafür verantwortlich ist. Dies würde auch bedeuten, dass die Rolle des Subjekts noch weiter abgeschwächt wird: Nicht der Betrachter, der sich ins Kunstwerk versenkt, bringt es in Bewegung (und macht es lebendig), sondern das Kunstwerk ist autonom, ist *causa sui* seines Bewegt-Seins. Anders pointiert: Wenn die ›Entbindung des Prozeßcharakters‹ gar nicht zur Folge hat, dass das Kunstwerk zu einem ›in sich Bewegten‹ wird, bezeichnen dann ›Prozeßcharakter‹ und Bewegt-Sein Unterschiedliches, und sind beide unabhängig voneinander zu denken?

Doch auch, wenn man das Wort ›indem‹ demgegenüber als »*temporale conjunction*« liest, die die »gleichzeitigkeit zweier handlungen oder zustände« (DtWb, Bd. 10, Sp. 2108; s. v. indem) anzeigt, löst sich die Irritation dieser Satzfolge nicht auf. Vielmehr wird die ›Unverbundenheit‹ noch gesteigert, da das ›Sprechen‹ des Kunstwerks und sein Bewegt-Sein demzufolge keine innere Abhängigkeit voneinander aufweisen, keinen Bezug aufeinander hin besitzen – außer, dass beide Momente zur gleichen Zeit vorliegen. Ob und inwiefern sie in einem Dritten einen gemeinsamen Grund finden oder ob auch dieser nicht vorliegt, bleibt offen.

Wichtig ist nun aber, diesen Bruch mit der Kontinuität der Argumentation nicht absolut zu verstehen und den Satz nicht isoliert zu betrachten: Indem Adorno den Satz in *dieser* Weise ändert, indem er *diese* Formulierung wählt und indem er ihn an genau *dieser* Stelle in der Passage platziert, behauptet der Satz eine Beziehung zu dem, was vor und nach ihm gesagt wird. Tatsächlich hat die Lektüre bislang eine – wenngleich nicht nahe liegende – Deutung der Satzverbindung ausgeblendet; eine Verbindung, die sich dann erschließt, wenn man noch einmal die unvermittelte Einführung des ›Sprechens‹ befragt. Unterstellt man der Satzfolge, dass sie eine nachvollziehbare, wenn auch nicht sprachlich ausgewiesene Logik besitzt, dann wird möglich, den realisierten ›Prozeßcharakter‹ und das ›Sprechen‹ des Kunstwerks nicht nur in direkten Zusammenhang zu stellen, sondern als zwei Bezeichnungen für ein und dasselbe bzw. beide als identisch zu verstehen. Lesbar wird dann ein Zweischritt: ›Durch die betrachtende Versenkung wird der immanente Prozeßcharakter entbunden – und durch diesen freigesetzten Prozess wiederum, der nichts anderes als ein Sprechen des Kunstwerks bezeichnet bzw. ist, wird es zu einem in sich Bewegten.‹

Ich beende hier meine Lektüre. Dass sie damit nicht, wie vielleicht erwartet, zu einem Abschluss kommt und mit dem Erreichen eines klar definierten Endes ein ›Ganzes‹ bildet, hat mir mehreren Faktoren zu tun, mit Faktoren des Gegenstandes und solchen des gewählten methodischen Vorgehens.

In der Verfasstheit der Typoskripte ist ein Grund zu sehen, warum diese Lektüre mit einem Schnitt endet. Denn Markierungen oder Hinweise, die eindeutig über die Grenzen eines in sich abgeschlossenen Abschnitts oder gar eines Kapitels Auskunft geben würden – wie etwa der handschriftliche Kommentar Adornos auf Ts 18074 in der Leerzeile des Absatzes (»Hier beginnt der an „Subjekt" anschließende Teil über Kunstwerk als Absatz«), den ich als Initiale dieser Studie verstand – finden sich in den Aufzeichnungen Adornos zur *Ästhe-*

tischen Theorie nur sehr selten. Zwar weisen einzelne Seiten durchaus Leerzeilen zur Absatzmarkierung oder Kapitelzahlen auf, die die Aufzeichnung gliedern,[44] doch die so gegebene Ordnung in der Grundschicht der Typoskripte wird durch die redaktionelle Überarbeitung der Blätter relativiert und weitestgehend zurückgenommen. So setzt Adorno beispielsweise immer wieder einzelne Sätze und Satzfolgen in eckige Klammern, löst sie so aus dem ursprünglichen Textgefüge und weist ihnen in Form von Annotationen in der Marginalienspalte andere, noch dazu größtenteils ungenaue Orte zu;[45] hinzu kommen Einfügungen in den Textverlauf der Grundschicht, die Adorno auf separaten Blättern verfasst hat und die die ›Einheit‹ des Textes in der ihm ursprünglichen Form aufbrechen.[46] Der mit Sicherheit gravierendste Eingriff in die Struktur der Grundschicht ist in der Neuordnung der Blätter und damit der Aufhebung der bestehenden Seitenfolge zu sehen: So folgt in der zuletzt im Adorno-Archiv dokumentierten Blattfolge der Typoskripte auf »S. 53« (Ts 18084) die erste Seite des dritten Kapitels der Kapitel-Ästhetik.[47]

Ich führe diese Charakteristika der Überlieferungsträger hier vor allem deswegen an, um zu verdeutlichen, dass bereits die Festlegung einer ›Texteinheit‹ in der Lektüre der Aufzeichnungen der *Ästhetischen Theorie* Ergebnis einer *Interpretation* respektive der *interpretativen Textkonstitution* der Typoskripte bedeutet.[48] Auf die Passage meiner Lektüre bezogen ist zwar deren Anfang noch mehr oder minder eindeutig von der Materialität der Aufzeichnung und durch die Annotation Adornos vorgezeichnet, deren Ende jedoch in keinster Weise klar festgelegt. Eine ›Unterbrechung‹ des Textes im Sinne eines größeren Absatzes, der ein Ende bedeuten könnte, findet sich erst sechs Blätter weiter auf Ts 18081. Eine Randbemerkung in der Marginalienspalte direkt daneben relativiert und revidiert jedoch diese Unterbrechung im Textverlauf, wenn Adorno schreibt, das Folgende sei »unmittelbar, ohne Absatz an „Prozeßcharakter" anzuschließen« (Ts 18081).

---

44 So etwa die römische Zahl »III« auf Ts 18085, die das dritte Kapitels der sogenannten Kapitel-Ästhetik beziffert, also der Fassung der *Ästhetischen Theorie* vor der hier untersuchten redaktionellen Überarbeitung der Typoskripte; vgl. Endres/Pichler/Zittel 2013.
45 Vgl. Ts 18093: »Frl. O.: Das Eingefaßte separat abschreiben. Noch ungewiß wohin; wahrscheinlich den wichtigen Gedanken S. 10 oben zu „Material"«.
46 Vgl. Ts 18074: »Einfügung S«.
47 Hier kommt hinzu, dass noch nicht einmal mit Sicherheit gesagt werden kann, *wer* diese Umsortierung vornahm. Autographe Vermerke Adornos zu dieser Umsortierung fehlen; entsprechend offen bleibt, ob sie von Adorno selbst oder von den Herausgebern der Leseausgabe (also Gretel Adorno und Rolf Tiedemann) verantwortet ist.
48 Vgl. Pichler 2017.

An diesem Beispiel wird deutlich, inwiefern auch in dem von mir gewählten methodischen Vorgehen begründet ist, dass eine Festlegung von Texteinheiten problematisch ist. Denn wenn ich mich in der Lektüre auf die Revisionen Adornos konzentriere, stelle ich zwei unterschiedliche Textstatus – man müsste streng genommen sagen: zwei unterschiedliche ›Texte‹ – miteinander ins Verhältnis. Die Differenz dieser beiden auf den Typoskripten versammelten Texte ist, wie sich zeigte, nicht nur eine semantische oder syntaktische, sondern eine Differenz, die die Textorganisation im Großen betrifft. Die beiden Texte unterscheiden sich folglich nicht nur in der Mikro-, sondern auch in der Makrostruktur. Im Fall von Ts 18081 endet ein Textabschnitt der Grundschicht mit einem Absatz – durch die redaktionelle Überarbeitung sollen die weiteren Ausführungen hingegen »unmittelbar« und »ohne Absatz« anschließen. Diskutiert die Lektüre diese Umarbeitung, darf sie keiner der beiden ›Texte‹ einen Vorzug vor dem anderen geben – sie sieht sich also dem Dilemma gegenüber, von einem Absatz *und* von keinem Absatz auszugehen.

Dies beleuchtet jedoch nur einen Aspekt, warum die Lektüre aufgrund ihrer Methode abrupt endet. Ein weiterer – wenngleich ein auf den ersten Blick banaler und nur sekundärer – Grund dafür liegt in ihren von außen gesetzten Grenzen, d. h. der Textgattung (›Aufsatz in einem Sammelband‹) und der mit ihr verbundenen Limitierung des Umfangs. Die Kleinschrittigkeit der Lektüre, die Auffächerung mehrerer Lesarten, die wechselseitigen Beziehung der Aufzeichnungsschichten, etc. lässt einen nur sehr begrenzten ›Raumgewinn‹ erzielen. Erforderte die präzise philologische Nachzeichnung der Revisionen Adornos von allein fünf Sätzen bereits über 40 Seiten, übersteigt jede Lektüre eines größeren Textstücks bei weitem den in einem Sammelband gesetzten Rahmen und bewegt sich mühelos in der Dimension einer kleinen Monographie. Anders gewendet: Enthalten die Aufzeichnungen Adornos zur *Ästhetischen Theorie* (wenn überhaupt, dann) ausnahmslos größere, über mehrere Blätter sich erstreckende Abschnitte und verzichtet Adorno zudem auf eine Binnengliederung des Textes durch Zwischenüberschriften, *muss* die Lektüre einen Schnitt setzen, um im Rahmen eines Aufsatzes publiziert werden zu können.

Diese Not ist jedoch zugleich die Tugend der Methode: Insofern die Lektüre kein vorab festgelegtes Interpretationsziel zu erfüllen hat und sich, in dem sie Wort für Wort und Satz für Satz voranschreitet, sich rückhaltlos der Eigenbewegung des Textes überlässt, *kann* sie prinzipiell an jeder Stelle des Textes innehalten oder aufhören. Was sie als ›Sinn‹ des Geschriebenen aufzeigt, ist immerzu ein Sinn an und bis zu *dieser Stelle*, d. h. ein Sinn, der sich mit jedem nachfolgenden Satz verschiebt, modifiziert, erweitert, etc. Damit gewinnt der Begriff ›Revision‹ noch einmal eine weitere Bedeutung hinzu, da mit ihm auch ein wesentliches Moment der *Lektüre*-Bewegung benennbar wird: Die Lektüre gestaltet sich selbst (und in sich) als ›Wiederaufnahme‹ *und* ›Fortschreibung‹, indem jede Aussage über den Sinn des im Text Gesagten letztlich nur im Rückblick auf vorangehende Aussagen erfolgen kann und gleichzeitig einen je und je spezifischen Erwartungshorizont für weitere Aussagen aufspannt.[49] Dadurch bewahrt die Lektüre die Offenheit für weitere ›Revisionen‹. Das meint: Die Lektüre schließt (sich) nicht ab, sondern bleibt offen stehen. Sie ermöglicht eine erneute Wiederaufnahme und Fortschreibung – an anderem Ort, zu anderer Zeit.

---

[49] Eine eingehende Reflexion auf diesen Aspekt der Lektüre-Methode findet sich in Endres 2014, S. 5–13.

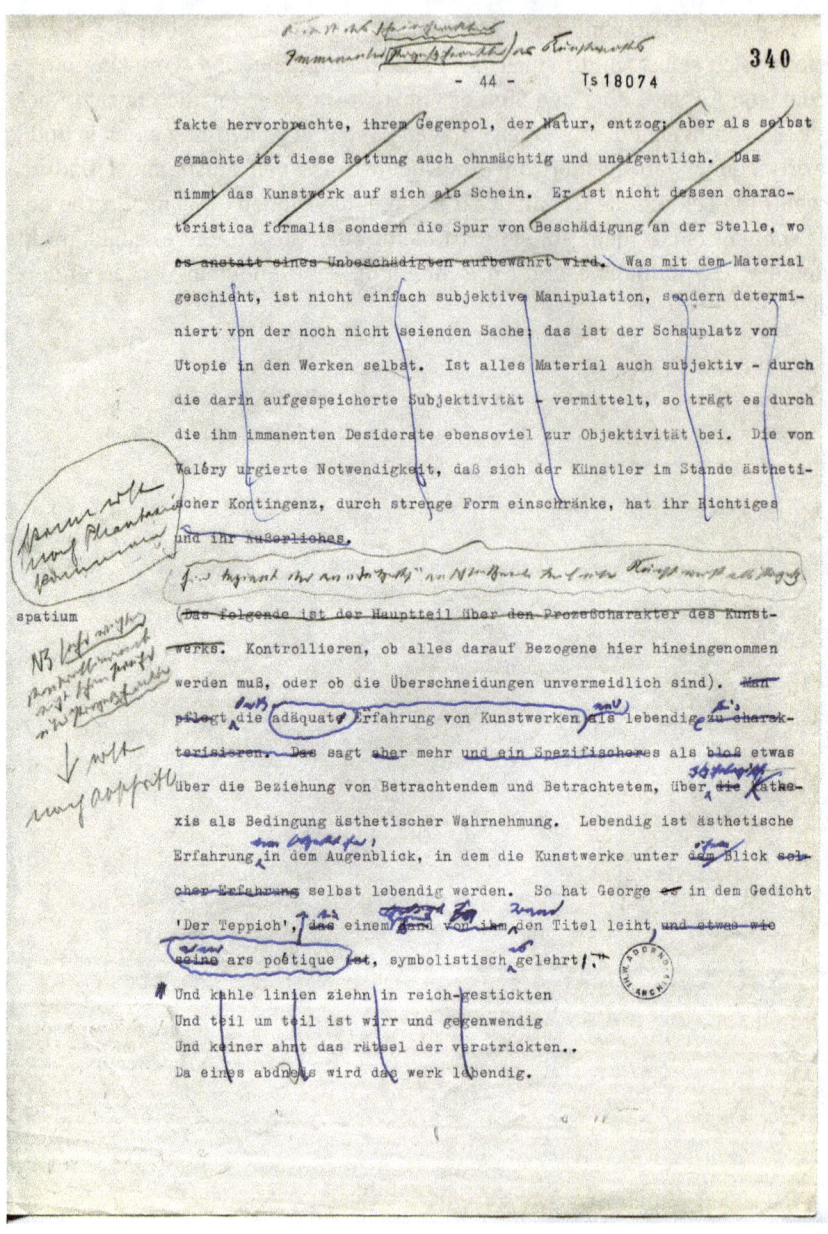

Abb. 3: Ts 18074 (Theodor W. Adorno Archiv, Institut für Sozialforschung an der Johann Wolfgang Goethe Universität Frankfurt am Main)

262 Ts 18074r

Kritik des Scheincharakters
Immanenter ~~Prozeßcharakter~~ des Kunstwerks

- 44 - Ts 18074 **340**

fakte hervorbrachte, ihren Gegenpol, der Natur, entzog: aber als selbst
gemachte ist diese Rettung auch ohnmächtig und uneigentlich. Das
nimmt das Kunstwerk auf sich als Schein. Er ist nicht dessen charac-
teristica formalis sondern die Spur von Beschädigung an der Stelle, wo
~~es anstatt eines Unbeschädigten aufbewahrt wird.~~ Was mit dem Material
geschieht, ist nicht einfach subjektive Manipulation, sondern determi-
niert von der noch nicht seienden Sache, das ist der Schauplatz von
Utopie in den Werken selbst. Ist alles Material auch subjektiv - durch
die darin aufgespeicherte Subjektivität - vermittelt, so trägt es durch
die ihm immanenten Desiderate ebensoviel zur Objektivität bei. Die von
Valéry urgierte Notwendigkeit, daß sich der Künstler im Stande ästhetischer Kontingenz, durch strenge Form einschränke, hat ihr Richtiges
~~und ihr Äußerliches.~~

kann erst nach Phantasie kommen

hier beginnt der an „Subjekt“ anschließende Teil über Kunstwerk als Absatz

spatium

NB sehr wichtig Kontrollieren ob nicht schon früher über Prozeßcharakter

(~~Das folgende ist der Hauptteil über den Prozeßcharakter des Kunstwerks.~~ Kontrollieren, ob alles darauf Bezogene hier hineingenommen
werden muß, oder ob die Überschneidungen unvermeidlich sind). ~~Man
pflegt~~ Daß die adäquate Erfahrung von Kunstwerken nur ~~als~~ lebendige sei, ~~zu charakterisieren.~~ Das sagt ~~aber~~ mehr ~~und ein Spezifischeres~~ als ~~bloß~~ etwas

erst nach Abschrift

über die Beziehung von Betrachtendem und Betrachtetem, über psychologische ~~die~~ [k]Kat[-]he-
xis als Bedingung ästhetischer Wahrnehmung. Lebendig ist ästhetische
Erfahrung vom Objekt her, in dem Augenblick, in dem die Kunstwerke unter ihrem ~~dem~~ Blick ~~sol-
cher Erfahrung~~ selbst lebendig werden. So hat George ~~es~~ in dem Gedicht
'Der Teppich', die ~~das~~ einem ~~Gedicht~~ [B]and ~~von ihm~~ ~~Ba~~ Band den Titel leiht, ~~und etwas wie~~
einer ~~seine~~ ars poétique ~~ist~~, symbolistisch es gelehrt[:]."

["]" Und kahle linien ziehn in reich-gestickten
Und teil um teil ist wirr und gegenwendig
Und keiner ahnt das rätsel der verstrickten..
Da eines abends wird das werk lebendig.

33 ars → 262,25: art

Abb. 4: Transkription von Ts 18074

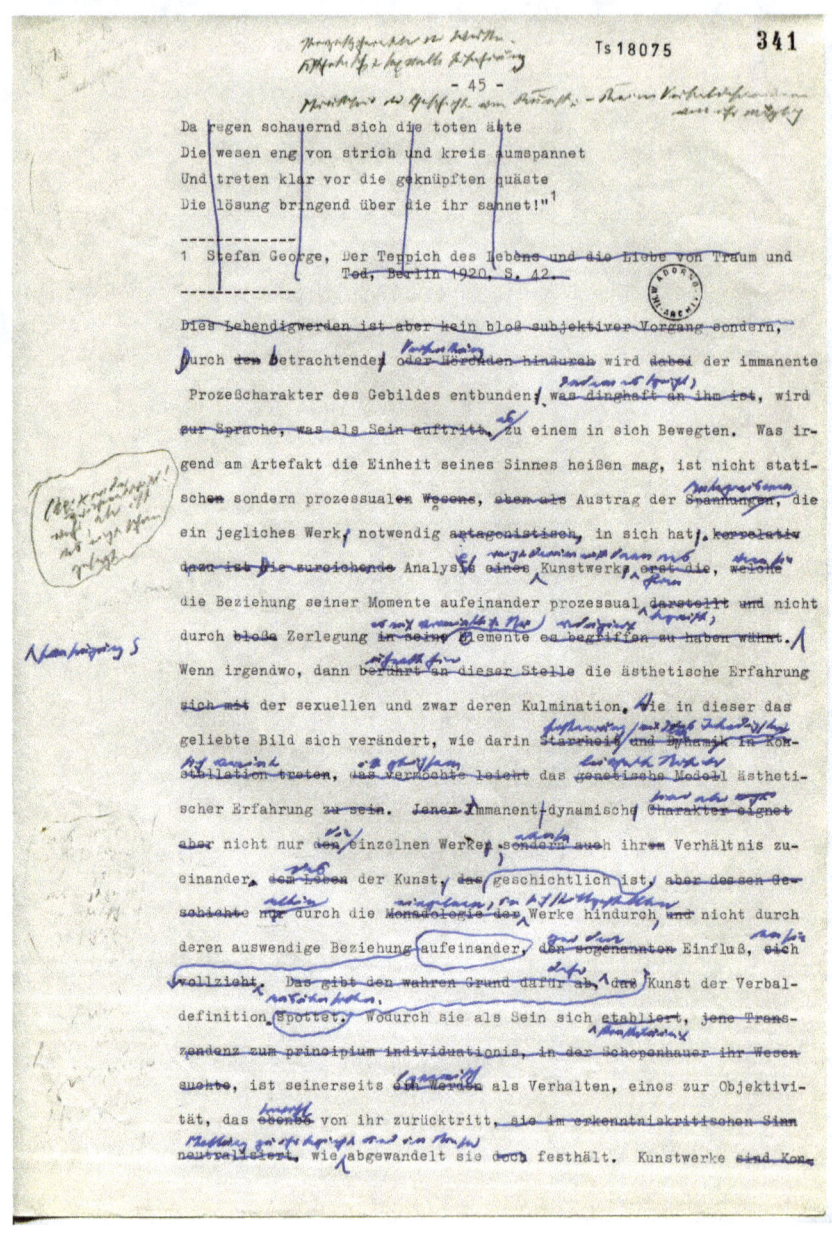

Abb. 5: Ts 18075 (Theodor W. Adorno Archiv, Institut für Sozialforschung an der Johann Wolfgang Goethe Universität Frankfurt am Main)

📄 262f.   Ts 18075'

                                    Prozeßcharakter der Werke.   **341**
                                    Ästhetische + sexuelle Erfahrung   Ts 18075
                                              - 45 -
                                    Struktur der Geschichte von Kunst; – Keine Verbaldefinition
                                                                      von ihr möglich
        Da regen schauernd sich die toten äste   5
        Die wesen eng von strich und kreis aumspannet
        Und treten klar vor die geknüpften quäste
        Die lösung bringend über die ihr sannet!"¹

        ----
        1 Stefan George, Der Teppich des Lebens und die Liebe von Traum und   10
                          Tod, Berlin 1920, S. 42.

        Dies Lebendigwerden ist aber kein bloß subjektiver Vorgang sondern,
                                    Versenkung
        [d]Durch den [B]betrachtenden oder Hörenden hindurch wird dabei der immanente
                                              Indem es spricht,
        Prozeßcharakter des Gebildes entbunden, was dinghaft an ihm ist, wird   15
                                                       es
        zur Sprache, was als Sein auftritt, zu einem in sich Bewegten. Was ir-
        gend an Artefakt die Einheit seines Sinnes heißen mag, ist nicht stati-
                                                              Antagonismen
        schen sondern prozessualen Wesens, eben als Austrag der Spannungen, die   20
                                           e
        ein jegliches Werk, notwendig antagonistisch, in sich hat. korrelativ
    Check in der   e, reicht darum erst dann ans   wenn sie
    Zwischenabschrift!   25
'5 wahr, aber ist   dazu ist [d]Die zureichende Analysis eines Kunstwerks erst die, welche
    das nicht schon   ^heran
    gesagt   die Beziehung seiner Momente aufeinander prozessual darstellt und nicht
                               es auf vermeintliche Ur   reduziert begriffen
                       durch bloße Zerlegung in seine [E]elemente es begriffen zu haben wähnt. ∧
    ∧Einfügung S   ähnelt hier
                       Wenn irgendwo, dann berührt an dieser Stelle die ästhetische Erfahrung
                       sich mit der sexuellen und zwar deren Kulmination[,]. [w]Wie in dieser das   30
                                                            Erstarrung   mit des Lebendigsten
                       geliebte Bild sich verändert, wie darin Starrheit und Dynamik in Kon-
                       sich vereint   ist gleichsam   leibhafte Urbild
                       stellation treten, das vermöchte leicht das genetische Modell ästheti-   35
                                                           sind aber nicht
                       scher Erfahrung zu sein. Jener [i]mmanent,dynamische Charakter eignet
                                         die   ebenso
                       aber nicht nur den einzelnen Werken,sondern auch ihrem Verhältnis zu-   40
                                     Das
                       einander[,]. den Leben der Kunst, das geschichtlich ist, aber dessen Ge-
                                   allein   einzelnen, in sich stillgestellten
                       schichte nur durch die Monadologie der Werke hindurch, und nicht durch
                                                             gar den   den sie   45
                       deren auswendige Beziehung aufeinander, den sogenannten Einfluß, sich
                                                       Daher
                       vollzieht, Das gibt den wahren Grund dafür ab, daß Kunst der Verbal-
                                              ausüben sollen.
                       definition spottet.) Wodurch sie als Sein sich etabliert, jene Trans-   50
                                                                          konstituiert
                       zendenz zum principium individuationis, in der Schopenhauer ihr Wesen
                                                        dynamisch
                       suchte, ist seinerseits ein Werden als Verhalten, eines zur Objektivi-
                                              sowohl
                       tät, das ebenso von ihr zurücktritt, sie in erkenntniskritischen Sinn   55
                                       Stellung zu ihr bezieht und in dieser
                       neutralisiert, wie abgewandelt sie doch festhält. Kunstwerke sind Kon-

                                                32 sexuellen und → 📄 263,10: sexuellen,
                                                   und
                                                55.57 zurücktritt wie → 📄 263,20:
                                                   zurücktritt, wie

Abb. 6: Transkription von Ts 18075

Literaturverzeichnis

Eisler, Rudolf (1904): *Wörterbuch der philosophischen Begriffe*. 2 Bde. 2. völlig neu bearbeite Auflage. Berlin: Mittler.

Endres, Martin/Pichler, Axel/Zittel, Claus (2013): »›Noch offen‹. Prolegomena zu einer Textkritischen Edition der Ästhetischen Theorie Adornos«. In: *editio* 27, S. 173–204.

Endres, Martin (2014): »*Poëtische Individualität*«. *Hölderlins Empedokles-Ode*. Berlin, Boston: De Gruyter.

Endres, Martin (2014): »Nach dem Muster. Die Paradigmatizität der Poesie«. In: Andrea Sakoparnig/Andreas Wolfsteiner/Jürgen Bohm (Hrsg.): *Paradigmenwechsel. Wandel in den Künsten und Wissenschaften*. Berlin, Boston: De Gruyter, S. 277–284.

Freud, Sigmund (1948): *Gesammelte Werke in achtzehn Bänden mit einem Nachtragsband*. Hrsg. v. Anna Freud, Marie Bonaparte, E. Bibring, W. Hoffer, E. Kris und O. Osakower. Bd. XIV: *Werke aus den Jahren 1925–1931*. London: Imago Publishing Co., Ltd.

Grimm, Jakob/Grimm, Wilhelm (1984): *Deutsches Wörterbuch*. Neudruck [Bd. I–XXXIII]. München: dtv [= DtWb.].

Laplanche, Jean/Pontalis, Jean-Bertrand (1972): *Das Vokabular der Psychoanaylse*. Frankfurt am Main: Suhrkamp.

Paul, Hermann (2002): *Deutsches Wörterbuch. Bedeutungsgeschichte und Aufbau unseres Wortschatzes*. 10., überarbeitete und erweiterte Auflage von Helmut Henne, Heidrun Kämper und Georg Objartel. Tübingen: Max Niemeyer Verlag.

Pichler, Axel (2017): »(Text-)Kritik und Interpretation. Zur ›Frühen Einleitung‹ von Adornos Ästhetischer Theorie«. In: Martin Endres/Axel Pichler/Claus Zittel (Hrsg.): *Textologie. Theorie und Praxis interdisziplinärer Textforschung* [= Textologie 1]. Berlin, Boston: De Gruyter, S. 47–78.

Pfeifer, Wolfgang (2005): *Etymologisches Wörterbuch des Deutschen*. Berlin: dtv.

Urbich, Jan (2012): *Darstellung bei Walter Benjamin. Die ›Erkenntniskritische Vorrede‹ im Kontext ästhetischer Darstellungstheorien der Moderne*. Berlin, Boston: De Gruyter.

Vanessa Vidal Mayor
Dichtung und dialektische Bilder in den Kierkegaard-Büchern Adornos

> La interpretación debe estar abierta a lo particular inconceptualizable y al sinsentido.
> (Die Deutung muss für das unbegreifbare Besondere und die Sinnlosigkeit offen sein.)
> *Sergio Sevilla Segura*

1 Einleitung

Obwohl die Adorno-Forschung in den letzten Jahren den Frühschriften von Adorno mehr Aufmerksamkeit gewidmet hat, sind dennoch Forschungsbeiträge zum zweiten Band der *Gesammelten Schriften – Kierkegaard. Konstruktion des Ästhetischen* – immer noch recht selten.[1] Diese Tatsache ist spätestens dann auffällig, wenn man bedenkt, wie wichtig für Adorno lebenslang das sogenannte »Kierkegaard-Buch« war. In der »Notiz«, die Adorno für die italienische Ausgabe 1961 verfasste, äußert er sich über die Entstehung des Kierkegaard-Buches: »Der Autor schrieb es 1929/1930; er wurde damit im Februar 1931 an der Frankfurter Universität habilitiert. 1932 arbeitete er das sehr umfangreiche und verschlungene Originalmanuskript um. Die endgültige Fassung erschien 1933 im Verlag J.C.B. Mohr (Siebeck) [...]« (K, GS 2, S. 261). Das Buch wurde 1962 und 1966 im Suhrkamp Verlag auf Wunsch des Autors wieder veröffentlicht, was wiederum ein Zeichen dafür ist, dass der späte Adorno sein frühes Werk immer noch hochgeschätzt hat.[2] In der »Notiz«, die er 1961 für die italienische Ausgabe des Kierkegaard-Buches geschrieben hat und die erst 1962 auf Deutsch in der Suhrkamp-Edition erschien, schreibt er über die Bedeutung seines frühen Kierkegaard-Buches:

---

[1] Einige der wenigen Beispiele dafür sind: Martinson 2014, Morgan 2012, Honneth 2006 und Angermann 2013.

[2] In der Editorischen Nachbemerkung der Gesammelten Schriften von 1979 schreibt Rolf Tiedemann diesbezüglich: »Nachdem fast dreißig Jahre später das Buch vergriffen war und die Rechte an den Autor zurückfielen, veranstaltete er 1962 im Suhrkamp Verlag, Frankfurt a. M., eine zweite, um die Beilage ›Kierkegaards Lehre von der Liebe‹ erweiterte Ausgabe [...] 1966 erwies sich eine dritte Ausgabe als erforderlich. Sie schien wiederum im Suhrkamp Verlag, Frankfurt a. M.; ihr wurde als zweite Beilage ›Kierkegaard noch einmal‹ hinzugefügt.« (K, GS 2, S. 265)

> Von früh auf hegte er [Adorno] Mißtrauen gegen solche, die ihre Jugendarbeiten verleugnen, Manuskripte verbrennen, überhaupt ihre Unbestechlichkeit sich selbst gegenüber spektakulär bekunden. Seine tiefe Abneigung, je ein neues Leben zu beginnen, teilt sich auch seinem Verhältnis zu den eigenen Büchern mit. Er argwöhnt hinter demütiger Selbstkritik, der nichts gut genug sein will, die geduckte Hybris dessen, der wähnt, später habe er es erreicht; ein vom bürgerlichen Vorurteil genährtes Vertrauen in Reife, hinter dem sich die Gerontokratie verschanzt. (K, GS 2, S. 261f.)

Das Buch trägt schon ausdrücklich den Untertitel *Konstruktion des Ästhetischen*. Adorno widmet tatsächlich viele seiner Werke der Kunst – Musik und Literatur vor allem. Es ist fast überflüssig darauf hinzuweisen, dass die *Ästhetische Theorie* das große unvollendete Spätwerk Adornos geblieben ist, an dem er die letzten Jahrzehnte seines Lebens gearbeitet hat.[3] Die Philosophie Adornos drückt sich in einer besonderen ästhetischen Darstellungsform aus, die nicht von ihrem Gehalt zu trennen ist – wie es auch bei Friedrich Nietzsche oder Søren Kierkegaard der Fall ist. Zweifellos ist die Kunst ein wesentlicher Teil der Philosophie Adornos sowohl als Objekt der Erkenntnis als auch als Art der subjektiven Darstellung seiner Philosophie. Deswegen ist es besonders erstaunlich, dass bis jetzt kaum Forschungen zu Adornos erster Darlegung des Ästhetischen in *Kierkegaard. Konstruktion des Ästhetischen* vorgelegt worden sind.

Dieser Aufsatz möchte dieser Forschungslücke um *Kierkegaard. Konstruktion des Ästhetischen* begegnen, indem er Adornos Kritik an der Rezeption der Philosophie Kierkegaards und Nietzsches als Dichtung in den Kierkegaard-Büchern untersucht und darüber hinaus den Verbindungen zwischen Philosophie und künstlerischer Darstellungsform der Philosophie anhand des Schlüsselbegriffes ›dialektische Bilder‹ nachgeht.[4] Der Aufsatz wird dabei über den Forschungsgegenstand hinausgehen, indem er nicht nur die erste bei J.C.B. Mohr und dann im Suhrkamp-Verlag veröffentliche Ausgabe des Kierkegaard-Buches als Textgrundlage benutzt, sondern sie mit der noch nicht erforschten ersten Fassung von 1930/1931, mit der sich Adorno habilitierte, vergleicht. Der Vergleich der Fassungen des Kierkegaard-Buches hat in diesem Fall nicht nur editorische oder archivarische Gründe – sondern philosophische. Es handelt sich überdies um zwei stark voneinander abweichende Fassungen, die es ge-

---

[3] Rolf Tiedemann schreibt im »Editorischen Nachwort« zur *Ästhetischen Theorie*: »Aufzeichnungen, die für die zu schreibende Ästhetik bestimmt waren, wurden mindestens seit Juni 1956 notiert.« (ÄT, GS 7, S. 538)

[4] In meiner im Februar 2016 an der Universität Valencia verteidigten Doktorarbeit *Theodor Wiesengrund-Adorno. Interpretación históriconatural* habe ich anhand der Idee der naturgeschichtlichen Deutung die Kierkegaard-Bücher zum ersten Mal intensiv in der Adorno-Rezeption erforscht. Die Doktorarbeit wird voraussichtlich 2018 in Spanien veröffentlicht.

statten, wesentliche Phasen in der Entwicklung des Denkens Adornos nachzuvollziehen.[5] Dies eröffnet unter anderem die Möglichkeit, den polemischen Begriff des dialektischen Bildes und seine Verbindungen mit der Philosophie und der Ästhetik anders zu deuten, was wiederum neue Deutungsansätze für die späteren Werken Adornos bis zur unvollendeten *Ästhetischen Theorie* möglich machen könnte.

2 Die Kierkegaard-Bücher als Forschungslücke

Ein vielleicht gut nachvollziehbares Motiv dieser Forschungslücke um *Kierkegaard. Konstruktion des Ästhetischen* mag die formale und inhaltliche Schwierigkeit des Textes sein. Sprache und Stil sind außergewöhnlich hermetisch und dadurch die Darstellungsform sehr eigentümlich, was den Zugang zum Buch erschwert. Gemäß diesen Schwierigkeiten ist es besonders interessant zu lesen, was Adorno in einem Brief vom 24.07.1930 an Siegfried Kracauer über Horkheimers erste Lektüre des Kierkegaard-Buchs schreibt: »Horkheimer hat das ganze vierte Kapitel gelesen und ist entzückt, findet es allerdings unerhört schwierig, schwieriger als das Barock-Buch. Ich kann da nicht helfen. Es liegt an den Sachen [...]«[6] (Adorno/Kracauer 2008, S. 235).

Auch über den Stil seiner Habilitationsschrift äußert sich Adorno; 1931 schreibt er an Alban Berg, seinen Kompositionslehrer der zwanziger Jahre in Wien, dass die Form der Habilitation mit seinen musikalischen Kompositionen zusammenhänge. Sie sei auch eine »literarische Arbeit«, die seine eigene Philosophie in der Zeit untrennbar von dieser literarisch-musikalischen Form darstelle:

> Das Buch, dessen genauer Titel lautet »Konstruktion des Ästhetischen in Kierkegaards Philosophie«, ist diesmal von der offiziellen Funktion ganz unabhängig und rein eine phi-

---

5 Ich danke den Mitarbeitern des Walter Benjamin Archivs in Berlin für die Unterstützung meiner mehrjährigen Forschung über Adornos ›Kierkegaard‹. Weiterhin bedanke ich mich bei der Hamburger Stiftung zur Förderung von Wissenschaft und Kultur als Rechteinhaberin und bei dem Theodor W. Adorno Archiv in Frankfurt am Main für die Genehmigung zur Veröffentlichung der Adorno-Zitate und ihre Abbildung als Faksimile in diesem Aufsatz.
6 Vielleicht darf man daran erinnern, dass Horkheimer Zweitgutachter bei der Habilitation von Adorno war und, dass er einige Jahren später zusammen mit Adorno die *Dialektik der Aufklärung* geschrieben hat. Der erste Gutachter war Paul Tillich. Obwohl ich in diesem Aufsatz nicht weiter darauf eingehen kann, liegen die philosophischen Positionen von Horkheimer und Adorno um 1930 noch weit auseinander (vgl. Müller-Doohm 1996, S. 33–50).

losophische Sache meiner Intention und ich glaube, daß sie wirklich, *trotzdem* sie als Habilitationsschrift dienen muß, etwas taugt und etwas Neues und Originales ist. Wenn Sie Lust haben, sich in das absonderliche Dickicht des Buches zu begeben, das sicherlich von meinen bisherigen literarischen Arbeiten am tiefsten mit meiner und wie ich wohl sagen darf unserer Musik zusammenhängt – dann hoffe ich Ihnen in wenigen Wochen ein Exemplar senden zu können. Vielleicht macht es Ihnen Spaß zu hören, daß dagegen ungefähr dieselben Argumente gemacht werden, an die wir vor der Musik her so gut gewöhnt sind: Überintellektualität, Unverständlichkeit, Verrücktheit, Zersetzung; das kann doch selbst über die Habilitation trösten. (Adorno/Berg 1997, S. 250f.)

Außer diesen sprachlichen und inhaltlichen Schwierigkeiten der Kierkegaard-Bücher war auch der Zeitpunkt, zu dem das Buch in Deutschland erschien, extrem problematisch. Adorno selbst äußert sich auch diesbezüglich in der 1961 geschriebenen »Notiz« zu *Kierkegaard. Konstruktion des Ästhetischen*:

> Die endgültige Fassung erschien 1933 im Verlag J. C. B. Mohr (Siebeck), am selben Tag, an dem Hitler die Diktatur ergriff. Walter Benjamins Rezension stand in der Vossischen Zeitung einen Tag nach dem antisemitischen Boykott, am 2. April 1933; die Wirkung des Buches war von Anbeginn überschattet vom politischen Unheil. (K, GS 2, S. 261)

Das Buch fand in der Zeit des Nationalsozialismus in Deutschland selbstverständlich kaum Echo, obwohl es paradoxerweise gerade wegen seines kryptischen Stils nicht verboten wurde.[7] Dieses ›politische Unheil‹ scheint dennoch bis heute eine Wirkung auf die Adorno-Rezeption gezeigt zu haben. Möglicherweise als Folge der gerade erwähnten Gründe – die Schwierigkeit der Darstellung und des unglücklichen Zeitpunkts der Veröffentlichung – war es mehrere Jahre eine verbreitete Gewohnheit in der Adorno-Rezeption, sein Denken immer wieder hauptsächlich ausgehend von der *Dialektik der Aufklärung* zu rekonstruieren,[8] die stetig als sein erstes Hauptwerk verstanden wurde. In den letzten Jahrzehnten ist zwar die *Dialektik der Aufklärung* unter Berücksichtigung einiger Frühschriften – vor allem der Vorträge »Die Aktualität der Philosophie« (1931) und »Die Idee der Naturgeschichte« (1932) – ausgelegt worden,[9] allerdings wur-

---

7 »Doch wurde es [das Kierkegaard-Buch], auch als der emigrierte Autor längst ausgebürgert war, nicht verboten und stetig weiter verkauft. Vielleicht schützte es das Unverständnis der Zensoren. Zumal die Kritik der Existentialontologie, die es übt, mochte schon damals oppositionelle Intellektuelle in Deutschland erreichen.« (K, GS 2, S. 261)
8 Vorbildlich und einflussreich für diese Rezeption ausgehend von der *Dialektik der Aufklärung* sind die Arbeiten von Jürgen Habermas und Axel Honneth um 1980: vgl. Habermas 1981 und Honneth 1986.
9 Einige Autoren, die den Einfluss der Vorträge »Die Aktualität der Philosophie« und »Die Idee der Naturgeschichte« auf die *Dialektik der Aufklärung* erforschen, ohne aber die Kierkegaard-

de dabei das Kierkegaard-Buch als Zwischenschritt zwischen diesen Vorträgen und der *Dialektik der Aufklärung* fast immer außer Acht gelassen.[10] In der ›Notiz‹ von 1961 schreibt Adorno, um die Verbindungen der Kierkegaard-Bücher mit der *Dialektik der Aufklärung* klarzulegen: »Hinweisen darf er vielleicht darauf, daß das Motiv der Kritik von Naturbeherrschung und naturbeherrschender Vernunft, das der Versöhnung mit Natur, des Selbstbewußtseins des Geistes als eines Naturmoments in dem Text bereits explizit ist.« (K, GS 2, S. 262) Einige Hauptthesen der *Dialektik der Aufklärung* sind laut Adorno also schon in den Kierkegaard-Büchern dargestellt, was wiederum ein starkes Argument für die zentrale Bedeutung der Kierkegaard-Bücher im Denken Adornos liefert.[11]

3 Die verschiedenen Fassungen der Kierkegaard-Bücher

Wie in der Einleitung schon kurz erwähnt wurde, hat die Adorno-Forschung bis jetzt überwiegend vorausgesetzt, dass *Kierkegaard. Konstruktion des Ästhetischen* die Habilitationsschrift Adornos war.[12] Adorno schrieb seine Habilitation zwischen 1929 und 1930. Das Rigorosum fand an der Universität Frankfurt im Februar 1931 statt. Er selbst berichtet in der hinzugefügten »Notiz« zu *Kierkegaard. Konstruktion des Ästhetischen* darüber: »1932 arbeitete er das sehr umfangreiche und verschlungene Originalmanuskript um« (K, GS 2, S. 261). Im Januar 1933 erschien eine stark veränderte Fassung beim Verlag J.C.B. Mohr von Paul Siebeck. Obgleich diese Information zu den zwei Fassungen des Kierkegaard-Buches von Adorno selbst in der »Notiz« gegeben wird, gibt es bis jetzt

---

Bücher im Blick zu haben, sind: Schmidt Noerr 1981, Soung-Suk Noh 2000, Müller 1988 und Specht 1981.

10 Man muss betonen, dass die erste Fassung des Kierkegaard-Buches 1929, d. h. vor den zwei Vorträgen geschrieben wurde. »Die Aktualität der Philosophie« ist Adornos Antrittsvorlesung, gehalten 3 Monaten nach der Habilitation. »Die Idee der Naturgeschichte« wurde parallel zur Bearbeitung des Kierkegaard-Buches für die Veröffentlichung bei J.B.C. Mohr geschrieben.

11 Obwohl die These hier nicht erläutert werden kann, werden die Hauptthesen mit denen Adorno – zusammen mit Horkheimer – mit der *Dialektik der Aufklärung* berühmt wurde, schon in den Kierkegaard-Büchern entwickelt.

12 Siehe zum Beispiel: »Mit seiner Antrittsvorlesung als Privatdozent für Philosophie im Sommer 1931 – das Jahr, in dem er sich mit der Schrift *Kierkegaard. Konstruktion des Ästhetischen* (GS 2) habilitiert [...]« (Klein/Kreuzer/Müller-Doohm 2011, S. 2).

keine Forschung zur ursprünglichen Habilitationsschrift, mit der Adorno im Februar 1931 in Frankfurt habilitiert wurde.

Im Theodor W. Adorno Archiv in Berlin befinden sich die Kopien zweier Typoskripte, Ts 00432 und Ts 00433, die im Katalog des Archivs als »Fassung« von 1929/1930 gelistet sind und deren Titel *Konstruktion des Aesthetischen in Kierkegaards Philosophie* lautet. Diese zwei Typoskripte unterscheiden sich sehr stark von dem 1933 bei J.C.B. Mohr veröffentlichten *Kierkegaard. Konstruktion des Ästhetischen* und darüber hinaus auch von der Fassung des zweiten Bandes der *Gesammelten Schriften*.[13] Ts 00432 trägt den Titel *Konstruktion des Aesthetischen in Kierkegaards Philosophie* und hat kein Inhaltsverzeichnis. Es ist mit doppeltem Zeilenabstand getippt und hat 363 Seiten. Ts 00433 hat denselben Titel und denselben Inhalt aber nur 127 Seiten und außerdem ein Inhaltsverzeichnis. Ts 00433 ist meinen eigenen Untersuchungen im Archiv nach höchstwahrscheinlich eine Kopie der originalen Habilitationsschrift von 1931. Ts 00432 ist die mit Schreibmaschine erstellte Kopie, die Adorno selbst für seine Bearbeitung der Habilitationsschrift für die Publikation bei J.C.B. Mohr 1932 hat anfertigen lassen.[14] Der Beleg dafür ist in dem ebenfalls noch nicht veröffentlichen Briefwechsel von Adorno und Paul Siebeck zu finden.[15]

Adorno schickte am 20.05.1932 Paul Siebeck die maschinengeschriebene Kopie mit doppeltem Zeilenabstand (Ts 00432) von *Konstruktion des Aesthetischen in Kierkegaards Philosophie*[16] mit einer Empfehlung von Paul Tillich für die mögliche Veröffentlichung im Verlag J.C.B. Mohr. Der Text umfasste 363 Seiten, genau die Anzahl an Seiten, die das Ts 00432 umfasst:[17]

---

13 Der zweite Band der *Gesammelte Schriften*, herausgegeben von Rolf Tiedemann, ist eine editorisch überarbeitete Fassung der 1966 von Adorno selbst in Suhrkamp-Verlag vorbereiteten. Tiedemann schreibt zu der Herausgabe: »Der Text des vorliegenden Abdrucks stützt sich auf die dritte Ausgabe von 1966, als auf die letzte vom Autor selber noch betreute.« (K, GS 2, S. 265)

14 Da die Typoskripte im Archiv chronologisch geordnet sind, sollte Ts 00433 eigentlich Ts 00342 heißen, da es eine Kopie der richtigen Habilitationsschrift von 1931 ist. Ts 00433 ist dann eine neue maschinenschriftlich erstellte Kopie mit doppelten Zeilenabstand, die Adorno 1932 hatte anfertigen lassen für die Bearbeitung der Habilitation für die Publikation im Verlag J.C.B. Mohr von Siebeck. Siehe auch die Faksimiles am Ende dieses Beitrags.

15 Wilhelm Graf hat die Publikationsgeschichte des Kierkegaard-Buches beim Verlag J.C.B. Mohr erforscht: vgl. Graf 2014.

16 In der »Berechnung eines Manuskriptes«, wo die Zeilen des an Siebeck gesendeten Typoskriptes stehen, sind das insgesamt 363. Das sind genau die Seiten, die Ts 00432 umfasst.

17 Im Briefwechsel von Adorno an Siebeck befindet sich der Beleg der Sendung mit der Seitenanzahl.

> Entschuldigen möchte ich mich wegen der Mühe, die ich Ihnen mit dem Inhaltsverzeichnis zu meinem Buch gemacht habe. Offenbar ist die »Uebersicht« in Berlin in der Fabrik, von der aus ich das Manuskript Ihnen senden liess, liegengeblieben. Dass ein Buch wie der Kierkegaard nicht ohne Uebersicht erscheinen kann, ist selbstverständlich. (Brief von Adorno an Siebeck von 24.06.1932)

Dieses Zitat aus einem Brief an Siebeck vermittelt sehr klar und deutlich, wie verschieden diese Fassung, d. h., die ursprüngliche Habilitationsschrift, von der im Verlag von Siebeck veröffentlichen Fassung ist. Adorno fasst in diesem Brief an Siebeck die Veränderungen und Kürzungen zusammen, die er für die neue Fassung vorhatte:

> Was die Kürzungen anlangt, so kann ich Ihnen bereits andeuten, in welcher Richtung ich sie vornehmen möchte. Sie beziehen sich in erster Linie auf das V. Kapitel (Logik der Sphären), das unbedingt knapper und präziser gefasst werden kann und vielleicht auf die Hälfte des gegenwärtigen Umfanges zu reduzieren ist. Weiter sind wohl Kürzungen im sechsten Kapitel in grösserem Umfang möglich und eventuell in den einleitenden Teilen des ersten Kapitels, d. h. bis zur Interpretation von Kierkegaards expliziter Ästhetik, die ohnehin äusserst gedrängt ist. Die wichtigsten Kapitel sind das zweite, vierte und letzte. Hier dürfen Kürzungen *kaum* möglich sein, ausser vielleicht an einer Stelle im letzten. Das vierte ist eher zu dicht. Im zweiten möchte ich dem Abschnitt »Intérieur« (dem Zentrum der gesamten Konzeption) noch eine erläuternde Stelle über die »mythische« Seite des Intérieurs hinzufügen. (Brief von Adorno an Siebeck von 18.05.1932)

Der Vergleich der beiden Fassungen ist meiner Meinung nach außergewöhnlich wichtig für die Konstruktion[18] von Adornos früher Philosophie, weil man in diesen Fassungen direkt die handschriftlichen Korrekturen, Eliminierungen und Umformulierungen und auch Passagen, die gestrichen oder vollständig neu geschrieben wurden, sehr genau nachvollziehen kann. Und das ist, wie schon

---

18 Ich rede ausdrücklich von ›Konstruktion‹ im Sinne Adornos, da ich in diesem Aufsatz keine historische oder biographische Rekonstruktion des frühen Denkens Adornos anhand der Kierkegaard-Bücher beanspruche. Vielmehr ist meine Absicht, anhand des bis dato vernachlässigten Materials eine neue Deutung des Denkens Adornos zu ermöglichen. Adorno schreibt diesbezüglich in »Die Aktualität der Philosophie«: »Bei der Handhabung des Begriffsmaterials durch Philosophie rede ich nicht ohne Absicht von Gruppierung und Versuchsanordnung, von Konstellation und Konstruktion. Denn die geschichtlichen Bilder, die nicht den Sinn des Daseins ausmachen, aber dessen Fragen lösen und auflösen –, diese Bilder sind keine bloßen Selbstgegebenheiten. Sie liegen nicht organisch in Geschichte bereit; es bedarf keiner Schau und keiner Intuition ihrer gewahr zu werden, sie sind keine magischen Geschichtsgottheiten, die hinzunehmen und zu verehren wären. Vielmehr: sie müssen vom Menschen hergestellt werden und legitimieren sich schließlich dadurch, daß in schlagender Evidenz die Wirklichkeit um sie zusammenschießt.« (PhF, GS 1, S. 341)

erwähnt, nicht nur von editorischer oder archivarischer, sondern auch von philosophischer Relevanz. Es handelt sich um zwei verschiedene Darstellungen des Ästhetischen in der Philosophie Kierkegaards und darüber hinaus der frühen Konzeption von Adornos Philosophie, die dank der zwei Fassungen besser nachvollzogen werden kann. Die früheren Fassungen enthalten Gedanken von Adorno, die neue Aspekte für die Rezeption seiner Philosophie eröffnen sowie helfen könnten, komplizierte Thesen oder Ideen seines Denkens – wie die des dialektischen Bildes – genauer zu fassen.

4 Gegen die Ästhetisierung der Philosophie: Adornos frühe Kritik der Rezeptionen der Philosophie Kierkegaards als Dichtung

Die Kierkegaard-Bücher enthalten eine frühe Kritik an den Rezeptionen von Kierkegaards Philosophie als Dichtung. Kierkegaard ist ein Philosoph, der gegenüber der klassischen und akademischen Philosophie eine literarische Darstellung seiner Gedanken verwirklicht hat. Er achtet besonders auf die ästhetische Dimension der Darstellung seiner Philosophie. Adorno argumentiert bereits in den Kierkegaard-Büchern gegen eine Ästhetisierung der Philosophie, indem er schon Anfang 1931 die Rezeptionen der Philosophie Kierkegaards als Dichtung in Frage stellt. Ich zitiere die zwei Versionen dieser Kritik:

> *Wann immer man die Schriften* eines *von Philosophen als Dichtungen zu begreifen trachtete, hat man ihren Wahrheitsgehalt verfehlt. Gegenstand der Philosophie ist die Wirklichkeit, die von ihr interpretiert wird. Einzig in der Erfassung der Wirklichkeit bewährt sich die Subjektivität des Philosophen. Weder die seis auch noch so tief gründende Mitteilung seiner Subjektivität noch das Mass der Geschlossenheit des Gebildes in sich selber entscheiden über/dessen Charakter als Philosophie, sondern Anspruch und Recht des Anspruches, über Wirklichkeit Wahrheit auszusagen. Die Auffassung von Philosophie als Dichtung umgeht diesen Anspruch. Indem sie das philosophische Werk als Zeugnis der Persönlichkeit, als in sich ruhende, nur nach eigenem Masse messbare Entelechie nimmt, bringt sie es um alle Verbindlichkeit nach der Masse der Wirklichkeit und entzieht es der Kritik: während es allein in Kommunikation mit dem kritischen Geiste in Geschichte sich zu erproben vermag.*[19]
> (Ts 00432, S. 1; **Abb. 1**)

---

[19] Um die Unterschiede zwischen den zwei Versionen typographisch zu markieren, werden die Passagen aus Ts 00432 kursiv gesetzt. Die Suhrkamp-Fassung wird dagegen *recte* gesetzt,

Adorno bestimmt hier die Aufgabe der Philosophie als Interpretation der Wirklichkeit mit Anspruch auf Wahrheit. Philosophie darf weder als subjektives Zeugnis der Persönlichkeit des Philosophen noch als »geschlossenes« ästhetisches Gebilde[20] aufgefasst werden. Auch wenn die Form dieser Philosophien sich äußerlich der Literatur annähert, muss man jede Philosophie geschichtlich und kritisch erproben, um feststellen zu können, ob in dieser philosophischen Form ein Bezug zur Wirklichkeit – zum historischen Gehalt – zu finden ist: d. h., ob die Darstellungsform der Philosophie und ihre Begriffe auch Wahrheit über die Wirklichkeit in ihrer Deutung enthalten. Nur in der Interpretation der Wirklichkeit »bewährt sich die Subjektivität des Philosophen«. Diese Hauptthese wird in der überarbeiteten Fassung für J.C.B. Mohr bestätigt und präziser ausgeführt. Dort behauptet Adorno, dass die begriffliche Interpretation der Wirklichkeit das »Formgesetz der Philosophie« ist. Dieses Formgesetz verlangt, dass die Philosophie eine begriffliche Interpretation der Wirklichkeit erreicht. Das Wirkliche muss in die deutenden Begriffe eingehen. Das widerspricht der Auffassung der Philosophie als Dichtung, d. h. einer Ästhetisierung der Philosophie:

> Wann immer man die Schriften von Philosophen als Dichtungen zu begreifen trachtete, hat man ihren Wahrheitsgehalt verfehlt. **Das Formgesetz** der Philosophie **fordert die Interpretation des Wirklichen im stimmigen Zusammenhang der Begriffe.** Weder die **Kundgabe der Subjektivität des Denkenden** noch **die pure** Geschlossenheit des Gebildes in sich selber entscheiden über dessen Charakter als Philosophie, sondern **erst: ob Wirkliches in die Begriffe einging, in ihnen sich ausweist und sie einsichtig begründet. Dem widerspricht** die Auffassung von Philosophie als Dichtung. **Indem sie Philosophie der Verbindlichkeit nach dem Maße von Wirklichem entwindet, entzieht sie das philosophische Werk** der **adäquaten** Kritik. **Nur aber** in Kommunikation mit dem kritischen Geiste **vermöchte es geschichtlich** sich zu erproben. (K, GS 2, S. 9)

Die Rezeption der Philosophie Kierkegaards als Dichtung am Anfang des 20. Jahrhundert resultiert laut Adorno aus der im 19. Jahrhundert vertretenen Auffassung der Philosophie als Wissenschaft, die indirekte Erbin der Kantischen Philosophie ist. Alles, was sich nicht ausgehend von dieser wissenschaftlichen Philosophie ausdrücken und erklären lässt, wird als Dichtung, als Produkt der reinen Subjektivität des Denkens, von dieser Philosophie ausgeschlossen:

Veränderungen gegenüber Ts 00432 fett markiert. Streichungen Adornos werden als Streichungen wiedergegeben. Die Korrekturen per Hand werden durch Unterstreichungen markiert.
20 Adorno bezieht sich hier hochwahrscheinlich auf *Die Theorie des Romans* von Georg Lukács.

Daß gleichwohl fast allen **im eigentlichen Verstande** ›**subjektiven**‹ **Denker** beschieden war, als Dichter eingereiht zu werden, erklärt sich mit der Gleichsetzung von Philosophie und Wissenschaft, die das neunzehnte Jahrhundert vollzog. Was an Philosophie dem Wissensschaftsideal sich nicht einordnete, **ward** unterm Titel der Dichtung als kümmerlicher Anhang **nach**geschleift. Von wissenschaftlicher Philosophie **ward** gefordert, daß ihre Begriffe **sich konstituierten** als Merkmaleinheiten der darunter befaßten Gegenstände. Wenn **aber** die Kantische Konzeption der Philosophie als Wissenschaft von Hegel erstmals umfassend formuliert **worden ist** im Satz, ›daß die Erhebung der Philosophie zur Wissenschaft an der Zeit ist‹, so **fällt gleichwohl seine** Forderung nach wissenschaftlicher Begrifflichkeit nicht **zusammen** mit der **nach** eindeutiger Gegebenheit der Begriffe als der **von** Merkmaleinheiten. (K, GS 2, S. 9)[21]

Nach dieser Auffassung in der Zeit der Philosophie als Wissenschaft werden die Begriffe, die in den Darstellungen der Philosophie Kierkegaards vorkommen und sich nicht als »Merkmaleinheiten der darunter befaßten Gegenstände« (K, GS 2, S. 9) reduzieren lassen, als bloße Metaphern aus dieser wissenschaftlich aufgefassten Philosophie ausgeschlossen. Diese Metaphern werden als Zeugnis der Persönlichkeit des Philosophen aufgefasst und haben deswegen mit der Wirklichkeit und den wissenschaftlichen Aussagen der Philosophie über deren Wahrheit nichts zu tun.[22] Philosophen wie Kierkegaard, für welche die künstlerische Darstellungsform seiner Gedanken unverzichtbar ist, werden laut Adorno ausgehend von dieser Auffassung der Philosophie als Wissenschaft als Dichter entwertet. In dieser Hinsicht kritisiert Adorno z. B. Hermann Gottscheds Kierkegaard-Rezeption,[23] der diesen Dualismus zwischen Philosophie als Wissenschaft

---

21 Es gibt keinen wesentlichen Unterschied zwischen den zwei Versionen.
22 In »Die Aktualität der Philosophie« erweitert Adorno die Bestimmung dieser wissenschaftlichen Philosophie am Anfang des 20. Jahrhunderts. »Mit Hilfe geschärfter erkenntniskritischer Methoden unternimmt es die fortgeschrittenste Logik – ich denke an die neue Wiener Schule, wie sie von Schlick ausging, heute von Carnap und Dubislav weitergeführt wird und in engem Zusammenhang mit den Logikern und mit Russel operiert –, alle eigentliche, weiterführende Erkenntnis der Erfahrung ausschließlich vorzubehalten und alle Sätze, die irgend über den Umkreis der Erfahrung und deren Relativität hinausgreifen, allein in Tautologien, in analytischen Sätzen zu suchen [...] Dem Ideal solcher schlechterdings wissenschaftlicher Philosophie ist – nicht zwar für die Wiener Schule, aber für jegliche Auffassung, die Philosophie gegenüber dem Anspruch ausschließlicher Wissenschaftlichkeit verteidigen möchte und diesen Anspruch doch selber anerkennt – als Ergänzung und Anhang zugeordnet ein Begriff von philosophischer Dichtung, dessen Unverbindlichkeit vor der Wahrheit allein noch von seiner Kunstfremdheit und ästhetischen Inferiorität übertroffen wird [...]« (PhF, GS 1, S. 332).
23 Hermann Gottsched hatte unter anderem die deutschen Übersetzungen von *Furcht und Zittern. Wiederholung*, *Philosophische Brocken* und *Die Krankheit zum Tode* für die deutsche Ausgabe der *Gesammelten Werke* von Kierkegaard bei dem Verlag Eugen Diederichs angefertigt.

oder Dichtung bestätigt, indem er Kierkegaard einerseits als »trockenen Philosoph« und andererseits als »Sprachkünstler« bezeichnet:

> Der Kierkegaard-Uebersetzer Gottsched findet nicht nur, dass in der »Wiederholung« »das ästhetische Moment in scherzenden und ernsten Partien aufs prächtigste vertreten« sei sondern auch: »dieser wesentlich trockene Philosoph ist, obwohl er keinen einzigen Vers hinterlassen hat, zugleich nicht nur ein Sprachkünstler, der auf seiner geliebten Muttersprache wie auf einem feinen Instrument spielt und ihm die mannigfaltigsten Töne entlockt, sondern ein Dichter mit einer Leier, die mit den gewaltigsten und zartesten, den düstersten und heitersten Saiten bespannt ist«.[24] Überflüssig zu sagen, dass mit solchen Bestimmungen der Dichtung nicht minder Unrecht widerfährt als der Philosophie; dass, was ablösbar ist und nicht zur Sache gehört, aus Dichtung wie aus Philosophie ausgeschlossen bleiben muss. Gegenüber der blossen Möglichkeit von Missdeutungen wie der Gottschedschen ist es für Untersuchungen, die es mit dem Begriff des Aesthetischen in Kierkegaards Philosophie zu tun haben, vorab notwendig, ihn vor der Konfusion mit Dichtertum zu schützen.« (Ts 00432, S. 3–4; **Abb. 3 und 4**)

In der Fassung in *Kierkegaard. Konstruktion des Ästhetischen* ändert Adorno den Kommentar zu dem Gottsched-Zitat wie folgt:

> [...] **Das Lob schändet mit der** Philosophie **die** Dichtung. Gegenüber der bloßen Möglichkeit von **Konfusionen** wie der Gottschedschen ist es **das erste Anliegen einer Konstruktion des** Ästhetischen in Kierkegaards Philosophie, **von Dichtung sie zu scheiden.** (K, GS 2, S. 11)

Infolge dieser Rezeption entsteht ein Dualismus zwischen einer Philosophie als Wissenschaft einerseits, die wahre Aussagen über die Wirklichkeit macht, und einem literarischen *Wie* der Philosophie – und ihrer Auffassung als Dichtung – andererseits, die vielleicht als Schönheit zu empfinden ist, aber die Verbindung mit der Erkenntnis und der Wahrheit verliert.

---

24 Hierbei handelt es sich um ein Zitat von Gottsched aus dem Nachwort von Søren Kierkegaard, *Furcht und Zittern. Wiederholung* (vgl. Kierkegaard 1909, S. 206).

5 Nietzsches und Kierkegaards philosophische Dichtung und die Hegelsche Auffassung der Philosophie als Wissenschaft

Die Rezipienten, die Kierkegaards Philosophie als Dichtung interpretierten, verglichen in dieser Zeit seine Philosophie mit der Philosophie Nietzsches, in der auch die künstlerische Darstellungsform eine zentrale Rolle spielt. Adorno sieht in diesem Vergleich ein »Missverständnis«. Adornos Erläuterung dieses Missverständnisses wird in einer Passage ausgeführt, die in der bei J.C.B. Mohr veröffentlichen Fassung gestrichen wurde:

> *Mag nirgends die triviale Behauptung einer geistigen Verwandtschaft zwischen Kierkegaard und Nietzsche wahrhaft zurecht bestehen: im Missverständnis jedenfalls begegnen sie sich, das sie beide zu Dichtern machen will, bloss weil sie, aus Gründen in den Sachen, die Form der Systeme aufheben, in welche die Philosophie ihrer Zeit noch gebannt war. Beider Aussagen werden um allen Ernst gebracht durch die Annahme eines Dichtertums, die es erlaubte, jede fremde These als Metapher für eine geläufige* ~~Realität~~ *Banalität anzusehen.* (Ts 00432, S. 4; **Abb. 4**)

Die Ursache des Missverständnisses im Vergleich beider Philosophen liegt Adornos Meinung nach darin begründet, dass sowohl Nietzsche als auch Kierkegaard die Form der philosophischen Systeme aufhoben, die für die Philosophie in dieser Zeit noch üblich war: nicht nur die wissenschaftliche Philosophie der Kantischen Tradition, sondern auch die Hegelsche dialektische Auffassung der Philosophie als Wissenschaft. Hegels Dialektik bestimme die Begriffe ausgehend von dem entfalteten System der Wissenschaft als Totalität:

> Die dialektische Methode, der **in aller** Hegel-Feindschaft Kierkegaards **Werk gänzlich zugehört**, hat vielmehr ihr Wesen darin, daß die Klärung der Einzelbegriffe, als deren vollständige Definition, **erst** von der Totalität des ausgeführten Systems aus und **nicht** in der Analysis des isolierten Einzelbegriffes geleistet werden kann. (K, GS 2, S. 9–10)[25]

Im Unterschied zu Kant definiert die Hegelsche Dialektik die Begriffe nicht in der Analyse und Beschreibung der Merkmale der Einzelbegriffe. Hegel bestimmt die Begriffe durch seine dialektische Methode ausgehend von der entfalteten Totalität seines Systems der Wissenschaft.

---

25 Es gibt kaum Unterschiede zwischen den zwei Versionen.

Sogar die damals neue materialistische Umformulierung der Hegelschen Dialektik von Georg Lukács in *Geschichte und Klassenbewußtsein* setzt laut Adorno weiterhin eine Totalität voraus, um davon ausgehend eine konkrete Bestimmung der philosophischen Begriffe zu ermöglichen. Adorno zitiert aus dem damals gerade erschienen *Geschichte und Klassenbewußtsein*:

> *Ein moderner materialistischer Interpret Hegels, der gewiss nicht am System der Vernunft festhält, bewahrt gleichwohl den dialektischen Charakter der Begriffe, der vorweg durch Definitionen nicht umrissen werden kann. Ihm ist dies* »die Frage der Begriffsbestimmungen und der Terminologie. Es gehört zum Wesen der dialektischen Methode, dass in ihr die – in ihrer abstrakten Einseitigkeit – falschen Begriffe zur Aufhebung gelangen. Dieser Prozess des Aufhebens macht aber zugleich notwendig, dass dennoch ununterbrochen mit diesen – einseitigen, abstrakten und falschen – Begriffen operiert wird; dass diese Begriffe weniger durch eine Definition, als durch die methodische Funktion, die sie als aufgehobene Momente in der Totalität erhalten, zu ihrer richtigen Bedeutung gebracht werden.« (Ts 00432, S. 2; **Abb. 2**)[26]

Die Begriffe können für Lukács nicht durch Definitionen bestimmt werden. Ihre »richtige Bedeutung« ist die dialektische Aufhebung ihrer Abstraktheit und Falschheit. Die Aufhebung wird durch die »methodische Funktion« erlangt, die diese Begriffe in der Totalität erhalten. Für Lukács ist die Totalität der Entfaltung der Dialektik notwendig, um die Einseitigkeit der Begriffe durch sie aufzuheben. Nur in der entfalteten Totalität erhalten die Begriffe ihre »richtige Bedeutung« für die materialistisch umformulierte Dialektik Lukács' (K, GS 2, S. 10).

Gerade weil die Bedeutung der Begriffe in den Werken Nietzsches und Kierkegaards auch nicht aus diesem entfalteten Hegelschen System der Wissenschaft abzuleiten ist, werden diese Begriffe als reine subjektive Metaphern aufgefasst. Sie werden als Metaphern missverstanden und außerhalb der Philosophie im Bereich der Dichtung verortet. Adorno negiert sowohl das Hegelsche System als auch Lukács' materialistische Umformulierung der Hegelschen Dialektik: Um die Begriffe zu bestimmen, brauche man nicht eine Totalität als Aufhebung des dialektischen Prozesses zu postulieren, aus der die Bedeutung dieser Begriffe abzuleiten sei. Adorno fügt erst in der zweiten Fassung eine sehr

---

[26] In der zweiten Fassung verändert Adorno seine Beschreibung von Lukács, was als Ausdruck einer Distanzierung zu seiner materialistischen Dialektik zu deuten ist. Dort schreibt er einfach als Einleitung zum Lukács-Zitat: »**So beantwortet ein gegenwärtiger** materialistischer Interpret Hegels [...]« (K, GS 2, S. 10) und lässt die These, dass Lukács »nicht am System der Vernunft festhält« weg.

kritische These über den Totalitätsbegriff in der umformulierten materialistischen Dialektik von Lukács ein:²⁷

> **Selbst der ›Totalität‹ bedarf es nicht, den dialektischen Begriffen ihre erschließende Funktion im Denkzusammenhang zu verleihen. Hat aber Philosophie als ›subjektives‹ Denken von jener gänzlich sich losgesagt, dann trägt das neu Erscheinende am ehesten ihr den fragwürdigen Ruf des Dichterischen ein.** (K, GS 2, S. 10)

Adorno setzt nicht mehr diese Totalität voraus, da die Bestimmung der Begriffe ausgehend von dieser Totalität auch eine der Ursachen der falschen Rezeption von Nietzsche und Kierkegaard als Dichter ist. Auch die dialektischen Begriffe, deren Bedeutung sich nicht aus der entfalteten Totalität ableiten lassen, werden als Metaphern, als Dichtung abgewertet. Dennoch ist für Adorno diese Undefinierbarkeit aus der Totalität etwas Positives, was diese ›subjektiven Philosophien‹ gegenüber den objektiven Auffassungen der Philosophie als Wissenschaft ermöglichen. Nur darf laut Adorno diese Undefinierbarkeit ausgehend von der Totalität des philosophischen Systems nicht mit einer Auffassung der Philosophie als Dichtung verwechselt werden.

6 Dialektische Bilder und die Vorrede der *Phänomenologie des Geistes*

Adorno behauptet erstaunlicherweise weiterhin, dass schon Hegel selbst in der Vorrede der *Phänomenologie des Geistes* diesen »Schein des Dichterischen« erkannt hat. Obwohl Hegel die Philosophie als Totalität verteidigt und als System der Wissenschaft verwirklicht hat, stellt er selber jedoch in der Propädeutik seines philosophischen Systems, der *Phänomenologie des Geistes*, jeden Beginn der Philosophie in einer neuen Epoche als »Schein des Dichterischen« dar, weil in diesem Beginn der Philosophie die Begriffe noch keinen Inhalt haben und die philosophische Form sich noch nicht bestimmt hat. Also: Es findet sich schon in der Hegelschen Dialektik die These, dass dem Beginn der Philosophie der »Schein des Dichterischen« innewohnt, was später die Missdeutungen der Phi-

---

27 Ich möchte mit besonderem Nachdruck auf diese unterschiedlichen Deutungen von Lukács in den zwei Fassungen hinweisen. In Ts 00432 ist die Kritik an Lukács weder so stark noch so explizit. Obwohl diese These leider an dieser Stelle nicht detailliert nachgegangen werden kann, ist darauf hinzuweisen, dass Adorno in der Zeit zwischen 1931 und 1932 seine Stellung zu Lukács' materialistischer Dialektik stark verändert hat.

losophien Kierkegaards und Nietzsches als Dichtung ermöglicht. Adorno zitiert die Vorrede der *Phänomenologie des Geistes*, wo Hegel selbst den Schein des Dichterischen einer Philosophie, die sich noch nicht als System der Wissenschaft darstellen kann, beschreibt. Ausgehend von dieser These von Hegel in der *Phänomenologie des Geistes* lässt sich die Auffassung der Philosophien Kierkegaards und Nietzsches als Dichtung aus einer neuen Perspektive – und freilich aus einer dialektischen Perspektive – auslegen.

> *Den Schein des Dichterischen, der dem frischen philosophischen Beginn allemal anhaftet, hat dabei Hegel wohl gesehen.*[28] *Das Bewusstsein »vermisst an der neu erscheinenden Gestalt die Ausbreitung und Besonderung des Inhalts; noch mehr aber vermisst es die Ausbildung der Form, wodurch die Unterschiede mit Sicherheit bestimmt und in ihre festen Verhältnisse geordnet werden. Ohne diese Ausbildung entbehrt die Wissenschaft der allgemeinen Verständlichkeit und hat den Schein, ein esoterisches Besitztum einiger einzelnen zu sein; – ein esoterisches Besitztum: denn ihre unausgebreitete Erscheinung macht ihr Dasein zum einzelnen.*[29] (Ts 00432, S. 2; **Abb. 2**)

Hegel beschreibt in der Vorrede der *Phänomenologie des Geistes* die Phänomenologie als Erfahrung des Bewußtseins, die noch nicht zur Wissenschaft erhoben ist. »Der neu erscheinenden Gestalt« der Philosophie hafte der *Phänomenologie des Geistes* zufolge der »Schein des Dichterischen« an, da sie nur der Beginn des Philosophierens sei.[30] In der neuen Figur der Wirklichkeit ist der Inhalt noch nicht ausgebreitet und daher kann die philosophische Form keine konkrete Darstellung dieser Wirklichkeit erreichen. Die »neu erscheinende Gestalt« der Wirklichkeit bildet eine Herausforderung für die Philosophie, welche die neue Gestalt der Wirklichkeit durch ihre Deutung in Begriffen darstellen soll.[31] Deswegen ist die philosophische Darstellung in ihrem Beginn nach Hegels Meinung noch abstrakt und hat den Schein »ein esoterisches Besitztum einiger einzelnen zu sein«. So haben auch die Texte von Kierkegaard und Nietzsche den

---

28 In der zweiten Fassung schreibt Adorno den Satz vor dem Hegelzitat wie folgt um: »**In der Vorrede zur ›Phänomenologie‹, die das herausstellt, hat** Hegel **ausdrücklich des Scheines von** Dichterischen **gedacht,** der **jeglichen** philosophischen Beginn anhaftet.« (K, GS 2, S. 10)
29 Hegel 1970, S. 19.
30 Hegel 1970, S. 18: »Es ist übrigens nicht schwer zu sehen, daß unsere Zeit eine Zeit der Geburt und des Übergangs zu einer neuen Periode ist. Der Geist hat mit der bisherigen Welt seines Daseins und Vorstellens gebrochen und steht im Begriffe, es in die Vergangenheit hinab zu versenken, und in der Arbeit seiner Umgestaltung.«
31 Hegel 1970, S. 19: »Indem einerseits die erste Erscheinung der neuen Welt nur erst das in seine Einfachheit verhüllte Ganze oder sein allgemeiner Grund ist, so ist dem Bewusstsein dagegen der Reichtum des vorhergehenden Daseins noch in der Erinnerung gegenwärtig.«

Schein, Dichtung zu sein, da sie versuchen, eine »neu erscheinende Gestalt« der Wirklichkeit durch Begriffe in ihren philosophischen Darstellungen auszudrücken. Eine neue Gestalt, die sich nicht abgeleitet von einem System und ihren definierten Begriffen darstellen lässt, da die *Phänomenologie des Geistes* der Weg zum wissenschaftlichen Standpunkt der Philosophie aber keine Wissenschaft als entfaltete Totalität ist.

Adorno akzeptiert jedoch nicht mehr – wie noch die umformulierte materialistische Dialektik Lukács – die Notwendigkeit der kompletten Entfaltung des Hegelschen Systems, um von der entfalteten Totalität diesen Schein der Begriffe in jedem philosophischen Beginn zu bestimmen und den Schein des Dichterischen durch sichere Definitionen verschwinden zu lassen. Das »befremdete« und neue dieser Philosophien kann weder aus dem entfalteten System definiert noch als reine Metapher verstanden werden.

In die *Konstruktion des Ästhetischen in Kierkegaards Philosophie* bezeichnet Adorno diesen geschichtlich entstandenen »Schein des Dichterischen« im Beginn jeder Philosophie als dialektische Bilder. Ein Schein des Dichterischen, den Hegel schon erkannt hatte und den die Philosophien von Nietzsche und Kierkegaard tatsächlich – und zwar dialektisch – produzieren. Gegenüber der Rezeption dieser Philosophien als Dichtung und der daraus resultierenden Auffassung ihrer Begriffe als subjektive Metaphern, die nicht mit der Wahrheit und der Interpretation der Wirklichkeit zu tun haben, behauptet Adorno, dass diese missverstandenen Metaphern dialektische Bilder sind. Dialektische Bilder sind nicht subjektive Metaphern, die keine Verbindung zur Wahrheit und Wirklichkeit haben. Sie sollen mit einer Philosophie in Verbindung gebracht werden, deren Aufgabe die Deutung der Wirklichkeit ist: »**Das Formgesetz der Philosophie fordert die Interpretation des Wirklichen in stimmigen Zusammenhang der Begriffe.**« (K, GS 2, S. 9)

Die Bezeichnung ›dialektische Bilder‹ wird von Adorno nur in Ts 00432 und Ts 00433 benutzt und in *Kierkegaard. Konstruktion des Ästhetischen* durch ›Ideen‹ ersetzt. Aber ›dialektisches Bild‹ ist zweifellos ein zentraler Begriff in den Philosophien Walter Benjamins[32] und Adornos und die Habilitationsschrift gibt der Forschung neue Spuren, um diesen Begriff anders oder aus einer anderen Perspektive – d. h. ausgehend vom »Schein der Dichtung« der Vorrede der *Phänomenologie des Geistes* – auszulegen. Das dialektische Bild selbst ist weder

---

32 Ich kann hier Benjamins Begriff des dialektischen Bildes nicht eingehend erläutern. Ziel dieses Aufsatzes ist es, darzulegen, wie Adorno die Bedeutung des Begriffes ›dialektisches Bild‹ in der ersten Fassung des Kierkegaard-Buches in Bezug auf Hegel über Benjamin hinaus erweitert.

als Metapher noch als Dichtung zu konstruieren. Es hat eine Verbindung mit einer Auffassung der Philosophie als Deutung der neu erscheinenden Wirklichkeit, die ihre Begriffe nicht mehr ausgehend von der entfalteten Totalität wie bei Hegel oder sogar in der materialistischen Dialektik Lukács definieren kann. Ausgehend von dieser Deutung sind meines Erachtens die dialektischen Bilder und ihre Rolle in Philosophie und Ästhetik aus einer anderen Perspektive zu deuten. Die dialektischen Bilder sind Adornos dialektische Alternative zu der Dialektik von Hegel und Lukács, die von Adorno hier durch eine besondere Verbindung mit dem »Schein des Dichterischen« und der Kunst gekennzeichnet werden:

> *Die dialektischen Begriffe, die als jeweils neu erscheinende zurecht dialektische Bilder heissen, sind es, die einer Philosophie den fragwürdigen Ruf des Dichterischen eintragen; zumal dann, wenn die Philosophie, wie sie als Individualismus stets es unternimmt, von der Vorstellung der »Totalität« vollends sich losgerissen hat. Gerade aber die dialektischen Bilder sind das echte Instrument von Philosophie. Sie unterscheidet sich von den Einzelwissenschaften nicht sowohl als eine oberste Wissenschaft, die die höchsten Allgemeinheiten der Einzelwissenschaften systematisch zusammenfasst; vielmehr dadurch, dass sie die erschliessenden Ideen konstruiert, mit denen die Wirklichkeit interpretiert werden kann. Sobald Philosophie solcher Art als »Dichtertum« mitleidig anerkannt wird, ist das dialektisch Befremdende ihrer erschliessenden Ideen abgewehrt durch die sicher vorgezeichneten Kategorien, die ihren, ob auch verdeckten, Ursprung in den Einzelwissenschaften haben. Als Dichtung ist Philosophie entwertet, weil ihr Gehalt an dialektischen Ideen als schmückendes, metaphorisches Beiwerk betrachtet wird, das von wissenschaftlicher Strenge beliebig zu beseitigen wäre.* (Ts 00432, S. 2–3; **Abb. 2** und **3**)

Wie oben zitiert, stellt Adorno in den Kierkegaard-Büchern die Aufgabe der Philosophie als Deutung der Wirklichkeit dar. Diese Aufgabe unterscheidet diese Auffassung der Philosophie als Wissenschaft von Kant, Hegel und Lukács. Die als neu erscheinenden dialektischen Bilder können weder als »Merkmaleinheiten der darunter befaßten Gegenstände« noch als Definition ausgehend von der entfalteten wissenschaftlichen Totalität von Hegel und ihrer materialistische Auffassung bei Lukács bestimmt werden. Diese Unbestimmtheit produziert genau den »Schein des Dichterischen«, wenn man ihn aus einer wissenschaftlichen Auffassung der Philosophie betrachtet. Aber eine Philosophie wie die von Nietzsche oder Kierkegaard, die auf das Hegelsche System der Wissenschaft verzichtet, kann nur mit diesem Schein des Dichterischen weiterleben. Aufgabe dieser deutenden Philosophie ist die Konstruktion mit dialektischen Begriffen dieser dialektischen Bilder, diese erschließenden Ideen, die das neu Erscheinende in der historischen Wirklichkeit darstellen. In *Kierkegaard. Konstruktion des Ästhetischen* wird der Begriff ›dialektische Bilder‹ durch ›Ideen‹ ersetzt:

> Hat aber Philosophie als »subjektives« Denken von jener gänzlich sich losgesagt, dann trägt das neu Erscheinende am ehesten ihr den fragwürdigen Ruf des Dichterischen ein. Jedoch es sind die dialektischen Begriffe **ihr eigentliches** Instrument. Sie unterscheidet von Wissenschaften sich nicht sowohl als eine oberste, die die **allgemeinsten Sätze der subordinierten** systematisch **zusammenfaßte**. Sondern sie konstruiert Ideen, **welche die Masse des bloß Seienden erhellen und aufteilen und um welche der Erkenntnis die Elemente des Seienden anschießen. Diese Ideen stellen in den dialektischen Begriffen sich dar.** Sobald Philosophie **solchen Ursprungs** als ›Dichtertum‹ **duldsam** anerkannt wird, ist **zugleich die Fremdheit ihrer** Ideen abgewehrt, **in der sich ihre Macht über das Wirkliche kundgibt samt dem Ernst ihres Anspruchs. Ihre dialektischen Begriffe gelten für metaphorisch schmückende Zutat, die** von wissenschaftlicher Strenge zu beseitigen wäre. (K, GS 2, S. 10f.)

In der zweiten Version verschwindet der Begriff ›dialektisches Bild‹ und Adorno redet stattdessen über das »neu Erscheinende«. Aber die Aufgabe der Philosophie bleibt gleich: die Deutung der Wirklichkeit in der Konstruktion in der Darstellung der Ideen mit dialektischen Begriffen, die das neu Erscheinende in der Wirklichkeit ausdrücken. In diesem Fall ist die ältere Fassung erhellender als die »Korrektur«:

> Das »neu Erscheinende« sind die echten, erschliessenden dialektischen Bilder der Philosophie, deren Wahrheitsanspruch, jenseits der Merkmaldefinition, erhalten bleibt, auch wenn nicht die sichere Totalität des Systems sie umfängt. (Ts 00432, S. 2; **Abb. 2**)

Dieser Satz verschwindet in *Kierkegaard. Konstruktion des Ästhetischen* und wird durch folgenden ersetzt:

> **Die erschließende Macht des neu Erscheinenden aber bleibt jenseits der Merkmaldefinition auch im Gefüge von Denken bewahrt, das nicht mehr vom sicheren System umfangen wird.** (K, GS 2, S. 10)

Die dialektischen Bilder als das »neu Erscheinende« in der Philosophie Nietzsches und Kierkegaards sind es, welche deren Rezeptionen als Dichtung ihrer Zeit begründeten. Sie erhalten ihre Bedeutung nicht mehr aus der Totalität des wissenschaftlichen Systems und auch noch nicht als Definition von Merkmaleinheiten der Gegenstände. Aber für Adorno sind sie auch keine dichterischen Metaphern: die dialektischen Bilder sind eine philosophische Konstruktion mit Begriffen, die es erlaubt, die geschichtlich neu entstandene Wirklichkeit zu deuten. Sie können nicht mehr aus der Totalität definiert werden, weil sie das neu Erscheinende ausdrücken. Die dialektischen Bilder erhalten Bedeutung nicht aus der Totalität der Philosophie als System, sondern im Moment der Darstellung durch die dialektischen Begriffe. Die Philosophie konstruiert dialektische Bilder mit dialektischen Begriffen, um die neu erscheinende Gestalt der

Wirklichkeit zu deuten. Wenn die Bedeutung der Begriffe nicht mehr aus der Totalität noch als empirische Definition der »Merkmaleinheiten der darunter gefassten Gegenstände« abzuleiten ist, muss die Philosophie selbst in ihrer Darstellung diese Ideen – dialektische Bilder – konstruieren, indem sie mit dialektischen Begriffen eine Interpretation der historischen Wirklichkeit darstellt. Die dialektische Bewegung der Begriffe in der Darstellung – und nicht die Totalität des entfalteten Systems – gibt den Begriffen einen Inhalt und konkretisiert dadurch die Darstellungsform.

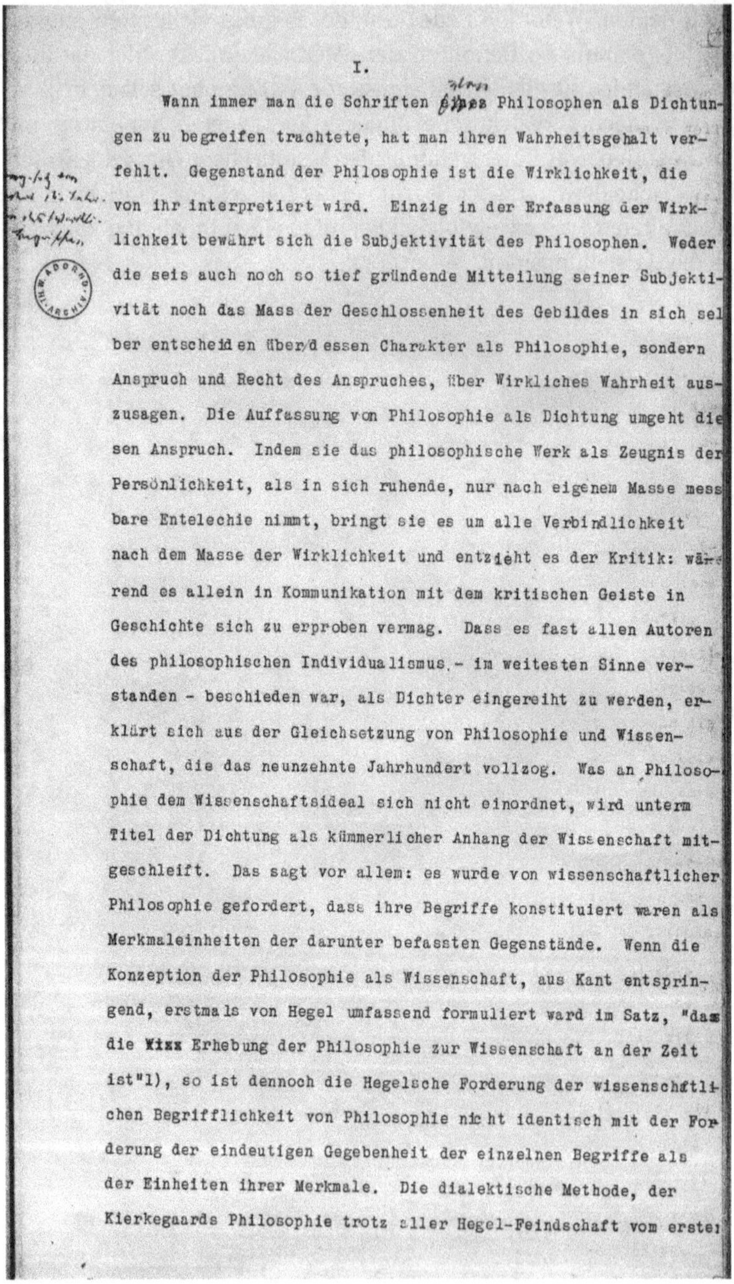

I.

Wann immer man die Schriften eines Philosophen als Dichtungen zu begreifen trachtete, hat man ihren Wahrheitsgehalt verfehlt. Gegenstand der Philosophie ist die Wirklichkeit, die von ihr interpretiert wird. Einzig in der Erfassung der Wirklichkeit bewährt sich die Subjektivität des Philosophen. Weder die seis auch noch so tief gründende Mitteilung seiner Subjektivität noch das Mass der Geschlossenheit des Gebildes in sich selber entscheiden über dessen Charakter als Philosophie, sondern Anspruch und Recht des Anspruches, über Wirkliches Wahrheit auszusagen. Die Auffassung von Philosophie als Dichtung umgeht diesen Anspruch. Indem sie das philosophische Werk als Zeugnis der Persönlichkeit, als in sich ruhende, nur nach eigenem Masse messbare Entelechie nimmt, bringt sie es um alle Verbindlichkeit nach dem Masse der Wirklichkeit und entzieht es der Kritik: während es allein in Kommunikation mit dem kritischen Geiste in Geschichte sich zu erproben vermag. Dass es fast allen Autoren des philosophischen Individualismus, - im weitesten Sinne verstanden - beschieden war, als Dichter eingereiht zu werden, erklärt sich aus der Gleichsetzung von Philosophie und Wissenschaft, die das neunzehnte Jahrhundert vollzog. Was an Philosophie dem Wissenschaftsideal sich nicht einordnet, wird unterm Titel der Dichtung als kümmerlicher Anhang der Wissenschaft mitgeschleift. Das sagt vor allem: es wurde von wissenschaftlicher Philosophie gefordert, dass ihre Begriffe konstituiert waren als Merkmaleinheiten der darunter befassten Gegenstände. Wenn die Konzeption der Philosophie als Wissenschaft, aus Kant entspringend, erstmals von Hegel umfassend formuliert ward im Satz, "dass die xxxx Erhebung der Philosophie zur Wissenschaft an der Zeit ist"1), so ist dennoch die Hegelsche Forderung der wissenschaftlichen Begrifflichkeit von Philosophie nicht identisch mit der Forderung der eindeutigen Gegebenheit der einzelnen Begriffe als der Einheiten ihrer Merkmale. Die dialektische Methode, der Kierkegaards Philosophie trotz aller Hegel-Feindschaft vom erste

Abb. 1: Ts 00432, S. 1 (Theodor W. Adorno Archiv, Institut für Sozialforschung an der Johann Wolfgang Goethe Universität Frankfurt am Main)

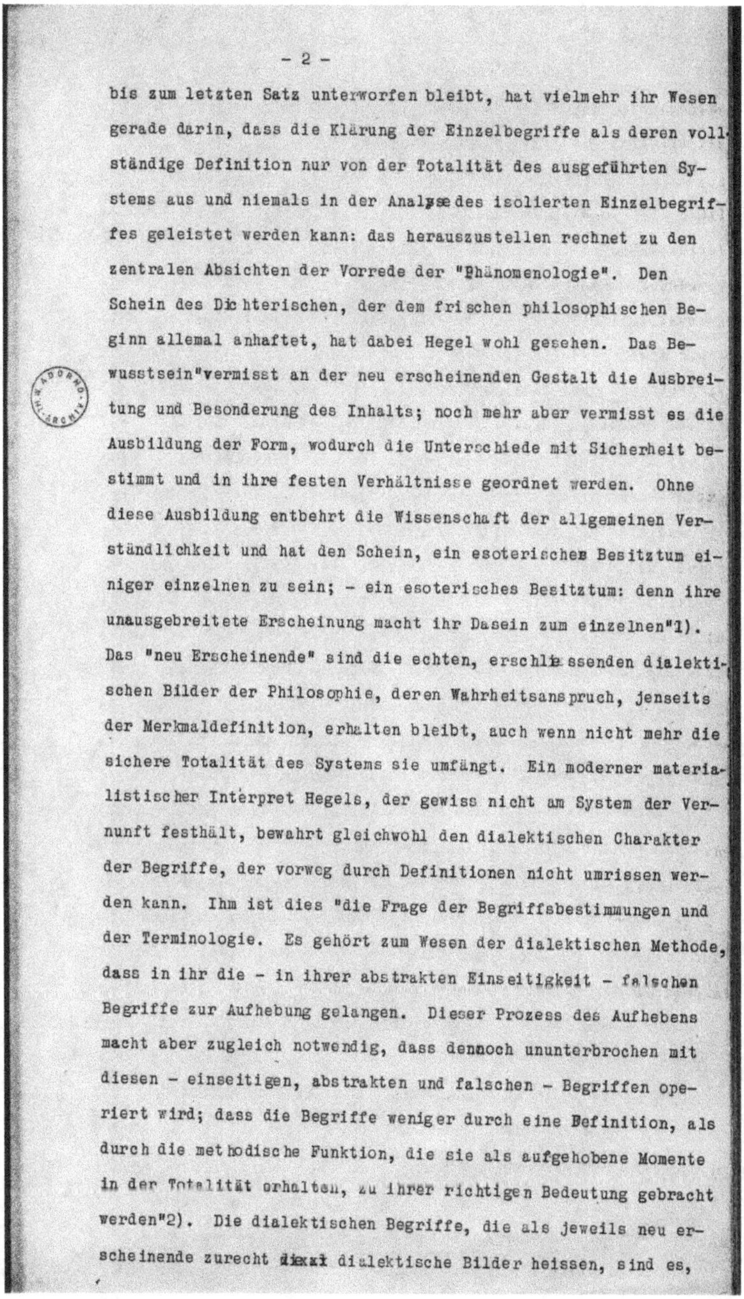

– 2 –

bis zum letzten Satz unterworfen bleibt, hat vielmehr ihr Wesen
gerade darin, dass die Klärung der Einzelbegriffe als deren vollständige Definition nur von der Totalität des ausgeführten Systems aus und niemals in der Analyse des isolierten Einzelbegriffes geleistet werden kann: das herauszustellen rechnet zu den
zentralen Absichten der Vorrede der "Phänomenologie". Den
Schein des Dichterischen, der dem frischen philosophischen Beginn allemal anhaftet, hat dabei Hegel wohl gesehen. Das Bewusstsein"vermisst an der neu erscheinenden Gestalt die Ausbreitung und Besonderung des Inhalts; noch mehr aber vermisst es die
Ausbildung der Form, wodurch die Unterschiede mit Sicherheit bestimmt und in ihre festen Verhältnisse geordnet werden. Ohne
diese Ausbildung entbehrt die Wissenschaft der allgemeinen Verständlichkeit und hat den Schein, ein esoterisches Besitztum einiger einzelnen zu sein; – ein esoterisches Besitztum: denn ihre
unausgebreitete Erscheinung macht ihr Dasein zum einzelnen"1).
Das "neu Erscheinende" sind die echten, erschließenden dialektischen Bilder der Philosophie, deren Wahrheitsanspruch, jenseits
der Merkmaldefinition, erhalten bleibt, auch wenn nicht mehr die
sichere Totalität des Systems sie umfängt. Ein moderner materialistischer Interpret Hegels, der gewiss nicht am System der Vernunft festhält, bewahrt gleichwohl den dialektischen Charakter
der Begriffe, der vorweg durch Definitionen nicht umrissen werden kann. Ihm ist dies "die Frage der Begriffsbestimmungen und
der Terminologie. Es gehört zum Wesen der dialektischen Methode,
dass in ihr die – in ihrer abstrakten Einseitigkeit – falschen
Begriffe zur Aufhebung gelangen. Dieser Prozess des Aufhebens
macht aber zugleich notwendig, dass dennoch ununterbrochen mit
diesen – einseitigen, abstrakten und falschen – Begriffen operiert wird; dass die Begriffe weniger durch eine Definition, als
durch die methodische Funktion, die sie als aufgehobene Momente
in der Totalität erhalten, zu ihrer richtigen Bedeutung gebracht
werden"2). Die dialektischen Begriffe, die als jeweils neu erscheinende zurecht dixxi dialektische Bilder heissen, sind es,

Abb. 2: Ts 00432, S. 2 (Theodor W. Adorno Archiv, Institut für Sozialforschung an der Johann Wolfgang Goethe Universität Frankfurt am Main)

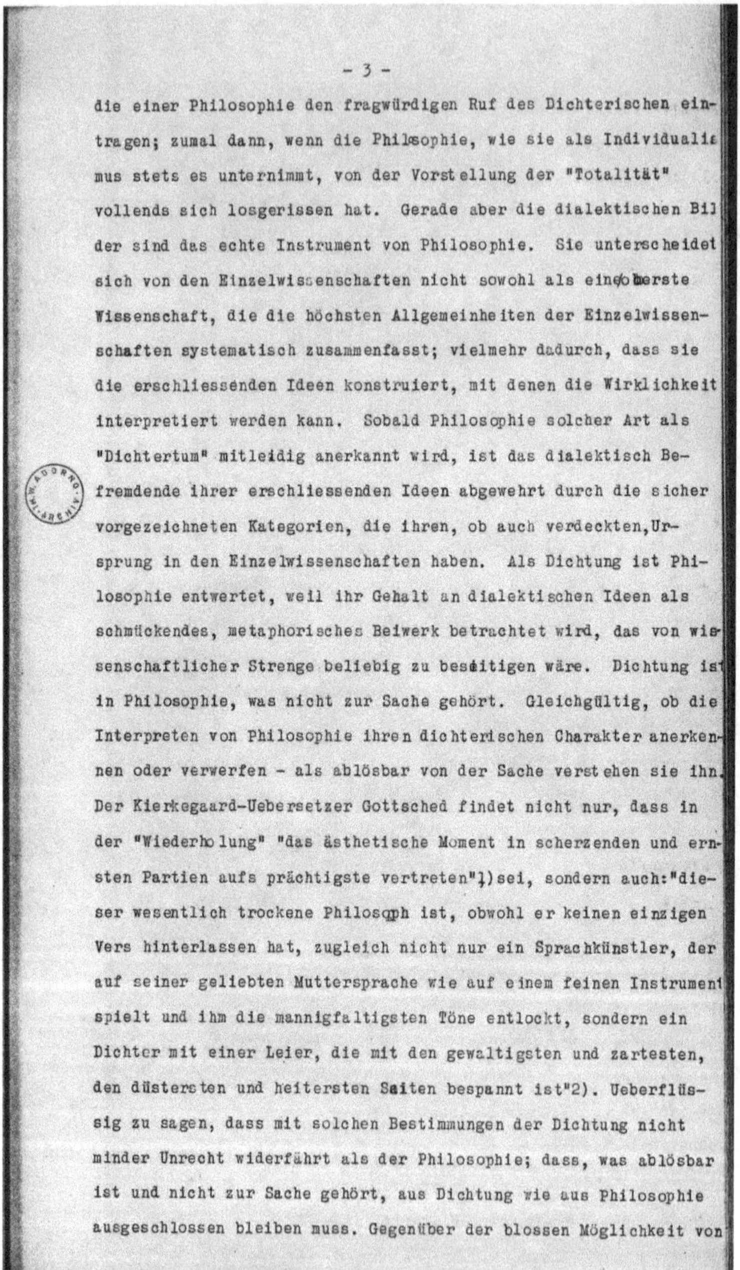

- 3 -

die einer Philosophie den fragwürdigen Ruf des Dichterischen eintragen; zumal dann, wenn die Philosophie, wie sie als Individualismus stets es unternimmt, von der Vorstellung der "Totalität" vollends sich losgerissen hat. Gerade aber die dialektischen Bilder sind das echte Instrument von Philosophie. Sie unterscheidet sich von den Einzelwissenschaften nicht sowohl als eine oberste Wissenschaft, die die höchsten Allgemeinheiten der Einzelwissenschaften systematisch zusammenfasst; vielmehr dadurch, dass sie die erschliessenden Ideen konstruiert, mit denen die Wirklichkeit interpretiert werden kann. Sobald Philosophie solcher Art als "Dichtertum" mitleidig anerkannt wird, ist das dialektisch Befremdende ihrer erschliessenden Ideen abgewehrt durch die sicher vorgezeichneten Kategorien, die ihren, ob auch verdeckten, Ursprung in den Einzelwissenschaften haben. Als Dichtung ist Philosophie entwertet, weil ihr Gehalt an dialektischen Ideen als schmückendes, metaphorisches Beiwerk betrachtet wird, das von wissenschaftlicher Strenge beliebig zu beseitigen wäre. Dichtung ist in Philosophie, was nicht zur Sache gehört. Gleichgültig, ob die Interpreten von Philosophie ihren dichterischen Charakter anerkennen oder verwerfen - als ablösbar von der Sache verstehen sie ihn. Der Kierkegaard-Uebersetzer Gottsched findet nicht nur, dass in der "Wiederholung" "das ästhetische Moment in scherzenden und ernsten Partien aufs prächtigste vertreten"1)sei, sondern auch:"dieser wesentlich trockene Philosoph ist, obwohl er keinen einzigen Vers hinterlassen hat, zugleich nicht nur ein Sprachkünstler, der auf seiner geliebten Muttersprache wie auf einem feinen Instrument spielt und ihm die mannigfaltigsten Töne entlockt, sondern ein Dichter mit einer Leier, die mit den gewaltigsten und zartesten, den düstersten und heitersten Saiten bespannt ist"2). Ueberflüssig zu sagen, dass mit solchen Bestimmungen der Dichtung nicht minder Unrecht widerfährt als der Philosophie; dass, was ablösbar ist und nicht zur Sache gehört, aus Dichtung wie aus Philosophie ausgeschlossen bleiben muss. Gegenüber der blossen Möglichkeit von

Abb. 3: Ts 00432, S. 3 (Theodor W. Adorno Archiv, Institut für Sozialforschung an der Johann Wolfgang Goethe Universität Frankfurt am Main)

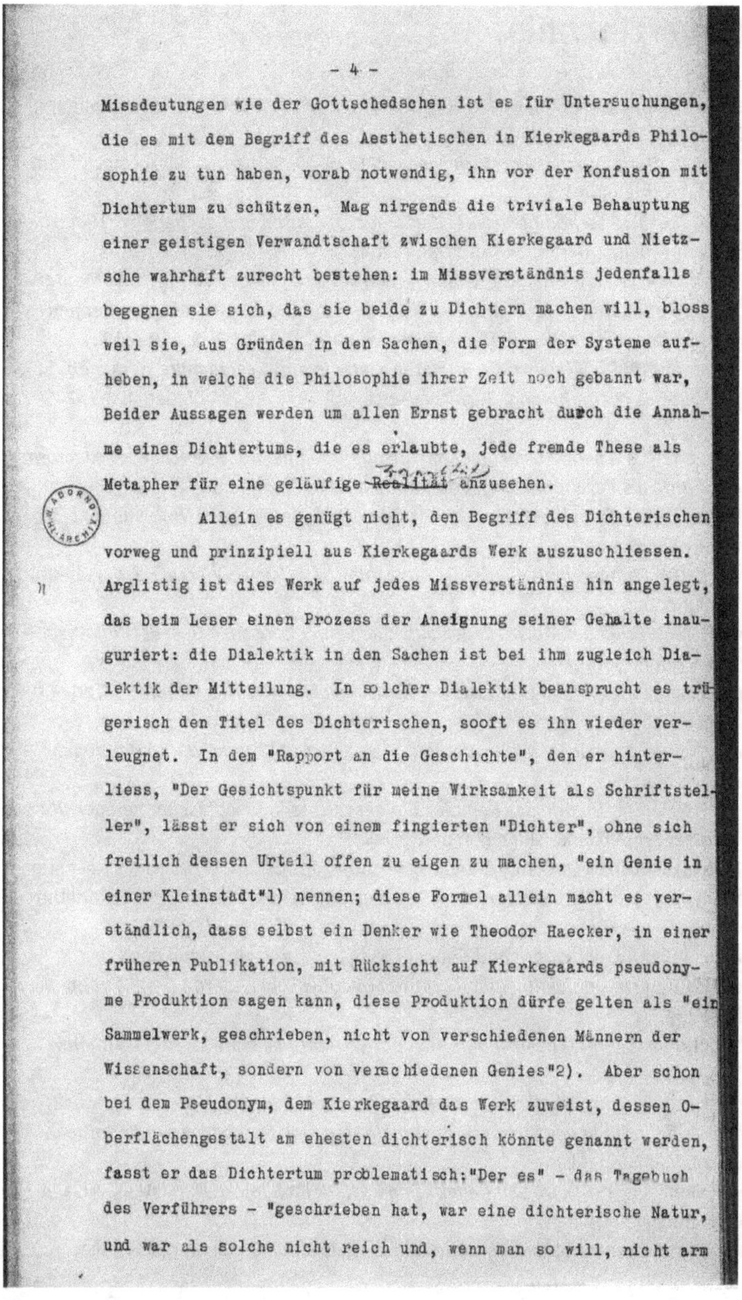

– 4 –

Missdeutungen wie der Gottschedschen ist es für Untersuchungen, die es mit dem Begriff des Aesthetischen in Kierkegaards Philosophie zu tun haben, vorab notwendig, ihn vor der Konfusion mit Dichtertum zu schützen. Mag nirgends die triviale Behauptung einer geistigen Verwandtschaft zwischen Kierkegaard und Nietzsche wahrhaft zurecht bestehen: im Missverständnis jedenfalls begegnen sie sich, das sie beide zu Dichtern machen will, bloss weil sie, aus Gründen in den Sachen, die Form der Systeme aufheben, in welche die Philosophie ihrer Zeit noch gebannt war. Beider Aussagen werden um allen Ernst gebracht durch die Annahme eines Dichtertums, die es erlaubte, jede fremde These als Metapher für eine geläufige Realität anzusehen.

Allein es genügt nicht, den Begriff des Dichterischen vorweg und prinzipiell aus Kierkegaards Werk auszuschliessen. Arglistig ist dies Werk auf jedes Missverständnis hin angelegt, das beim Leser einen Prozess der Aneignung seiner Gehalte inauguriert: die Dialektik in den Sachen ist bei ihm zugleich Dialektik der Mitteilung. In solcher Dialektik beansprucht es trügerisch den Titel des Dichterischen, sooft es ihn wieder verleugnet. In dem "Rapport an die Geschichte", den er hinterliess, "Der Gesichtspunkt für meine Wirksamkeit als Schriftsteller", lässt er sich von einem fingierten "Dichter", ohne sich freilich dessen Urteil offen zu eigen zu machen, "ein Genie in einer Kleinstadt"1) nennen; diese Formel allein macht es verständlich, dass selbst ein Denker wie Theodor Haecker, in einer früheren Publikation, mit Rücksicht auf Kierkegaards pseudonyme Produktion sagen kann, diese Produktion dürfe gelten als "ein Sammelwerk, geschrieben, nicht von verschiedenen Männern der Wissenschaft, sondern von verschiedenen Genies"2). Aber schon bei dem Pseudonym, dem Kierkegaard das Werk zuweist, dessen Oberflächengestalt am ehesten dichterisch könnte genannt werden, fasst er das Dichtertum problematisch: "Der es" – das Tagebuch des Verführers – "geschrieben hat, war eine dichterische Natur, und war als solche nicht reich und, wenn man so will, nicht arm

Abb. 4: Ts 00432, S. 4 (Theodor W. Adorno Archiv, Institut für Sozialforschung an der Johann Wolfgang Goethe Universität Frankfurt am Main)

Literaturverzeichnis

Adorno, Theodor W./Kracauer, Siegfried (2008): *Briefwechsel 1923–1966*. Hrsg. v. Wolfgang Schopf. Frankfurt am Main: Suhrkamp.
Adorno, Theodor W./Berg, Alban (1997): *Briefwechsel 1925–1935*. Hrsg. v. Henri Lonitz. Frankfurt am Main: Suhrkamp.
Angermann, Asaf (2013): *Beschädigte Ironie: Kierkegaard, Adorno und die negative Dialektik kritischer Subjektivität*. Berlin, Boston: De Gruyter.
Graf, Friedrich Wilhelm (2014): »Theodor Wiesengrund-Adorno und der Verlag J.C.B. Mohr (Paul Siebeck): Zur Publikationsgeschichte des ›Kierkegaard‹ und der ›Philosophie der neuen Musik‹«. In: *Zeitschrift für Neuere Theologiegeschichte* 21, Heft 1-2, S. 180–249.
Gottsched, Hermann (1909): »Nachwort«. In: Søren Kierkegaard: *Gesammelte Werke*. Bd. 3: *Furcht und Zittern. Wiederholung*. 2., verbesserte Aufl. Jena: Eugen Diederichs, S. 205–209.
Habermas, Jürgen (1981): *Theorie des kommunikativen Handelns*. Bd. 1: *Von Lukács zu Adorno: Rationalisierung als Verdinglichung*. Frankfurt am Main: Suhrkamp.
Habermas, Jürgen (1985): *Der philosophische Diskurs der Moderne: zwölf Vorlesungen*. Frankfurt am Main: Suhrkamp.
Hegel, G. W. F (1970): *Phänomenologie des Geistes*. In: G. W. F. Hegel: *Werke*. Bd. 3. Frankfurt am Main: Suhrkamp.
Honneth, Axel (1986): *Kritik der Macht. Reflexionsstufen einer kritischen Gesellschaftstheorie*. Frankfurt am Main: Suhrkamp.
Honneth, Axel (Hrsg.) (2006): *Schlüsseltexte der Kritischen Theorie*. Wiesbaden: VS Verlag für Sozialwissenschaften.
Klein, Richard/Kreuzer, Johannes/Müller-Doohm, Stefan (Hrsg.) (2011): *Adorno Handbuch*. Stuttgart: J.B. Metzler.
Lukács, Georg (1994): *Die Theorie des Romans. Ein geschichtsphilosophischer Versuch über die Formen der großen Epik*. München: dtv.
Martinson, Matthias (2014): »Ontology of Hell: Reflections on Theodor W. Adorno's Reception of Søren Kierkegaard«. In: *Literature and Theology* 28, Issue 1, March 2014, Oxford University Press, S. 45–62.
Morgan, Marcias (2012): *Kierkegaard and Critical Theory*. Virginia: Lexington Books.
Müller, Ulrich (1988): *Erkenntniskritik und Negative Metaphysik bei Adorno*. Frankfurt am Main: Campus Verlag.
Müller-Doohm, Stefan (1996): *Die Soziologie Theodor W. Adornos*. Frankfurt am Main, New York: Campus.
Noh, Soung-Suk (2000): *Die Selbstkritik und »Rettung« der Aufklärung: Untersuchungen zum Begriff der Aufklärung in der ›Dialektik der Aufklärung‹ von Horkheimer und Adorno*. Frankfurt am Main: Peter Lang.
Schmidt Noerr, Gunzelin (1981): *Das Eingedenken der Natur im Subjekt*. Darmstadt: Wissenschaftliche Buchgesellschaft.
Specht, Silvia (1981): *Erinnerung und Veränderung*. Mittelwald: Mäander Kunstverlag.

Axel Pichler
»›eine antimetaphysische aber artistische‹ Philosophie«

Adornos Inanspruchnahme Nietzsches und anderer Quellen in einer Einfügung zur *Ästhetischen Theorie*

Adorno hat in seiner Vorlesung zu »Problemen der Moralphilosophie« vom SoSe 1963 bekannt, dass er »Nietzsche am meisten von allen sogenannten großen Philosophen zu verdanken [habe] – in Wahrheit vielleicht mehr noch als Hegel« (NL IV/10, S. 255). Diesem Bekenntnis entspricht die Vielzahl an Stellen in Adornos Schriften, an welchen er sich direkt, d. h. qua Namensnennung des Röckener Pfarrerssohnes, oder indirekt, d. h. qua thematischer Anspielung, mit Nietzsches Philosophieren auseinandersetzt bzw. auf dieses Bezug nimmt. Rein quantitativ reicht diese Auseinandersetzung zwar nicht an diejenige mit Hegel heran. Dennoch zählt Nietzsche zu denjenigen Philosophen in Adornos Schriften, auf die er sich am häufigsten bezieht.[1]

Der vorliegende Aufsatz möchte eine Facette dieser Auseinandersetzung über die Interpretation einer isolierten Passage aus Adornos *Ästhetischer Theorie* en détail nachzeichnen und so einen Beitrag zur Rekonstruktion von Adornos textuellen Verfahrensweisen im deutenden Umgang mit seinen Quellen liefern. Bei der ausgewählten Textstelle handelt es sich um ein Textsegment, das von Adorno selbst nicht in den Haupttext der *Ästhetischen Theorie* integriert worden ist und dementsprechend von den Herausgebern der Leseausgabe als Paralipomenon abgedruckt wurde. Es lautet in der Fassung der Leseausgabe:

> Nietzsche hat ›eine antimetaphysische aber artistische‹ Philosophie gefordert. Das ist Baudelairescher spleen und Jugendstil, mit leisem Widersinn: als gehorchte Kunst dem emphatischen Anspruch jenes Diktums, wenn sie nicht die Hegelsche Entfaltung der Wahrheit wäre und selber ein Stück jener Metaphysik, die Nietzsche verfemt. Nichts Anti-Artistischeres als den konsequenten Positivismus. Nietzsche ist all das bewußt gewesen. Daß er den Widerspruch unentfaltet stehen ließ, stimmt zusammen mit Baudelaires Kultus der Lüge und dem luftwurzelhaften, schimärischen Begriff des Schönen bei Ibsen. Der konsequenteste Aufklärer täuschte sich nicht darüber, daß durch schiere Konsequenz Motivation und Sinn von Aufklärung verschwinden. Anstelle der Selbstreflexion von Aufklä-

---
[1] So bringt zum Beispiel eine Durchsuchung des PDFs der Erstausgabe der *Negativen Dialektik* für das Lemma Kant 443 Treffer, für Hegel 346 Treffer, für Marx 60 Treffer, für Nietzsche 21 und für Benjamin 15 Treffer.

rung verübt er Gewaltstreiche des Gedankens. Sie drücken aus, daß Wahrheit selbst, deren Idee Aufklärung auslöst, nicht ist ohne jenen Schein, den sie um der Wahrheit willen exstirpieren möchte; mit diesem Moment von Wahrheit ist Kunst solidarisch. (ÄT, GS 7, S. 418)

Eine erste Lektüre dieses Textes, dessen Status als Paralipomenon ein editorisches Konstrukt der Herausgeber ist, wird ohne größere Verständnisschwierigkeiten feststellen, dass in ihm ein Nietzsche-Zitat als Ausgangspunkt allgemeiner Überlegungen zum Verhältnis von Aufklärung, Wahrheit und Schein in der Kunst dient. Folgt man jedoch Wort für Wort dem Textverlauf, stellen sich rasch Irritationen ein. Bereits die in der ersten Satzhälfte erfolgende Auslegung von Nietzsches Forderung erweckt den Eindruck einer idiosynkratischen Deutung: Der dort qua Zitat artikulierte ›Imperativ‹ Nietzsches wird nicht selbst philosophisch hinterfragt, sondern durch die Konfrontation mit zwei Phänomenen des literaturgeschichtlichen Kanons – Baudelaires spleen und dem Jugendstil – ›interpretiert‹. Die Zusammenführung eines philosophischen Axioms mit zwei es in seiner Entstehung zeitlich rahmenden literaturgeschichtlichen Phänomenen irritiert nicht nur, sondern stellt den Leser auch vor Verständnisprobleme. Diese rühren daher, dass die für die Deutung von Nietzsches Forderung so zentralen literarischen Phänomene in ihrer eigenen Bedeutung ›dunkel‹ bleiben. Weder die Rede vom »Baudelairesche[n] spleen« noch die vom »Jugendstil« scheint sich in der Standardbedeutung der beiden Ausdrücke zu erschöpfen.[2]

Die Probleme, die Bedeutung der zur Bestimmung von Nietzsches Forderung herangezogenen Ausdrücke zu konkretisieren, rühren daher, dass die dafür verwendeten literaturgeschichtlichen Phänomene im Paralipomenon selbst nicht näher bestimmt werden und dieses zudem expliziter textimmanenter Verweise auf jene Kontexte, über die eine solche Bestimmung erfolgen könnte, entbehrt. Insofern steht ihr Interpret vor der Herausforderung derartige Kontexte selbst zu bestimmen. Ein dafür seit der Antike bekannterweise heran-

---

[2] Die Standardbedeutung der beiden Ausdrücke lässt sich über zeitgenössische und aktuelle Wörterbücher und Lexika rekonstruieren. Als Hauptbedeutung des ›spleen‹ weisen sowohl das *Grimm'sche Wörterbuch* als auch die Online Ausgabe des *Duden* – neben der ursprünglichen Bedeutung »(durch Erkrankung der) Milz (hervorgerufene Gemütsverstimmung)« (http://www.duden.de/rechtschreibung/Spleen – zuletzt aufgerufen am 01.06.2017) – einen psychologischen Sachverhalt aus: »fixe idee, schrulle« (Grimm 1971, Bd. 16, Sp. 2651). *Meyers Großes Konversationslexikon* vom Anfang des letzten Jahrhunderts liefert hingegen folgende Bestimmung von ›Jugendstil‹: »[A]llgemeine, auf der Kunstgewerbeausstellung in Leipzig 1897 aufgekommene Bezeichnung für die Stilrichtung im deutschen Kunstgewerbe, die sich von der Überlieferung unabhängig zu machen und den modernen Zeitgeist in ihren Erzeugnissen widerzuspiegeln sucht« (Meyers 1909, S. 771).

gezogenes textinterpretatorisches Verfahren stellt das sogenannte Parallelstellenverfahren dar.³ Im Zuge desselben werden alternative Textabschnitte, in denen derselbe Ausdruck bzw. dieselben Ausdrücke der aufzulösenden ›dunklen Stelle‹ verwendet werden, herangezogen, um die Bedeutung der untersuchten Stelle zu bestimmen.⁴

Die Umsetzung dieses Verfahrens wie überhaupt jegliche Form der Kontextbildung sind im Fall von Adornos *Ästhetischer Theorie* mit dem Problem konfrontiert, dass der Text von seinem Autor nicht abgeschlossen wurde. Adornos ›Ästhetik-Buch‹ ist kein philosophisches Werk im editionsphilologischen Sinn,⁵ sondern stellt das Resultat eines postumen Textkonstitutionsprozesses dar. Grundlage dieses Konstitutionsprozesses bildet eine vierstellige Anzahl an überlieferten Typoskripten und Handschriften, die den letzten Arbeitsgang Adornos an der *Ästhetischen Theorie* dokumentieren. Dieser war 1969 aufgrund des plötzlichen Todes Adornos unterbrochen worden. Dementsprechend ist das überlieferte Textmaterial, die sogenannte ›Fassung letzter Hand‹, aus dem der Lesetext der Suhrkamp-Ausgabe konstituiert wurde, als das Resultat eines ›unwillkürlich stillgestellten Prozesses‹ zu verstehen.⁶

---

3 Das Parallelstellenverfahren stellt eine Fortführung der bereits in der Antike praktizierten Deutungspraxis »Homerum ex homero« bzw. »poetam ex poeta« dar. Zu deren Geschichte und Modus in der Antike siehe Schäublin 1977.
4 Auf ein zentrales Problem dieses Vorgehens ist in der philologischen Debatte immer wieder hingewiesen worden. Peter Szondi hat es folgendermaßen ausformuliert: »Freilich muß dieses Wort überall in der gleichen Bedeutung stehen, die Stellen müssen in diesem strengen Sinn Parallelstellen sein.« (Szondi 2011, S. 280)
5 Zum Werkbegriff aus editionsphilologischer Perspektive siehe Reuß 2005.
6 Insofern trifft auf das überlieferte Material jene Beschreibung zu, die Christoph Gödde und Henri Lonitz von Benjamins späten Notizen gegeben haben: »Nachgelassene Fragmente lassen sich ohne das Resultat des abgeschlossenen Textes [...] nicht als Entstehungsstufen oder Varianten begreifen. Editorisch sind sie, ohne Bezug auf ein Werk, keine Fragmente, sondern für sich abgeschlossen. Das heißt, daß ihre immanenten Korrekturen oder Varianten nicht entscheidbare Alternativen darstellen, weder die auf einem Einzelblatt notierten noch die ganzer Konvolute. Sie sind sowohl in Relation zueinander gleichwertig, wie auch ihre immanenten Varianten nur als gleichwertige aufzufassen sind. Eine wie auch immer begründete Entscheidung ›im Sinne des Autors‹ ist daher ausgeschlossen. Ihre adäquateste Darstellung ist das Faksimile und die diplomatische Umschrift.« (Gödde/Lonitz 2008, S. 384) – In Anbetracht dessen ist die Bezeichnung des überlieferten Materials als ›Fassung letzter Hand‹ höchst problematisch, suggeriert sie doch, dass es sich bei diesem Material um die finalisierte und somit autorisierte Ausarbeitung eines Textes handelt. Um den problematischen Status dieser Bezeichnung zu markieren, wird der Ausdruck ›Fassung letzter Hand‹ in diesem Aufsatz durchgehend zwischen einfache Anführungszeichen gesetzt.

In Hinblick auf etwaige intratextuelle Kontextbildungen ist insofern zu beachten, dass es sich bei Textchronologie und Textkomposition der erstmals 1970 bei Suhrkamp erschienen Leseausgabe der *Ästhetischen Theorie* um die Resultate eines nicht textkritisch erfolgten Textkonstitutionsprozesses handelt, für den die beiden Herausgeber Rolf Tiedemann und Gretel Adorno verantwortlich sind. Auf die Probleme dieser Textkonstitution haben Claus Zittel, Martin Endres und ich an anderer Stelle bereits hingewiesen (vgl. Endres/Pichler/Zittel 2013). Für die hier gegebene textinterpretatorische Fragestellung ist diesbezüglich insbesondere von Relevanz, dass die von den Herausgebern gestiftete Textchronologie der Leseausgabe der *Ästhetischen Theorie* nur mit Einschränkungen Adornos angestrebten Ordnungsprinzipien entspricht. Diese Einschränkungen betreffen vor allem folgende zwei Punkte: Erstens stand zum Zeitpunkt von Adornos Tod für viele Textpassagen der *Ästhetischen Theorie* noch nicht eindeutig fest, wo diese im Gesamttext untergebracht werden sollten. Manche dieser Passagen besitzen sogar mehrfache Zuordnungen. Das gilt insbesondere für die sogenannten Einfügungen, zu denen auch das hier behandelte Paralipomenon zählt.[7] Zweitens sah sich Adorno aufgrund der ihn leitenden Fragestellung gezwungen, für die *Ästhetische Theorie* ein textkompositorisches Verfahren zu entwickeln, dass seine diesbezügliche Verfahrensweise, wie er sie unter anderem in *Der Essay als Form* artikuliert hat, radikalisierte und solcherart die Kon-

---

[7] Im Falle der Einfügungen kann man aufgrund ihrer unterschiedlichen Einbindung in die ›Fassung letzter Hand‹ zwischen drei Formen unterscheiden:
1.) Einfügungen zum »Naturschönen«: Dabei handelt es sich um dasjenige Textmaterial, das im einzigen von den Herausgebern der Suhrkamp-Ausgabe ohne römische Zahl versehenen Einfügungskonvolut gesammelt ist. Es bildet die Grundlage des Kapitels »Das Naturschöne« der Suhrkamp-Ausgabe (vgl. ÄT, GS 7, S. 97–121). Von ihm existiert eine überarbeitete Fassung, die von den Herausgebern der Leseausgabe dem Kernbestand der ›Fassung letzter Hand‹ zugeordnet worden ist (vgl. Ts 17819–17854).
2.) Eindeutig zugewiesene Einfügungen: Im überlieferten Textmaterial der ›Fassung letzter Hand‹ der *Ästhetischen Theorie* finden sich zahlreiche Einfügungen, die eindeutig bestimmten Stellen des überarbeiteten Textes der ›Kapitel-Ästhetik‹ zugewiesen worden sind. Dabei handelt es sich sowohl um kurze handschriftliche Ergänzungen als auch um bis zu 10 oder mehr Typoskriptseiten umfassende Einfügungen.
3.) In ihrem Ort unterbestimmte Einfügungen: Bei diesen handelt es sich um die Mehrheit des überlieferten Einfügungsmaterials. Diese Blätter sind mit Buchstaben, römischen Zahlen oder arabischen Ziffern überschrieben und charakterisieren sich durch die Spezifik ihrer Textgenese: Von der Mehrheit dieser mehrere hundert Typoskriptseiten umfassenden Einfügungen liegen zwei Fassungen auf jeweils vier unterschiedlichen Blättern vor. Dabei handelt es sich zumeist um die ursprüngliche Typoskriptfassung im Original sowie als Durchschlag, von denen letztere zumeist handschriftliche Überarbeitungen aufweisen. Die aus diesen hervorgegangene Neufassung liegt dann häufig ebenfalls in zweifacher Ausführung vor.

sequenzen aus der vertieften Kritik am Begriff in der *Negativen Dialektik* zog.[8] Adorno hat dieses Kompositionsprinzip sowie die Probleme, die ihm seine Umsetzung bereiteten, in einem seiner späten Briefe, der auszugsweise im editorischen Nachwort der *Ästhetischen Theorie* abgedruckt ist, folgendermaßen beschrieben:

> Sie bestehen darin, daß die einem Buch fast unabdingbare Folge des Erst-Nachher sich mit der Sache als so unverträglich erweist, daß deswegen eine Disposition im traditionellen Sinn, wie ich sie bis jetzt noch verfolgt habe (auch in der »Negativen Dialektik« verfolgte), sich als undurchführbar erweist. Das Buch muß gleichsam konzentrisch in gleichgewichtigen, parataktischen Teilen geschrieben werden, die um einen Mittelpunkt angeordnet sind, den sie durch ihre Konstellation ausdrücken. (ÄT, GS 7, S. 541)

Dieser Passus mag den Eindruck erwecken, dass es letztendlich gleichgültig ist, an welcher ›Stelle‹ der *Ästhetischen Theorie* ein bestimmtes ästhetisches Problem verhandelt und die mit diesem einhergehenden Ausdrücke und Begriffe bestimmt werden. Gegen eine solche Deutung des Briefes sind jedoch Einwände ins Feld zu führen. So handelt es sich bei diesem Brief um Adornos Rechtfertigung dafür, dass es ihm zum Zeitpunkt, als er den Brief geschrieben hat, noch nicht geglückt war, die eigenen Kompositionsvorgaben umzusetzen. Da der Text zum Zeitpunkt seines Todes noch nicht abgeschlossen war – Adorno wollte ihn nach jenem Urlaub, der sein letzter war, noch einmal vollständig durchkorrigieren und dabei auch rekomponieren –, kann nicht davon ausgegangen werden, dass der überlieferte Textbestand Adornos eigenem kompositorischen Telos entspricht. Für den Interpreten bedeutet dies, dass er primär zwischen drei textkompositorischen Modellen zu wählen hat: 1.) Der Textchronologie, die sich aus den von Adorno zumeist in den Marginalienspalten der Überlieferungsträger eingefügten Anordnungsvorschlägen ergeben. Diese Vorschläge sind – wie bereits erwähnt – nicht immer eindeutig und erlauben dementsprechend unterschiedliche Konstellationen des vorhandenen Textmaterials.[9] 2.) Die Textchro-

---

8 Siehe dazu insbesondere folgende Aufzeichnung aus den Regiebemerkungen zur *Ästhetischen Theorie*: »Entschluß, nicht in fortlaufendem Gedankengang sondern in <u>konzentrischer</u>, quasi parataktischer Darstellung zu schreiben. Darüber einen zentralen Absatz in die Einleitung. Konsequenz aus der ND ziehen!« (Ts 19428)
9 Der Ausdruck ›Konstellation‹ dient dabei »zur Bezeichnung einer mehrstelligen Beziehungsstruktur, das heißt eines Ensembles differenter […] Positionen und Faktoren, die – zumindest in der Wahrnehmung des Beobachters – einen dynamischen, veränderbaren Wirkungszusammenhang bilden und auch nur aus diesem relationalen Zusammenhang heraus angemessen erklärt oder verstanden werden können« (Albrecht 2010, S. 107). Die möglichen relationalen Zusammenhänge ergeben sich aus den diesbezüglichen Anweisungen Adornos.

nologie der Leseausgabe: Diese kennzeichnet sich unter anderem dadurch, dass sie bei den Paralipomena vollständig auf die Wiedergabe von Adornos Metakommentaren und textkompositorischen Ordnungsvorschlägen verzichtet. 3.) Ein Verzicht auf jegliche Anordnung des Materials unter Bezug auf Textpassagen, wie die zuvor zitierte Briefstelle.

Unabhängig vom gewählten Ordnungsmodell ist jedoch Folgendes zu beachten: Die im Brief artikulierte Idee der Ersetzung der traditionellen »Folge des Erst-Nachher« durch eine Konstellation betrifft nicht einzelne Sätze, sondern »gleichgewichtige[ ], paratakische[ ] Teile[ ]«. Diese Teile sollten so angeordnet werden, dass sie die »Sache«, also im Falle der *Ästhetischen Theorie* die Kunst, adäquat zum Ausdruck bringen. Zwar scheint insofern die Anordnung der Teile selbst verhältnismäßig willkürlich erfolgen zu können, nicht jedoch die immanente Komposition der Teile selbst. Das folgt aus Adornos Begriffskritik sowie seinen daran anschließenden Überlegungen zur adäquaten philosophischen Verfahrensweise/Darstellungsform, wie er sie insbesondere im *Essay als Form* und der *Negativen Dialektik* entwickelt hat. Aus diesen Überlegungen geht hervor, dass der unmittelbare Kontext für die in den jeweiligen Teilen eines Essays bzw. Buches verwendeten Begriffe gerade bei einem Verfahren, das sich als konstellatives vom traditionellen definitorischen Procedere absetzen möchte, von höchster Relevanz ist. Adorno greift zur Beschreibung dieses Verfahrens regelmäßig auf folgendes Beispiel zurück:

> Wie der Essay die Begriffe sich zueignet, wäre am ehesten vergleichbar dem Verhalten von einem, der in fremdem Land gezwungen ist, dessen Sprache zu sprechen, anstatt schulgerecht aus Elementen sie zusammenzustümpern. Er wird ohne Diktionär lesen. Hat er das gleiche Wort, in stets wechselndem Zusammenhang, dreißigmal erblickt, so hat er seines Sinnes besser sich versichert, als wenn er die aufgezählten Bedeutungen nachgeschlagen hätte, die meist zu eng sind gegenüber dem Wechsel je nach dem Kontext, und zu vag gegenüber den unverwechselbaren Nuancen, die der Kontext in jedem einzelnen Fall stiftet. (NzL, GS 11, S. 21; vgl. NL IV/2, S. 281f.)

Nach diesem Sprachverständnis bestimmt gerade der unmittelbare Kontext eines Begriffs die ihm in diesem zukommende Bedeutungsnuance.[10] Für ein fragmentarisches Textkonvolut wie die *Ästhetische Theorie* bedeutet das, dass eine Begriffsbestimmung die jeweiligen Kontexte der Begriffe zu berücksichti-

---

10 Wie Philip Hogh gezeigt hat, setzt eine derartige kontextuelle Konkretisierung der Bedeutung eines Begriffs jedoch bereits einen bestimmten Bedeutungshorizont voraus: »Dem Gebrauch eines Begriffs in einer Konstellation ist [...] derjenige Gehalt vorausgesetzt, den der Begriff in der gewöhnlichen Praxis hat. [...] [D]ieser Gehalt [ist] vage und bedarf folglich der Präzisierung, die die Konstellation leisten soll« (Hogh 2015, S. 158).

gen hat, sprich: dass es von großer Bedeutung ist, in welchem der ›Teile‹ des ›Ästhetik-Buches‹ ein Begriff verhandelt wird.[11]

Gleichgültig für welche der drei zuvor beschriebenen Ordnungsmodelle des überlieferten Textmaterials zur *Ästhetischen Theorie* sich ein Interpret letztendlich entscheidet, muss ihm bewusst sein, dass die von ihm gewählte Ordnung sich einerseits jenseits der textchronologischen und -kompositorischen Ordnung eines autorisierten und publizierten Textes bewegt. Andererseits – und das ist für die hier verhandelte Frage der Kontextbildung und -hierarchisierung von Relevanz – fußt jedes dieser Ordnungsmodelle bereits selbst auf der Inanspruchnahme textexterner Kontexte: Im ersten Fall handelt es sich dabei um metatextuelle Kommentare des Autors, im zweiten Fall um die impliziten editionsphilologischen und textkompositorischen Vorannahmen der Herausgeber der Leseausgabe, im dritten Fall um vom selben Autor in anderen Texten geäußerte Annahmen zum philosophisch adäquaten Begriffsgebrauch und der bzw. den mit diesem einhergehenden Darstellungsform(en). Die Wahl des Ordnungsmodelles wird dementsprechend auch die Textinterpretation beeinflussen.

Der vorliegende Aufsatz wird im Folgenden auf das erste Ordnungsmodell zurückgreifen. Hinter dieser Wahl steht das textologische Credo, dass die Überlieferungsform eines Textes bei dessen Deutung zu berücksichtigen ist,[12] sowie die Erwartung, dass eine derartige Berücksichtigung neue Perspektiven auf das überlieferte Textmaterial eröffnet. Die letztgenannte Erwartung wird durch die Überlieferungsträger, aus denen der Text des zur Diskussion stehenden Paralipomenons konstituiert wurde, erfüllt. Bei ihnen handelt es sich um teilweise handschriftlich überarbeitete Typoskripte, die archivarisch den sogenannten »Einfügungen« zugeordnet werden. Die Einfügung ist in zwei Varianten überliefert. Deren erste trägt den maschinengeschriebenen Titel »Einfg 70 ad Jugendstil« (vgl. Ts 18814, **Abb. 1**).[13] Sie besteht aus einer mit Schreibmaschine abgetippten Grundschicht sowie handschriftlichen Überarbeitungen und Ergänzungen derselben von Adorno. Diese Überarbeitungen sind vollständig in die zweite

---

11 Wie Martin Endres in seinem Beitrag in diesem Band demonstriert, führt im Falle der *Ästhetischen Theorie* eine Erweiterung des unmittelbaren Lektürekontextes häufig zu einer Revision der Interpretation des zuvor gedeuteten Abschnittes.
12 Siehe dazu ausführlich Pichler 2017.
13 An dieser Stelle möchte ich dem Frankfurter Theodor W. Adorno Archiv und dem Walter Benjamin Archiv der Akademie der Künste Berlin, insbesondere Michael Schwarz, sowie der Hamburger Stiftung zur Förderung für Wissenschaft und Kultur für die freundlich-sachliche Zusammenarbeit sowie die Erlaubnis, ausgewählte Typoskripte Adornos in diesem Aufsatz abzudrucken, danken.

Fassung übernommen worden (vgl. Ts 18813, **Abb. 2**). Das daraus hervorgegangene Typoskript weist keine weiteren Überarbeitungen durch Adorno auf. An seinem Kopf findet sich jedoch in fremder Hand die Ergänzung »ad S. 129?«.[14]

Abgesehen von diesem handschriftlichen Zusatz unterscheidet sich das Typoskript vom publizierten Paralipomenon der Suhrkamp-Ausgabe (vgl. ÄT, GS 7, S. 418) auch noch durch die Marginalien. Zu ihnen zählen der am linken Blattrand abgetippte ›Titel‹ »Einfügung 70 ad Jugendstil«, der sich bereits in der ersten Fassung findet, sowie zwei weitere Metakommentare, die Adorno in der ersten Fassung handschriftlich ergänzt hatte. Dabei handelt es sich einerseits um das Heading[15] »Neues, abstrakte Negation, Selbstreflexion« sowie die textkompositorische Anmerkung für Gretel Adorno: »Herztier, ich denke, dies muß zum Teil über Rettung des Scheins; dafür sehr wichtig.«

Nicht zuletzt Anmerkungen wie diese offenbaren den informativen Mehrwert, den die Überlieferungsträger gegenüber dem konstituierten Text der Suhrkamp-Ausgabe besitzen, die auf deren Übernahme durchgehend verzichtet. Im gegebenen Fall fällt insbesondere auf, dass von den in den Anmerkungen zur Beschreibung der Einfügung verwendeten Begriffen mit Ausnahme des »Jugendstil[s]« kein einziger im Lesetext der Einfügung verwendet wird.

Für die Interpretation der Einfügung liefern diese Zusätze wichtige Hinweise für die Kontextbildung und -hierachisierung. Diese hat zudem den Textstatus der Einfügung zu berücksichtigen: Sie ist Bestandteil eines nicht zu Ende komponierten Textes. Für die Auflösung ihrer ›dunkeln Stellen‹ und das dabei angewandte Parallelstellenverfahren folgt daraus sowie aus den zuvor referierten begriffstheoretischen und poetologischen Reflexionen Adornos, dass dieses zwischen Parallelstellen in den überlieferten Textkonvoluten und Parallelstellen aus von Adorno autorisierten und publizierten Texten zu unterscheiden hat. Konkret bedeutet das, dass das nun einsetzende *Close Reading* primär auf Parallelstellen aus der *Ästhetischen Theorie* zurückgreifen wird, die durch Parallelstellen aus anderen Schriften Adornos kontrastierend ergänzt und flankiert werden.

---

14 Von den sieben Abschnitten der sogenannten ›Kapitel-Ästhetik‹, welche das Resultat von Adornos erstem Diktat darstellen, kommen nur zwei als potentielle Zielkonvolute dieser Zuordnung in Frage, da die restlichen fünf weniger als 100 Typoskriptseiten umfassen: das II. und III. Kapitel. Weder die Seite 129 der überarbeiteten Fassung des II. Kapitels, noch die Seite 129 der überarbeiteten Fassung des III. Kapitels bieten jedoch eine von Adorno verfasste Anweisung, die Einfügung Ts 18813 an einer Stelle besagter Typoskripte zu integrieren.
15 Als ›Heading‹ werden diejenigen kurzen Inhaltsstichworte bezeichnet, die Adorno – wohl zur eigenen Orientierung – bei der Durchsicht älterer Aufzeichnungen und Typoskripte zumeist mit dem Bleistift an deren Kopf ergänzte.

Die Einfügung Ts 18813

Ts 18813 eröffnet mit dem besagten, jedoch im Gegensatz zum Paralipomenon bibliographisch nicht ausgewiesenen Nietzsche-Zitat, das als ›metaphilosophischer‹ Imperativ gedeutet wird:[16] »Nietzsche hat ›eine antimetaphysische aber artistische‹ Philosophie gefordert.« Im darauffolgenden Satz setzt die nun qua Parallelstellenverfahren aufzulösende ›Interpretation‹ dieses Imperativs ein: »Das ist Baudelairscher spleen und Jugendstil, mit leisem Widersinn: als gehorchte Kunst dem emphatischen Anspruch jenes Diktums, wenn sie nicht die Hegelsche Entfaltung der Wahrheit wäre und selber ein Stück jener Metaphysik, die Nietzsche verfemt.«

Eine Lektüre der relevanten Parallelstellen zeigt, dass Adornos Verwendung der in Frage stehenden Ausdrücke über deren Grundbedeutung hinausgeht. Im Falle des ›spleens‹ ist diese oft noch präsent, erfährt jedoch auch eine Erweiterung, wie das folgende Zitat aus einem Abschnitt belegt, den die Herausgeber der Suhrkamp-Ausgabe der *Ästhetischen Theorie* mit dem Titel »Zu den Kategorien des Häßlichen, des Schönen und der Technik« versehen haben:

> Daß aber die Kunst die Kraft hat, das ihr Konträre zu bergen, ohne von ihrer Sehnsucht etwas nachzulassen, ja ihre Sehnsucht in die Kraft dazu verwandelt, verschwistert das Moment des Häßlichen ihrer Vergeistigung, so wie George hellsichtig in der Vorrede zur Übertragung der Fleurs du mal es gewahrte. Der Titel Spleen et idéal spielt darauf an, wenn anders man unter dem Wort die Obsession mit jenem gegen seine Formung Spröden sehen darf, einem Kunstfeindlichen als Agens der Kunst, das deren Begriff über den des Ideals hinaus erweitert. Dem dient das Häßliche in der Kunst. (ÄT, GS 7, S. 80)

Einerseits wird in diesem Passus, der in einem umfangreicheren Abschnitt zur Geschichtsphilosophie des Hässlichen zu finden ist, der ›spleen‹ aus Baudelaires Titel *expressis verbis* als »Obsession« bezeichnet und damit das traditionelle Bedeutungsfeld der *idée fixe* reaktiviert[17] – eine Verwendungsweise, die sich schon in dem in seiner Entstehung bis in die späten dreißiger Jahre zurückge-

---

16 Der Ausdruck ›Metaphilosophie‹ verweist hier und im Folgenden nicht auf die insbesondere im angelsächsischen Raum weitverbreitete philosophische Disziplin der *Metaphilosophy*, sondern dient zur Bezeichnung von philosophischen Grundannahmen und -axiomen, die der eigentlichen philosophischen Arbeit vorgeordnet sind und nicht weiter reflektiert werden.
17 Adorno setzt sich somit von jenem Verständnis des ›spleens‹ ab, das diesen mit der Melancholie zusammenführte und in Stefan Georges Übersetzung von »Spleen et Idéal« als »Trübsinn und Vergeistigung« (George 1922, S. 7) seinen prominentesten Ausdruck fand.

henden *Versuch über Wagner* findet.[18] Andererseits wird dabei das psychologische Phänomen der Obsession in den Bereich der Ästhetik überführt, wodurch der Ausdruck zwischen der psychologischen Deutung eines bestimmten, potentiell ästhetischen Bewusstsein(zustande)s und einer bestimmten ästhetischen Praxis, welche sich von der traditionellen Ästhetik Tabuiertes zu eigen macht,[19] zu oszillieren beginnt.[20]

Berücksichtigt man diese ästhetische Bedeutungsdimension auch bei der Lektüre des ersten Halbsatzes der Einfügung, eröffnen sich neue Möglichkeiten des Brückenschlags zwischen »Baudelairesche[m] spleen und Jugendstil«. Unter dieser Voraussetzung können sowohl dieser spleen als auch der Jugendstil als Ausdruck eines epochenspezifischen (ästhetischen) Bewusstseins gelesen werden, das – und darin bestünde dann die spezifische Deutung Adornos – auch Nietzsches metaphilosophischen Imperativ bedingt habe.

Worin die Eigenheiten dieses ästhetischen Bewusstseins und der aus ihm folgenden ästhetischen Praxis konkret bestehen, lässt sich über die Parallelstellen zum Jugendstil rekonstruieren. Adorno verstand diesen primär teleologisch, wie ein weiteres Paralipomenon belegt: »Der Jugendstil war der erste kollektive

---

18 Siehe dazu GS 11, S. 29, wo Adorno Wagners Leitmotivtechnik aus dessen spleen herleitet: »Die Berliozsche idée fixe, das unmittelbare Muster des Leitmotivs, dient in der Symphonie fantastique als Zeichen einer Obsession, wie sie später unter dem Namen spleen ins Zentrum des Baudelaireschen Werkes tritt. Man kommt von ihr nicht mehr los. Vor ihrer irrationalen Übermacht, dem Siegel des Unverwechselbaren, streicht das Subjekt die Segel. Nach dem Programm von Berlioz erscheint die idée fixe dem von Opium Berauschten. Sie ist die auswendige Projektion eines insgeheim selbst Subjektiven und dabei Ichfremden, an die als an seine Chimäre das Ich sich verliert. Diesem Ursprung bleibt das Wagnersche Leitmotiv verhaftet.«
19 Diesbezüglich folgt Adorno der von ihm in ÄT, GS 7, S. 80 angesprochenen Deutung der Baudelaire'schen Verfahrensweise durch Stefan George im Vorwort zu dessen Übersetzung der *Fleurs du Mal*: »es bedarf heute wol kaum noch eines hinweises dass nicht die abschreckenden und widrigen bilder die den Meister eine zeit lang verlockten ihm die grosse verehrung des ganzen jüngeren geschlechts eingetragen haben sondern der eifer mit dem er der dichtung neue gebiete eroberte und die glühende geistigkeit mit der er auch die sprödesten stoffe durchdrang.« (George 1922, S. 5)
20 Dieselbe Verwendungsweise des Ausdrucks findet sich in einer weiteren Stelle der *Ästhetischen Theorie*: »Das Rimbaudsche Postulat des radikal Modernen ist eines von Kunst, die in der Spannung von spleen et idéal, von Vergeistigung und Obsession durchs Geistfernste sich bewegt. Der Primat des Geistes in der Kunst und das Eindringen des zuvor Tabuierten sind zwei Seiten des gleichen Sachverhalts. Er gilt dem nicht bereits gesellschaftlich Approbierten und Vorgeformten und wird dadurch zu einem gesellschaftlichen Verhältnis bestimmter Negation. Vergeistigung vollzieht sich nicht durch Ideen, welche die Kunst bekundet, sondern durch die Kraft, mit der sie intentionslose und ideenfeindliche Schichten durchdringt. Nicht zuletzt darum lockt das Verfemte und Verbotene das künstlerische Ingenium.« (ÄT, GS 7, S. 144)

Versuch, den absenten Sinn von Kunst aus zu setzen« (ÄT, GS 7, S. 403). Diesem theologischen Ziel entspricht das in Adornos Hölderlinaufsatz *Parataxis* artikulierte Verständnis von »Jugendstil als Kunstreligion« (NzL, GS 11, S. 480).

In dem aus diesem ästhetischen Bewusstsein entspringenden Anspruch, das Dasein ästhetisch zu rechtfertigen, ohne dabei die konkrete soziohistorische Situation zu berücksichtigen, sieht Adorno letztendlich die entscheidende Parallele zwischen Nietzsche und dem Jugendstil, wie ein Passus aus dem *Jargon der Eigentlichkeit* belegt:[21]

> Das Falsche der Sinngebung, das Nichts als Etwas, erzeugt die sprachliche Verlogenheit. So wollte der Jugendstil einem als sinnleer erfahrenen Leben von sich aus, in abstrakter Negation, Sinn einflößen. In Nietzsches Neue Tafeln war sein schimärisches Manifest eingegraben. (ND, GS 6, S. 521f.)[22]

In dieser Passage wird die vom Jugendstil intendierte ästhetische Rechtfertigung in einer auch für die *Ästhetische Theorie* charakteristischen Denkbewegung kritisiert: Der Fehler des Jugendstils habe darin bestanden, dass er, ohne das Verhältnis zu den gesellschaftlichen Gegebenheiten und den (ästhetischen) Produktivkräften seiner Zeit im formalen Umgang mit seinem ›Ausgangsmaterial‹ zu reflektieren, nicht nur ein ästhetisches Ideal gesetzt habe, sondern auch versucht habe, diesem von sich aus ein Sinnpotential einzuschreiben, das nach Adornos Ästhetikverständnis nur intentionslos aus dem Kontrast zwischen dem autonomen Kunstwerk und der Gesellschaft entspringen kann.[23] Das bedeutet

---

21 Auch zu diesem Passus findet sich eine Entsprechung im *Versuch über Wagner*: »Wie Nietzsche und später der Jugendstil, den er in vielem antezipiert, möchte er die ästhetische Totalität von sich aus, auf eigene Faust, durch beschwörende Veranstaltung herbeizwingen, trotzig unbekümmert darum, daß ihr die gesellschaftlichen Voraussetzungen mangeln. Wie der Begriff des technischen Kunstwerkes, so dürfte auch der des ›Stilwillens‹ mit Wagners oeuvre in die Welt gekommen sein.« (GS 13, S. 96f.) – Dass die These von der qua abstrakter Negation erfolgenden willkürlichen Setzung von ästhetischer Totalität bei Baudelaire, Nietzsche und im Jugendstil auch in der *Ästhetischen Theorie* noch Gültigkeit besitzt, belegt ein Passus aus dem Abschnitt »Gesellschaft« (vgl. ÄT, GS 7, S. 382), auf den ich später noch eingehender zu sprechen kommen werde.

22 Adorno scheint hier implizit Nietzsche mit dem Protagonisten von *Also sprach Zarathustra* gleichzusetzen, handelt es sich bei diesem Werk doch – neben EH Schicksal 4 – um den einzigen autorisierten Text Nietzsches, in dem von den »neuen Tafeln« die Rede ist (vgl. Za I Vorrede 9; Za III Tafeln).

23 Siehe dazu auch die folgende Passage aus *Funktionalismus heute*: »Die Antinomie mag, über das Phänomen des cultural lag hinaus, in der Bewegung des Begriffs Kunst ihren Grund haben. Kunst muß, um es ganz zu werden, ihrem eigenen Formgesetz gemäß, autonom sich kristallisieren. Das macht ihren Wahrheitsgehalt aus; anders würde sie dem untertan, was sie,

aber zugleich, dass in der soeben zitierten Passage abermals nicht nur von einem bestimmten ästhetischen Bewusstsein, sondern auch von einer aus diesem folgenden Praxis die Rede ist. Die Eigenheiten dieser Praxis eröffnet eine Stelle aus dem Abschnitt »Gesellschaft« der *Ästhetischen Theorie*. Sie greift auf dieselbe Strategie der Kritik zurück, die soeben nachgezeichnet wurde:

> Der Schönheitsbegriff des l'art pour l'art wird eigentümlich leer und stoffbefangen zugleich, eine Jugendstilveranstaltung, wie sie in den Ibsenschen Formeln vom Weinlaub im Haar und vom In Schönheit Sterben sich verriet. Schönheit, ohnmächtig zur Bestimmung ihrer selbst, die sie nur an ihrem Anderen gewönne, eine Luftwurzel gleichsam, wird verstrickt ins Schicksal des erfundenen Ornaments. Beschränkt ist diese Idee des Schönen, weil sie in unmittelbare Antithese zur als häßlich verstoßenen Gesellschaft sich begibt, anstatt, wie noch Baudelaire und Rimbaud, ihre Antithese aus dem Inhalt – bei Baudelaire der imagerie von Paris – zu ziehen und zu erproben: so allein würde die Distanz zum Eingriff bestimmter Negation. Gerade die Autarkie der neuromantischen und symbolistischen Schönheit, ihre Zimperlichkeit jenen gesellschaftlichen Momenten gegenüber, an denen allein Form eine würde, hat sie so rasch konsumfähig gemacht. Sie betrügt dadurch über die Warenwelt, daß sie sie ausspart; das qualifiziert sie als Ware. Ihre latente Warenform hat innerkünstlerisch die Gebilde des l'art pour l'art zu dem Kitsch verurteilt, als der sie heute belächelt werden. An Rimbaud wäre zu zeigen, wie in seinem Artismus die schneidende Antithese zur Gesellschaft und Willfähriges: die Rilkesche Verzückung über den Duft der alten Truhe, auch Cabaret-Chansons, unverbunden nebeneinander stehen; schließlich triumphierte die Versöhnlichkeit, und das l'art pour l'art-Prinzip war nicht zu retten. (ÄT, GS 7, S. 352)

Der Satz, mit dem dieser Passus eröffnet, legt die Besonderheiten der ästhetischen Praxis des Jugendstils frei: Sie charakterisiere sich durch ihre Stoffbefangenheit. Aufgrund derselben entbehren die Produkte des Jugendstils wie diejenigen der Neuromantik und des Symbolismus jener spannungsgeladenen Verwindung von Form und Inhalt, die laut der *Ästhetischen Theorie* allein zur Schaffung eines authentischen Kunstwerkes hinreicht (vgl. ÄT, GS 7, S. 205–224). In den darauffolgenden Sätzen wird die Problematik eines Schönheitsbe-

---

durch ihre schiere Existenz, verneint. Aber als von Menschen Verfertigtes ist sie diesen nicht gänzlich entrückt; enthält konstitutiv in sich das, wogegen sie sich wehrt. Wo Kunst das Gedächtnis ihres Füranderesseins vollends ausmerzt, wird sie zum Fetisch, zu jenem selbstgemachten und dadurch bereits relativierten Absoluten, als welches der Jugendstil seine Schönheit erträumte. Gleichwohl ist Kunst zur Anstrengung des reinen Ansichseins gezwungen, wenn sie nicht Opfer des einmal als fragwürdig Durchschauten werden will. Ein quid pro quo folgt daraus. Was, als sein virtuelles Subjekt, einen befreiten, emanzipierten Typus des Menschen, der erst in einer veränderten Gesellschaft möglich wäre, visiert, erscheint in der gegenwärtigen wie Anpassung an die zum Selbstzweck ausgeartete Technik, wie die Apotheose von Verdinglichung, deren unversöhnlicher Gegensatz Kunst ist.« (NzL, GS 11, S. 390f.)

griffes, der aus einer solchen Praxis folgt, weiter ausbuchstabiert: Sie besteht insbesondere in dessen bloß suggerierter Autonomie. Diese Autonomie entbehrt aufgrund ihres bloßen Gesetzt-Seins jeglichen Wahrheitsgehalts, den sie erst durch die qua Formung zu erlangende Absetzung von der Gesellschaft erlangen würde. Sie ist daher bloße Fiktion, was im Text auch durch den dort gegebenen Begriffsgebrauch markiert wird. Dort ist u. a. nicht von Autonomie, sondern von der »Autarkie der neuromantischen und symbolistischen Schönheit« die Rede.[24]

Die Kritik an dieser Autarkie wirft auch Licht auf einen der drei Begriffe des Headings der Einfügung Ts 18813: die »abstrakte Negation«. Diese wird im Lauftext der Einfügung selbst nicht erwähnt, ist aber, wie die vorliegende Parallelstelle belegt, in Adornos Interpretation des Jugendstils mitzudenken: Dessen Schönheitsbegriff erreicht eben nicht den Status einer bestimmten Negation, sondern verharrt in der von Adorno wie schon von Hegel zurückgewiesenen abstrakten Negation. Dass Hegel diese Kritik in seinen materialen Arbeiten nicht umgesetzt hat, wurde ihm von Adorno immer wieder vorgeworfen. Dabei etablierte er als Gegenmodell ein negativ-dialektisches Verständnis der bestimmten Negation, welches – im Gegensatz zu Hegel – das Negierte als Negatives stehen lässt und sich nicht als Positives auf höherer Stufe integriert.[25]

Abgesehen davon demonstriert der Passus noch eine weitere Besonderheit von Adornos Umgang mit Phänomenen des literaturgeschichtlichen Kanons von 1850 bis zur Jahrhundertwende. Sie besteht darin, dass sich Adornos Aus-

---

[24] Den inhärenten Widerspruch, der laut Adorno dem Autonomieverständnis des Jugendstils innewohne, hat er in einer anderen Einfügung auf die Formel »der paradoxen Allgemeinheit eines Stils der Einsamkeit« (ÄT, GS 7, S. 469) gebracht. In dieser Formel kulminiert eine Kritik am Jugendstil, die in den Vorlesungen zur Ästhetik von 1958 noch en détail ausformuliert wurde: »Daß nämlich die Situation der Einsamkeit, die für dieses gesamte atomistische Bewußtsein der spätbürgerlichen Phase so charakteristisch ist, daß diese Situation der Einsamkeit ihrerseits eine allgemeine Situation ist, daß alle so einsam sind, und daß dadurch das, was man für das absolut Unmittelbare hält –, das Je-für-sich-selber-Sein der einzelnen Person –, daß das etwas selber bereits Vermitteltes ist, das heißt, daß das etwas ist, worin in Wirklichkeit das Gesetz einer auf Atomisierung drängenden Totalität steckt.« (NL IV/3, S. 100)

[25] Siehe dazu insbesondere folgenden Abschnitt aus der Negativen Dialektik: »Die Negation, die das Subjekt übte, war legitim; auch die an ihm geübte ist es, und doch Ideologie. Indem, auf der jeweils neuen dialektischen Stufe, von Hegel wider die intermittierende Einsicht seiner eigenen Logik das Recht der vorhergehenden vergessen wird, bereitet er den Abguß dessen, was er abstrakte Negation schalt: abstrakte – nämlich aus subjektiver Willkür bestätigte – Positivität. [...] Demgegenüber hat unbeirrte Negation ihren Ernst daran, daß sie sich nicht zur Sanktionierung des Seienden hergibt. Die Negation der Negation macht diese nicht rückgängig, sondern erweist, daß sie nicht negativ genug war; [...]. Das Negierte ist negativ, bis es verging. Das trennt entscheidend von Hegel.« (ND, GS 6, S. 161f.)

einandersetzung mit einem bestimmten Schönheitsbegriff nicht auf den Jugendstil beschränkt, sondern über eine Vielzahl von ästhetischen Phänomenen erfolgt, die den genannten literaturgeschichtlichen Kanon kennzeichnen. Dafür werden in der zuvor zitierten Einfügung – wie auch schon in Ts 18813 – besagte Phänomene nicht artikuliert, sondern über die Nennung von Autorennamen und Stilrichtungen insinuiert. Der Jugendstil wird solcherart vage innerhalb eines komplexen intertextuellen Netzes, das sich zwischen *l'art pour l'art*, Ibsen, Baudelaire, Rimbaud und Rilke aufspannt, verortet. Im Zuge dieser Verortung kommt es unter anderem zur Stiftung einer Opposition von Jugendstil und Baudelaire, also jener beiden ›Phänomene‹, die in der zur Diskussion stehenden Einfügung dazu dienen, den metaphilosophischen Imperativ Nietzsches zu deuten. Auch diese Opposition lässt sich über eine Parallelstelle auflösen. Sie stammt aus dem selben Typoskriptkonvolut der *Ästhetischen Theorie* wie die soeben gelesene:

> Baudelaire hat, bei aller Überlegenheit des Ranges, den Jugendstil präludiert. Dessen Pseudos war die Verschönung des Lebens ohne dessen Veränderung; Schönheit selber wurde darüber ein Leeres und ließ wie alle abstrakte Negation dem Negierten sich integrieren. Die Phantasmagorie einer von Zwecken ungestörten ästhetischen Welt verhilft der unterästhetischen zum Alibi. (ÄT, GS 7, S. 382)

Der Unterschied zwischen Baudelaire und dem Jugendstil ist einer des ästhetischen Ranges. Da sich nach der *Ästhetischen Theorie* dieser Rang über das Zusammenspiel von den dem Kunstwerk immanenten Verfahrensweisen und seinem Verhältnis zur Gesellschaft bestimmt, ist davon auszugehen, dass sich das unterbestimmte »dessen« im zweiten Satz der hier zitierten Passage nicht auf Baudelaire, sondern auf den Jugendstil bezieht. Diese Vermutung wird durch die darauffolgende Beschreibung des eigentlichen »Pseudos« des Jugendstils bestärkt. Sie deckt sich mit denjenigen aus den bereits zuvor behandelten Parallelstellen und unterstreicht noch einmal die Problematik der abstrakten Negation, welche das Verhältnis der vom Jugendstil propagierten Schönheit zum (falschen) Ganzen der Gesellschaft kennzeichnet.

Kehrt man von diesem intratextuellen Exkurs zurück zur ersten Satzhälfte der Einfügung, bietet sich folgende Deutung derselben an: Nietzsches Forderung einer antimetaphysischen aber artistischen Philosophie ist problematisch, da sie einer epochenspezifischen Obsession entsprang, die in einer bestimmten ästhetischen Praxis kulminierte. Deren Ziel bestand primär darin, durch die Ästhetisierung des Daseins im Kunstwerk diesem einen Sinn zu geben. Problematisch an einer solchen Sinngebung ist insbesondere, dass sie in einer bloß abstrakten Negation zur gegebenen Sinnlosigkeit verharrt, die als abstrakte

Negation nicht die Differenz zu dem von ihr Negierten mitdenkt – das geschieht nur bei der bestimmten Negation – und derartig leicht in den gesellschaftlichen Gesamtprozess reintegriert werden kann.

Diese Kritik an Nietzsches metaphilosophischer Forderung impliziert zugleich, dass diese selbst nicht primär als Leit-Axiom, sondern als Ausdruck eines ästhetischen Bewusstseins gelesen wird. Die darin implizierte Ästhetisierung von Nietzsches Denken führt jedoch nicht zu der in der ersten Hälfte des Zwanzigsten Jahrhunderts gängigen Diffamierung desselben zum Dichterphilosophen. Dagegen spricht der weitere Verlauf der Einfügung.

In dieser wird in der zweiten Hälfte jenes Satzes, dessen erste Hälfte Nietzsches Forderung mit den genannten literarischen Phänomenen konfrontiert, die Kritik an dieser noch vertieft: »[...] als gehorchte Kunst dem emphatischen Anspr[i]uch jenes Diktums, wenn sie nicht die Hegelsche Entfaltung der Wahrheit wäre und selber ein Stück jener Metaphysik, die Nietzsche verfemt«. (Ts 18813)

Diese Fortführung der Kritik zeigt, dass Nietzsches Denken weiterhin als genuin philosophisches erachtet wird, erfolgt sie doch über eine Konfrontation mit jenem Satz aus der Hotho-Ausgabe der Hegel'schen *Ästhetik*, der in Adornos ästhetischem Denken eine zentrale Rolle spielt. Gemeint ist hier die Anspielung darauf, dass Kunst die »Entfaltung der Wahrheit« sei. Sie findet sich auch noch in vier weiteren Passagen der *Ästhetischen Theorie* (vgl. ÄT, GS 7, S. 159, 285, 309, 330), wird jedoch auch in diesen nicht als direktes Zitat ausgewiesen und bibliographisch belegt. In Hothos Hegelausgabe taucht sie erst am Ende des dritten und letzten Bandes der *Vorlesungen zur Ästhetik* auf. Deren allerletzter Absatz eröffnet folgendermaßen:

> In dieser Weise haben wir jetzt bis zum Ende hin jede wesentliche Bestimmung des Schönen und Gestaltung der Kunst philosophisch zu einem Kranze geordnet, den zu winden zu dem würdigsten Geschäfte gehört, das die Wissenschaft zu vollenden imstande ist. Denn in der Kunst haben wir es mit keinem bloß angenehmen oder nützlichen Spielwerk, sondern mit der Befreiung des Geistes vom Gehalt und den Formen der Endlichkeit, mit der Präsenz und Versöhnung des Absoluten im Sinnlichen und Erscheinenden, mit einer Entfaltung der Wahrheit zu tun, die sich nicht als Naturgeschichte erschöpft, sondern in der Weltgeschichte offenbart, von der sie selbst die schönste Seite und den besten Lohn für die harte Arbeit im Wirklichen und die sauren Mühen der Erkenntnis ausmacht. Daher konnte unsere Betrachtung in keiner bloßen Kritik über Kunstwerke oder Anleitung, dergleichen zu produzieren, bestehen, sondern hatte kein anderes Ziel, als den Grundbegriff des Schönen und der Kunst durch alle Stadien hindurch, die er in seiner Realisation durchläuft, zu verfolgen und durch das Denken faßbar zu machen und zu bewähren. (Hegel 1990, S. 573f.)

Hegel spricht hier nicht bloß von der Entfaltung der Wahrheit, sondern diese bildet das letzte Glied einer gedanklichen Trias, deren erste zwei Glieder sich schlichtweg nicht mit Adornos Ästhetik vertragen. Insofern überrascht es nicht, dass an derjenigen Stelle von Adornos Werk, an dem er die These von der Kunst als Entfaltung der Wahrheit erstmals an prominenter Stelle im Hotho-Hegel'schen Wortlaut zitiert, dem Anfang der Einleitung zur *Philosophie der neuen Musik* (vgl. GS 12, S. 13), jene Ausführungen Hegels, die die ersten beiden Glieder betreffen – »mit der Befreiung des Geistes vom Gehalt und den Formen der Endlichkeit, mit der Präsenz und Versöhnung des Absoluten im Sinnlichen und Erscheinenden« – nicht übernommen wurden. Diese Auslassung bestätigt nicht nur die Unvereinbarkeit dieser Passage mit Adornos eigenem ästhetischen Denken, sondern impliziert des Weiteren auch Unterschiede in Adornos und Hegels Wahrheitsauffassung. Die Komplexität und Problematik des Wahrheitsbegriffes, der der *Ästhetischen Theorie* inhäriert, ist von der Forschung bereits erarbeitet worden (vgl. Sonderegger 2011, S. 420–423). Bedeutsam für die Verfahrensweise der vorliegenden Einfügung ist jedoch nicht nur, dass die diesbezüglichen Untersuchungen einen Wahrheitsbegriff entwickelt haben, der sich fern von Hegels Wahrheitskonzept bewegt, sondern auch die Tatsache, dass in der Einfügung diese Differenz stillschweigend vorausgesetzt wird. Dieses Procedere zeugt von einem Umgang mit Primärtexten, der trotz vermeintlich direkter Referenz auf diese auf jeglichen philologischen Anspruch verzichtet und im Rahmen der eigenen Deutung verbleibt, im Zuge derer die Namen von literarischen Richtungen bzw. geistesgeschichtlichen Phänomenen zu Chiffren für bestimmte Momente der ästhetischen Theorie oder Praxis werden.

Trotz der genannten Differenzen bildet der emphatische Wahrheitsanspruch der Kunst den kleinsten gemeinsamen Nenner von Hegels und Adornos Ästhetiken. Damit geht in Adornos Fall das Bewusstsein von einem auch in postmetaphysischer Zeit noch vorhandenen metaphysischen ›Rest-Gehalt‹ der Kunst einher. Genau das Unterschlagen dieses Sachverhaltes in Nietzsches ›metaphilosophischem‹ Imperativ wird diesem zum Vorwurf gemacht.

Der nächste Satz der Einfügung fasst die Kritikpunkte an Nietzsches ›Metaphilosophem‹ noch einmal elliptisch zusammen: »Nichts Anti-Artistischeres als den konsequenten Positivismus.« (Ts 18813)[26] Hier wird jegliche Stellung gegen ein metaphysisches Denken zum Positivismus verkürzt. Ein Sachverhalt, der bei

---

26 Dieser Satz ist aus der umfangreichsten Überarbeitung der ersten Fassung der Einfügung hervorgegangen. In dieser gehörte er noch zum zweiten Satz: »[...], als ob sie nicht selber ein Stück jener Metaphysik bildete, die Nietzsche tabuiert – als ob es etwas Anti-Artistischeres gäbe als den konsequenten Positivismus, der der Kunst gegenüber so verblendet ist, daß er nicht einmal seine Unversöhnlichkeit mit ihr wahrnimmt« (Ts 18814, **Abb. 1**). – Die Streichung des Relativsatzes, der die These vom Anti-Artitsch-Sein des Positivismus expliziert, trägt wesentlich zur Hermetisierung der finalen Fassung der Einfügung bei.

der im nächsten Abschnitt erfolgenden Auseinandersetzung mit Adornos Umgang mit seinen Quellen, noch eingehender zu untersuchen sein wird. Folgt man dieser primär, erschließt sich einem die Pointe der Adorno'schen Kritik. Sie besteht darin, dass die Kunst mit dem Positivismus schlechthin unverträglich ist, da sie einerseits immer auch über das Gegebene hinausweist, andererseits dabei auch den Scheincharakter ihres eigenen Gegebenseins zur Schau stellt. Unter diesen Voraussetzungen ist eine Philosophie, die zugleich positivistisch und ästhetisch ist, nicht möglich.

Die Einfügung bleibt jedoch bei dieser Kritik nicht stehen, sondern leitet mit dem Folgesatz die gedankliche Gegenbewegung ein: »Nietzsche ist all das bewußt gewesen.« (Ts 18813) Diese auf den ersten Blick hochspekulative These – nahe am von Adorno selbst regelmäßig verfemten psychologistischen Fehlschluss[27] – wird in der Einfügung nicht durch Textbelege gestützt. An deren Stelle tritt abermals eine Erklärung dieser Position qua Rückbindung von Nietzsches Denken an seinen historisch(-ästhetisch)en Kontext: »Daß er den Widerspruch unentfaltet stehen ließ, stimmt zusammen mit Baudelaires Kultus der Lüge und dem luftwurzelhaften, chimärischen Begriff des Schönen bei Ibsen.« (Ts 18813)

Hier wird die Rückbindung Nietzsches an das ästhetische Bewusstsein seiner Zeit weitergeführt. Dabei entspricht der »luftwurzelhafte[ ], chimärische[ ] Begriff des Schönen bei Ibsen« bis in den Wortlaut hinein jener Beschreibung des Schönen, die nach ÄT, GS 7, S. 352 das problematische Schönheitsideal von l'art pour l'art, Jugendstil und Ibsen miteinander verbindet. Während es also durch diese Zusammenführung zu einer weiteren Verdichtung des intratextuellen Netzes kommt, in das sich die Denkbewegung der Einfügung einschreibt, erfährt dieses durch die Erwähnung von »Baudelaires Kultus der Lüge« eine Erweiterung. Im Gegensatz zu den bisherigen Allusionen der Einfügung lässt sich diese Anspielung auf Baudelaire nicht so leicht mithilfe des Parallelstellenverfahrens auflösen: Weder im überlieferten Textmaterial zur *Ästhetischen Theorie*, noch in Adornos veröffentlichten Schriften findet sich eine weitere Auseinandersetzung mit diesem Kult, zumindest nicht unter dem Topos eines »Kultus der Lüge«. Versteht man unter ›Kultus‹ jedoch nicht nur ›Pflege, Verehrung‹, sondern auch ›Verherrlichung‹, kann ein kurzer Relativsatz aus Adornos Aufsatz »Valérys Abweichungen« als Hinweis auf jenen Text Baudelaires gedeutet werden, den Adornos Rede vom »Kultus der Lüge« für seine ›Argumentation‹

---

[27] Dieser stellt für Adorno eine Art Grundaxiom der ihm zeitgenössischen literaturwissenschaftlichen Praxis dar, weswegen er diese bzw. die Philologie auch regelmäßig kritisiert. Zu Adornos Philologieverständnis siehe auch Felix Christens' Beitrag in diesem Band.

potentiell in Anspruch nimmt. Bei diesem Nebensatz handelt es sich um den Hinweis, dass Baudelaire »die Lüge der Geliebten verherrlichte« (NzL, GS 11, S. 166). Es ist zu vermuten, dass es sich dabei um eine Anspielung auf ein bekanntes Gedicht aus den *Fleurs du Mal* handelt, das den bezeichnenden Titel *l'amour du mensogne* trägt. In ihm vollzieht das lyrische Ich,»qui fuit la vérité«, eine Transformation der eingangs als ›kalt‹, ›gelangweilt‹ und ›morbid‹ beschriebenen ›Geliebten‹, bei der es sich höchstwahrscheinlich eigentlich um eine Prostituierte handelt, in eine Erscheinung von Schönheit. Wesentlich bei diesem Transformationsakt ist, dass sich das lyrische Ich der Scheinhaftigkeit dieser Transformation bewusst ist, wie insbesondere der letzte Vers belegt: »Masque ou décor, salut! J'adore ta beauté« (Baudelaire 1990, S. 189) [28].

In der Einfügung Ts 18813 scheint mit der Rede von »Baudelaires Kultus der Lüge« nun nicht nur auf diesen Scheincharakter angespielt zu werden, sondern dieser zugleich verallgemeinert zu werden.[29] Derartig wird die im Gedicht noch auf ein bestimmtes Phänomen bezogene intentionale Verfälschung auf Nietzsches Umgang mit seinem vermeintlichen philosophischen Leit-Axiom projiziert und somit in einen anderen Kontext übertragen.[30] *Tertium comparationis* ist, dass sowohl das lyrische Ich in Baudelaires Gedicht als auch Nietzsche – so Adornos Deutung – bewusst die Lüge/Scheinhaftigkeit der Schönheit bzw. Pa-

---

28 Die vollständige letzte Strophe lautet:
»Mais ne suffit-il pas que tu sois l'apparence,
Pour réjouir un coeur qui fuit la vérité?
Qu'importe ta bêtise ou ton indifférence?
Masque ou décor, salut! J'adore ta beauté.« (Baudelaire 1990, S. 188)
Walter Benjamin übersetzt sie folgendermaßen:
»Mir aber der ich wahres Wesen flieh
Mag dieser Schein im Herzen Lust vertreten
Was tut dein Stumpfsinn deine Apathie
Idol, Attrappe! Laß mich vor dir beten.« (GSB IV, S. 53)

29 Dafür spricht auch eine Stelle aus einem Aufsatz Adornos zu Richard Strauss, in der er den vermeintlich willkürlich gesetzten Scheincharakter der Strauss'schen Musik folgendermaßen kritisiert: »Sein Schein ist das Baudelairesche Lob der Lüge, zum universalen Formprinzip erhoben; er fabriziert einen abwesenden Sinn aus Trümmern einer Wirklichkeit, die bereits Übermacht hat über den Genius, der in ihr es nicht aushält. Als Schein gibt seine Musik sich preis.« (GS 16, S. 605)

30 Adornos Inanspruchnahme der Verse Baudelaires opponiert Benjamins Deutung derselben. Dies legt zumindest ein Notat zur Passagen-Arbeit nahe, in dem Benjamin, dem Original weitaus treuer als Adorno, an die Stelle eines »Kultus der Lüge« die Lüge als rettende Abwehrreaktion deutet: »Die Mystifikation ist bei Baudelaire ein apotropäischer Zauber, ähnlich der Lüge bei der Prostituierten.« [J 59, 9] (GSB V, S. 422)

radoxie der eigenen Forderung in Kauf nehmen und so den Schein verabsolutieren. Adorno reaktiviert dabei ein Moment seiner Nietzsche-Deutung, das bereits in der *Negativen Dialektik* von ihm zur Kritik an der Metaphysikkritik eingesetzt wird. Dabei rekurriert Adorno auf den selben Problemkomplex, den auch die Einfügung Ts 18813, jedoch in einem ästhetischen Kontext, verhandelt:

> Nietzsche, unversöhnlicher Widersacher des theologischen Erbes in der Metaphysik, hatte den Unterschied von Wesen und Erscheinung verspottet und die Hinterwelt den Hinterwäldlern überantwortet, darin eines Sinnes mit dem gesamten Positivismus. Nirgendwo anders vielleicht ist so greifbar, wie unverdrossene Aufklärung den Dunkelmännern zustatten kommt. Wesen ist, was nach dem Gesetz des Unwesens selber verdeckt wird; bestreiten, daß ein Wesen sei, heißt sich auf die Seite des Scheins, der totalen Ideologie schlagen, zu der mittlerweile das Dasein wurde. Wem alles Erscheinende gleich viel gilt, weil er von keinem Wesen weiß, das zu scheiden erlaubte, macht, aus fanatisierter Wahrheitsliebe, gemeinsame Sache mit der Unwahrheit, [...]. (ND, GS 6, S. 171)

Der Passus vereinigt zahlreiche Motive, die sich auch in der Einfügung Ts 18813 finden, so zum Beispiel Nietzsches Affinität zum Positivismus und seine Verabschiedung der Metaphysik. Dient der Verweis auf Nietzsches tendenzielle Verabsolutierung de Scheins hier jedoch – ganz im Sinne von Adornos in der *Negativen Dialektik* propagierten Solidarität mit »Metaphysik im Augenblick ihres Sturzes« (ND, GS 6, S. 400) – dem Nachweis der Probleme, die ein vollkommener Verzicht auf den Wesensbegriff für die Ideologie- und Gesellschaftskritik nach sich zieht, erscheint diese im kunstphilosophischen Kontext der *Ästhetischen Theorie* in einem anderen Licht.

Warum auch ein Denker wie Nietzsche, in dessen mittlerer Schaffensphase die Idee der Redlichkeit eine zentrale Rolle spielt (vgl. Brusotti 1997, insbesondere S. 32f.), auf jene Masken, die in Baudelaires Gedicht willkommen geheißen werden, und mit ihnen den Schein nicht verzichten konnte, erläutern die folgenden Sätze der Einfügung. Deren erster lautet: »Der konsequentesteä Aufklärer täuschte sich nicht darüber, daß durch schiere Konsequenz Motivation und Sinn von Aufklärung verschwinden.« (Ts 18813) Dieser Kommentar wiederholt den Grundgedanken der *Dialektik der Aufklärung*: Die Idee, dass eine Aufklärung, die sich ausschließlich der instrumentellen Vernunft bedient, selbst unterläuft und letztendlich die Welt »im Zeichen triumphalen Unheils« (DA, GS 3, S. 19) erstrahlen lässt – wie Horkheimer und Adorno im zweiten Satz der *Dialektik der Aufklärung* schreiben. Strebten Horkheimer und Adorno mit diesem Buch danach, die Vernunft über ihre eigenen negativen Ab- und Umwege aufzuklären, schreibt die Einfügung Nietzsche, dem »konsequentesten Aufklärer«, eine andere Strategie zu: »Anstelle der Selbstreflex[u]ion von Aufklärung verübt er Gewaltstreiche des Gedankens.« (Ts 18813) Erst hier, gegen Ende der Einfügung, wird die Funktion jenes »leisen Widersinns« erläutert, der bereits in ihrem zweiten Satz dem Nietzsche'schen metaphilosophischen Imperativ zugeschrieben wird. Dieser sei Nietzsche eben nicht nur »bewußt gewesen«, sondern seine Antwort auf die Konsequenzen einer Aufklärung, die das Opfer der sie tragenden Vernunft geworden ist.

Nietzsche wird somit die Vorwegnahme der Einsicht in einen Sachverhalt zugestanden, der spätestens seit den vierziger Jahren eine zentrale Prämisse von Adornos Denken bildet. Seine ausführlichste Reflexion findet sich in der *Negativen Dialektik* im Abschnitt »Selbstreflexion des Denkens«. Dieser eröffnet mit einer Beschreibung besagter Grundannahme:

> Die Kraft des Bewußtseins reicht an seinen eigenen Trug heran. Rational erkennbar ist, wo die losgelassene, sich selbst entlaufende Rationalität falsch wird, wahrhaft zu Mythologie. Ratio schlägt in Irrationalität um, sobald sie, in ihrem notwendigen Fortgang, verkennt, daß das Verschwinden ihres sei's noch so verdünnten Substrats ihr eigenes Produkt, Werk ihrer Abstraktion ist. Wenn das Denken bewußtlos seinem Bewegungsgesetz folgt, wendet es sich wider seinen Sinn, das vom Gedanken Gedachte, das der Flucht der subjektiven Intentionen Einhalt gebietet. (ND, GS 6, S. 152)

Während sich jedoch Adornos Denken daran abarbeitet mithilfe der negativen Dialektik »über den Begriff durch den Begriff hinauszugelangen« (ND, GS 6, S. 27), um so dem Verschwinden des Substrats des Denkens entgegenzusteuern, schreibt die Einfügung Nietzsche einen anderen Weg zu, auf dem er dem oben genannten Dilemma zu entkommen trachtet: »Gewaltstreiche des Gedankens«. Zu diesen zählen offensichtlich jene Widersprüche, die Nietzsche »unentfaltet stehen ließ«. Weitere Beispiele für dieses Denken liefert die Einfügung nicht. Sie endet mit einem Satz, der erläutert, welche Paradoxie des Denkens den Anstoß zu Nietzsches »Gewaltstreiche[n] des Gedankens« gegeben hat: »Sie drücken aus, daß Wahrheit selbst, deren Idee Aufklärung auslöst, nicht ist ohne jenen Schein, den sie um ihrer Wahrheit willen extirpieren möchte; mit diesem Moment von Wahrheit ist Kunst solidarisch.« (Ts 18113)

Dieser Satz wendet die zuvor erfolgte Kritik an Nietzsches metaphilosophischem Diktum ins Positive. Auf seinem Hintergrund erscheint die Forderung nach einer positivistisch-ästhetischen Philosophie nicht mehr nur als Folge eines temporal bestimmten ästhetischen Bewusstseins, sondern wird zugleich zum Ausdruck desselben. Inwiefern die Rede davon, dass Nietzsches Denken das Wissen um die Notwendigkeit ausdrücke, Wahrheit qua Schein zu artikulieren, bedeutet, dass sein Philosophieren, in den Momenten, in denen es Gewaltstreiche verübt, die eigene Scheinhaftigkeit artikuliert und somit zu einer Form des ästhetischen Denkens wird – eine These, die insbesondere in der jüngeren Nietzscheforschung zunehmend an Bedeutung gewinnt[31] –, kann über die Auseinandersetzung mit der Einfügung nicht eindeutig bestimmt werden. Andere Texte Adornos sprechen jedoch dafür, dass er in Nietzsche, den er in der *Negativen Dialektik* als »[d]e[n] denkende[n] Künstler« bezeichnet, einen bedeutenden Vorläufer jenes Philosophierens erachtete, das sich durch ein Bewusstsein der Bedeutung des Zusammenspiels von Form und Verfahrensweise des Denkens für dessen Gehalt auszeichnet und im Zentrum von *Der Essay als Form* steht.[32] Aus Ts 18813 kann man jedoch schließen, dass für Adorno der Scheincharakter von Nietzsches Denken nicht nur das Resultat der Verwindung von Kunst und Philosophie darstellt, also aus dessen ästhetisch-essayistischer Form folge, sondern auch durch die bloß inhaltlich wahrnehmbare Gewaltsamkeit seines Denkens indiziert wird. Ob nicht auch eine derartige Zurschaustellung der eigenen Gewaltsamkeit Ausdruck einer ästhetischen Schreibweise ist, sei dahingestellt. Zudem ist zu fragen, ob eine Philosophie, die einem ästhetischen Bewusstsein entspringt, überhaupt unästhetisch verfahren kann.

Offensichtlich stehen jedoch nicht diese Fragen, sondern Adornos eigene Kunstphilosophie im Zentrum der Einfügung. Deren Ende verweist auf ein Moment seiner Ästhetik, den er selbst immer wieder betont hat: die Bedeutung des Scheins für das Wahrheitspotential der Kunst. Dass dieses Moment und nicht eigentlich die Deutung von Nietzsches Philosophie das ›argumentative‹ Ziel der Einfügung darstellt, bestätigt auch die von Adorno in der vorausgehenden Fassung handschriftlich eingefügte und an seine Frau gerichtete Marginalie: »Herztier, ich denke, dies muß zum Teil über Rettung des Scheins; dafür ist es sehr wichtig.«

Sieht man einmal davon ab, dass diese textkompositorische Vorgabe von Gretel Adorno und Rolf Tiedemann im Rahmen der Textkonstitution der Leseausgabe im Suhrkamp-Verlag nicht berücksichtigt wurde, und wendet sich der Bedeutung dieser Vorgabe für den Gehalt der Einfügung zu, eröffnet sich eine neue Bedeutungsebene derselben. Adornos Erwägung, die Einfügung in den Abschnitt über die »Rettung des Scheins« (vgl. ÄT, GS 7, S. 163–168) zu integrieren, bestätigt, dass ihr Ziel nicht primär die Interpretation von Nietzsches meta-

---

31 Die philosophische Bedeutung und Funktion des ästhetischen Kalküls von Nietzsches philosophischem Schreiben hat Zittel 2011[2000] exemplarisch am Beispiel von *Also sprach Zarathustra* herausgearbeitet. Jüngere textnahe Studien wie Stegmaier 2012, Pichler 2014 sowie Dellinger 2015 haben diesen Ansatz auf Nietzsches Prosatexte ausgeweitet und dabei das autosubversive Potential von Nietzsches Darstellungsverfahren freigelegt.
32 Zur Frage des Ästhetisch-Werdens der Philosophie siehe Andrea Sakoparnigs Beitrag in diesem Band.

philosophischem Imperativ, sondern diese Interpretation ein bloßes ›Mittel zum Zweck‹ darstellt. Eigentliches Telos der Einfügung scheint zu sein, über die Auseinandersetzung mit Nietzsche und ihm zeitnahe literaturgeschichtliche Phänomene jenes dialektische Zusammenspiel von Schein und Wahrheit paradigmatisch vorzuführen, das im Abschnitt »Zur Rettung des Scheins« reflexiv entwickelt wird. Im Zentrum dieses Abschnittes steht »die ästhetische Paradoxie schlechthin«:

> [W]ie kann Machen ein nicht Gemachtes erscheinen lassen; wie kann, was dem eigenen Begriff nach nicht wahr ist, doch wahr sein. Denkbar ist das nur vom Gehalt als einem vom Schein Verschiedenen; aber kein Kunstwerk hat den Gehalt anders als durch den Schein, in dessen eigener Gestalt. Darum wäre das Zentrum von Ästhetik die Rettung des Scheins, und das emphatische Recht der Kunst, die Legitimation ihrer Wahrheit, hängt von jener Rettung ab. (ÄT, GS 7, S. 163f.)

Aus diesem Passus geht hervor, dass die Kunst nur dann zum Ort der Wahrheit werden kann, wenn sie einerseits ihren Scheincharakter offen ausstellt, diesen aber andererseits auch temporär suspendiert. Für die Einfügung folgt aus diesem Sachverhalt zweierlei: Erstens erscheint sie auf diesem Hintergrund als die geistesgeschichtliche Exemplifikation der besagten Paradoxie, wobei sie zwischen partiell geglückten Lösungsversuchen derselben bei Nietzsche und Baudelaire sowie deren problematischen Auswüchsen im Jugendstil und bei Ibsen zu differenzieren scheint. Zweitens veranschaulicht sie aber auch, dass diese Paradoxie nicht nur in der Kunst, sondern auch in der Philosophie gegeben ist. Zumindest gilt dies für Nietzsches Philosophie, die nach Adornos Denken durch »Gewaltstreiche des Gedankens« ihre eigene Scheinhaftigkeit ausstellt und derartig Wahrheit artikuliert.

Neben dem Topos von der »Rettung des Scheins« findet sich in den Marginalien noch ein weiteres Leitmotiv von Adornos *Ästhetischer Theorie*, das bis jetzt in seinem Zusammenhang mit der Einfügung noch nicht erläutert wurde, da es im Lauftext selbst nicht explizit erwähnt wird: das Neue. Wie auch dieses in die Einfügung hineinspielt, kann anhand eines weiteren Intertextes aufgezeigt werden, der auch die Mehrheit der restlichen Topoi der Einfügung verhandelt und eine Art Miniaturmodell von Adornos spätem ästhetischem Denken darstellt. Dabei handelt es sich um den zuvor bereits zitierten Aufsatz »Valérys Abweichungen«, der erstmals 1960 in der *Neuen Rundschau* publiziert wurde. Bereits ein sporadischer Vergleich der Art und Weise, in der Adorno in diesem Aufsatz dieselben Themen wie in der Einfügung behandelt, erlaubt es die Eigenheiten von Letzterer noch deutlicher herauszuarbeiten.

In der zweiten Hälfte des Aufsatzes wird ein Begriff des Neuen entwickelt, der mit demjenigen aus der *Ästhetischen Theorie* korrespondiert. Dabei spielt Baudelaire eine tragende Rolle:

> Valéry verifiziert den Satz Kafkas, ein Fortschritt habe noch gar nicht angefangen. Das wirft Licht auf seine Lehre von der Zeit. Sie weist unmittelbar auf Baudelaire zurück, den Kultus des Todes als le Nouveau, als des schlechthin Unbekannten, der einzigen Zuflucht des spleen, der die Vergangenheit verlor und dem der Fortschritt den Makel der Immergleichheit trägt. (NzL, GS 11, S. 183)

Aufgrund der Verzahnung des industriell produzierten Neuen mit dem Immergleichen verliert das Neue, wie es in der Ware in Erscheinung zu treten pflegt, sein qualitatives Merkmal. Das qualitativ Neue bedarf daher eines Ortes, der sich fern dieses Reproduktionsprozesses befindet. Ein solches habe der Baudelaire'sche spleen im Tod gefunden.

Nicht mit diesem Ort, aber dem dahinter stehenden epistemologischen Konzept des Neuen stimmt die *Ästhetische Theorie* überein. Ihr ist das Neue jener privilegierte Ort eines fruchtbaren Augenblicks, in dem das Nichtidentische aufblitzt.[33]

Im Zuge der Auseinandersetzung mit Valéry zeigt Adorno, wie dieses Konzept des qualitativ Neuen von diesem vermeintlich in ihr Gegenteil gewendet wurde. Dafür wird ebenfalls Nietzsches metaphilosophische Forderung herangezogen, mit der die Einfügung Ts 18113 eröffnet: »Das objektivierte Kunstwerk will Dauer, die wie immer auch ohnmächtige, selber sterbliche Utopie des Überlebens; insofern führt Valéry Nietzsches Programm einer zugleich antimetaphysischen und ästhetischen Philosophie aus.« (NzL, GS 11, S. 190)

Eine Selbstdeutung dieser enigmatischen Stelle liefert der Aufsatz auf der Folgeseite. Dabei greift er abermals auf Nietzsche zurück, indem er einen Vers aus dem Gedicht *Oh Mensch! Gieb Acht!*, das in *Also sprach Zarathustra* in zwei Versionen überliefert ist,[34] ohne dessen Wortlaut zu überprüfen, wie die vom Original abweichende Eröffnung belegt, zitiert:

---

33 Siehe dazu unter anderem auch ÄT, GS 7, S. 38: »Nur im Neuen vermählt sich Mimesis der Rationalität ohne Rückfall; ratio selbst wird im Schauer des Neuen mimetisch: mit unerreichter Gewalt bei Edgar Allan Poe, wahrhaft einem der Leuchttürme Baudelaires und aller Moderne. Das Neue ist ein blinder Fleck, leer wie das vollkommene Dies da.«

34 Deren erste bietet Za III Tanzlied 3: »E i n s ! // Oh Mensch! Gieb Acht! // Z w e i ! // Was spricht die tiefe Mitternacht? // D r e i ! // »Ich schlief, ich schlief –, // V i e r ! // »Aus tiefem Traum bin ich erwacht: — // F ü n f ! // »Die Welt ist tief, // S e c h s ! //»Und tiefer als der Tag gedacht. // S i e b e n ! // »Tief ist ihr Weh –, // A c h t ! // »Lust – tiefer noch als Herzeleid: // N e u n ! // »Weh spricht: Vergeh! // Z e h n ! // »Doch alle Lust will Ewigkeit –, // E l f ! // »—

> »Denn alle Lust will Ewigkeit.« Kein anderes Motiv hat Proust zur Konstruktion des Lebens aus der gewaltlosen, unwillkürlichen Erinnerung bewogen. Ein Moment des Desperaten, Jugendstilhaften; der Gestus des sich selbst aus dem Sinnverlassenen herausprojizierenden Sinnes ist dabei unverkennbar. Ästhetisches Bewußtsein, das den Sturz der Religionen – ausdrücklich bei Baudelaire, implizit auch bei Valéry – voraussetzt, kann nicht Kategorien aus dem theologischen Bereich wie die der Ewigkeit umstandslos zur Kunst säkularisieren, als ob solche Transposition deren Anspruch und Wahrheitsgehalt nicht selber berührte. Die Kritik, die Valéry an der Gottähnlichkeit des künstlerischen Selbst übte, dürfte auch vor der Idee der Dauer der Werke nicht verstummen, an deren Realität er ohnehin zweifelte. (NzL, GS 11, S. 191f.)

Dieser Passus erlaubt den finalen Brückenschlag zwischen »Valérys Abweichungen« und der Einfügung Ts 18113. Er zeigt, dass das Leiden und die Trauer an der Hinfälligkeit der im qualitativ Neuen blitzartig erscheinenden Wahrheit zum Bedürfnis von deren Perpetuierung führt. Die literarische Moderne hat als Ort für diese zum Scheitern verurteilte Perpetuierung das Kunstwerk auserkoren. Laut Adornos Deutung kennzeichnet die diesem Gedankengang inhärente Paradoxie auch Nietzsches metaphilosophische Forderung. Die darin zum Ausdruck kommende Hoffnung, durch ein positivistisch-ästhetisches Philosophieren den Kairos – hier zu verstehen als Augenblick der Wahrheit – auf Dauer zu stellen, korrespondiert mit den Versuchen des Jugendstils, im Zeitalter des Nihilismus einen säkularisierten Sinn zu stiften. Solche Versuche sind jedoch aufgrund der Unmöglichkeit, theologische Zeitvorstellungen zu säkularisieren, letztendlich gescheitert.

Das Wissen von diesem Scheitern sei jedoch – das ist die Pointe von Adornos Inanspruchnahme Nietzsches in der Einfügung Ts 18113 –, Nietzsche bereits selbst bewusst gewesen, weswegen dieser auf Denkformen zurückgegriffen habe, die ihre eigene Gewalttätigkeit offen zur Schau stellen und dabei dennoch weiterhin das Unmögliche, die Perpetuierung von Wahrheit im Schein, versuchen. Auf ein von Adorno selbst gerne verwendetes Bild zurückgreifend kann man feststellen, dass nach Adornos Deutung Nietzsches Philosophie sich vergeblich am Münchhausenkunststück versucht, als Philosophie die durch bloße

---

will tiefe, tiefe Ewigkeit! // Z w ö l f ! « (KSA 4, S. 285f.) Die zweite Fassung bildet das Ende des vorletzten Abschnittes von Za IV. Sie unterscheidet sich von der ersten Fassung dadurch, dass sie in der Erstausgabe durchgehend im Sperrsatz gesetzt wurde. Zudem sind in ihr sämtliche zählenden Verse gestrichen: »O h   M e n s c h !   G i e b   A c h t ! // W a s   s p r i c h t   d i e   t i e f e M i t t e r n a c h t ?   // » I c h   s c h l i e f ,   i c h   s c h l i e f –, // » A u s   t i e f e m   T r a u m   b i n i c h   e r w a c h t :   –// » D i e   W e l t   i s t   t i e f , // » U n d   t i e f e r   a l s   d e r   T a g   g e d a c h t . // » T i e f   i s t   i h r   W e h –, // » L u s t   –   t i e f e r   n o c h   a l s   H e r z e l e i d : // » W e h   s p r i c h t :   V e r g e h ! // » D o c h   a l l e   L u s t   w i l l   E w i g k e i t –, // » –   w i l l t i e f e ,   t i e f e   E w i g k e i t ! « (KSA 4, S. 404)

Vernunft nicht mehr fassbare Wahrheit – Momente der Nichtidentität – auf Dauer zu stellen, indem sie intendierterweise aus einem ästhetischen Bewusstsein entspringende Widersprüche in actu vorführt und solcherart die Gewaltsamkeit des Denkens veranschaulicht.

Wie sich diese Deutung zu den von ihr in Anspruch genommenen Referenzautoren und Stilrichtungen verhält, wird im Folgenden Abschnitt nachgezeichnet.

Adornos Umgang mit seinen Quellen oder Zur Bedeutung der Textgrundlage für die Interpretation

Wie bereits der kurze Exkurs zu Adornos Umgang mit Hegels These von der Kunst als Entfaltung der Wahrheit gezeigt hat, bewegt sich dessen Kritik an Phänomenen und Größen der Geistesgeschichte fern von philologischer Treue zum Buchstaben. Das führt dazu, dass ein Leser, dem weder die Bezugstexte Adornos, noch dessen an anderen Stellen seines Werkes gegebene Auseinandersetzung mit diesen geläufig sind, kaum den Gehalt derartiger Stellen erfassen wird können. Im Fall der Hegel'schen These wird die Auslegung von Adornos Adaption derselben noch zusätzlich dadurch erschwert, dass er auf den bibliographischen Nachweis des von ihm kritisch weitergedachten Theorems verzichtet.

Insofern stellt die Auseinandersetzung mit Nietzsche in der Einfügung Ts 18813 sogar eine Ausnahme dar, wird in ihr doch – im Gegensatz zu allen weiteren explizit auf Nietzsche bezugnehmenden Stellen in der *Ästhetischen Theorie*[35] – Nietzsches metaphilosophischer Imperativ als Zitat ausgewiesen, jedoch nicht bibliographisch belegt. Erst in der Leseausgabe wurde ein solcher von den Herausgebern nachgereicht. Er verweist auf den 3. Band der 1956 erstmals erschienenen dreibändigen Nietzsche-Ausgabe von Karl Schlechta. Dieser verzeichnet an der angegebenen Stelle folgendes ›nachgelassenes Fragment‹ Nietzsches: »Eine antimetaphysische Weltbetrachtung – ja, aber eine artistische.« (SA III, S. 481)

Weder Adorno, noch die Herausgeber der *Ästhetischen Theorie* konnten wissen, dass es sich bei diesem ›Fragment‹ um einen Text handelt, den Nietzsche so nie geschrieben hat. Der Text der Schlechtaausgabe folgt in diesem Fall,

---

35 Ähnlich verhält es sich in den *Noten zur Literatur*. Auch in den dort versammelten Essays finden sich zahlreiche Bezugnahmen auf Nietzsche, jedoch nur zwei Direktzitate aus seinen Schriften (vgl. GS 11, S. 33 und S. 39).

wie auch bei der Mehrheit der restlichen ›Texte‹ aus Nietzsches *Nachlaß der achtziger Jahre*, dem Text der vom Nietzsche-Archiv verantworteten Großoktavausgabe. Diese präsentiert denselben Text als Aphorismus 1048 im zweiten Band von *Der Wille zur Macht* (vgl. GA XVI, S. 386).

Wirft man einen Blick auf diejenige Handschrift Nietzsches, welche der Textkonstitution dieses Aphorismus des *Willens zur Macht* als Grundlage diente, wird man schnell der editionsphilologischen Problematik desselben gewahr (vgl. W I 8, S. 48; **Abb. 3** und **4**). Wie bereits erwähnt, war diese Problematik höchstwahrscheinlich weder Adorno noch den Herausgebern der Leseausgabe bewusst.[36] Da jedoch in der aktuellen exegetischen Auseinandersetzung mit Adornos *Ästhetischer Theorie* mehrheitlich die selbe Gleichgültigkeit gegenüber textkritischen Fragen gepflegt wird, wie sie Adorno und seine Zeitgenossen gegenüber den Aufzeichnungen aus Nietzsches Nachlass pflegten, erscheint es sinnvoll, die Konsequenzen eines derartigen Habitus für die auf ihm fußenden Interpretationen anhand der besagten Aufzeichnung Nietzsches vorzuführen. Das auf der Seite 48 des Arbeitsheftes W I 8 überlieferte Textmaterial lässt nicht nur den auch von Schlechta abermals reproduzierten Text, sondern auch Adornos Deutung desselben fragwürdig werden. Bei dem vermeintlichen Aphorismus handelt es sich nämlich um eine handschriftliche Ergänzung Nietzsches am rechten Rand einer Vorarbeit zu den Vorreden von 1886, die einer finalen Form und Fassung entbehrt. Nietzsche beginnt diesen Nachtrag mit den sowohl von der Großoktavausgabe als auch Schlechta übernommenen Worten »Eine artistische Weltbetrachtung« und fügt dieser fünf weitere, jeweils durch einen als Zeilenumbruch deutbaren Abstand getrennte Ergänzungen hinzu: »eine antimetaphysische – ja aber«, »eine artistische –«, »eine pessimistische{-buddhistische} –«, »eine skeptische–«, »eine wissenschaftliche – nicht positiv.«.

Aufgrund der materialen Gegebenheiten dieser Ergänzungen ist davon auszugehen, dass es sich bei den letzten vier Ergänzungen um gleichwertige Alternativvarianten handelt. So scheinen auch Gorgio Colli und Mazzino Montinari die Aufzeichnung gedeutet zu haben, wie die Entscheidung im Zuge ihrer Edition von Nietzsches Nachlass alle vier Varianten am Ende des Fragments NL 1885, 2[186] (KSA 12, S. 160) abzudrucken, belegt. Im Zuge dessen kam es auch zu einer Emendation des in der Handschrift abgekürzten »nicht positiv.« zu »nicht positiv{istische}«. Gerade diese Emendation am Ende der Aufzeichnung hätte

---

[36] Dass Nietzsches Nachlass mit Vorsicht zu handhaben ist, war jedoch spätestens seit einem *Spiegel*-Artikel vom 29.01.1958, der ausführlich die von Karl Schlechta nachgewiesenen Brief-Verfälschungen durch Nietzsches Schwester Elisabeth erörterte, einer breiteren Öffentlichkeit bekannt (vgl. https://magazin.spiegel.de/EpubDelivery/spiegel/pdf/41760571).

jedoch Adornos Deutung von Nietzsches Notat in der Einfügung Ts 18813, wo er dessen Philosophieverständnis als partiell positivistisches ausweist, unmöglich gemacht.³⁷

Nicht nur diese inhaltliche Interpretation von Nietzsches Ergänzung, auch deren Status als Metaphilosophem wird von der *materialiter* gegebenen Überlieferungslage in Frage gestellt. Dass die Ergänzung Nietzsches offen zur Weiterverarbeitung ist und dementsprechend nicht den Anspruch auf einen abgeschlossenen Text erheben kann, dokumentieren die vier Varianten für deren Ende.³⁸ Nietzsche hat seine eigenen Präferenzen in Betreff dieser Varianten nicht qua Streichungen zum Ausdruck gebracht. Dementsprechend behält jede philologisch auch noch so gut gerechtfertigte Bevorzugung einer dieser Varianten den Nimbus des Spekulativen. In Anbetracht dessen ist es höchst problematisch, einen derartig konstituierten Text zu einem zentralen Metaphilosophem Nietzsches zu erheben.

Wie diese Überlegungen zeigen, hätte eine philologisch fundierte Textgrundlage wohl Adornos Deutung von Nietzsches vermeintlichem Metaphilosophem bereits im Keim erstickt. Nun kann man, wie bereits erwähnt, Adorno seine Unkenntnis der Überlieferungslage nicht zum Vorwurf machen. Dennoch bleibt seine Deutung problematisch, denn zentrale Momente derselben – so die Gleichsetzung von Nietzsches Philosophieverständnis mit demjenigen des Positivismus – werden auch von weiteren Passagen in Nietzsches Schriften unterlaufen. In Bezug auf den Positivismus sind dies insbesondere zwei Textsegmente, die Adorno mit sehr hoher Wahrscheinlichkeit bekannt waren:³⁹ GD Fabel und das nachgelassene Notat NL 1886, 7[60] (KSA 12, S. 315).⁴⁰ Insbesondere

---

37 Diesbezüglich fragwürdig erscheint auch die von Adorno vollzogene Gleichsetzung von »Weltbetrachtung« mit ›Philosophie‹.
38 Zu Nietzsches Schreibprozessen und der Offenheit zur Weiterverarbeitung des im Zuge derselben produzierten Textmaterials siehe Pichler 2015 sowie den Beitrag von Beat Röllin und Rene Stockmar in diesem Band.
39 In Adornos nachgelassener Bibliothek ist keiner der Nachlassbände der Großoktavausgabe, auch nicht *Der Wille zur Macht*, überliefert, sondern bloß ein Großteil jener Bände, die die von Nietzsche selbst autorisierten Werke umfassen. Das sind: *Morgenröthe* (GA IV), *Die Fröhliche Wissenschaft* (GA V), *Also sprach Zarathustra* (GA VI), *Jenseits von Gut und Böse* und *Zur Genealogie der Moral* (GA VII) sowie *Der Fall Wagner, Götzen-Dämmerung, Nietzsche contra Wagner, Umwerthung aller Werthe* (1. Buch: der Antichrist), *Dichtungen* (GA VIII).
40 Das nachgelassene Notat findet sich im selben Band des *Willens zur Macht*, in dem auch der ›Aphorismus‹ zur artistischen Weltbetrachtung abgedruckt ist. Sein Anfang lautet in der Fassung der Großoktavausgabe: »Gegen den Positivismus, welcher bei den Phänomenen stehn bleibt ›es giebt nur Thatsachen‹, würde ich sagen: nein, gerade Thatsachen giebt es nicht, nur Interpretationen. Wir können kein Faktum ›an sich‹ feststellen: vielleicht ist es ein Un-

diese Aufzeichnung, die als konstituierter Text den Aphorismus 481 im zweiten Band des *Willens zur Macht* bildet, steht quer zu Adornos Interpretation.

Diesem interpretativen Zugriff, der sich sowohl durch den Willen zur Integration fremden ›Gedankenmaterials‹ in die eigene Schreib-Denk-Praxis als auch durch den dabei gegebenen Verzicht auf philologische Absicherung kennzeichnet, entspricht des Weiteren die Tatsache, dass Adorno Nietzsches eigene Auseinandersetzung mit Baudelaire bei der interpretativen Zusammenführung der beiden nicht berücksichtigte. Zwar hatte Nietzsches diesbezügliche Auseinandersetzung mit Ausnahme von zwei Bezugnahmen in seinen autorisierten Schriften vorwiegend im privaten Schreiben stattgefunden. Manche dieser Bezugnahmen waren aber ebenfalls im Zuge der Nachlass-Verwertung durch das Nietzsche-Archiv in die von Nietzsche selbst nicht autorisierte (Nachlass-)Bände der Großoktavausgabe aufgenommen worden.[41]

---

sinn, so etwas zu wollen.« (GA XVI, S. 11) Ohne die Konsequenzen dieses Notats für Adornos Nietzsche-Deutung zu ziehen, gelangt Norbert W. Bolz im Rahmen seiner Auseinandersetzung mit der Einfügung Ts 18813 zu einem – auf den ersten Blick – ähnlichen Resultat bei der Deutung von deren Ende. Sie lautet: »Mit dieser Aufklärungskritik [d.i. NL 1886, 7[60], GA XVI, S. 11] im Geiste der Aufklärung begründet Nietzsche, der das Begehren zum hermeneutischen Apriori erhebt, sein eigenes erkenntnistheoretisches Programm des ›Perspektivismus‹. Dessen Paradigma scheint aber selbst ästhetisch, und die anknüpfenden Denkfiguren Nietzsches führen, ohne daß er eine ›Selbstreflexion der Aufklärung‹ im Medium eines kritischen Wahrheitsbegriffs je leistete, ins Zentrum der Ästhetischen Thoerie [sic].« (Bolz 1979, S. 381) Problematisch an Bolz' zwischen Paraphrase und Zitat-Collage changierenden Interpretation ist nicht deren Konklusion – auf den soeben zitierten Passus folgt zur Illustration der Konklusion als Direktzitat der letzte Satz von Ts 18813 –, sondern dass die Prämissen sowohl in Hinblick auf Adornos Nietzschedeutung in Ts 18813 als auch auf Nietzsche falsch sind: Ursache für Adornos im letzten Satz der Einfügung artikulierte Vermutung, dass sich bereits in Nietzsches Denken die ästhetische Dialektik von Schein und Wahrheit austrägt, sind primär Nietzsches »Gewaltstreiche des Gedankens«, nicht die ästhetische Verfahrensweise seiner Schriften. Für Letztere macht Bolz Nietzsches erkenntnistheoretischen Perspektivismus verantwortlich. Von diesem ist jedoch in der Einfügung selbst nicht die Rede. Zudem wird nicht klar, worin das Problem bestehen soll, dass ein solcher erkenntnistheoretischer Perspektivismus – der, wie die jüngere Nietzscheforschung durch textnahe Analyse von Nietzsches Sprachgebrauch gezeigt hat, übrigens eine Erfindung der Forschung ist (siehe dazu Jakob Dellingers Beitrag in diesem Band) – im Ästhetischen sein Paradigma hätte, wäre dies doch erstens in Hinblick auf den Perspektivismus als Erkenntnistheorie im Sinne von NL 1886, 7[60] nur konsequent und wird zweitens von Adorno in Ts 18813, wenn schon nicht direkt behauptet, so doch zumindest insinuiert.

41 So finden sich in den zwei Nachlassbänden und den zwei Teilbänden des *Willens zur Macht* der Großoktavausgabe eine zweistellige Zahl an Bezugnahmen auf und Auseinandersetzungen mit Baudelaire (vgl. GA XIV, S. 166, S. 177, S. 181, S. 190, S. 200f., S. 224, S. 237ff. sowie GA XV, S. 38 und 208).

Ein Blick auf diese Passagen hätte Adorno gezeigt, dass Nietzsche in seiner Deutung Baudelaires ähnlich verfuhr wie bei seiner Auseinandersetzung mit den Werken anderer Persönlichkeiten der Geistesgeschichte. Auch Nietzsche geht es nicht um eine hermeneutisch rechtschaffene Auseinandersetzung mit diesen Persönlichkeiten, sondern um die Indienstnahme bestimmter Eigenschaften derselben für sein eigenes Denken. Dafür entwickelt er eine Darstellungsform, die vor allem in seinem Spätwerk diese Persönlichkeiten zu ›Fällen‹ stilisiert, welche symptomatologisch gedeutet werden.[42] Wie schon Karl Pestalozzi im Rahmen der ersten umfangreicheren Untersuchung zum Verhältnis Nietzsches zu Baudelaire gezeigt hat, führt diese Deutungspraxis dazu, dass das Baudelaire-Bild in Nietzsches Nachlass stark changiert:[43] Positiven Äußerungen, wie das Lob über Baudelaires Charakterisierung von Victor Hugo als »›Esel von Genie‹« (NL 1885, 38[6]), stehen kritische Verortungen gegenüber, in denen Baudelaire als Repräsentant der décadence ausgewiesen wird. Zu der letztgenannten Gruppe gehört auch eine Aufzeichnung aus dem Arbeitsheft W II 3, in der Nietzsche Baudelaires Schönheitsverständnis behandelt: »Das Schöne, wie es Baudelaire versteht (und R Wagner –) Etwas Glühendes u Trauriges, ein wenig unsicher, Raum der Vermuthung gebend.« (W II 3, S. 122) Sowohl diese Bestimmung des Schönen als auch die dabei erfolgende Zusammenführung mit Wagner kommt Adornos eigener Deutung sehr nahe, verbietet aber aufgrund ihres kritischen Impetus eine Zusammenführung von Nietzsches eigenem Denken mit Baudelaire.

Ähnlich wie die Auseinandersetzung mit Nietzsche charakterisiert sich auch Adornos Umgang mit der Literaturgeschichte. Auch bei dieser ›Auseinandersetzung‹ – sprich: bei der Interpretation von Baudelaire, Ibsen und dem Jugendstil – erfolgt diese im Fall von Einfügungen wie Ts 18813 nicht durch eine kritische Reflexion des Wortlautes der Referenztexte in der Einfügung selbst, sondern durch implizite intra- und intertextuelle Verweise auf an anderen Stel-

---

42 Siehe dazu Pichler 2014, S. 171–174.
43 Pestalozzi selbst hat die Ursache dieses Changierens noch nicht in jener Deutlichkeit herausgearbeitet, wie dies von jüngeren Arbeiten zu Nietzsches Symptomatologie unlängst geleistet wurde. Er ist jedoch in der auf die erste Präsentation seines Aufsatzes folgenden Diskussion von Walter Kaufmann auf die oben angesprochenen Eigenheiten von Nietzsches Umgang mit Persönlichkeiten der Geistesgeschichte hingewiesen worden. Im Zuge dieser Diskussion konstatierte Kaufman treffend: »Ich glaube, daß es Nietzsche, wenn er in seinen Werken über Individuen spricht, im großen und ganzen nicht um diese Individuen geht. Es ist wahrscheinlich prinzipiell verfehlt, Nietzsche als Kritiker von X oder Y zu verhandeln, weil er – in *Ecce homo* sagt er es in aller Deutlichkeit – die jeweilige Person stilisiert, nicht als Person, sondern als eine Art Symbol in Betracht zieht.« (Pestalozzi 1978, S. 183f.)

len des eigenen Werkes bereits durchgeführte Interpretationen dieser Manifestationen der literarischen Moderne.

Im Fall der Auseinandersetzung mit Vertretern und Phänomenen der literarischen Moderne schieben sich zwischen diese und Adornos Deutung auch noch die Texte und Aufzeichnungen eines anderen Autors: Walter Benjamin. Dessen Passagen-Arbeit scheint insgeheim der eigentliche Bezugsrahmen für Adornos Auseinandersetzung mit den in der Einfügung genannten Autoren zu sein. Neben der bekannten Nähe und Bedeutung von Benjamins Denken für Adornos Philosophie sprechen dafür auch die Problemkonstellationen, in deren Kontext Adorno diese Autoren verortet und deutet. Es sind dieselben, um die auch Benjamins Passagen-Arbeit kreist. Bereits im ersten, 1935 entstandenen Exposé *Paris, Hauptstadt des XIX. Jahrhunderts* spielen Baudelaire und der Jugendstil eine tragende Rolle. Bekannterweise nahm Baudelaires Bedeutung in Benjamins ›Urgeschichte der Moderne‹ derartig zu, dass er die Auseinandersetzung mit ihm letztendlich aus der Passagen-Arbeit ausgliederte. Wie unter anderem folgende Stelle aus einem Brief an Adorno vom 04.10.1938 zeigt, in der Benjamin erläutert, inwiefern sich die erste Fassung des zweiten Teils seines Baudelaire-Buches, *Das Paris des Second Empire bei Baudelaire*, zum Gesamtkonzept des Buches sowie der Passagen-Arbeit verhält, präfigurierte Benjamin in seiner Auseinandersetzung mit Baudelaire neben den hier bereits untersuchten Fragestellungen und Topoi noch weitere, die Adorno in seinen eigenen ästhetischen Arbeiten kritisch aufnahm und weiterführte:

> Sie werden gesehen haben, daß die entscheidenden Motive – das Neue und Immergleiche, die Mode, die ewige Wiederkehr, die Sterne, der Jugendstil – zwar angeschlagen sind, aber von ihnen keines abgehandelt wurde. Die augenfällige Konvergenz der Grundgedanken mit dem Passagenplan zu erweisen, ist Sache des dritten Teils. (GSB I, S. 1093)

Briefstellen wie diese belegen, dass insbesondere Adornos Beschäftigung mit dem Verhältnis von Neuem und Immergleichen bis in sein Spätwerk über die kritische Auseinandersetzung mit Benjamins Denken erfolgte. Wie Sylvia Zirden in ihrer umfangreichen Monographie zu Adornos *Theorie des Neuen* nachweisen konnte, entwickelt Adorno im Rahmen dieses ›Dialoges‹ mit Benjamin, der auch lange nach dessen Tod weitergeführt wurde, ein alternatives Konzept des Neuen (vgl. Zirden 2005). Dabei folgt Adorno Benjamin in der Bestimmung des Neuen und Immergleichen als temporale und qualitative Kategorien, setzt jedoch an die Stelle der bei Benjamin qua Ähnlichkeit erfolgenden Versöhnung ein alternatives Konzept:

> Für Adorno kann Erkenntnis nur kritisch zur Geschichte sein, deswegen geht er von einem dialektischen Verhältnis zwischen Neuem und Immergleichen aus, in dem das Neue zu-

nächst als Antithese fungiert. So ist für ihn das wahre Neue nicht das Ähnliche, sondern das Verschiedene, das sich auf das (Immer-)Gleiche bezieht, durch Integration selber zum Immergleichen wird und damit zum Bezugspunkt für neues Verschiedenes. Damit beinhaltet die Adornosche Konzeption des Neuen eine dem Neuen inhärente Dialektik und Dynamik, während Benjamins Auffassung von der Ähnlichkeit des wahrhaft Neuen diesem keine dynamische Funktion zuspricht. (Zirden 2005, S. 19)[44]

Die Adorno'sche Konzeption des Neuen entspringt zwar thematisch aus derselben Problemkonstellation, die Benjamin in seinem Spätwerk verhandelt hat. Bereits in ihrer ersten umfangreichen Ausarbeitung – dem Aphorismus »Extrablatt« aus den *Minima Moralia* (vgl. MM, GS 4, S. 268–272) – weicht sie jedoch schon von Benjamins spezifischem Begriffsgebrauch ab. Zwar folgt sie ihm im Fokus auf die spezifischen Strukturen der modernen Lebenswelt »im Angesicht des ersten Bewußtseins vom Verfall der Erfahrung« (MM, GS 4, S. 269), greift zur Beschreibung dieser Situation aber nicht auf den Ausdruck ›spleen‹ zurück. Gerade dieser spielt hingegen in *Über einige Motive bei Baudelaire* eine zentrale Rolle bei der Extrapolation der modernen Erfahrungsstruktur aus den Gedichten der *Fleurs du Mal*.

Das gilt insbesondere für Benjamins Deutung des Zyklus »Spleen et idéal«, die er penibel vorbereitete.[45] Der dort zu findende Vers »Le Printemps adorable a perdu son odeur« wird Benjamin zum Ausdruck jener Zeiterfahrung, die den spleen kennzeichnet:[46]

> In dieser Zeile sagt Baudelaire ein Äußerstes mit der äußersten Diskretion; [...] Wenn dem Wiedererkennen eines Dufts vor jeder anderen Erinnerung das Vorrecht zu trösten eignet, so ist es vielleicht, weil diese das Bewußtsein des Zeitverlaufs tief betäubt. Ein Duft läßt

---

44 Hier ist zu fragen, ob Zirdens Deutung sich nicht allzu stark an Benjamins sprachphilosophischen Schriften der frühen dreißiger Jahre orientiert und dadurch ein insbesondere in *Über einige Motive bei Baudelaire* dominierendes Motiv vernachlässigt. Es handelt sich dabei um die Tatsache, dass Benjamin dort zumindest in Bezug auf Baudelaires poetische Darstellung der »correspondances« mit Nachdruck betont, dass der diese verhandelnde Gedichtkreis »einem unwiederbringlich Verlorenen gewidmet sei[ ]« (GSB I, S. 638).
45 Siehe dazu die »Annotationen zu Baudelaires Gedichten« in GSB I, S. 1137–1150, insbesondere S. 1139.
46 Zu dieser Zeiterfahrung siehe auch Schmider/Werner 2011, S. 579f., die den spleen als Entsprechung des Misslingens der Erfahrung deuten. Der spleen sei durch eine doppelte Zeiterfahrung gekennzeichnet: Einerseits trage er zu einer Intensivierung der Zeitwahrnehmung bei, indem er die einzelnen Momenten isoliere. Andererseits bedinge diese Isolierung der Momente ihre Nivellierung: »Im spleen ist die Zeit verdinglicht; die Minuten decken den Menschen wie Flocken zu. Diese Zeit ist geschichtslos, wie die der memoire involontaire. Aber im spleen ist die Zeitwahrnehmung übernatürlich geschärft; jede Sekunde findet das Bewußtsein auf dem Plan, um ihren Chock abzufangen.« (GSB I, S. 642)

Jahre in dem Dufte, den er erinnert, untergehen. Das macht diesen Vers von Baudelaire zu einem unergründlich trostlosen. Für den, der keine Erfahrung mehr machen kann, gibt es keinen Trost. (GSB I, S. 641f.)[47]

Steht so bei Benjamin – wie nach ihm auch bei einem Großteil der deutschsprachigen Baudelaireforschung – die Melancholie im Zentrum seiner Deutung des Baudelaire'schen spleens,[48] deutet Adorno diesen im Sinne einer Obsession, die Ursprung des oben entwickelten ästhetischen Bewusstseins ist.

Weitaus geringer sind die Unterschiede zwischen Adornos und Benjamins kritischer Auseinandersetzung mit dem Jugendstil. Sie entspringen weniger einer alternativen Deutung des Phänomens an sich als deren argumentativ-kritischer Verortung. So schwingt in Benjamins »Exkurs über den Jugendstil«, der sich im ersten Exposé der Passagen-Arbeit findet, bereits Adornos Verständnis desselben als Kunstreligion mit:

> Die Erschütterung des Interieurs vollzieht sich um die Jahrhundertwende im Jugendstil. Allerdings scheint er, seiner Ideologie nach, die Vollendung des Interieurs mit sich zu bringen. Die Verklärung der einsamen Seele erscheint als sein Ziel. Der Individualismus ist seine Theorie. (GSB V, S. 52)

Insbesondere die Rede von der ›Verklärung der einsamen Seele‹ verweist auf denselben Problemhorizont, der auch Adornos Fokus auf die ästhetische Rechtfertigung des Daseins bestimmt. In der Kritik des Jugendstils setzten sich die beiden Autoren allerdings abermals voneinander ab. Während Benjamin das Scheitern des Jugendstils aus dessen Umgang mit dem Verhältnis von Natur und Technik ableitet,[49] erfolgt Adornos Kritik, wie zuvor bereits gezeigt wurde, auf Basis seines Verständnisses des Verhältnisses von autonomem Kunstwerk und Gesellschaft.

---

47 Im Baudelaire-Konvolut der Passagen-Arbeit heißt es in Bezug auf denselben Vers: »Baudelaires spleen ist das Leiden am Verfall der Aura.« (GSB V, S. 433; [J 64,5])
48 Siehe dazu unter anderem das erste Passagen-Exposé. Der dortige Abschnitt zu Baudelaire eröffnet mit dem Satz: »Baudelaires Ingenium, das sich aus der Melancholie nährt, ist ein allegorisches.« (GSB V, S. 54) In einer ersten handschriftlichen Fassung hatte Benjamin noch zwischen ›spleen‹ und ›Melancholie‹ differenziert: »Baudelaires Genie, das sich dem Spleen und der Melancholie verwandt fühlt, ist ein allegorisches.« (GSB V, S. 1231)
49 Siehe dazu unter anderem folgenden Eintrag aus dem J-Konvolut der Passagen-Arbeit: »Im Jugendstil ist bereits die bürgerliche Tendenz im Spiel, Natur und Technik als absolute Gegensätze miteinander zu konfrontieren. So hat später der Futurismus der Technik eine destruktive naturfeindliche Pointe gegeben; im Jugendstil sind Kräfte im Werden, die in solcher Richtung zu wirken bestimmt waren. Die Vorstellung einer durch die technische Entwicklung gebannten und gleichsam denaturierten Welt ist in vielen seiner Gebilde am Werk.« (GSB V, S. 439)

Diese Unterschiede in der Bewertung derselben geistes- und sozialgeschichtlichen Phänomene zeigen, dass Adorno einerseits in seiner Auseinandersetzung mit der literarischen Moderne den Benjamin'schen Problemkonstellationen gefolgt ist, diese aber andererseits in alternative Argumentationszusammenhänge überführt hat.

Summa summarum ist zu konstatieren, dass Adorno in Einfügungen wie Ts 18813 einen Umgang mit seinen Quellen praktiziert, der von der Integration fremden ›Gedankenmaterials‹ in die eigene Schreib-Denk-Praxis bestimmt wird: Nicht die hermeneutisch adäquate Auslegung der Referenztexte, sondern die ›argumentative‹ Inanspruchnahme eigener Interpretationen dieser Texte stehen im Zentrum von Adornos Umgang mit seinen geistesgeschichtlichen Vorgängern. Diese bzw. zentrale Ausdrücke aus deren Schriften werden dabei zu Trägern von Adornos Interpretationen, weswegen man von ihrer synekdochischen Verwendung sprechen könnte. Während sich aber traditionellerweise die Synekdoche dadurch kennzeichnet, dass ein Wort durch einen semantisch weiteren oder engeren Begriff ersetzt wird, behält Adorno die Eigennamen der von ihm gedeuteten Autoren bzw. die von diesen verwendeten Ausdrücke und Begriffe bei, fügt ihnen jedoch qua Interpretation eine weitere Bedeutungsdimension hinzu. Nur wer diese zusätzliche Dimension rekonstruiert, wird die Funktion dieser Eigennamen bzw. Ausdrücke bei ihrer Lektüre letztendlich ›mitverstehen‹. ›Mitverstehen‹ ist allerdings die wörtliche Übersetzung von ›Synekdoche‹ (vgl. Groddeck 2008, S. 212), was die Verwendung des Ausdrucks zur Bezeichnung der soeben nachgezeichneten Schreib-Denk-Praxis Adornos zu rechtfertigen scheint. Die Spezifika dieser Praxis sollen abschließend noch einmal zusammengefasst werden.

›Synekdochische‹ Konstellationen

Die von der Lektüre zur intra- und intertextuellen Analyse fortschreitende Auseinandersetzung mit Ts 18813 hat gezeigt, dass Adorno in dieser Einfügung eine Schreibweise realisiert, die sich durch eine Verfahrensweise auszeichnet, die von den traditionellen Formen des Philosophierens abweicht. In ihr tritt an die Stelle einer linearen Argumentation eine Form des Denkens, die Adornos eigenen Metareflexionen zur philosophischen Darstellungsform in zahlreichen Punkten entspricht: So verzichtet der Text *erstens* auf jegliche Festlegung seiner Begriffe. Stattdessen evoziert er über die Nennung von Personen- und Stil-Namen wie Nietzsche, Baudelaire, Ibsen und dem Jugendstil in der Einfügung selbst oder an anderer Stelle von Adornos Werk gegebene Deutungen von mit diesen Namen verbundenen ästhetischen Programmen und Praktiken. Die Personen- und Stilnamen werden so zu ›Synekdochen‹ für Adornos Interpretation dieser ästhetisch-philosophischen Programme und Praktiken. Diese Interpretationen zeichnen sich *zweitens* dadurch aus, dass sie auf eine philologische Auseinandersetzung mit den sie artikulierenden Intertexten verzichten. An die Stelle einer solchen Exegese tritt die beinahe apodiktische Deutung ausgewählter Phänomene von deren Ästhetik bzw. ästhetischen Praxis.[50] Diese apodiktische Deutung steht *drittens* in direktem Zusammenhang mit zentralen Topoi von Adornos eigenem philosophischen ›Programm‹.

Infolgedessen bietet es sich an, die solcherart von Texten wie der Einfügung Ts 18813 realisierte Verfahrensweise als Poeseologie ›synekdochischer‹ Konstellationen zu bezeichnen. Diese Bezeichnung trägt den zentralen Charakteristika der soeben freigelegten Schreib-Denk-Praxis Adornos Rechnung: In Texten wie der Einfügung Ts 18813 stehen Eigen- und Stil-Namen ›synekdochisch‹ für ein bestimmtes ästhetisches Bewusstsein bzw. diejenige ästhetische Praxis, welche den genannten Autoren über das intra- und intertextuelle Zusammenspiel von Adornos Auseinandersetzung mit denselben werkimmanent eingeschrieben wird. Dabei folgt Adorno im Umgang mit besagten ›Namen‹ einerseits einer Vorgabe, die er unter anderem in *Der Essay als Form* in Hinblick auf Begriffe artikuliert hat:

> Der Essay [...] nimmt den antisystematischen Impuls ins eigene Verfahren auf und führt Begriffe umstandslos, »unmittelbar« so ein, wie er sie empfängt. Präzisiert werden sie erst durch ihr Verhältnis zueinander. Dabei jedoch hat er eine Stütze an den Begriffen selber. Denn es ist bloßer Aberglaube der aufbereitenden Wissenschaft, die Begriffe wären an sich unbestimmt, würden bestimmt erst durch ihre Definition. [...]. In Wahrheit sind alle Begriffe implizit schon konkretisiert durch die Sprache, in der sie stehen. (NzL, GS 11, S. 20)

Andererseits – und auch das wird von dem soeben zitierten Passus ausgesprochen – fügt Adorno diese Deutungen in Ts 18813 auf dieselbe Art und Weise, in der sie erfolgen, abermals zu einer neuen Konstellation zusammen. Das Resultat dieser neuen Fügung eines bereits selbst gefügten Denk-›Materials‹ entspricht einer zentralen Prämisse des negativ-dialektischen Denkens: dass es kein unvermitteltes Erstes gebe.

An die Stelle der traditionellen festlegenden Definition tritt somit ein Verfahren, das Adorno in *Der Essay als Form* als teppichhafte Verknüpfung be-

---

[50] Dass es sich bei diesem Vorgehen nicht um interpretatorische Willkür Adornos handelt, sondern um eine Konsequenz seiner ›ästhetischen Theorie‹ zeigt Martin Endres in seinem Beitrag in diesem Band.

zeichnet hat.[51] Adornos Texte werden so zu einem »Hypertext *avant la lettre*«[52], wie es jüngst Hans Marius Hansteen ausgedrückt hat. Ihre Auslegung bedarf dementsprechend eines re-konstruktiven Verfahrens, das textnahe Lektüre und intertextuelle Analyse miteinander verbindet.

---

51 Siehe dazu GS 11, S. 20f.: »Weniger nicht, sondern mehr als das definitorische Verfahren urgiert der Essay die Wechselwirkung seiner Begriffe im Prozeß geistiger Erfahrung. In ihr bilden jene kein Kontinuum der Operationen, der Gedanke schreitet nicht einsinnig fort, sondern die Momente verflechten sich teppichhaft. Von der Dichte dieser Verflechtung hängt die Fruchtbarkeit von Gedanken ab.«
52 Hansteen 2010, S. 99 – Die soeben durchgeführte Lektüre von Ts 18813 bestätigt textnah jene Charakterisierung, die Hansteen aus einer Auseinandersetzung mit Adornos poeseologischen Metareflexionen entwickelt hat: Adornos Schreiben enthalte »eine Fülle von offenen und verborgenen Links in Form von Fragestellungen, Formulierungen, Sprachfiguren und Allusionen, die nicht-lineare Zusammenhänge im Diskontinuierlichen schaffen« (ebd.).

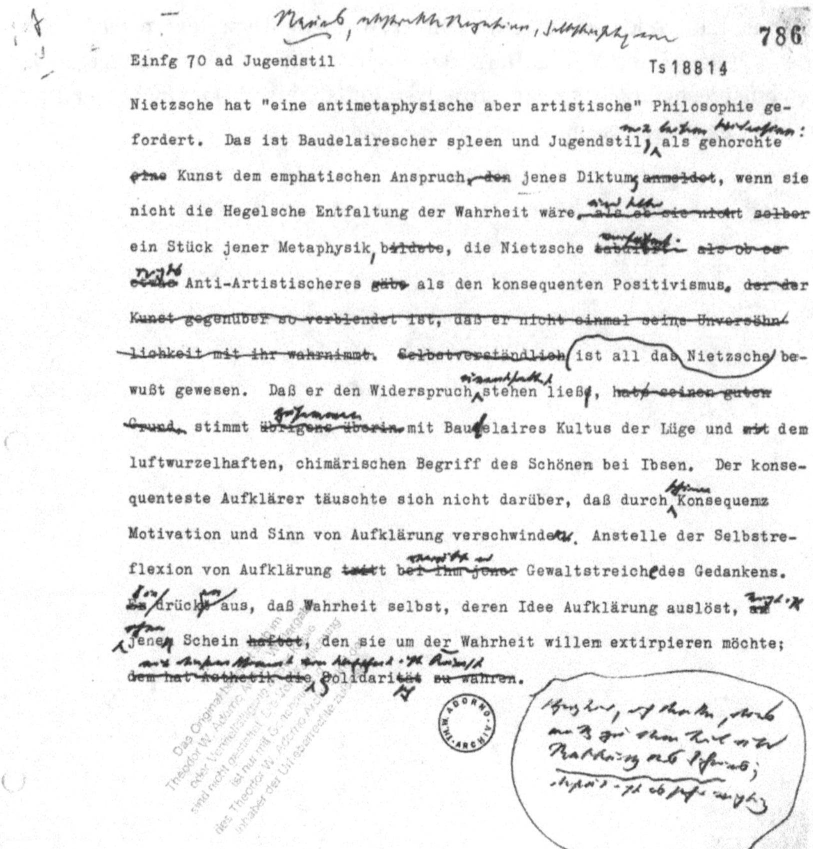

Einfg 70 ad Jugendstil Ts 18814

Nietzsche hat "eine antimetaphysische aber artistische" Philosophie gefordert. Das ist Baudelairescher spleen und Jugendstil, als gehorchte eine Kunst dem emphatischen Anspruch, den jenes Diktum anmeldet, wenn sie nicht die Hegelsche Entfaltung der Wahrheit wäre, als ob sie nicht selber ein Stück jener Metaphysik bildete, die Nietzsche laburiert. als ob es Anti-Artistischeres gäbe als den konsequenten Positivismus, der der Kunst gegenüber so verblendet ist, daß er nicht einmal seine Unversöhnlichkeit mit ihr wahrnimmt. Selbstverständlich ist all das Nietzsche bewußt gewesen. Daß er den Widerspruch stehen ließ, hat seinen guten Grund, stimmt übrigens überein mit Baudelaires Kultus der Lüge und mit dem luftwurzelhaften, chimärischen Begriff des Schönen bei Ibsen. Der konsequenteste Aufklärer täuschte sich nicht darüber, daß durch Konsequenz Motivation und Sinn von Aufklärung verschwindet. Anstelle der Selbstreflexion von Aufklärung tritt bei ihm jener Gewaltstreich des Gedankens. Er drückt aus, daß Wahrheit selbst, deren Idee Aufklärung auslöst, jenen Schein haftet, den sie um der Wahrheit willem extirpieren möchte; dem hat Ästhetik die Solidarität zu wahren.

Abb. 1: Ts 18814 (Theodor W. Adorno Archiv, Institut für Sozialforschung an der Johann Wolfgang Goethe Universität Frankfurt am Main)

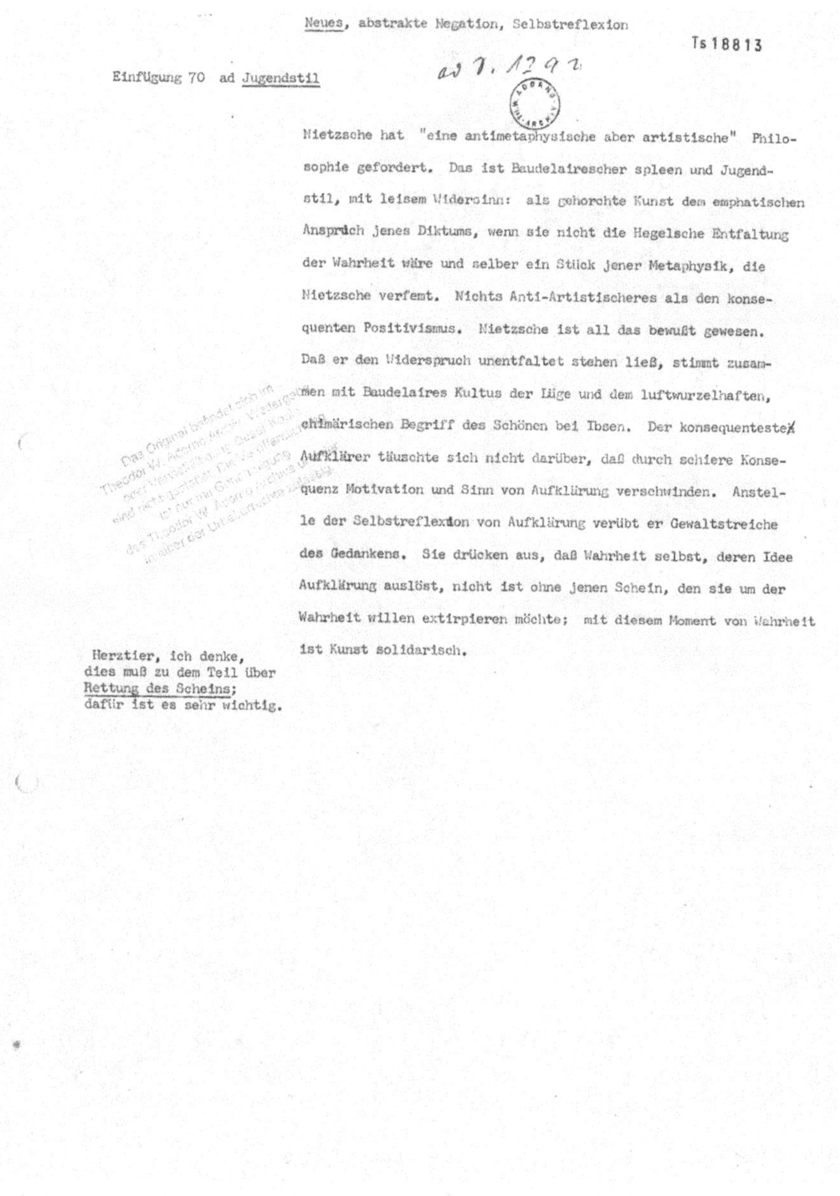

Neues, abstrakte Negation, Selbstreflexion

Ts 18813

Einfügung 70 ad Jugendstil

ad 7, 1292

Nietzsche hat "eine antimetaphysische aber artistische" Philosophie gefordert. Das ist Baudelairescher spleen und Jugendstil, mit leisem Widersinn: als gehorchte Kunst dem emphatischen Anspruch jenes Diktums, wenn sie nicht die Hegelsche Entfaltung der Wahrheit wäre und selber ein Stück jener Metaphysik, die Nietzsche verfemt. Nichts Anti-Artistischeres als den konsequenten Positivismus. Nietzsche ist all das bewußt gewesen. Daß er den Widerspruch unentfaltet stehen ließ, stimmt zusammen mit Baudelaires Kultus der Lüge und dem luftwurzelhaften, chimärischen Begriff des Schönen bei Ibsen. Der konsequenteste Aufklärer täuschte sich nicht darüber, daß durch schiere Konsequenz Motivation und Sinn von Aufklärung verschwinden. Anstelle der Selbstreflexion von Aufklärung verübt er Gewaltstreiche des Gedankens. Sie drücken aus, daß Wahrheit selbst, deren Idee Aufklärung auslöst, nicht ist ohne jenen Schein, den sie um der Wahrheit willen extirpieren möchte; mit diesem Moment von Wahrheit ist Kunst solidarisch.

Herztier, ich denke, dies muß zu dem Teil über Rettung des Scheins; dafür ist es sehr wichtig.

Abb. 2: Ts 18813 (Theodor W. Adorno Archiv, Institut für Sozialforschung an der Johann Wolfgang Goethe Universität Frankfurt am Main)

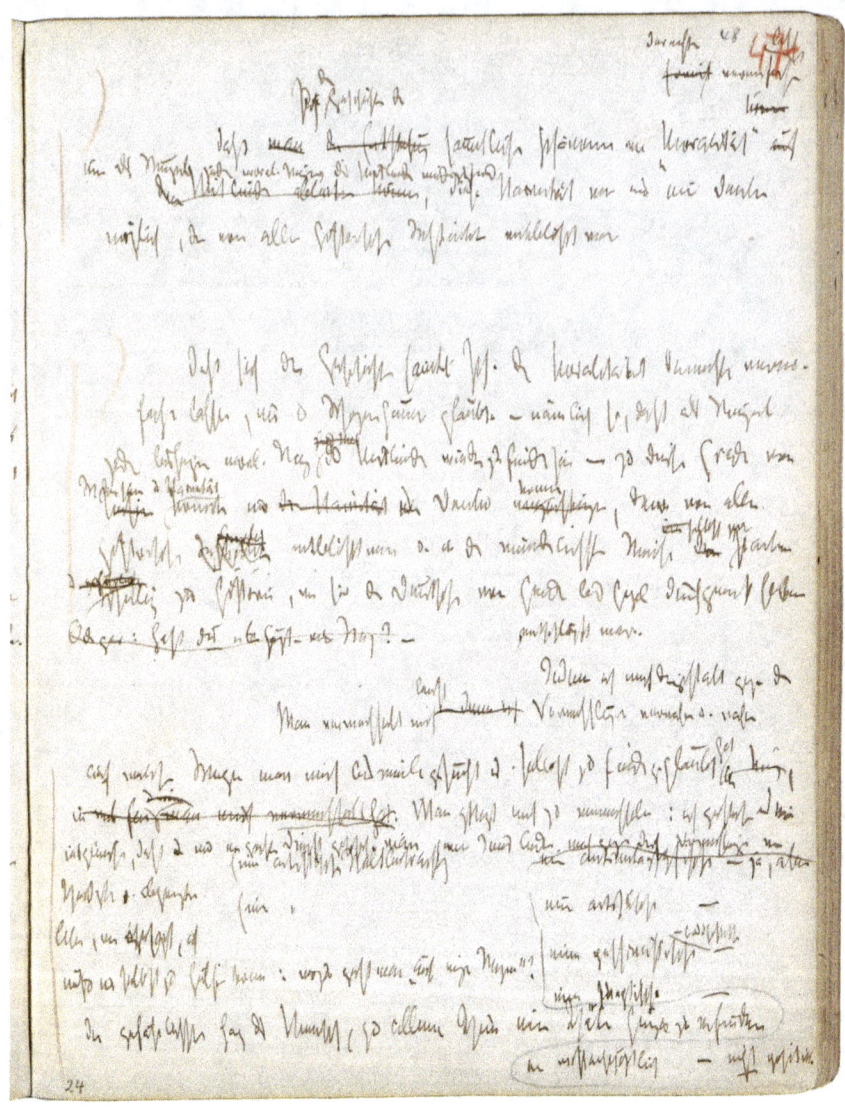

Abb. 3: Arbeitsheft W I 8, S. 48 (Quelle: Klassik Stiftung Weimar)

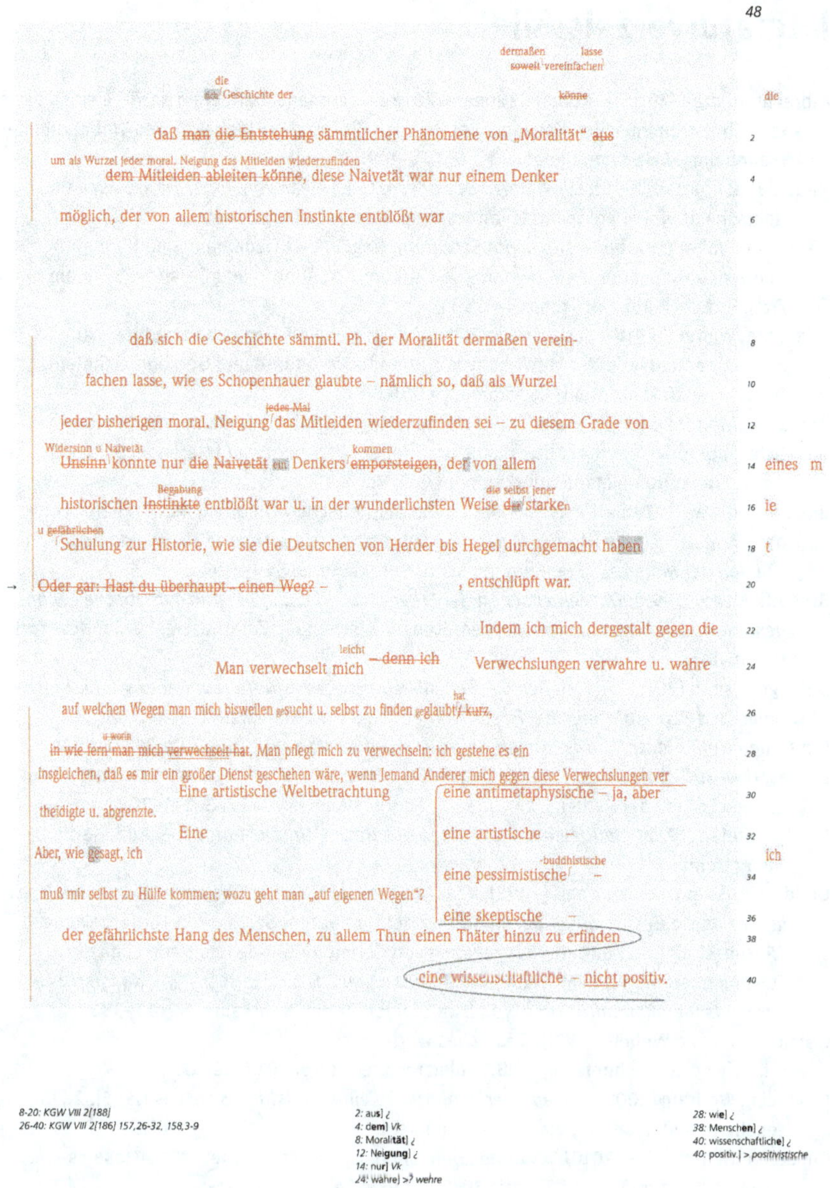

»›eine antimetaphysische aber artistische‹ Philosophie« —— 269

48

                                                dermaßen   lasse
                                                soweit vereinfachen
                    die
                    Geschichte der   könne   die

             daß man die Entstehung sämmtlicher Phänomene von „Moralität" aus   2
um als Wurzel jeder moral. Neigung das Mitleiden wiederzufinden
             dem Mitleiden ableiten könne, diese Naivetät war nur einem Denker   4

möglich, der von allem historischen Instinkte entblößt war   6

             daß sich die Geschichte sämmtl. Ph. der Moralität dermaßen verein-   8

fachen lasse, wie es Schopenhauer glaubte – nämlich so, daß als Wurzel   10
                                   jedes Mal
jeder bisherigen moral. Neigung das Mitleiden wiederzufinden sei – zu diesem Grade von   12
Widersinn u Naivetät   kommen
Unsinn könnte nur die Naivetät an Denkers emporsteigen, der von allem   14   eines m
                Begabung   die selbst jener
historischen Instinkte entblößt war u. in der wunderlichsten Weise das starken   16   le
u gefährlichen
Schulung zur Historie, wie sie die Deutschen von Herder bis Hegel durchgemacht haben   18   t

→ Oder gar: Hast du überhaupt – einen Weg? –   , entschlüpft war.   20

                                                Indem ich mich dergestalt gegen die   22
                           leicht – denn ich
             Man verwechselt mich   Verwechslungen verwahre u. wahre   24

auf welchen Wegen man mich bisweilen gesucht u. selbst zu finden geglaubt / kurz,   26
                                         hat
      u noch
in wie fern man mich verwechselt hat. Man pflegt mich zu verwechseln: ich gestehe es ein   28

insgleichen, daß es mir ein großer Dienst geschehen wäre, wenn jemand Anderer mich gegen diese Verwechslungen ver
                         Eine artistische Weltbetrachtung   eine antimetaphysische – ja, aber   30
theidigte u. abgrenzte.
                         Eine   eine artistische   32
Aber, wie gesagt, ich   -buddhistische   ich
                                                                eine pessimistische -   34
muß mir selbst zu Hülfe kommen; wozu geht man „auf eigenen Wegen"?
                                                                eine skeptische   -   36
der gefährlichste Hang des Menschen, zu allem Thun einen Thäter hinzu zu erfinden   38

                                                    eine wissenschaftliche – nicht positiv.   40

8-20: KGW VIII 2[188]   2: aus] ¿   28: wie] ¿
26-40: KGW VIII 2[186] 157,26-32, 158,3-9   4: dem] Vk   38: Menschen] ¿
                                       8: Moralität] ¿   40: wissenschaftliche] ¿
                                       12: Neigung] ¿   40: positiv.] > positivistische
                                       14: nur] Vk
                                       24: wahre] >? wehre

Abb. 4: Transkription W I 8, S. 48 (KGW IX/5)

Literaturverzeichnis

Albrecht, Andrea (2010): »›Konstellationen‹. Zur kulturwissenschaftlichen Karriere eines astrologisch-astronomischen Konzepts bei Heinrich Rickert, Max Weber, Alfred Weber und Karl Mannheim«. In: *Scientia Poetica* 14, S. 104–149.
Baudelaire, Charles (1990): *Die Blumen des Bösen. Der Spleen von Paris.* Französisch und deutsch mit einem Kommentar von Manfred Starke. Leipzig: Insel.
Benjamin, Walter (1991a): *Gesammelte Schriften.* Hrsg. v. Rolf Tiedemann und Hermann Schweppenhäuser unter Mitwirkung von Theodor W. Adorno und Gershom Scholem. Bd. I. Frankfurt am Main: Suhrkamp. [= GSB I]
Benjamin, Walter (1991b): *Gesammelte Schriften.* Hrsg. v. Rolf Tiedemann und Hermann Schweppenhäuser unter Mitwirkung von Theodor W. Adorno und Gershom Scholem. Bd. IV. Frankfurt am Main: Suhrkamp. [= GSB IV]
Benjamin, Walter (1991c): *Gesammelte Schriften.* Hrsg. v. Rolf Tiedemann und Hermann Schweppenhäuser unter Mitwirkung von Theodor W. Adorno und Gershom Scholem. Bd. V. Frankfurt am Main: Suhrkamp. [= GSB V]
Bolz, Norbert W. (1979): »Nietzsches Spur in der Ästhetischen Theorie«. In: Burkhardt Lindner/W. Martin Lüdke (Hrsg.): *Materialien zur ästhetischen Theorie Th. W. Adornos. Konstruktion der Moderne.* Frankfurt am Main: Suhrkamp, S. 369–396.
Brusotti, Marco (1997): *Die Leidenschaft der Erkenntnis. Philosophie und ästhetische Lebensgestaltung bei Nietzsche von* Morgenröthe *bis* Also sprach Zarathustra. Berlin, New York: De Gruyter.
Dellinger, Jakob (2015): *Situationen der Selbstbezüglichkeit. Studien zur Reflexivität kritischer Denk- und Schreibformen bei Friedrich Nietzsche.* Diss. Universität Wien 2015.
Der Duden Online: http://www.duden.de, zuletzt aufgerufen am 01.06.2017.
Endres, Martin/Pichler, Axel/Zittel, Claus (2013): »›Noch offen‹. Prolegomena zu einer Texkritischen Edition der *Ästhetischen Theorie* Adornos«. In: *editio* 27, S. 173–204.
George, Stefan (1922): *Baudelaire: Die Blumen des Bösen. Umdichtungen.* 6. Aufl. Berlin: Georg Bondi.
Gödde, Christoph/Lonitz, Henri (2008): »Zur Ausgabe«. In: Walter Benjamin: *Werke und Nachlaß. Kritische Gesamtausgabe.* Im Auftrag der Hamburger Stiftung zur Förderung von Wissenschaft und Kultur herausgegeben von Christoph Gödde und Henri Lonitz in Zusammenarbeit mit dem Walter Benajmin Archiv. Bd. 3.: *Der Begriff der Kunstkritik in der deutschen Romantik.* Hrsg. von Uwe Steiner. Berlin: Suhrkamp, S. 383–386.
Grimm, Jacob und Wilhelm (1971): *Deutsches Wörterbuch.* Bd. 16. http://woerterbuchnetz.de/DWB/, zuletzt aufgerufen am 01.06.2017.
Groddeck, Wolfram (2008): *Reden über Rhetorik. Zu einer Stilistik des Lesens* [1995]. 2., durchgesehene Aufl. Frankfurt am Main: Stroemfeld.
Hansteen, Hans Marius (2010): »Adornos philosophische Rhetorik oder ›Wie zu lesen sei‹«. In: *Zeitschrift für Kritische Theorie* 30/31, S. 97–124.
Hegel, Georg Wilhelm Friedrich (1990): *Werke.* Auf der Grundlage der Werke von 1832-1845 neu edierte Ausgabe. Redaktion Eva Moldenhauer und Karl Markus Michel. Bd. 15: *Vorlesungen zur Ästhetik III.* Frankfurt am Main: Suhrkamp.
Hogh, Philip (2015): *Kommunikation und Ausdruck. Sprachphilosophie nach Adorno.* Weilerwist: Velbrück.

Meyers Konversationslexikon (1909). 6. Aufl. Bd. 15: *Social – Türken*. Leipzig: Verlag des Bibliographischen Instituts.
Pestalozzi, Karl (1978): »Nietzsches Baudelaire-Rezeption«. In: *Nietzsche-Studien* 7, S. 158–188.
Pichler, Axel (2014): *Philosophie als Text – Zur Darstellungsform der* Götzen-Dämmerung. Berlin, Boston: De Gruyter.
Pichler, Axel (2015): »Die Spuren von Nietzsches Schreiben. Arbeit mit der KGW IX«. In: *Nietzsche-Studien* 44, S. 380–412.
Pichler, Axel (2017): »(Text-)Kritik und Interpretation. Zur ›Frühen Einleitung‹ von Adornos Ästhetischer Theorie«. In: Martin Endres/Axel Pichler/Claus Zittel (Hrsg.): *Textologie. Theorie und Praxis interdisziplinärer Textforschung*. Berlin, Boston: De Gruyter, S. 47–78.
Reuß, Roland (2005): »Text, Entwurf, Werk«. In: *TEXT. Kritische Beiträge* 10, S. 1–12.
Schäublin, Christoph (1977): »Homerum ex Homero«. In: *Museum Helveticum* 34, S. 221–227.
Schmider, Christine/Werner, Michael(2011): »Das Baudelaire-Buch«. In: Burkhardt Lindner (Hrsg.): *Benjamin Handbuch. Leben – Werk – Wirkung*. Stuttgart: Metzler, S. 567–584.
Sonderegger, Ruth (2011): »Ästhetische Theorie«. In: Richard Klein/Johann Kreuzer/Stefan Müller-Doohm (Hrsg.): *Adorno Handbuch. Leben – Werk – Wirkung*. Stuttgart: Metzler, S. 414–427.
Stegmaier, Werner (2012): *Nietzsches Befreiung der Philosophie. Kontextuelle Interpretation des V. Buches der* Fröhlichen Wissenschaft. Berlin, Boston: De Gruyter.
Szondi, Peter (2011): »Über philologische Erkenntnis«. In: Peter Szondi: *Schriften*. Bd. 1. Frankfurt am Main: Suhrkamp, S. 263–286.
Zirden, Sylvia (2005): *Theorie des Neuen. Konstruktion einer ungeschriebenen Theorie Adornos*. Würzburg: Königshausen & Neumann.
Zittel, Claus (2011): *Das ästhetische Kalkül von Friedrich Nietzsches* Also sprach Zarathustra [2000]. 2., durchgesehene Auflage. Würzburg: Königshausen & Neumann.

Felix Christen
Zu Begriff und Verfahren des Kommentars bei Nietzsche und Adorno

Obgleich Adorno die Philologie mitunter mit einer Rekonstruktion der *intentio auctoris* synonym setzt und dementsprechend verwirft (vgl. etwa ME, GS 5, S. 343; ÄT, GS 7, S. 226 und S. 507), beziehen sich seine Kritik an der Sprachvergessenheit der Philosophie ebenso wie sein Denken der Literatur unter anderem auf den auch philologisch zu verstehenden Begriff des Kommentars. Die Sprachlichkeit der Philosophie ist dabei auch und gerade dort, wo sie implizit bleibt, Voraussetzung textueller Verfahren der Kritik, die diese Sprachlichkeit in den Blick rücken. Gesteht die Philosophie »[d]urch die sei's offenbare, sei's latente Gebundenheit an Texte« ein, »was sie unterm Ideal der Methode vergebens ableugnet, ihr sprachliches Wesen« (ND, GS 6, S. 65), so knüpft daran eine Kritik an, die das sprachliche Wesen expliziert. Wenn Adorno in der Einleitung der *Negativen Dialektik* deshalb die Rhetorik als Urverdängtes der Philosophie rehabilitieren will in dem ebenso allgemeinen wie präzisen Sinn eines »durch nichts ganz zu zerbrechenden Zusammenhang[s]« (ND, GS 6, S. 66) von Denken und Sprache,[1] findet sich nicht nur im Prinzip der Deutung, wie es in der Frankfurter Antrittsvorlesung (vgl. PhF, GS 1, S. 334–344) und in der *Negativen Dialektik* (vgl. ND, GS 6, S. 64) exponiert ist, sondern auch in Adornos Begriff des Kommentars ein Verfahren der »Methexis der Philosophie an der Tradition« (ND, GS 6, S. 64). Dieses Kommentarverhältnis, das Adorno zur philosophischen Überlieferung entwirft, gilt mit den notwendigen Änderungen auch für seine Auseinandersetzungen mit der Literatur, die trotz des programmatischen einleitenden Versuchs über den Essay nicht als ›Essays‹, sondern als »Noten« tituliert sind – was sich, den kommentierenden Noten in Goethes *Noten und Abhandlungen zu besserem Verständniß des West-östlichen Divans* nicht unähnlich (vgl. Goethe 1994, S. 139), durchaus auch im Sinne eines Kommentars verstehen lässt.[2]

Die philosophische Wendung des philologischen Kommentarbegriffs bei Adorno bezieht sich explizit, obschon nicht unkritisch, auf Walter Benjamin (vgl. KG, GS 10, S. 244); ein in verwandter, wenn auch nicht identischer Weise philosophisch gewendeter Kommentarbegriff findet sich aber bereits bei Nietz-

---

1 Vgl. zur Aufwertung der Rhetorik bei Adorno auch Scholze 2000, S. 289–294.
2 Zum Goethe Bezug siehe NzL, GS 11, S. 329. Eine Aufgliederung möglicher Bedeutungen des Titels »Noten zur Literatur« findet sich bei Plass 2007, S. 185f., Anm. 38.

sche. Der frühe Nietzsche, der in seiner programmatischen Baseler Antrittsvorlesung die Philologie an die Stelle der Philosophie treten sieht (vgl. KGW II/1, S. 268), verwendet den philologischen Kommentarbegriff in privater Korrespondenz ebenso wie in der schriftlichen Selbstdarstellung anlässlich des Rufs an die Universität Basel (vgl. KGW I/5, S. 55). In den 1880er Jahren steht der Kommentarbegriff dann nicht nur prominent – und in der Forschung am stärksten beachtet – in der Vorrede der drei Abhandlungen *Zur Genealogie der Moral*, deren dritte als »Commentar« zum vorangestellten Aphorismus bestimmt wird (GM Vorrede 8, KSA 5, S. 256); Nietzsche glaubt in brieflichen Äußerungen auch, das Verhältnis seiner *Zarathustra*-Dichtung zu seinen übrigen Schriften als Verhältnis von Text und Kommentar begreifen zu können (vgl. Groddeck 1983, S. 24). Die Grenze einer säkular-philologischen zur theologischen Kommentartradition überschreitend,[3] setzt er dabei den *Zarathustra* als einen gleichsam heiligen Text an, als »ein neues ›heiliges Buch‹« (KGB III/1, Bf. 404), das zu kommentieren ist. Dieses emphatische Kommentarverhältnis zum Text, das »[p]rofane Texte wie heilige« anschaut (NzL, GS 11, S. 129), gilt, obschon freilich nicht aufs eigene Werk bezogen, auch für Adornos alexandrinische Philosophie, »wo der Gedanke das unwiederbringliche Urbild heiliger Texte säkularisiert« (ND, GS 6, S. 64).

Im Folgenden werden mit Blick auf diese philosophische Wendung Begriff und Verfahren des Kommentars zunächst bei Nietzsche (Teil I), dann bei Adorno (Teil II) untersucht. Dabei soll für die Kommentarpraxis, die mit dem Begriff eng zusammenhängt, auch gefragt werden, ob sie sich nicht nur auf die explizit als Kommentar gekennzeichneten oder kommentierend verfahrenden Texte Nietzsches und Adornos erstreckt, also ein *Textverfahren* ist, sondern sich auch als *Schreibverfahren* verstehen lässt (Teil III). Ist die Herausbildung einer gedanklichen Logik der Kommentierung eng mit der Räumlichkeit der Schrift verbunden,[4] lassen sich bei Nietzsche und Adorno nicht nur in publizierten Texten, die als Kommentar angelegt sind, sondern auch in der Topographie der Manuskripte kommentierende Relationen finden. Gefragt wird also zum einen nach dem Begriff des Kommentars bei beiden Autoren, zum anderen nach der Kommentaranlage publizierter Texte ebenso wie nach kommentierenden Elementen in der Struktur von Entwürfen und Notaten.

---

[3] Zu Entwicklung und Struktur der theologischen Kommentartradition siehe z. B. die entsprechenden Beiträge bei Kästle/Jansen 2014.
[4] Vgl. Schironi 2012 sowie die grundlegende Darstellung der alexandrinischen Philologie bei Pfeiffer 1968, insbes. das Kapitel zu Aristarch, S. 210–233.

1

Wenige Wochen nachdem er aus gesundheitlichen Gründen ein Gesuch um Entlassung von seiner altphilologischen Professur eingereicht hat, schreibt Nietzsche an Overbeck: »Seit meiner letzten Karte die meiste Zeit zu Bett gelegen: dies ein Commentar, zu dem ich mir den Text ersparen darf.« (KGB II/5, S. 420)[5] Den Text zu diesem Kommentar hat Nietzsche bereits in seinem Entlassungsgesuch verfasst. Während im offiziellen Schreiben der Gesundheitszustand Gegenstand ausführlicher Erörterungen ist (vgl. KGB II/5, S. 411f.), belässt es Nietzsche in der Intimität der privaten Korrespondenz bei einem lakonischen Kommentar ohne Text. Der Gedanke, einen Kommentar zu verfassen, zu dem ein Text nicht unmittelbar vorliegt, ist bei Nietzsche allerdings nicht nur im privaten Austausch zu finden. Mehrere Werke aus Nietzsches ›Dekalog‹ – den zehn Schriften, die er selbst in *Ecce homo* als sein Gesamtwerk kanonisieren will (vgl. Stingelin 2002, S. 80f.; Sanchiño Martínez 2013, S. 285–287) –, gruppieren sich in seinen Augen, wie er mehrfach brieflich erläutert, wie Kommentare um den *Zarathustra* als den Text schlechthin, wobei einige der Kommentare der Entstehung des Textes vorausgehen. Kurz nach der Niederschrift des ersten Teils von *Also sprach Zarathustra* schreibt Nietzsche an Köselitz:

> Es ist ein curiosum: ich habe den Commentar früher geschrieben als den Text. Versprochen ist Alles schon in »Schop‹enhauer› als Erz‹ieher›«; es war aber ein gutes Stück Weg von »Menschl‹iches›, Allzum‹enschliches›« bis zum »Übermenschen« zu machen. Wenn Sie jetzt einen Augenblick an die »fröhl‹iche› Wiss‹enschaft›« zurückdenken wollen, so werden Sie lachen, mit welcher Sicherheit, ja impudentia darin die bevorstehende Geburt »annoncirt« wird. – (KGB III/1, Bf. 405)[6]

Wenn Nietzsche feststellt, dass er »den Commentar früher geschrieben« habe »als den Text«, so überschreitet er damit eine der scheinbar selbstevidenten Vorgaben eines philologischen Kommentars, wie er sich in der alexandrinischen Schule seit dem 3. Jahrhundert v. Chr. ausgebildet hat. Nicht mehr die temporale Struktur der Nachträglichkeit zeichnet den Kommentar als Supplement zum Text aus – also eine »Schließung« des zu kommentierenden Textes

---

5 Die folgenden Ausführungen zu Nietzsche gehen auf einen Vortrag zurück, den ich im Rahmen eines von mir geleiteten Workshops u. d. T. »›Interpretation‹ und ›Commentar‹. Zwei philologische Begriffe in Nietzsches Philosophie« im Oktober 2015 am Department of Germanic Languages and Literatures der Harvard University gehalten habe.
6 Vgl. auch KGB III/1, Bf. 504. Siehe dazu Stingelin 2002, S. 100, der in der Vorgängigkeit des Kommentars ein »Umkehrverhältnis« sieht, »mit dem der Autor dem Leser zuvorkommen will«.

und der »Späthorizont eines *posthistoire*« im Kommentar, wie Assmann es genannt hat (J. Assmann 1995, S. 28f.) –, sondern eine Differenzierung der Texte, die den einen Text kanonisiert, indem er durch andere Texte sich des Kommentars als würdig erweist. Nicht die Kanonisierung ist Bedingung des Kommentars, sondern der Kommentar Bedingung der mit diesem beabsichtigten Kanonisierung.[7] Nietzsche kann den *Zarathustra* als klassischen Text bestimmen, weil dieser der ausführlichen Kommentare bedarf, ja diese Kommentare z. T. bereits vorliegen.[8] Allerdings ist die Autorschaft von Text und Kommentar bei Nietzsche identisch; er selbst bestimmt, was Text ist, was Kommentar, die beide Teile seiner Schriften sind und also gewissermaßen ein Selbstverhältnis des Autors Nietzsche anzeigen.

Während Nietzsches Begriff der Interpretation große Aufmerksamkeit zuteilgeworden ist (vgl. u. a. Figl 1982, Schrift 1990, Abel 1998, Figal 2000), wird sein Begriff des Kommentars eher am Rande, wenn überhaupt, vermerkt oder mit Skepsis in Hinblick auf seine Tauglichkeit für eine Werkanalyse beurteilt (vgl. Sommer 2013a) und ausführlicher nur in Zusammenhang mit der dritten Abhandlung zur *Genealogie der Moral* zur Kenntnis genommen (zuletzt von Westerdale 2013, S. 99–122). Demgegenüber ist es Christian Bennes großes Verdienst, den wissenschaftshistorischen Kontext der Herausbildung und Entwicklung von Nietzsches Denken in der Philologie erkannt und nicht zuletzt unter Verweis auf den philologischen Begriff des Kommentars das Lesen als Gegenbegriff zum Interpretieren erläutert zu haben (vgl. Benne 2005, S. 197–212). Gerade der Begriff des Kommentars ist bei Nietzsche philologisch geprägt; der Altphilologe Nietzsche kennt die spezifisch philologische Verwendungsweise des Kommentarbegriffs und greift auf sie zurück. Zugleich erweitert er diesen im engeren Sinne philologischen Begriff und entwirft damit eine Möglichkeit des Umgangs mit Texten, die über den Stellenkommentar hinausgeht in Richtung auf ein genuin philosophisches Unternehmen, das allerdings einen philologischen Kern bewahrt.

Die Kommentierung schwieriger Passagen klassischer Werke erlernt Nietzsche bereits als Schüler der altsprachlich ausgerichteten Landesschule Pforta,

---

[7] Es ist diese Struktur, die Foucault in seiner Antrittsvorlesung am Collège de France als Funktion des Kommentars bestimmt – als »Prinzip der Abstufung«, wie es bei Foucault heißt (Foucault 1991, S. 18.)

[8] Im *Zarathustra* selbst ähneln dabei Zarathustras Lehrversuche mitunter der »Form der mündlichen, unterweisenden Textauslegung« (etwa in der Erläuterung der Erzählung vom »Biss der Natter«; Za I, KSA 4, S. 87–89), die Assmann mit einem Begriff aus der Apostelgeschichte »Hodegetik« nennt, also Lehrdisputation, bei der der Lehrer dem Schüler den Kommentar zum Text abgibt (J. Assmann 1995, S. 30f.).

wo »mitunter spezifisch philologische Aufgaben gestellt« werden, »zB. kritische Commentare über bestimmte sophokleische oder äschylische Chorgesänge. Dann ist es ein besondrer Vorzug der Schulpforte, daß unter den Schülern selbst eine angestrengte und mannichfache Lektüre griechischer und römischer Schriftsteller zum guten Ton gehört.« (KGW I/5, S. 55f.) Das Prinzip des kritischen Kommentars, verbunden mit der intensiven und wiederholten Lektüre, wird von Nietzsche als eine philologische Praxis verstanden, die zugleich weitreichende Implikationen hat. Denn gerade im Modell von Text und Kommentar findet der Philologie Nietzsche die Grundstruktur des klassischen Werks, das der späte Nietzsche sich in Selbstkommentierungen erschreiben will. In einer der nachgelassenen »Notizen / zu / Wir Philologen« von 1875 heißt es:

> Mir steht nun einmal fest, dass eine einzige Zeile geschrieben zu haben, welche es verdient, von Gelehrten späterer Zeit commentirt zu werden, das Verdienst des grössten Critikers aufwiegt. Es liegt eine tiefe Bescheidenheit im Philologen. Texte verbessern ist eine unterhaltende Arbeit für Gelehrte, es ist ein Rebusrathen; aber man sollte es für keine zu wichtige Sache ansehen. (NL 1875, 3[31], KSA 8, S. 23)

In dieser Notiz zeichnet sich der Übergang ab von einem auch nach Veröffentlichung der *Geburt der Tragödie* noch immer als ›Gelehrter‹ bzw. ›Critiker‹ tätigen Nietzsche zu einem Autor, der es mit zumindest ›einer einzigen Zeile‹, wie es heißt, »verdient, von Gelehrten späterer Zeit commentirt zu werden«. Die kommentierenden Philologen werden damit zwar auf den zweiten Platz verwiesen, und Emendation und Konjektur (»Texte verbessern«) sind »keine zu wichtige Sache« – eine Zeile, die es verdient hat, kommentiert zu werden, wiegt an Bedeutung auch den bedeutendsten Kommentar auf. Aber ebendieser Kommentar zeigt umgekehrt ihre Bedeutung an. Nietzsche schüttelt als philosophischer Autor den Kommentar denn auch keineswegs als nur sekundäres Phänomen ab; vielmehr will er ihn in sein Werk integrieren. Dabei umreißt er als Voraussetzung, um den »Text«, nämlich den *Zarathustra*, überhaupt lesen zu können, das jahrelange Studium der ›Kommentare‹, also seiner anderen Schriften: »In der That habe ich das Kunststück (und die Thorheit) ›begangen‹, die Commentare eher zu schreiben als den Text. – Aber wer hat sie denn gelesen? Ich meine: jahrelang studirt? Ein Einziger, so viel ich weiß: dafür hat er nun auch seine Freude am Texte.« (KGB III/1, Bf. 404).[9]

Dass der Kommentar mitunter vor dem Text entsteht, gilt nicht nur für Nietzsches Werk, wie es ihm selbst in seinen brieflichen Äußerungen erscheint.

---

9 Im selben Brief an Malwida von Meysenbug verweist Nietzsche auf den Zarathustra als »neues ›heiliges Buch‹« (KGB III/1, Bf. 404).

Ebenso ist in der dritten Abhandlung zur *Genealogie der Moral* der erste Abschnitt, dessen »Commentar« die Abhandlung laut Nietzsches Vorrede ist (GM Vorrede 8, KSA 5, S. 256), erst nachträglich hinzugefügt worden (vgl. KSA 14, S. 380). Trotz umgekehrter Reihenfolge der Entstehung kehrt Nietzsche, wie bei einem Kommentar zu erwarten, immer wieder zum zu kommentierenden Text zurück – oder legt, bedenkt man die Textentstehung mit, den ersten Abschnitt so an, dass er als Text zum nachfolgenden Kommentar erscheint. Obschon die dritte Abhandlung einen fortlaufenden Gedankengang entwickelt – was, wie Stegmaier (2012, S. 72) feststellt, üblicherweise gerade nicht Kennzeichen eines Kommentars ist –, entsprechen die im ersten Abschnitt exponierten verschiedenen Bereiche der Frage, was asketische Ideale bedeuten, bis in den Wortlaut hinein den folgenden Ausführungen (vgl. Benne 2005, S. 205, sowie Westerdale 2013, S. 107f.; Nachweise im Einzelnen erbringt Wilcox 1997, S. 605–607). Die Erläuterung zur Kommentarstruktur der dritten Abhandlung, die Nietzsche in der Vorrede zur *Genealogie* vorbringt, korrespondiert dabei mit der Bestimmung des philologischen Kommentars, der neben seiner im engeren Sinn textkritischen Funktion üblicherweise dort benötigt wird, wo sich eine überlieferte Textstelle dem Verstehen entzieht, wo sie dunkel erscheint (vgl. Fuhrmann 1985, S. 42–47). Denn Nietzsche weist in der Vorrede auf die Probleme bei der Auslegung des Aphorismus hin, die zugleich durch den Kommentar ausgeräumt werden sollen: »Wenn diese Schrift irgend Jemandem unverständlich ist und schlecht zu Ohren geht, so liegt die Schuld, wie mich dünkt, nicht nothwendig an mir« (GM Vorrede 8, KSA 5, S. 255) – Letzteres gerade deshalb nicht, weil Nietzsche mit seinem »Commentar« ein »Muster von dem dargeboten« hat, was er »Kunst der Auslegung« nennt, und er damit der »Schwierigkeit« der »aphoristische[n] Form« (GM Vorrede 8, KSA 5, S. 255) begegnet.[10]

Setzt man die Mustergültigkeit dieses Kommentars voraus, so ist auch Nietzsches Prinzip eines vornehmlich zu kommentierenden, gleichsam heiligen Textes, des *Zarathustra*, in ihm enthalten. Will man einen Kommentar nicht zuletzt als direkt sich auf den Wortlaut beziehende Relation zwischen zwei Tex-

---

10 Ein ›Muster‹ ist ein Probestück, das nachgeahmt werden soll, und zwar, wie es im *Grammatisch-kritischen Wörterbuch* von Adelung heißt, »besonders so fern« es »zugleich die Art und Weise der Nachahmung zeiget«, also die Weise der Verfertigung selbst mit darstellt (Adelung 1793–1801, Bd. 3, Sp. 332). Deshalb ist es auch ein Fachwort der Textilsprache, das die Verfertigung einer bestimmten Stoffstruktur oder -gestalt vorgibt, aber im Verhältnis zu dem anzufertigenden Stück kleiner ist. Das »Muster«, das Nietzsche vorlegt, hat, so gesehen, Vorbildcharakter – es führt im Kleinen vor, was Nietzsche als Struktur der Auslegung überhaupt umreißen will. Ebendieses Verhältnis der Auslegung, für das man sich am »Muster« orientieren kann, bezeichnet Nietzsche als »Commentar«.

ten bestimmen, ist davon auszugehen, dass der kommentierte Aphorismus, wie erläutert, der erste Abschnitt der dritten Abhandlung zur *Genealogie der Moral* ist – und nicht, wie zuweilen vertreten, das der dritten Abhandlung noch vor dem ersten Abschnitt auf einer separaten Seite vorangehende *Zarathustra*-Zitat, das zunächst dem ganzen Buch hätte vorangestellt werden sollen.[11] Gleichwohl entsteht durch das *Zarathustra*-Zitat eine Art *Abstufung* des Kommentars, in der die erste Stelle dem *Zarathustra* gebührt. Zum *Zarathustra*-Zitat steht der folgende Abschnitt 1 der dritten Abhandlung, der von Nietzsche immer wieder betonten Unzugänglichkeit seines Lehrgedichts entsprechend, in einem nur schwer nachvollziehbaren Verhältnis, während dieser erste Abschnitt auf wesentlich leichter nachzuvollziehende Weise in der gesamten folgenden Abhandlung kommentiert wird. – Dazu verhält sich wiederum die Vorrede als Kommentar nicht nur inhaltlicher, sondern struktureller Art, indem sie das Kommentarverhältnis selbst kommentiert. Dass es dabei keineswegs eine Überstrapazierung von Nietzsches Kommentarbegriff ist, die Relation des Kommentars der dritten Abhandlung zur Vorrede wiederum als Kommentarverhältnis zu begreifen, ist nicht nur strukturell begründbar, sondern wird von Nietzsche in einem Brief an Meta von Salis vom September 1887 – während des Drucks der dritten Abhandlung der *Genealogie* – explizit so erläutert. Nietzsche bezeichnet die späte Vorrede zur *Geburt der Tragödie* und die Vorrede zur *Genealogie der Moral* als ›Commentieren‹ (KGB III/5, Bf. 908).

Wenn Nietzsche vorschwebt, dass sich seine Schriften wie ein Kommentar – und wie Kommentar*schichten*, insofern in den Schriften selbst wiederum kommentierende Relationen zu vermerken sind – um sein Hauptwerk *Also sprach Zarathustra* legen,[12] so gilt dies auch für die unmittelbar vor der *Genealogie der Moral* abgeschlossene Schrift *Jenseits von Gut und Böse*: »Es [JGB] ist eine Art von Commentar zu meinem ›Zarathustra‹. Aber wie gut müßte man mich verstehn, um zu verstehn, in wie fern es zu ihm ein Commentar ist!« (KGB III/3, Bf. 768) Nietzsche unterstreicht im Brief »wie fern« – die Frage, die sich stellt, ist also gerade, *was* das Kommentarverhältnis bei Nietzsche bedeutet, ja *ob* es

---

11 Vgl. die grundlegenden Argumente dazu bei Wilcox 1997 und Wilcox 1998 sowie die weiterführenden Überlegungen bei Benne 2005, S. 203–205, und bei Westerdale 2013, S. 104–107. In Notizheft N VII 3 (KGW IX/3, S. 32 und S. 34) finden sich Umschlagentwürfe zur *Genealogie*, die das *Zarathustra*-Zitat unmittelbar unter Buchtitel und Autornamen setzen.

12 Ein besonders komplexer Fall ist dabei der Dithyrambus »Unter Töchtern der Wüste«, der im *Zarathustra* bereits enthalten ist, dessen Vers »Die Wüste wächst: weh Dem, der Wüsten birgt!« (Za IV, KSA 4, S. 380) aber in der Version der *Dionysos-Dithyramben* anders als im *Zarathustra* als eigener Abschnitt nummeriert und exponiert wird: als ein gleichsam heiliger Text, dessen Kommentar die folgenden Strophen sind, wie Groddeck (1991, S. 58) ausführt.

sich um ein Kommentarverhältnis handelt.[13] Wie an dieser Briefstelle deutlich wird, ist der Kommentar für Nietzsche nicht nur eine Angelegenheit philologischer Methodik, sondern ein philologisch-philosophisches Problem. Das Verständnis von Nietzsches Kommentarbegriff hängt mit Fragen seines Denkens aufs Engste zusammen. Dabei lässt sich keineswegs leichthin bestimmen, worin denn denn nun das Kommentarverhältnis zum *Zarathustra*, das Nietzsche benennt, besteht (deshalb die Skepsis gegenüber Nietzsches Verwendung des Begriffs bei Sommer 2013a). Die Crux von Nietzsches Kommentarbegriff liegt gerade darin, dass er ein enges Verhältnis zwischen seinen Schriften postuliert, das zu erfassen seinerseits wiederum nach einer idealiter umfassenden Auseinandersetzung mit diesen Schriften, nach einem jahrelangen Studium, verlangt. Die Form des Kommentars ist dabei eine Setzung, die es grundsätzlich auch erlaubt, Neues und anderes zu sagen als der kommentierte Text unter der Voraussetzung, dass es eigentlich bereits im Text gesagt sei.[14] Die Erläuterung der Kommentarstruktur, wie Nietzsche sie voraussetzt, erfordert deshalb nicht einfach eine Prüfung bestimmter Kriterien der Kommentarform, sondern verlangt nach deren Reflexion und damit nach jener philosophischen Wendung der Philologie, die bereits der frühe Nietzsche ins Auge fasst. In der Umkehrung von Senecas kritischem Diktum aus den Briefen an Lucilius, dass »das, was Philosophie war, zur Philologie geworden« sei (Seneca 1987, S. 651 [epist. 108, 23]), die Nietzsche in seiner Antrittsvorlesung »Homer und die klassische Philologie« vorträgt, ist nicht nur, wie Nietzsche selbst erläutert, ausgesprochen, »dass alle und jede philologische Thätigkeit umschlossen und eingehegt sein soll von einer philosophischen Weltanschauung« (KGW II/1, S. 268). Vielmehr deutet Nietzsches Sentenz »philosophia facta est quae philologia fuit« (KGW II/1, S. 268) auf ein Philosophisch-Werden der Philologie selbst. Dies gilt zumal für den Kommentar, der neben der Interpretation eine der beiden »besonders zentralen und ehrwürdigen philologischen Praktiken« ist (Gumbrecht 2003, S. 70), wobei der späte Nietzsche die Philologie gerade als Innehalten in der Deutung bestimmt, als »<u>Ephexis</u> in der Interpretation« (AC 52, KSA 6, S. 233; vgl. Groddeck 1991, S. XX; Fietz 1992, S. 398–418; Benne 2005, S. 198f.; Sommer 2013b, S. 245f.), aber keineswegs als Innehalten im Kommentar. Wo Nietzsche selbst eine Kommentierung unternimmt oder den Begriff des Kommentars mit Empha-

---

13 In der Aufzeichnung NL 1886/87, 6[4], KSA 12, S. 234, verwirft Nietzsche *expressis verbis* den Begriff des Kommentars zur Kennzeichnung von *Jenseits von Gut und Böse* und bezeichnet es stattdessen als »Glossarium« (siehe dazu Sommer 2013a).
14 Vgl. zu dieser Grundstruktur des Kommentars in rechtshistorischer und systematischer Hinsicht Vismann 2006, S. 349f.

se verwendet, ist das Kommentieren gerade nicht von der Problematisierung betroffen, die einem willkürlich interpretierenden Zugriff gilt, der nicht zwischen Interpretation und Text zu unterscheiden weiß bzw. Interpretation und Text verwechselt (»das ist Interpretation, nicht Text«, lautet Nietzsches entsprechender Vorwurf; JGB 22, KSA 5, S. 37). Der Kommentar ersetzt den Text nicht – im Gegensatz zur Interpretation, unter der, wenn sie »schlechte[ ] ›Philologie‹« ist, der Text verschwindet (JGB 22, KSA 5, S. 37; vgl. JGB 38, KSA 5, S. 56).[15]

Dabei ist es nicht zuletzt das Prinzip einer ausführlichen oder vollständigen Zitierung des zu kommentierenden Textes, das davor bewahrt, dass der Text unter dem Kommentar verschwände. Den vierten Abschnitt des Vorworts zu *Ecce homo* – einem Text, der expliziter als die Werke, die Nietzsche brieflich als Kommentare zum *Zarathustra* bestimmt, das Signum eines Selbstkommentars zu Nietzsches Schriften trägt[16] – beginnt Nietzsche mit der emphatischen Setzung der *Zarathustra*-Dichtung als Text schlechthin, als ›höchstes‹ und ›tiefstes‹ Buch der Menschheit. Der erste Absatz endet mit einem kürzeren Zitat aus dem *Zarathustra*, auf das ein längeres folgt, worauf nach einigen Bemerkungen zum Ton des *Zarathustra* ein langes Zitat die Einleitung abschließt (vgl. EH Vorwort 4, KSA 6, S. 259–261). Auch der Abschnitt zum *Zarathustra* zitiert ausführlich, etwa das »Nachtlied« in voller Länge (vgl. EH Zarathustra 7, KSA 6, S. 345–347). Nietzsches Form der Selbstkommentierung ist hier nicht »anstatt«, sondern »an der Stelle« des zu kommentierenden Textes zu lesen.[17] Sie tritt wie ein Interlinear- oder Marginalkommentar dem gleichsam heiligen Text, den sie allererst als solchen kanonisieren will, zur Seite.

---

15 In den genannten zwei Abschnitten von *Jenseits von Gut und Böse* wird die philologische Begrifflichkeit auf einen außerphilologischen Zusammenhang übertragen (die Natur und die Französische Revolution), wo sich andere Probleme als bei der Auslegung eines Textes – einer Handschrift, eines Drucktextes – stellen, wie Benne (2005, S. 208–212) betont. Mir geht es hier allerdings ausschließlich um das Problem der Textauslegung im engeren Sinn, für das die beiden Abschnitte in *Jenseits von Gut und Böse* nur durch ihre Erläuterung ›schlechter Philologie‹, die es freilich auch im Verhältnis zu überlieferten Texten gibt, nicht durch ihre Kritik an Physik und Geschichtswissenschaft von Interesse sind.
16 Vgl. zur Tradition des Selbstkommentars Aust 1993, A. Assmann 1995 sowie Geulen 2015.
17 So Goethes Terminologie bei der Bestimmung der höchsten Art der Übersetzung in den *Noten und Abhandlungen zu besserem Verständniß des West-östlichen Divans* (Goethe 1994, S. 281), die, als Interlinearversion verstanden, mit der Form des Interlinearkommentars korrespondiert (zur Nähe von Kommentar und Übersetzung siehe auch Vismann 2006, S. 350).

2

In der *Charakteristik Walter Benjamins* bestimmt Adorno Benjamins Philosophie als »Kommentar und Kritik« und erkennt im kommentierenden Verhältnis zur Überlieferung ein wesentliches Element der Philosophie, das, in jüngster Zeit verschüttet, von Benjamin neu entdeckt und ins Zentrum eines Denkens gestellt wird, das ein religiöses Verhältnis zum Text in ein aufgeklärtes überträgt und gleichwohl auf struktureller Ebene bewahrt:

> Auf jeden Fall hat er [Benjamin] an der Kabbala seinen Begriff des heiligen Textes orientiert. Philosophie bestand ihm wesentlich aus Kommentar und Kritik, und der Sprache, als der Kristallisation des »Namens«, schrieb er höheres Recht zu als das des Bedeutungs- und selbst Ausdrucksträgers. Die Beziehung von Philosophie auf je kodifiziert vorliegende Lehrmeinungen ist ihrer großen Tradition weniger fremd, als Benjamin glauben mochte. Zentrale Schriften oder Partien von Aristoteles und Leibniz, von Kant und Hegel sind »Kritiken« nicht nur implizit, als Arbeit an aufgeworfenen Problemen, sondern als spezifische Auseinandersetzungen. Erst als die zur Branche zusammengeschlossenen Philosophen des eigenen Denkens sich entwöhnten, glaubte ein jeder dadurch sich decken zu müssen, daß er vor der Erschaffung der Welt anfing oder womöglich diese in die eigene Regie nahm. Demgegenüber hat Benjamin den entschlossenen Alexandrinismus vertreten und damit alle wurzelwütigen Affekte gegen sich aufgebracht. Die Idee des heiligen Textes transponierte er in eine Aufklärung, in die umzuschlagen nach Scholems Aufweis die jüdische Mystik selber sich anschickte. Sein Essayismus ist die Behandlung profaner Texte, als wären es heilige. (KG, GS 10, S. 244f.)

Während Adorno Benjamins Kommentardenken von Scholems Arbeiten zur Kabbala herleitet,[18] umreißt er »Kommentar und Kritik« als »spezifische Auseinandersetzungen« mit überlieferten Texten, wie sie sich in der Philosophie seit der Antike finden. Die Kommentierung als philosophisches Verfahren wird denn auch bereits in Hegels *Vorlesungen über die Geschichte der Philosophie* im Teil zur »alexandrinischen Philosophie« historisiert (vgl. Hegel 2016, S. 127–134, S. 377–387; dazu Plass 2007, S. 33f.). Während der im Benjamin-Essay postulierte Kommentarbegriff sich durch das zentrale Prinzip der »Behandlung profaner Texte, als wären es heilige«, dem theologischen Kommentar annähert ebenso wie einem im engeren Sinne textkritischen Kommentar, der die Überlieferung absolut unverändert erhalten will, verwendet Adorno den Kommentar, den er in der *Ästhetischen Theorie* als Verfahren auch der eigenen Philosophie reklamiert (vgl. ÄT, GS 7, S. 289f.), durchaus auch im engeren Sinn eines Stellenkommen-

---

[18] Zu den verschiedenen Aspekten von Benjamins Kommentarbegriff siehe Primavesi 1998, Vismann 2006 und Auerochs 2014.

tars. Adornos erste Ästhetik-Vorlesung vom Wintersemester 1931/32 bedient sich eines bereits vorliegenden Werks, des *Systems der Ästhetik* von Johannes Volkelt, um in dessen kritischer Kommentierung die Umrisse der eigenen Ästhetik zu entwerfen (vgl. Adorno 1992).[19] Auch in einer relativ frühen musikwissenschaftlichen Publikation verwendet Adorno das Verfahren des Kommentars, um Kritik geltend zu machen.[20] In der unter dem Titel »Exkurse zu einem Exkurs« (M5, GS 18, S. 108–113) 1932 in den *Blättern der städtischen Bühnen Essen* publizierten Erwiderung auf den Beitrag »Exkurs über das Thema ›Moderne Musik‹« des Kunst- und Theaterkritikers Hans Georg Fellmann verfasst Adorno einen kurzen Stellenkommentar, der »einzelnen Sätzen und Worten des ›Exkurses‹ Exkurse hinzufüg[t], in der Hoffnung, sie durchsichtig zu machen« (M5, GS 18, S. 109). Adorno beginnt jeweils einen Absatz mit einem Zitat aus Fellmanns »Exkurs«, etwa der Bemerkung zu den »auch für die musikalische Entwicklung gültigen biologischen Gesetze[n]« (M5, GS 18, S. 111 = Fellmann 1931, S. 13), und erläutert die Problematik von Fellmanns Argumentation und Wortwahl sodann in »Anmerkungen« (M5, GS 18, S. 108). Die Worte werden in der Reihenfolge, in der sie auch in Fellmanns Text stehen, zitiert, und die ersten drei Anmerkungen bis zu Fellmanns Begriff des ›tragischen Künstlertums‹ (M5, GS 18, S. 110 = Fellmann 1931, S. 12) kommentieren unmittelbar aufeinanderfolgende Formulierungen. Letzteres suggeriert, dass Adorno nach dem Prinzip eines fortlaufenden Kommentars in der Lage gewesen wäre, Fellmanns ganzen Text Wort für Wort

---

[19] In der Vorbemerkung zur Edition von Adornos Aufzeichnungen zur Ästhetik-Vorlesung von 1931/32 weist der Herausgeber Rolf Tiedemann auf Adornos diesbezüglichen, an Benjamin orientierten »entschlossenen Alexandrinismus« hin, der als Verfahren eine »alte, bis zu Kant vorherrschende Tradition der akademischen Vorlesung« wiederaufnimmt (Adorno 1992, S. 35–37, hier S. 36).

[20] Dass Kommentar und Kritik, die Adorno zusammendenkt – und meist zusammen nennt –, sich ausschlössen, gälte für das Verhältnis zum kanonisierten Text nur, wenn dieser tatsächlich als heiliger Text bestimmt würde; die ›säkularisierte Heiligkeit‹ entspricht bei Adorno aber nicht einer Relation, die keine Kritik erlauben würde, sondern einem Verhältnis zum Text, das diesen wie die alexandrinische Textkritik – die eine Kritik der Überlieferung ist, eine *recensio* – *beim Wort* nimmt. Deshalb ist der Übergang vom Kommentar zur Kritik bzw. zum historisch-kritischen Kommentar, den Vismann (2006, S. 351f.) mit Foucault auf die Zeit nach der Renaissance ansetzt, dem Kommentar wenn auch nicht in rechtshistorischer, so doch in philologiehistorischer Perspektive inhärent. Der Philologe Nietzsche spricht denn auch, wie oben zitiert, mit völliger Selbstverständlichkeit von »kritische[n] Kommentaren« als ›spezifisch philologischer Aufgabe‹ (KGW I/5, S. 55; vgl. zum philologischen Begriff der Kritik bei Nietzsche auch die Vorlesungsaufzeichnungen zur *Encyclopädie der klassischen Philologie*, KGW II/3, S. 373–376).

kritisch zu annotieren, ein umfassender Kommentar mithin eine umfassende Kritik bedeutet hätte.

Ist der Gegenstand dieser frühen Anmerkungen kein ›heiliger Text‹, sondern eine aus Adornos Sicht ebenso undurchdachte wie unreflektiert formulierte musikhistorische Publikation, die gleichwohl in ihrem Wortlaut zitiert und kritisiert wird, so nimmt Adorno in den *Noten zur Literatur* einen anderen Gegenstand, die Literatur, auf andere Weise beim Wort. Den Anmerkungen »Zur Schlußszene des Faust« schickt Adorno eine Bemerkung voraus, die im Kontext der Literatur sich für jenen Alexandrinismus ausspricht, den er als »Charakteristik Walter Benjamins« hervorgehoben hat. Adorno stellt das alexandrinische Verfahren, das »[p]rofane Texte wie heilige« anschaut, als »Antwort darauf, daß alle Transzendenz in die Profanität einwanderte« (NzL, GS 11, S. 129), in einen entschieden geschichtlichen Zusammenhang (siehe dazu auch Wussow 2014, S. 177–183), der ein nicht durch die Überlieferung vermitteltes Denken, das ohne Umweg einen Sinn aussagen will, mit Scham besetzt:

> Für den Alexandrinismus, die auslegende Versenkung in überlieferte Schriften, spricht manches in der gegenwärtigen geschichtlichen Lage. Scham sträubt sich dagegen, metaphysische Intentionen unmittelbar auszudrücken; wagte man es, so wäre man dem jubelnden Mißverständnis preisgegeben. Auch objektiv ist heute wohl alles verwehrt, was irgend dem Daseienden Sinn zuschriebe, und noch dessen Verleugnung, der offizielle Nihilismus, verkam zur Positivität der Aussage, einem Stück Schein, das womöglich die Verzweiflung in der Welt als deren Wesensgehalt rechtfertigt, Auschwitz als Grenzsituation. Darum sucht der Gedanke Schutz bei Texten. (NzL, GS 11, S. 129)

Der Alexandrinismus ist für Adorno aber nicht nur durch die geschichtliche Situation bestimmt, sondern findet sich bereit im Gegenstand, der in den *Noten zur Literatur* kommentiert wird: in der Literatur selbst. Die Struktur einer Selbstkommentierung, wie sie Nietzsche zwischen Teilen seiner Werke und zwischen verschiedenen Werken postuliert, ist für Adorno nicht nur ein mögliches Verhalten zum Text unter anderen, sondern ein wesentliches Kennzeichen moderner Literatur, in der im Werk der »Autor als Kommentator« (ÄT, GS 7, S. 46) des Werks auftritt. Im Rundfunkvortrag zum »Standort des Erzählers im zeitgenössischen Roman« benennt Adorno die »Reflexion«, die »die reine Formimmanenz durchbricht« (NzL, GS 11, S. 45) als »Kommentar«, der in Prousts *Recherche* gewissermaßen mit dem Erzählen zusammenfällt und sich deshalb vom Erzählten kaum mehr unterscheiden lässt:

> Wenn vollends bei Proust der Kommentar derart mit der Handlung verflochten ist, daß die Unterscheidung zwischen beiden schwindet, so greift damit der Erzähler einen Grundbestand im Verhältnis zum Leser an: die ästhetische Distanz. Diese war im traditionellen Roman unverrückbar. Jetzt variiert sie wie Kameraeinstellungen des Films: bald wird der

Leser draußen gelassen, bald durch den Kommentar auf die Bühne, hinter die Kulissen, in den Maschinenraum geleitet. (NzL, GS 11, S. 46)

Nähert sich dieser Kommentarbegriff einem Begriff literarischer Reflexion an, durch die die Genese und die Struktur des Kunstwerks im Kunstwerk zur Darstellung gelangen, hat Adorno in den *Noten zur Literatur* durchaus auch einen Kommentar im engeren philologischen Sinn im Blick, der nicht nur als Verfahren, das allenfalls noch älteren, klassischen Werken entspräche, sondern gerade auch als Verhalten gegenüber den avanciertesten zeitgenössischen Texten seine Geltung erlangt. Im Vortrag zu den »Voraussetzungen« von Hans G. Helms' Sprachpartitur *Fa:m' Ahniesgwow* entspricht der »Philologie« des Kunstwerks, das einem »philologisch gelenkte[n] Assoziationszusammenhang« gehorcht (NzL, GS 11, S. 445), ein ebenso philologisch angelegter Kommentar: »Haben von jeher Dichtungen im Kommentar sich entfaltet, so ist diese auf den Kommentar angelegt wie jene deutschen Barockdramen, denen die gelehrten Schlesier ihre Scholien hinzufügten.« (NzL, GS 11, S. 445) Die Neigung zum Kommentar impliziert dabei auch, dass der literarische Text keineswegs auf ein Dargestelltes hin je schon festgeschrieben und gleichsam stillgestellt wäre, sondern sich im Kommentar überhaupt erst konstituiert. Der Kommentar entspricht einer Zeitstruktur, genauer: er erst entfaltet, so bemerkt Adorno in der *Ästhetischen Theorie*, die Kunstwerke, die »nicht zeitlos sich selbst gleich« sind (ÄT, GS 7, S. 507), und zwar sowohl im späteren Kommentar als auch je schon in der Literatur selbst. Bereits die Produktion des Kunstwerks hat an der philologischen Reflexion ihren Anteil, wie es im Essay zu Valéry heißt: »Indem der Produktionsprozeß zu dem der Reflexion auf das wird, was das sich entäußernde Werk von seinem Urheber ebenso wie vom Rezipierenden will, legitimiert sich das Denken über Kunst, dessen Fusion mit dem künstlerischen Prozeß bei Valéry das Normalbewußtsein permanent herausfordert. Das Werk entfaltet sich in Wort und Gedanken; Kommentar und Kritik sind ihm notwendig« (NzL, GS 11, S. 188). Sind »Kommentar und Kritik« je schon im Kunstwerk angelegt und Bedingung seiner Entfaltung, so sieht Adorno in dieser Bewegung den Nukleus der Ästhetik, die das Telos des Kommentars ist. Aufgrund des »Rätselcharakter[s]«, den die Kunst »in sich selbst hat«, bedürfen die Kunstwerke

> um ihrer eigenen Entfaltung, um ihres eigenen Lebens willen, eben des Kommentars und der Kritik. Und Kommentar und Kritik der Kunst sind zwar auf der einen Seite ein Element von ihrem eigenen Leben, sie sind aber andererseits nicht zu sistieren, sie treiben weiter, sind nicht aufzuhalten auf dem Weg eben zu einer Kunsttheorie, in der sie enden müssen. (NL 4/3, S. 34f.)

Wenn insbesondere die moderne Literatur auf den Kommentar hin angelegt ist, so auch und gerade deshalb, weil sie prinzipielle Schwierigkeiten des Verstehens aufwirft. Die »Krisis der Verständlichkeit« (NzL, GS 11, S. 432), die prinzipielle »Krise des Sinns« (ÄT, GS 7, S. 231), die Adorno konstatiert, widersprechen dem unvermittelten »Nachvollzug« eines geschlossenen »Sinnzusammenhangs« (NzL, GS 11, S. 431).

Demgegenüber zielt der Kommentar aufs Einzelne, aufs Detail. So wollen Adornos »Kleine Proust-Kommentare« in den *Noten zur Literatur* statt einer Gesamtschau der *Recherche* gerade durch Kommentare zu ausgewählten Passagen den Roman in den Blick bekommen:

> Gegen kleine Kommentare zu einigen Abschnitten aus der ›Suche nach der verlorenen Zeit‹ ließe sich sagen, daß bei dem verwirrend reichen und krausen Gebilde der Leser mehr der orientierenden Überschau bedürfe, als daß er noch tiefer ins Einzelne verstrickt werden möchte, aus dem ohnehin nur schwer und mühsam der Weg zum Ganzen sich bahnen ließe. Der Einwand scheint mir der Sache nicht gerecht zu werden. An großen Übersichten fehlt es nicht länger. Das Verhältnis des Ganzen zum Detail jedoch bei Proust ist nicht das eines architektonischen Gesamtplans zu seiner Ausfüllung durchs Spezifische: eben dagegen, gegen das gewalttätig Unwahre einer subsumierenden, von oben her aufgestülpten Form hat Proust revoltiert. Wie die Gesinnung seines Werkes die herkömmlichen Vorstellungen von Allgemeinem und Besonderem herausfordert und ästhetisch ernst macht mit der Lehre aus Hegels Logik, das Besondere sei das Allgemeine und umgekehrt, beides sei durcheinander vermittelt, so kristallisiert sich das Ganze, allem abstrakten Umriß abhold, aus den ineinandergewachsenen Einzeldarstellungen. Eine jede birgt Konstellationen dessen in sich, was am Ende als Idee des Romans hervortritt. (NzL, GS 11, S. 203)

Adornos »Versenkung ins Bruchstück« (NzL, GS 11, S. 204) will dabei von den »Einzeldarstellungen« stets zur »Idee des Romans« (NzL, GS 11, S. 203) gelangen. Der Kommentar ist also durchaus nicht als Form zu verstehen, die sich im Detail vollends verlöre; vielmehr soll sich – »beharrend vorm Konkreten« (NzL, GS 11, S. 204) – im Besonderen das Allgemeine des Romans zeigen. Und ebenso wie im Vortrag zu Helms der Begriff des Kommentars eingesetzt wird, nachdem Adorno die Möglichkeit der Interpretation eingangs problematisiert hat (vgl. NzL, GS 11, S. 431f.), enden die »Kleinen Proust-Kommentare« mit einer Bemerkung, die die Geltung von Interpretationsversuchen einschränkt – dem Verfahren gemäß konkret auf eine bestimmte Stelle bezogen, einen Traum, in dem der bereits verstorbene Dichter Bergotte dem Erzähler erscheint, als wäre er noch am Leben (vgl. NzL, GS 11, S. 214). Die Stelle verweist auf den Satz aus der *Recherche* zurück, von dem Adorno im letzten der »Kommentare« ausgeht: »›Der Gedanke, Bergotte sei nicht für alle Zeiten tot, ist demnach nicht völlig unglaubhaft.‹« (NzL, GS 11, S. 213; siehe dazu auch Wussow 2014, S. 180) Prousts

»ganz und gar« metaphysischer Geist bewegt sich dabei, so Adorno, »inmitten einer Welt, welche die Sprache von Metaphysik verbietet« (NzL, GS 11, S. 213f.). Mithin stößt die Stelle mit dem im Traum wieder lebendigen Bergotte schon im Roman selbst, der gleichsam sein eigener kritischer Kommentar ist (vgl. NzL, GS 11, S. 46, und oben), an die Grenze des Denkbaren und ist deshalb auch ein Grenzfall der Interpretation, wie Adorno im letzten Satz der »Proust-Kommentare« vermerkt: »Jede Interpretation der Stelle bleibt hinter ihr zurück; nicht, wie das Cliché es will, weil ihre künstlerische Würde höher stünde als der Gedanke, sondern weil sie selbst an der Grenze angesiedelt ist, auf die auch der Gedanke stößt.« (NzL, GS 11, S. 215)

3

Sind Adornos Kommentare anders als Nietzsches Selbstkommentierungen nicht auf das eigene Werk bezogen, ist der im zweiten Band der *Noten zur Literatur* nach den »Kleinen Proust-Kommentaren« folgende Text, »Wörter aus der Fremde«, gleichwohl eine Reflexion aufs eigene Schreiben – auf die Wortwahl in den »Proust-Kommentaren«, die Adorno gegenüber »Protestbriefe[n] wegen des angeblich übertriebenen Gebrauchs von Fremdwörtern nach der Radiosendung der Kleinen Proust-Kommentare« (NzL, GS 11, S. 216) rechtfertigt und dabei eine Reihe von Fremdwörtern, die er verwendet hat, einzeln annotiert (vgl. NzL, GS 11, S. 225–231). Wenn solche expliziten Reflexionen des Schreibens im publizierten Werk mitunter auch in programmatischer Weise hervortreten – etwa in der Frankfurter Antrittsvorlesung oder im Essay zum »Essay als Form« –, ist die Entstehung von Adornos Schriften, wie sie sich an den nachgelassenen Entwürfen nachvollziehen lässt, stets durch eine mikrologische Reflexion ihrer Form mitbestimmt. Ein Blick in die komplexen Entstehungszusammenhänge der Schriften verdeutlicht, dass Adorno nach eigenem Ermessen keineswegs immer schon druckreif formuliert, sondern Entwürfe vielfach überarbeitet hat (siehe Endres/Pichler/Zittel 2013 zur Genese der *Ästhetischen Theorie*). Wenn davon auszugehen ist, dass sowohl bei Adorno als auch bei Nietzsche das Schreiben nicht einfach die äußere Form des Denkens, sondern das Denken selbst betrifft – nicht nur Beiwerk des Gedankens ist, sondern die sprachliche Form einen »durch nichts ganz zu zerbrechenden Zusammenhang« (ND, GS 6, S. 66) mit dem Denken bildet –, verlangen die komplexen Textgenesen, die sich bei beiden Autoren finden, nach einer Analyse, die auch die Zusammenhänge und Interferenzen zwischen Gehalt und Prozess des Schreibens berücksichtigt. Soll dabei der Kommentar, den Nietzsche und Adorno als konstitutives Element ihres Werks begreifen, auch als Begriff zur Bestimmung von Aspekten des Schreibprozesses dienen, so erlaubt es die große Komplexität der Entwürfe keineswegs, diese damit auf einen einfachen Nenner zu bringen. Vielmehr kann das Kommentarverhältnis, wie es sowohl Nietzsche als auch Adorno reflektiert haben, auch als ein Verfahren im Schreiben begriffen werden, das neben anderen Schreibverfahren hervortritt, wo in Entwürfen einzelne Teile der Manuskripte zu anderen Teilen in einem kommentierenden Verhältnis stehen.[21]

Sind mit den Einfügungen und Ersetzungen in Nietzsches Manuskripten jeweils bestimmte Veränderungen intendiert, betreffen nicht alle Zusätze den Wortlaut eines entworfenen Textes; sie können eine gewisse Eigenständigkeit bewahren, die gleichwohl in engem Verhältnis zu den Entwürfen oder Notaten steht, auf die sie sich beziehen. Soweit sie bereits Geschriebenes erläutern oder verdeutlichen, aber nicht unmittelbar Teil davon sind, weisen diese Ergänzungen eine kommentierende Struktur auf. In der Topographie der Entwürfe lässt sich mithin differenzieren zwischen Einfügungen, die einen bereits entworfenen Wortlaut zu verändern beabsichtigen, und Ergänzungen, die diesen unberührt lassen, aber mit ihm eng zusammenhängen. Das hat zur Folge, dass eine Textkonstituierung, die einen linearen Text herstellt, nur über Umwege die kommentierenden Ergänzungen in diesen Text integrieren kann.

Dies soll nun an einem vergleichsweise übersichtlichen Beispiel erläutert werden: den nachgelassenen Notaten »Zur Vorrede der ›Morgenröthe‹« (KGW IX/5, W I 8, S. 65f.). Die Bemerkungen »Zur Vorrede der ›Morgenröthe‹« gehören in den Kontext der Vorreden, die Nietzsche zu den Neuauflagen bereits publizierter Bücher ebenso wie zu geplanten neuen Veröffentlichungen im Arbeitsheft W I 8 entwirft. Die in schwarzer Tinte zunächst notierte Grundschicht weist nur wenige unmittelbare Korrekturen auf. Sowohl auf S. 65 des Arbeitsheftes als auch auf der gegenüberliegenden Seite finden sich jedoch spätere »Einfügungen und Zusätze«[22], die sich z. T. direkt in die bereits niedergeschriebenen Formulierungen eingliedern lassen. Gleich die erste Zeile unter dem Titel auf S. 65, die ihrerseits erst nach den folgenden Zeilen eingefügt worden ist, weist mehrschichtige Korrekturen auf, die ohne größere Schwierigkeiten die beabsichtige neue Formulierung erkennen lassen. Oben auf der Seite steht zunächst: »Ver-

---

21 Ein weiterer Typus des Kommentars, der sich sowohl bei Nietzsche als auch bei Adorno findet, sind die Annotationen in und zu Büchern, die bei beiden Autoren eng mit der Genese eigener Texte zusammenhängen.
22 So die Terminologie in den Erläuterungen zu den textkritischen Auszeichnungen (KGW IX/5, S. IX). Ich danke Beat Röllin (Basel) für luzide Hinweise zur Textgenese der Notate »Zur Vorrede der ›Morgenröthe‹«.

such über Moral zu denken, ohne unter dem Zauber ihrer Verehrung zu stehen. –« Diese Formulierung wird durch Einfügungen verändert zu: »Versuch über Moral zu denken, ohne unter ihrem Zauber zu stehen, mißtrauisch gegen die Überlistung ihrer schönen Gebärden u. Blicke.« (KGW IX/5, W I 8, S. 65; siehe auch **Abb. 1**) Während sich auch in der unteren Seitenhälfte Veränderungen des Wortlauts erkennen lassen (die Zeilen 28, 30, 40 und 44 betreffend), finden sich als Marginalien neben Nietzsches Zusammenfassung des zuvor erläuterten »Kantsche[n] Kriticismus« und des »Hegelische[n] Ausweg[s]«, die nach dem Stichwort »Kurz« unter den Ziffern »1« und »2« notiert sind, zwei Formulierungen, die sich nicht mit den danebenstehenden Bemerkungen zu neuen Formulierungen zusammenfassen lassen. Zum ersten, kantischen Punkt (»Gott ist uns unerkennbar u. unnachweisbar«) notiert Nietzsche in den linken Randgang: »Hintersinn der / erkennt.theor. Be=/ wegung«, zum zweiten, hegelischen Punkt (in der Grundschicht: »Gott ist etwas Werdendes, und wir gehören dazu, eben mit unseren Idealen«) ebenda: »Hintersinn der hi= / storisirenden Bewegung«. Dass sich die zwei Bemerkungen aufgrund von Tintenfarbe und Schriftduktus nicht von den gleich danebenstehenden Umformulierungen zu ›Gott als etwas Werdendem‹ unterscheiden lassen, könnte dazu verleiten, sie ebenfalls als direkte Ergänzungen zum bereits Niedergeschriebenen zu werten. In der Textkonstitution der *Kritischen Gesamtausgabe* greift der Herausgeber deshalb zu dem Mittel, die beiden kurzen Bemerkungen mithilfe der editorischen Hinzufügung von Gedankenstrichen in den Text einzuordnen:

> 1) Gott ist uns unerkennbar und unnachweisbar – *Hintersinn der erkenntnißtheoretischen Bewegung*
> 2) Gott ist nachweisbar, aber als etwas Werdendes –, und wir gehören dazu, eben mit unsrem Drang zum Idealen – *Hintersinn der historisirenden Bewegung* (NL 1885/1886, 2[165], KGW VIII/1, S. 146; Herv. FCh)

Diese editorische Lösung ergibt einen nachvollziehbaren Textverlauf, verstellt aber bis zu einem gewissen Grad den Blick auf die Logik der Notation. Denn die zwei konjizierten Gedankenstriche, die im Manuskript nicht stehen, sind lediglich Statthalter eines kommentierenden Verhältnisses, das durch die marginale Notation Nietzsches, wie sie sich in Faksimile und Transkription erkennen lässt (siehe **Abb. 1** und **2**), deutlicher als in der Textkonstitution hervortritt. Die zwei Marginalien sind nicht Teil eines fortlaufenden Textes, sondern explizieren die theologisch zugespitzte Zusammenfassung der kantschen und hegelschen Philosophie als Nietzsches Kritik der Epistemologie und des Historismus. Handelt es sich bei der Doppelseite um Notate zu einer Vorrede, so haben Vorreden in Nietzsches brieflicher Sicht eine kommentierende Funktion im Verhältnis zum

Werk (vgl. KGB III/5, Bf. 908, und oben). Die in diesem Sinn auf einen Kommentar zu einem bereits publizierten Werk angelegte Doppelseite weist mit den zwei Marginalien ihrerseits kleine kommentierende Elemente auf, die die Genese der Vorrede mitbestimmen. Anders als die expliziten Kommentare zum eigenen Schreiben, die sich ebenfalls in den Arbeitsheften finden – wie dem bekannten Notat »Ich achte die Leser nicht mehr: wie könnte ich für Leser schreiben? .. Aber ich notiere mich, für mich« (KGW IX/6, W II 1, S. 1; siehe dazu Pichler 2014, S. 69) –, sind diese kleinen Kommentare nicht aufs Schreiben insgesamt, sondern auf bestimmte andere Notate bezogen. Sie zeigen aber gerade deshalb eine Logik des Schreibens an, die auch in ihren Mikrostrukturen kommentierende Relationen zeitigt.

Demgegenüber lässt sich in Adornos Schreibsystem – zu dem Manu- und Typoskripte, insbesondere das Diktat und die handschriftliche Überarbeitung des diktierten Typoskripts mit anschließender maschinenschriftlicher Abschrift und allenfalls erneutem Korrekturdurchgang gehören– sowohl bei kleineren Arbeiten (vgl. etwa die 2. Fassung des Helms-Essays, TS 38863–38887) als auch und insbesondere in den Entwürfen zur *Ästhetischen Theorie* ein Typus von kommentierender Bemerkung verzeichnen, der auf spezifische Weise die jeweilige weitere Ausarbeitung des Entwurfs betrifft. In den »Prolegomena zu einer Textkritischen Edition der *Ästhetischen Theorie*« sprechen die Herausgeber in diesem Zusammenhang von »Metakommentare[n]« (Endres/Pichler/Zittel 2013, S. 186), die sich sowohl in den gesondert überlieferten sogenannten ›Regiebemerkungen‹ Adornos (siehe dazu Endres/Pichler/Zittel 2013, S. 178) als auch in den Typoskripten zur *Ästhetischen Theorie* finden. In den mehrschichtigen Typoskripten betrifft dies nicht Adornos Eingriffe in den entworfenen Text mit blauer Tinte, sondern die von den direkten Eingriffen zu differenzierenden Aufzeichnungen mit Bleistift, »bei denen es sich um kleinere Notate, Anweisungen an Elfriede Olbrich, Regieanweisungen, offene Fragen zur Textgestaltung und die Kommunikation mit Gretel Adorno handelt« (Endres/Pichler/Zittel 2013, S. 191).

So finden sich etwa auf den Typoskriptblättern, die die Grundlage für die Edition der Abschnitte zu »Intention und Sinn« und zur »Krise des Sinns« in der Suhrkamp-Ausgabe bilden (ÄT, GS 7, S. 226–235), eine ganze Anzahl von Bleistiftanmerkungen, die jeweils zum einen erläutern, was allenfalls noch an der Textgestaltung konkret zu ändern ist, wenn es etwa am oberen Rand der Seite heißt: »hier eventuell neuer Absatz« (TS 18009).²³ Zum anderen sind diese in Blei notierten Bemerkungen Erläuterungen wesentlicher Elemente des Gedankengangs – sie kommentieren, wovon auf einer Seite die Rede ist oder in der weiteren Ausarbeitung die Rede sein soll. Dabei verschränken die Aufzeichnungen die Kommentierung des Gedankengangs und die Kommentierung seiner Darstellung. Das zeigt sich gerade auch in der materiellen Zusammenführung beider nur scheinbar getrennten Aufzeichnungstypen: Die Bemerkung »hier eventuell neuer Absatz« folgt unmittelbar unter Bleistiftbemerkungen zur Sinnkrise: »Krisis des Sinnes 2) Steigende Unmöglichkeit daß Werke sich als Sinnzusammen-/hang konstituieren / Selbstkritik der Werke = Kritik am Sinn« (TS 18009). Das Notat erläutert den darunterstehenden komplexen Entwurf und setzt mit der Gleichung »Selbstkritik der Werke = Kritik am Sinn« die Kommentarstruktur moderner Literatur, wie Adorno sie in den *Noten zur Literatur* umreißt und auch in der *Ästhetischen Theorie* benennt – Kommentar und Kritik beginnen je schon im modernen Kunstwerk selbst – mit der »Krisis des Sinnes« in eins. Das Notat bezieht sich auf eine Formulierung in der Mitte der Seite: »Kritische Selbstreflexion, wie sie jeglichem Kunstwerk inhätiert [sic], schärft dessen Empfindlichkeit gegen alle die Momente in ihm, die herkömmlich Sinn bekräftigen« (TS 18009; vgl. ÄT, GS 7, S. 229). Die Wendung »Kritische Selbstreflexion« ersetzt dabei handschriftlich die maschinenschriftliche Formulierung »Die objektive Selbstkritik«, die der Kommentar am oberen Rand wörtlich aufgreift und in eine Gleichung verwandelt. Es handelt sich bei diesem Notat also weder um einen direkten Eingriff in den maschinenschriftlichen Text noch um die Aufzeichnung eines vom Text unabhängigen Gedankens; vielmehr ist es eine ›kritische Selbstreflexion‹ der entworfenen ästhetischen Theorie, die sich allerdings von der »[k]ritischen Selbstreflexion, wie sie jeglichem Kunstwerk inhä[r]iert«, durchs »Medium des Begriffs« (ÄT, GS 7, S. 531) unterscheidet.²⁴ Adornos kommentierende Bleistiftbemerkungen betreffen eine Ästhetik, die in den Entwürfen zur *Ästhetischen Theorie* keine feste Gestalt hat, sondern deren Kritik ihrer Darstellungsverfahren sich durch die Struktur der Entwürfe abbildet.

---

23 Diese und die folgenden Transkriptionen stammen von den Herausgebern der in Vorbereitung befindlichen Textkritischen Edition der *Ästhetischen Theorie* (siehe Endres/Pichler/Zittel 2013).

24 Zum »aporetischen Nexus von Kunst und Philosophie« bei Adorno siehe Geulen 2002, S. 120 zu Adornos Unterscheidung von interpretativer und ästhetischer (dem Kunstwerk eigener) Rede Menke 1988, S. 122f.

Die kommentierenden Strukturen, die sich in Entwürfen von Nietzsche und Adorno vermerken lassen, sind dabei nicht vollkommen kongruent mit Begriff und Textverfahren des Kommentars. Weder sind sie wie bei Nietzsche eine vom Autor explizit erörterte Setzung, die die Lektüre anleiten will, noch entwerfen sie stets das von Adorno geforderte kritische Verhältnis zur philosophischen und literarischen Tradition. Gleichwohl entsprechen sie auf mikrologischer Ebene dem kommentierenden Selbstverhältnis, das Nietzsche entwirft, und der von Adorno umrissenen Charakteristik des Kommentars, in dem sich ein seine Sprachlichkeit reflektierendes Denken entfaltet. Der Kommentar korrespondiert sowohl bei Nietzsche als auch bei Adorno mit einer philologisch geprägten Form, die nicht nur als technisches Verfahren, sondern als Denkform begriffen wird.

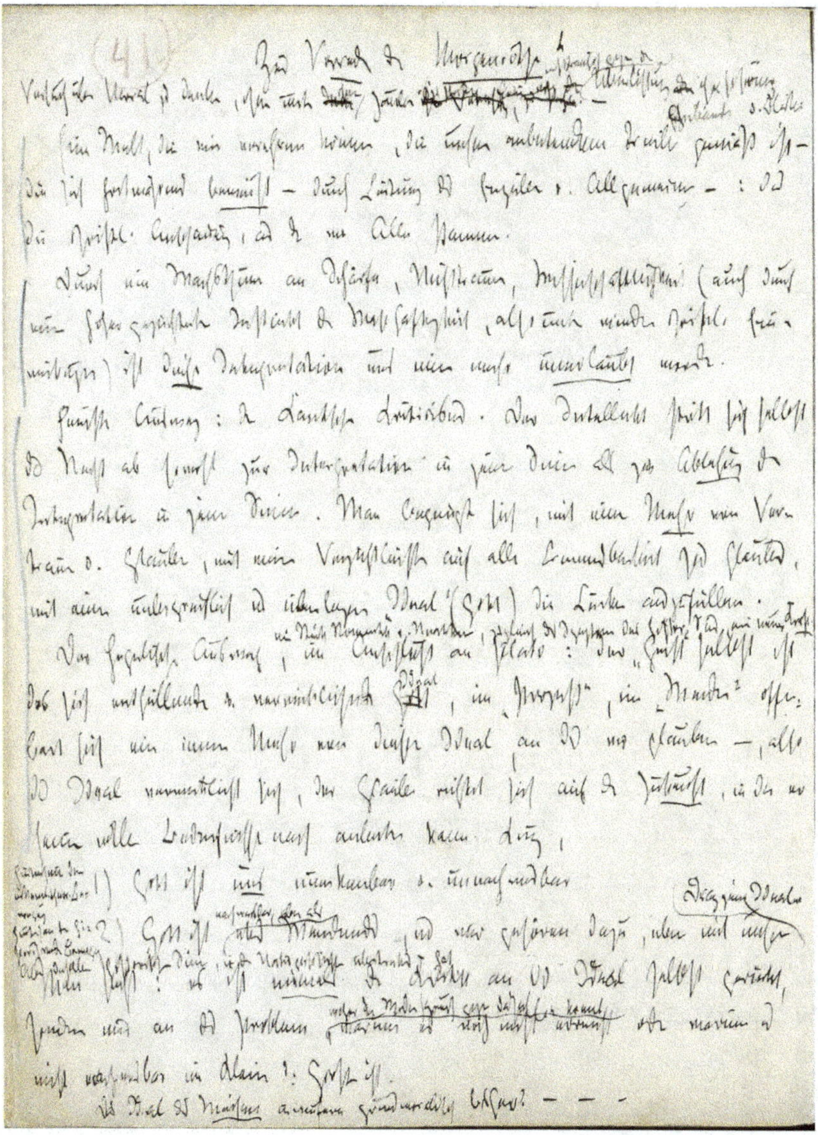

Abb. 1: W I 8, S. 65 (Quelle: Klassik Stiftung Weimar)

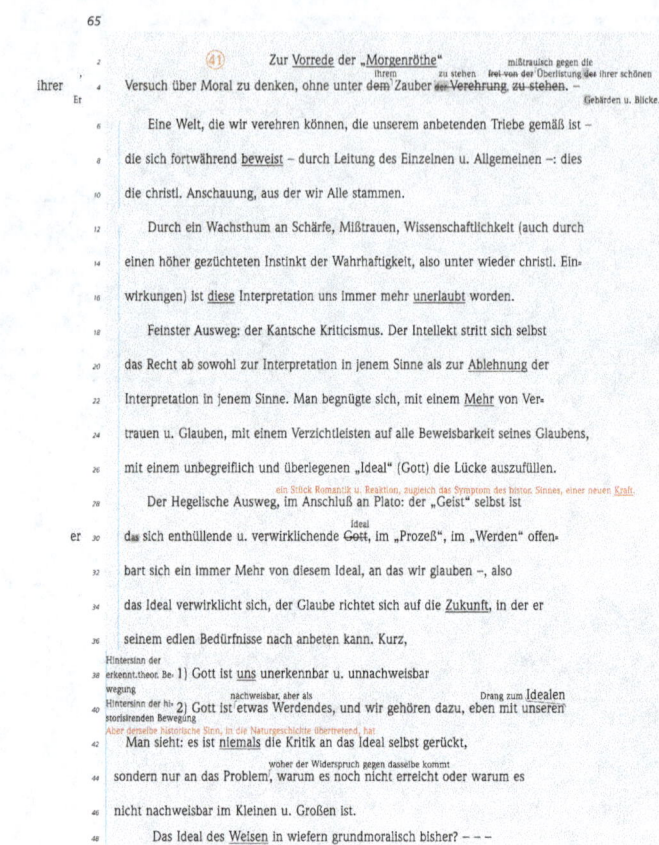

Abb. 2: Transkription W I 8, S. 65 (KGW IX/5)

Literaturverzeichnis

Abel, Günter (1998): *Nietzsche. Die Dynamik der Willen zur Macht und die ewige Wiederkehr.* 2. Aufl. Berlin, New York: De Gruyter.
Adelung, Johann Christoph (1793–1801): *Grammatisch-kritisches Wörterbuch der hochdeutschen Mundart, mit beständiger Vergleichung der übrigen Mundarten, besonders aber der oberdeutschen.* 2. Aufl. Leipzig.
Adorno, Theodor W. (1992): »Aufzeichnungen zur Ästhetik-Vorlesung von 1931/32«. In: *Frankfurter Adorno-Blätter* 1, S. 35–90.
Assmann, Aleida (1995): »Der Eigen-Kommentar als Mittel literarischer Traditionsstiftung. Zu Edmund Spensers *The Shepheardes Calender*«. In: Jan Assmann/Burkhard Gladigow (Hrsg.): *Text und Kommentar. Archäologie der literarischen Kommunikation IV.* München: Fink, S. 355–373.
Assmann, Jan (1995): »Text und Kommentar. Einführung«. In: Jan Assmann/Burkhard Gladigow (Hrsg.): *Text und Kommentar. Archäologie der literarischen Kommunikation IV.* München: Fink, S. 9–33.
Auerochs, Bernd (2014): »Text und Kommentar bei Walter Benjamin«. In: Nicolas Berg/Dieter Burdorf (Hrsg.): *Textgelehrte. Literaturwissenschaft und literarisches Wissen im Umkreis der Kritischen Theorie.* Göttingen: Vandenhoeck & Ruprecht, S. 125–137.
Aust, Hugo (1993): »Dichter-Kommentar. Am Beispiel der Fußnoten- und Anmerkungspraxis im historischen Roman«. In: *Beihefte zu editio* 5, S. 93–98.
Benne, Christian (2005): *Nietzsche und die historisch-kritische Philologie.* Berlin, New York: De Gruyter.
Endres, Martin/Pichler, Axel/Zittel, Claus (2013): »›Noch offen‹. Prolegomena zu einer Textkritischen Edition der *Ästhetischen Theorie* Adornos«. In: *editio* 27, S. 173–204.
Fellmann, Hans Georg (1931): »Exkurs über das Thema ›Moderne Musik‹«. In: *Der Scheinwerfer* 6, S. 12–14.
Fietz, Rudolf (1992): *Medienphilosophie. Musik, Sprache und Schrift bei Friedrich Nietzsche.* Würzburg: Königshausen & Neumann.
Figal, Günter (2000): »Nietzsches Philosophie der Interpretation«. In: *Nietzsche-Studien* 29, S. 1–11.
Figl, Johann (1982): *Interpretation als philosophisches Prinzip. Friedrich Nietzsches universale Theorie der Auslegung im späten Nachlaß.* Berlin, New York: De Gruyter.
Foucault, Michel (1991): *Die Ordnung des Diskurses.* Übers. v. Walter Seitter. Frankfurt am Main: Fischer.
Fuhrmann, Manfred (1985): »Kommentierte Klassiker? Über die Erklärungsbedürftigkeit der klassischen deutschen Literatur«. In: Gottfried Honnefelder (Hrsg.): *Warum Klassiker? Ein Almanach zur Eröffnungsedition der Bibliothek deutscher Klassiker.* 2. Aufl. Frankfurt am Main: Deutscher Klassiker Verlag, S. 37–57.
Geulen, Eva (2002): *Das Ende der Kunst. Lesarten eines Gerüchts nach Hegel.* Frankfurt am Main: Suhrkamp.
Geulen, Eva (2015): »Selbst-Kommentar«. In: *Trajekte* 31, S. 1–3.
Goethe, Johann Wolfgang (1994): *West-östlicher Divan.* Hrsg. v. Hendrik Birus. In: J. W. Goethe: *Sämtliche Werke, Briefe, Tagebücher und Gespräche.* Bd. I/3. Frankfurt am Main: Deutscher Klassiker Verlag.

Groddeck, Wolfram (1983): »›Ein andres Wort für Musik‹. Zu Friedrich Nietzsches Venedig-Gedicht«. In: Harald Hartung (Hrsg.): *Gedichte und Interpretationen*. Bd. 5.: *Vom Naturalismus bis zur Jahrhundertmitte*. Stuttgart: Reclam, S. 20–32.

Groddeck, Wolfram (1991): *Die »Dionysos-Dithyramben«. Bedeutung und Entstehung von Nietzsches letztem Werk*. Berlin, New York: De Gruyter.

Gumbrecht, Hans Ulrich (2003): *Die Macht der Philologie. Über einen verborgenen Impuls im wissenschaftlichen Umgang mit Texten*. Übers. v. Joachim Schulte. Frankfurt am Main: Suhrkamp.

Hegel, Georg Wilhelm Friedrich (2016): *Gesammelte Werke*. In Verbindung mit der Deutschen Forschungsgemeinschaft hrsg. v. der Nordrhein-Westfälischen Akademie der Wissenschaften und der Künste. Bd. 30,1: *Vorlesungen über die Geschichte der Philosophie*. Hrsg. v. Klaus Grotsch. Hamburg: Meiner.

Kästle, David/Jansen, Nils (2014) (Hrsg.): *Kommentare in Recht und Religion*. Tübingen: Mohr Siebeck.

Menke, Christoph (1988): *Die Souveränität der Kunst. Ästhetische Erfahrung nach Adorno und Derrida*. Frankfurt am Main: Athenäum.

Pfeiffer, Rudolf (1968): *History of Classical Scholarship from the Beginnings to the End of the Hellenistic Age*. Oxford: Clarendon Press.

Pichler, Axel (2014): *Philosophie als Text – Zur Darstellungsform der* Götzen-Dämmerung. Berlin, Boston: De Gruyter.

Plass, Ulrich (2007): *Language and History in Theodor W. Adorno's* Notes to Literature. New York, London: Routledge.

Primavesi, Patrick (1998): *Kommentar, Übersetzung, Theater in Walter Benjamins frühen Schriften*. Frankfurt am Main, Basel: Stroemfeld.

Sanchiño Martínez, Roberto (2013): »*Aufzeichnungen eines Vielfachen*«. Zu Friedrich Nietzsches Poetologie des Selbst. Bielefeld: transcript.

Schironi, Francesca (2012): »Greek Commentaries«. In: *Dead Sea Discoveries* 19, S. 399–441.

Scholze, Britta (2000): *Kunst als Kritik. Adornos Weg aus der Dialektik*. Würzburg: Königshausen & Neumann.

Schrift, Alan D. (1990): *Nietzsche and the Question of Interpretation: Between Hermeneutics and Deconstruction*. New York, London: Routledge.

Seneca, Lucius Annaeus (1987): *Philosophische Schriften*. Bd. 4: *An Lucilius. Briefe über Ethik 70-124, [125]*. Lateinisch und deutsch. Hrsg. und übers. v. Manfred Rosenbach. 2. Aufl. Darmstadt: Wissenschaftliche Buchgesellschaft.

Sommer, Andreas Urs (2013a): »›Glossarium‹, ›Commentar‹ oder ›Dynamit‹? Zu Charakter, Konzeption und Kontext von *Jenseits von Gut und Böse*«. In: Marcus Andreas Born/Axel Pichler (Hrsg.): *Texturen des Denkens. Nietzsches Inszenierung der Philosophie in* Jenseits von Gut und Böse. Berlin, Boston: De Gruyter, S. 69–86.

Sommer, Andreas Urs (2013b): *Historischer und kritischer Kommentar zu Friedrich Nietzsches Werken*. Hrsg. v. der Heidelberger Akademie der Wissenschaften. Bd. 6/2: *Kommentar zu Nietzsches* Der Antichrist, Ecce homo, Dionysos-Dithyramben, Nietzsche contra Wagner. Berlin, Boston: De Gruyter.

Stegmaier, Werner (2012): *Nietzsches Befreiung der Philosophie. Kontextuelle Interpretation des V. Buchs der Fröhlichen Wissenschaft*. Berlin, Boston: De Gruyter.

Stingelin, Martin (2002): »›er war im Grunde der eigentliche Schriftsteller, während ich bloss der Autor war‹. Friedrich Nietzsches Poetologie der Autorschaft als Paradigma des französischen Poststrukturalismus (Roland Barthes, Gilles Deleuze, Michel Foucault)«. In: Heinrich Detering (Hrsg.): *Autorschaft. Positionen und Revisionen.* Stuttgart, Weimar: Metzler, S. 80–106.

Vismann, Cornelia (2006): »Benjamin als Kommentator«. In: Eva Horn/Bettine Menke/Christoph Menke (Hrsg.): *Literatur als Philosophie – Philosophie als Literatur.* München: Fink, S. 347–362.

Westerdale, Joel (2013): *Nietzsche's Aphoristic Challenge.* Berlin, Boston: De Gruyter.

Wilcox, John T. (1997): »What Aphorism Does Nietzsche Explicate in *Genalogy of Morals*, Essay III?« In: *Journal of the History of Philosophie* 35:4, S. 593–610.

Wilcox, John T. (1998): »That Exegesis of an Aphorism in *Genealogy* III: Reflections on the Scholarship«. In: *Nietzsche-Studien* 27, S. 448–462.

Wussow, Philipp von (2014): »Adorno über literarische Erkenntnis«. In: Nicolas Berg/Dieter Burdorf (Hrsg.): *Textgelehrte. Literaturwissenschaft und literarisches Wissen im Umkreis der Kritischen Theorie.* Göttingen: Vandenhoeck & Ruprecht, S. 159–183.

www.ingramcontent.com/pod-product-compliance
Lightning Source LLC
Chambersburg PA
CBHW061430300426
44114CB00014B/1625